如皋经济技术开发区产城融合展新姿

图书在版编目（CIP）数据

大事如皋：2016 / 江苏省如皋市档案局（馆）编. —北京：方志出版社，2017.3
ISBN 978-7-5144-2397-6

I. ①大… II. ①江… III. ①如皋市—地方史—大事记—2016 IV. ①K295.34

中国版本图书馆CIP数据核字（2017）第068365号

大事如皋（2016）

编　　者：	江苏省如皋市档案局（馆）
责任编辑：	梅中英
出 版 人：	冀祥德
出 版 者：	方志出版社
	地址　北京市朝阳区潘家园东里9号（国家方志馆4层）
	邮编　100021
	网址　http://www.fzph.org
发　　行：	方志出版社发行中心
	电话（010）67110500
经　　销：	各地新华书店
印　　刷：	南通彩虹印刷有限公司
开　　本：	889×1194　1/16
印　　张：	14
字　　数：	416千字
版　　次：	2017年3月第1版　2017年3月第1次印刷
印　　数：	0001～3000册

ISBN 978-7-5144-2397-6　　定价：180.00元

大事如皋

CHRONICLE OF EVENTS IN RUGAO

中共江苏省如皋市委员会
江苏省如皋市人民政府 主办
江苏省如皋市档案局(馆) 编

2016

方志出版社
Publishing House of Local Records

《大事如皋》编纂委员会

序

中共如皋市委书记 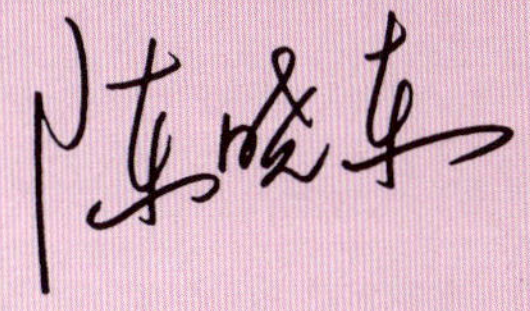

春秋迭易，岁月轮回。回首2016年，市委、市政府凝聚全市人民的智慧和力量，接力传承，砥砺奋进，实现了“十三五”的良好开局，综合实力跃居全国县域经济基本竞争力百强县市第23位。

2016年，我们成功召开了第十二次党代会，圆满完成了市镇党委和村党组织换届。争当苏中新一轮发展的排头兵、转型发展的先行区、生态宜居的示范区，努力走在南通全面建成小康社会前列，全力建设“强富美高”魅力如皋已成为全市上下共同的奋斗目标；抢抓发展机遇期，彰显区域新优势，探索发展新路径，提升综合竞争力已成为全市上下自觉的行动追求。

2016年，我们创新了工作的推进机制，建立了六大指挥部，整合行政资源，探索打造经济发展新增长极的支撑点；实施了项目一周一会办机制，牢牢牵住项目建设这个“牛鼻子”，大力实施先进制造业和现代服务业“双轮驱动”战略，推动产业结构调整、企业转型升级迈上新台阶；完善了信访联席会商机制，着力化解突出矛盾纠纷，促进社会和谐稳定。我们持续深化行政管理体制改革，三证合一、一照一码全面实施，一枚印章管审批、一个领域一支队伍管执法的如皋模式得到了中央和省有关部门的认可和推广，老百姓办事更方便了、市场秩序更规范了，人民群众的满意度也更高了。我们加快推进产业集聚化发展，大力培育发展新动能，新能源汽车及零部件产业被认定为示范型国际科技合作基地，如皋港现代综合物流园成为省级生产性服务业集聚示范区，联合国开发计划署在中国的首个“氢经济示范城市”项目落户如皋。我们把生态环境保护放在了更加突出的位置，建成了国家生态市，国家生态镇实现全覆盖，入选国家全域旅游示范区创建单位。我们在保障和改善民生的同时，更加关注低收入群体，实施了脱贫致富奔小康工程，全市低收入农户建档立卡工作全面完成，为实施精准扶贫、精准脱贫打下了基础。

成绩来之不易，这是全市广大干部群众团结奋斗、共同努力的结果。在此，谨借《大事如皋》出版之机，向所有为如皋发展作出贡献、付出辛劳的各界朋友，表示衷心的感谢并致以崇高的敬意！

2017年，是实施“十三五”规划的重要一年，是贯彻落实党代会部署的开局之年。我们要倍加珍惜千载难逢的历史机遇，倍加珍惜来之不易的发展势头，继续开拓创新、埋头苦干，把握发展窗口期，主攻创新转型，主抓增收富民，为建设“强富美高”魅力如皋、高水平建成全面小康社会的宏伟目标而不懈奋斗，以优异的成绩迎接党的十九大胜利召开！

2017年3月

编辑说明

《大事如皋》以马克思列宁主义、毛泽东思想、邓小平理论、“三个代表”重要思想、科学发展观为指导，贯彻落实习近平总书记系列重要讲话精神和治国理政新理念、新思想、新战略，坚持辩证唯物主义和历史唯物主义的立场和观点，以时间为序，记录如皋市经济、政治、文化、社会、生态文明建设的重要档案文献资料，旨在为各级领导、各部门了解全市的工作动态和发展情况，总结经验，指导工作等提供系统的档案信息服务。

《大事如皋(2016)》记录和反映了如皋市2016年全市范围内发生的大事、要事、新事及市委、市政府实施的为民办实事项目，以图文并茂的形式记述党和政府的重大政策、各部门的重大活动、各界人士关注的重大事件、与人民群众生活密切相关的重大项目，记录成就，展示风貌，保存史料。

全书由领导视察、热点聚焦、新闻人物、大事纪要、成就展台、惠民实事、专文选编、先进荣誉等八个部分组成。

1. 领导视察 主要记录和反映省、部级以上和南通市委、市政府主要领导人在本地区的重要活动。

2. 热点聚焦 选取全市当年事关全局、有广泛和长远影响的大事，重点加以记述。

3. 新闻人物 简要介绍如皋市新上任、变动的领导人；做出重大贡献的本地、外地及国外如皋籍人士的履历、事迹。

4. 大事纪要 按时间顺序逐条记载2016年如皋经济、政治、文化、社会、生态文明建设的情况、部门工作动态、重大活动和事件及本地区的特异自然现象等。

5. 成就展台 记录和展示全市2016年经济社会发展所取得的重大成就和亮点。

6. 惠民实事 主要记述2016年市政府确定的十件为民办实事项目的落实情况。

7. 专文选编 选录如皋市委、市政府重要专题报告和相关部门的专题性公报。

8. 先进荣誉 包括获得国际、国家、省级、南通市级和如皋市级奖励和荣誉称号的模范人物、科技成果、文体活动等。

如皋市档案局(馆)

2017年3月

目　录

■编辑说明

■领导视察

■热点聚焦

■新闻人物

大事如皋

■专文选编

·专题报告·

·部门公报·

■先进荣誉

大事如皋

领导视察

LingDao ShiCha

南通市主要领导调研如通快速通道规划设计等前期工作

南通市领导陆志鹏（前左三）一行在现场调研

黄友谊 摄

2月16日，南通市委书记陆志鹏，南通市委副书记、市长韩立明带领有关部门负责人，调研如通快速通道工程规划设计等前期工作。南通市领导黄巍东、沈雷、顾诺之和如皋市领导姜永华、陈晓东、陈万圣参加调研。

在通州区新204国道与海五路交叉路口，陆志鹏、韩立明一行认真观看了如通快速通道规划展板，并听取了如通快速通道的情况介绍。如皋市市委书记姜永华汇报了如皋近年来交通工程建设情况，介绍了如皋城区至南通火车西站快速通道线路走向有关方案。

如皋市十分重视交通基础设施建设。“十二五”以来，如皋市投入约65亿元，大力构建公、铁、水、港一体化的综合交通运输体系。不断完善的交通运输体系，为如皋市的快速稳定发展发挥了重要支撑作用。如皋市经慎重研究和规划，决定建设如皋主城区至南通火车西站的快速通道。如通快速通道由如皋城区的主干道向南延伸，终点至南通火车西站站前快速路，全线长约28.4公里，主路采用双向六车道城市快速路的建设标准，设计时速每小时100公里。为了确保通行安全和通畅，实行全线封闭，不设置红绿信号灯，只在主要公路交叉设置互通。快速通道将实现如皋城区与南通西站的迅速对接，进一步加快如皋迈入“高铁时代”的步伐，进一步完善南通区域路网，进一步提升南通城市区位优势。

陆志鹏在调研中指出，如皋市交通工程建设取得了显著成就，为促进区域经济发展和改善群众出行条件发挥了积极作用。如通快速通道将是一条沟通南通主城区与如皋城区的一条重要“快速通道”，将为如皋融入南通城市发展战略版图提供交通便利，为如皋经济社会发展带来全新的机遇。他要求如皋市进一步完善多节点、网格化、全覆盖的综合交通运输网络，为如皋和南通经济社会发展作出更大的贡献。

韩立明调研如皋重大项目建设情况

2月23日，南通市委副书记、市长韩立明调研如皋重大项目建设情况。南通市副市长徐新民和如皋市领导姜永华、陈晓东、刘向阳、陆雪松、茅红宇、张亚鸾陪同调研。

韩立明（前左二）一行在如皋调研

黄友谊 摄

中林如皋港务有限公司是韩立明调研的第一站。企业2016年计划投入3.2亿元进行设备升级及技术改造，港口吞吐量有望突破7000万吨。韩立明勉励企业抢抓机遇，加快推进技术改造，全面提升管理水平，合力推动港口物流业做大做强。在保税物流中心和苏中国际集装箱码头现场，韩立明希望积极发挥集装箱码头和保税物流功能作用，服务区域经济发展，大力开拓市场，促进转型升级。

在东升国际石材产业城，韩立明兴致勃勃地参观园区规划沙盘，详细了解各功能区的规划设置及建设情况，勉励企业将心动化为行动，加快建设长三角最具影响力的石材采购集散基地。

华灿电讯是南通首家“新三板”挂牌企业。调研中，韩立明深入企业生产车间，询问复产复工及在手订单情况。“我们已经成为移动、联通、电信三大运营商和华为、中兴等系统集成商的主要供应商，市场占有率在23%左右。今年还会投资10亿元实施4G基站天线项目，有望实现当年投产当年赢利。”企业负责人说。韩立明表示，当前企业必须依靠科技创新和技术改造推动产品更新换代、转型升级，才能实现持续发展。她勉励企业继续做大做强，争取早日主板上市。

中国·如皋国际园艺城是如皋市花木产业转型升级的龙头项目，总投资15亿元，建成后将重点向微型化和巨型化两个方向发展，同时借助互联网平台不断提升自身影响力。韩立明希望企业充分发挥江苏南通国家农业科技园区核心区在如皋的优势，加快转型升级，强化市场引领，尽快做成国家级农业龙头企业。

“是不是整车生产？核心技术是谁的？发动机是否依靠进口？”在康迪新能源汽车项目调研时，恰逢企业正在进行生产线调试，韩立明一口气询问了三个关键问题。项目负责人介绍说，纯电动汽车有三大核心技术——电机、电控以及电池，均为企业独自研发，目前在如皋生产的是“都市丽人”整车，续航里程可以达到200公里以上。

调研中，如皋市委书记姜永华汇报了如皋市经济社会发展情况。他说，过去的一年，如皋市主动适应经济发展新常态，积极应对各种风险挑战，综合实力跃上新台阶，完成增值税（不含营改增）26.8亿元，增长6.1%，总量位居南通县（市）第一；转型升级迈出新步伐，高新技术产业产值占规模工业比重达44.78%，成功获批国家可持续发展试验区；城乡建设取得新成果，成为全省首批优秀管理城市；人民生活得到新提升，城乡居民可支配收入分别增长8.9%和9.3%；和谐社会呈现新面貌，全市法治建设满意率达91%。

姜永华表示，2016 年是“十三五”的开局之年。如皋市将牢固树立和贯彻落实创新、协调、绿色、开放、共享的发展理念，适应经济发展新常态，坚持改革开放，坚持稳中求进、好中求快，坚持稳增长、调结构、惠民生、防风险，按照宏观政策要稳、产业政策要准、微观政策要活、改革政策要实、社会政策要托底的要求，不断强化“两增加、两提升”工作衡量标准，持续聚焦六大重点工作，着力加强结构性改革，落实好去产能、去库存、去杠杆、降成本、补短板五大任务，提高供给体系质量和效率，提高投资有效性，增强持续增长动力，促进经济持续健康发展、社会和谐稳定，努力实现“十三五”发展的良好开局。

南通市委书记陆志鹏一行到如皋调研

陆志鹏（中）一行在力星钢球调研

黄友谊 摄

3 月 10 日，南通市委书记陆志鹏一行到如皋调研，勉励如皋市在南通新一轮发展中争当排头兵、当好领头雁，为南通新一轮发展作出更大贡献。南通市领导黄巍东，如皋市领导姜永华、陈晓东、谢新民、李中林、司祝建等参加调研。

陆志鹏一行先后视察了龙游湖商务区、力星钢球、思源电气、康迪电动车等处。力星钢球以科技创新作为转变发展方式的着力点，产品已达世界先进水平，并被应用于世界著名品牌汽车、精密电器、大型风电设备的关键部件中。陆志鹏深入生产车间，实地查看生产状况，并听取企业发展情况介绍。陆志鹏对力星钢球做精小钢球、赢得大市场给予充分肯定，希望企业在新的一年里不断努力，取得更大的进步。在思源电气公司，陆志鹏关切地询问企业销售情况。“2015 年实现应税销售 13.68 亿元，实缴税金 1.28 亿元。”企业负责人的回答陆志鹏十分满意。他鼓励企业再接再厉，加大自主创新力度，增强发展的活力与后劲，使企业发展再上新水平。康迪新能源汽车项目将于 3 月下旬正式投入生产，预计 2016 年可生产纯电动汽车 2 万辆，完成工业应税销售 20 亿元。“康迪总公司我去过，这个项目成功落户如皋，不简单。”陆志鹏对如皋市倾力招引好项目的做法给予肯定。康迪首创了纯电动汽车“微公交模式”，让市民更好地享受纯电动汽车带来的便利。陆志鹏希望康迪公司坚持自主创新，掌握更多核心技术，实现又好又快发展。

随即召开座谈会。座谈会上，如皋市委书记姜永华汇报了如皋市经济社会发展情况以及 2016 年的工作打算。他说，“十二五”以来，如皋市保持了 GDP、财政收入、增值税、外贸出口、工业应税销售增幅高于南通和全省平均水平的速度，综合实力位居全国县域经济百强第 26 位，建成南通唯一的县级全国文明城市提名城市、优秀管理城市，获评江苏人居环境奖。“十三五”时期，如皋市将全力打造工贸发达、生态宜居的全国文明城市，加快建设“强富美高”新如皋。2016 年，如皋市将坚持以质量效益为中心，全力保持转型发展的良好势头；坚持以项目建设为抓手，切实增强稳中向好的发展后劲；坚持以城乡统筹为路径，加快形成城乡一体的发展格局；坚持以惠民稳定为目标，大力构建人民满意的和谐社会；坚持以绿色发展为追求，全力建设生态宜居的美好家园；坚持以从严治党为保障，积极营造风清气正的政治生态。他表示，如皋市将以此次陆书记调研指导为契机，进一步坚定信心，攻坚克难，求真务实，奋发进取，全力推动经济社会又好又快发展，努力实现“十三五”良好开局。

陆志鹏说，通过看现场、听汇报，总体感觉如皋经济社会保持了很好的发展态势。如皋是历史文化名城、世界长寿乡，近几年，尤其是“十二五”以来，如皋经济社会发展成绩显著、有目共睹，为南通经济社会的发展作出了重要贡献。经济总量跃上了新台阶，城乡面貌发生很大变化，旧城保护与新城建设齐步并进，人民群众的幸福感和获得感越来越足。这些成绩的取得离不开如皋市委、市政府的坚强领导和科学施策。

就做好当前重点工作，陆志鹏要求，一要坚持加快发展不动摇。如皋具有独特的区位交通、良好的资源禀赋和扎实的工作基础等优势，还有很大的发展空间，面对复杂严峻的宏观经济形势，要统一思想，提高认识，以坚强有力的党委领导核心，全力抓好经济建设这一中心，始终坚持发展第一要务不动摇，努力推动如皋经济在“十三五”期间实现新跨越。二要抓好经济工作。要在招商引资上聚焦精力，领导干部要带头研究项目、研究市场、研究企业，学会策划推介项目，开展智慧招商、精准招商、专业招商；要加强队伍建设，着力培养一支懂专业、懂市场、懂项目的招商人才队伍；要健全招商组织网络，着力形成整体联动的招商工作机制。要在培育产业上做好文章，进一步加大产业培育力度，着力打造聚集度高、配套能力强、创新能力强的产业集群。要在园区建设上下足功夫，开发区要围绕经济建设抓好主业，开发区的干部要去行政化，多走出办公室，多到市场上去拼抢项目、多到基层服务企业。三要抓好城市建设。要坚持以人为本，着力推动功能型城市向生态型城市转型、管理型城市向服务型城市转型，坚决杜绝粗放式造城运动，避免过度经营城市。四要抓好党建工作。党委抓好发展是主业，抓好党建是责任田，要全面从严管党治党，尤其要抓好各级的党组织建设工作，把基层党组织建设成为坚强的战斗堡垒；要高度重视稳定工作，努力营造和谐稳定的社会环境；要抓好班子建设，始终紧密团结在市委周围，继续坚持和巩固现有班子团结共事的良好氛围，努力打造一支战斗力强、能打硬仗、推动经济社会不断进步的坚强领导班子。

最后，陆志鹏勉励如皋市在南通新一轮发展中争当排头兵、当好领头雁，为建设“强富美高”新南通作出新的更大贡献。

南通市领导韩立明一行检查如皋安全环保工作

4 月 23 日，南通市委副书记、市长韩立明率队检查如皋安全生产和环保工作。南通市副市长沈雷、徐新民及如皋市领导姜永华、陈晓东、陈万圣参加活动。

韩立明（前左二）一行在化工企业检查安全与环保工作

黄友谊 摄

韩立明一行先后对江苏宝众宝达药业有限公司、南通诚晖石油化工有限公司、长青沙备用水源、南通鹏鹞水务有限公司等处进行了检查。在江苏宝众宝达药业有限公司，韩立明深入企业生产区域，仔细查看了企业安全生产设施，认真听取企业安全生产措施落实情况汇报，要求企业落实好安全生产主体责任，不折不扣抓好安全生产工作。在南通诚晖石油化工有限公司，韩立明查看了企业储罐分布及状态，要求企业吸取靖江化工仓储点爆炸教训，强化隐患排查整改，做好安全生产工作。在南通鹏鹞水务有限公司，韩立明了解了企业安全生产措施落实情况，要求企业扎实举措，保障供水安全。

如皋市委书记姜永华汇报了全市安全生产、环保工作情况。他说，如皋市安全生产和环保做到常抓不懈，警钟长鸣，确保安全措施不到位的项目不运行、环保不达标的项目不上。靖江化工仓储点爆炸事件发生后，如皋市立即召集相关部门，落实针对性举措，确保安全生产。在饮用水安全方面，如皋市迅速启动应急预案，第一时间组织人员深入供水企业，协同企业提高水质检测频率，并启用应急水源，切实保障了群众饮水安全；认真吸取靖江化工仓储点爆炸教训，举一反三，全方位开展安全检查，特别是加强化工类企业、化工储存企业安全检查，及时排查消除存在的安全隐患，有力维护了稳定的安全生产形势。

韩立明在检查中指出，靖江化工仓储点爆炸事故发生后，如皋市迅速行动，及时有效应对，确保了安全生产和饮用水安全，水质稳定，安全生产平稳。就做好下一步安全生产和环保工作，她强调，一要居安思危，继续保持警惕，加强水质检测。二要加强分析研判，及时排查隐患。要落实好安全生产"百日整治"，举一反三，查找工作中存在的薄弱环节，切实加以整改。三要加强能力建设，提升应急水平。要进一步完善装备，强化队伍建设，细化整治方案，增强防汛抗台能力；要超前落实举措，努力将矛盾化解在萌芽状态。四要加强信息沟通，正确引导舆论。

南通市政协主席王德忠走访慰问挂钩联系社区和结对困难户

5 月 19 日，南通市政协主席王德忠来到白蒲镇，走访挂钩联系社区松杨社区，慰问结对困难户沈宝泉一家。如皋市政协主席李中林，市人大常委会副主任张元健参加活动。

王德忠一行来到沈宝泉家中。沈宝泉妻子患有精神疾病，儿子刚考上南通航运职业技术学院但体弱多病，一家人仅靠沈宝泉打零工来维持生活。王德忠详细询问了沈宝泉一家的生活情况，鼓励他要坚定生活信心，坚强面对困难，好好保重身体，通过辛勤劳动争取早日脱离贫困。当了解到沈宝泉儿子刚考上南通航运职业技术学院时，王德忠表示，会帮助联系学校，给予最大程度的经济援助，让孩子安心学习，掌握一门技术，自谋生路早日为家庭分忧；社区也要想方设法帮助他们解决生活中遇到的困难。

座谈会上，王德忠听取了松杨社区负责人有关社区近年来村集体经济发展、基础设施建设、项目农业等工作开展情况。他充分肯定了松杨社区近年来所取得的成绩，并表示会积极帮助解决社区发展集体经济过程中遇到的困难，有效推动村集体经济不断发展壮大。

福建省政协党组成员、副主席杨根生一行考察如皋强镇扩权试点改革工作

5月9日，福建省政协党组成员、副主席杨根生一行考察如皋强镇扩权试点改革工作。南通市政协主席王德忠，如皋市领导姜永华、李中林、杜永红、郑振明陪同考察。

杨根生(左四)一行在长江镇(如皋港区)参观

黄友谊 摄

在如皋期间，杨根生一行先后参观考察了如皋港新城区建设、东升石材展示区、金东升、苏中国际集装箱码头、保税物流中心（B型)、中林如皋港务集团等处。在东升石材展示区，公司负责人向杨根生一行介绍了东升南通国际石材产业城的项目概况、功能规划和最新建设进展情况，以及将于6月18日至20日承办的2016年中国南通（如皋）国际石材与装备展各项筹备组织工作。杨根生表示，作为来自福建的企业，东升石材产业城的超大手笔规划和全球商业视角给他留下深刻印象，希望企业抢抓机遇，扎根如皋做大做强，为如皋经济社会的发展作出应有的贡献。随后，杨根生一行参观考察了东升产业城入驻企业——金东升南通石业股份有限公司玉石奢石馆及生产厂区。负责人告诉杨根生，企业自落户以来，得到了如皋市委、市政府的高度重视和亲切关怀，这些都为企业的后续发展奠定了良好的基础，公司有信心在“十三五”期间打造成国内一流的石材生产加工企业。杨根生对如皋市强化产业培育、打造产业集群的做法给予高度评价，希望如皋市继续提供高效贴心的政府服务，助推东升石材产业城做大做强。中林如皋港务集团在2016年成立了华东煤炭矿业交易服务中心，搭乘互联网快车，运用“互联网+煤炭贸易”思维，管理网上交易、物流监管配送、融资管理、数据中心、信息中心、经营管理、港区仓储等七大板块，实现如皋港煤炭贸易增量提质。杨根生表示，中林如皋港务集团搭乘互联网快车，大力发展金融物流，是一个很好的尝试，有助于打造低碳环保、智慧型、信息化的现代化港口。

杨根生表示，此次参观收获颇丰，如皋推进强镇扩权试点改革工作的成功做法对他启发很大，回去后将总结推广如皋好的经验和做法。他同时希望和如皋市加强联系沟通，互通有无、取长补短、资源共享，促进福建与江苏两地共同发展。

江苏省政协副主席周健民肯定如皋青少年体育工作

周健民(前排中)一行在如皋市外国语学校视察

黄友谊 摄

5月10日,全国政协常委、江苏省政协副主席周健民带领省政协医卫体育委员会成员到如皋，专题视察青少年体育活动开展情况。周健民在活动中肯定如皋市青少年体育工作重视程度高、硬件投入足、发展氛围浓,为促进青少年身心健康、体魄强健营造了良好的环境。南通市政协副主席杨展里及如皋市领导姜永华、李中林、胡拥军、钱志刚参加活动。

成立于1991年的如皋市少年体育学校，现设立在如皋市外国语学校内。近年来，学校多人在世锦赛、世青赛、世界中学生运动会、亚运会上摘金夺银,输送了在北京亚运会自行车1公里计时赛中打破世界纪录的周玲美,“亚洲女飞人”秦旺平,第十届全运会冠军、山地自行车运动员王静静等一批为人熟知的运动健将。当了解到2016年年初如皋市少体校向国家少年队又输送了4名投掷运动员时，周健民说,少体校是年轻体育后备人才的摇篮,教育部门要以提升体育人才的成材率为目标,强化硬件、软件投入,力争培养和输送更多高水平的体育健将。

作为全国首批足球特色学校,如皋市外国语学校践行“教体结合、学训并重”的育人理念,在校园内打造了独具特色的足球文化。4月,由该校千余名学生表演的花样足球操踢进了中乙联赛开幕式。5月9日,在学生们课间足球训练的时间,周健民一行观看到了这场精彩的演出,啧啧称赞。周健民说,如皋市外国语学校打造了以球育德、以球增智、以球健体的校园足球文化,这既是推动校园足球普及发展的一项重要举措,也为未来足球事业发展储备了人才力量,值得推广。

市奥体中心是如皋市体育现代化的标志性惠民工程。中心具备承办国家级田径、篮球、羽毛球、乒乓球、游泳等项目的单项比赛和省级综合性体育赛事的能力。2016年,该中心成功申报中乙联赛主场,4月份承办了中乙联赛开幕式和揭幕战,打造了良好的如皋奥体专业品牌形象。视察当天,南通支云足球俱乐部的球员们都在绿茵场上进行紧张的训练。周健民勉励球员们像队徽上的狼一样勇往直前,争取早日实现3年冲甲、5年冲超的目标。

如皋市委书记姜永华在介绍如皋市体育事业发展情况时说,立足于发展惠民的宗旨,如皋市坚持民生事业与经济发展同步推进,近年来投入大量人力、物力、精力建设了一批看得见、摸得着的体育惠民工程,并高度重视体育人才培养工作,承办、主办了一系列体育竞技活动,如皋体育的品牌影响力逐步提升。周健民肯定了市青少年体育工作重视程度高、硬件投入足、发展氛围浓。他希望如皋市不断总结提炼好的经验做法,广泛开展形式多样的青少年体育活动,提高青少年体育服务质量,引导青少年继续弘扬奥林匹克精神,积极参与体育健身运动,强健体魄、砥砺意志,凝聚和焕发青春力量。

江苏省原副省长李全林到如皋调研

7 月 13 日，江苏省原副省长、两岸企业家峰会成长型和中小企业合作推进小组副召集人李全林率队到如皋市调研。如皋市领导何益军、刘向阳、茅红宇陪同调研。

李全林一行先后来到南通斯密特森光电科技有限公司、顾庄生态园等处，深入了解如皋市经济社会发展情况。南通斯密特森光电科技有限公司由如皋籍台胞顾宏儒女士投资，总投资 2800 万元，主要生产高端望远镜，目前是全球最大的天文望远镜制造商。李全林详细听取了企业负责人对企业概况、科技研发等方面的介绍，饶有兴致地参观了企业展示厅、生产车间，询问了企业生产和销售情况。他对企业良好的生产形势、拥有现代化先进装备的技术工艺表示高度赞赏。

如皋市委副书记、代市长何益军介绍了如皋市台资企业发展情况。他说自台商在如投资以来，如皋市不断强化功能平台支撑，优化企业服务环境，使得台企在如投资势头迅猛，转型升级步伐加快，创新活力不断增强。李全林希望如皋市进一步为台商尤其是台湾青年创业打造更好的环境，让他们更深地扎根如皋，产生认同感、归属感，进一步实现“两岸一家亲，融合共发展”。

在顾庄生态园，李全林深入部分特色小园林，欣赏不同园林的建筑风格，还不时研究各个盆景艺术造型。一路走下来，他对顾庄社区“家家栽种花木，户户蟠扎盆景”的这种生产生活模式印象深刻，好评不断。“早就耳闻如皋的花木很有名，这里花园融合家园，家园点缀花园，景色秀美、环境怡人。”

何益军介绍说，在推进花木产业发展的过程中，如皋市把如皋工业园区（如城街道）顾庄社区作为城市公园和城市绿肺，在城市开发建设中加以保留和完善，将其打造成如皋市花木产业重要的对外展示“窗口”，让更多来如观光的游客了解如皋花木特色，从而促进花木销售。李全林希望如皋市在注重经济发展的同时注重发挥花木之乡优势，落实更加扎实的举措，推动花木产业进一步加快发展，做大做强、做精做优，不断提高城市绿化覆盖率。

江苏省副省长张雷调研如皋海绵城市建设等工作

8 月 24 日，副省长张雷一行调研如皋市海绵城市建设、历史文化街区保护、传统村落保护等有关工作。市领导陈晓东、刘向阳、史有根、陈万圣陪同调研。

张雷一行走访了东大街、龙游河生态公园、顾庄生态园等处，听取了如皋市海绵城市建设情况汇报。如皋市全面贯彻中央城镇化和城市工作会议精神，深入落实中共中央、国务院《关于进一步加强城市规划建设管理工作的若干意见》《关于深入推进新型城镇化建设的若干意见》，大力建设“自然积存、自然渗透、自然净化”的海绵城市。特别是跻身江苏省海绵城市建设试点城市以来，如皋市更是

张雷（前排中）一行在龙游河生态公园调研

黄友谊 摄

进一步抢抓机遇，创新举措，加快推进省级海绵城市建设试点工作，选定城市南北发展主轴，东起万寿路，西至益寿路，北起皋南河，南至中央大道、圃园路的4.13平方公里区域作为试点区域，围绕“小雨不积水、大雨不内涝、水体不黑臭、热岛有缓解”的总体目标，力争至2018年年底，实现试点区域年径流总量目标控制率75%以上，排水防涝标准达到有效应对20年一遇降雨；防洪标准达到50年一遇；面源污染削减率达到60%；非常规水源利用率达到30%以上；受纳水体水质达IV类以上。在具体工作推进过程中，如皋市注重宣传发动，营造浓厚试点氛围，使“长寿如皋宜居城，海绵城市我先行”的理念人人知晓、个个明白；突出顶层设计，坚持规划引领，编制《海绵城市专项规划》，制订《如皋市申报省级海绵城市建设试点城市实施方案》，开展海绵城市建设项目可行性论证，进行试点示范项目的施工图设计，开展暴雨强度公式及雨型研究等工作，最大限度地避免走弯路、走错路。跻身省级试点以后，如皋市已有8个项目开工建设，10个项目即将开工。通城桥海绵型停车场项目已完工并投入使用，中央商务区雨水回收利用处理系统项目即将完工，幸福河、中央商务区居住河、皋南河等河道整治项目也相继开工。

张雷在调研中指出，如皋市海绵城市建设措施扎实、成效明显。他在肯定成绩的同时要求，既要按照相关要求、完善相关功能，同时也要按照现代园林的理念，结合地方特色，在绿化树木选择上进一步做好本土文章，提升绿化水平，营造更加舒适的人居环境。就历史文化街区保护工作，他要求，要按照修旧如旧的原则，做好东大街的保护；要引导东大街片区养成良好生活习惯，维护好东大街的整体风貌。就传统村落保护工作，他要求，要发挥中国花木盆景之都的优势，放大“绿色如皋”效应，改善农村环境，提升群众居住生活水平。

江苏省人大常委会常务副主任、党组副书记蒋宏坤视察如皋养老产业项目和水环境整治工作

蒋宏坤(前右三)一行在吴窑镇福康老年康复护理中心视察

黄友谊 摄

9月13日，省人大常委会常务副主任、党组副书记蒋宏坤带队到如皋，视察如皋市养老产业项目和水环境整治工作。他要求如皋市立足资源禀赋，打造一批可复制、可推广的样板工程，为全省提供有益借鉴。如皋市领导陈晓东、谢新民、邵晓泉、张勇、陈万圣陪同视察。

博爱康复护理院是如皋市首家将医疗、护理与康复、养老相结合的民营养老服务机构。该院依托智能化的生活设施、先进的医疗设备和专业的康复医疗团队，建立了“医养结合”

的康复护理服务新模式,让医疗和养老实现了无缝对接。视察中,蒋宏坤一边穿行于护理院病区的走廊之间,查看病房的硬件、软件配置情况,一边向护理院负责人详细询问相关问题。“目前院内有多少老人入住?配备了多少名护理员?以怎样的标准收费?”当了解到为了破解当前“一床难求”的困境,护理院决定扩建新增300个床位时,蒋宏坤特意叮嘱道,养老护理机构的建设是一项重要的民心工程,一定要本着实用、实惠的原则,既让老人和家庭负担得起,也让机构得以实现可持续发展。

位于吴窑镇的福康老年康复护理中心,是如皋市成功运行“农村地区医养结合养老新模式”的示范工程。该中心在为老人提供养老、康复服务的同时,依托医保定点、新农合定点的一级甲等医院福康医院提供医疗服务。蒋宏坤说,民营医院因地制宜改造闲置资产创办养老机构,切实是企业主动承担社会责任的体现。他勉励福康老年康复护理中心加强内部管理,努力在定价、用人、服务上更加趋向规范化、标准化、优质化,打造出自身品牌。同时,蒋宏坤指出,地方党委、政府要将养老产业相关补贴政策宣传到位、落实到位,用好县级医院、中心镇医院的资产资源,想方设法引入民营资本,打造出一批可复制、可推广的样板工程,推动养老事业向多元化方向发展。

如皋市是一座因水而兴、因水而美的城市。随着一批治水工程的实施,全市防洪保安、水资源保障、水资源保护和服务民生的能力不断提升。龙游河整治工程和龙游湖商务风景区就是当前百姓关注度较高的两项与水相关的民生工程。市委书记陈晓东在向蒋宏坤一行介绍两项工程的实施情况时说,如皋市早在2014年就将龙游河整治工程列入政府为民办实事工程的第一件实事,以城区现有防洪排涝减灾体系为基础,利用龙游河从大明河提引长江水,从而改善内外城河以及城区其他河道水体水质,构建“南引北排”的水系格局;龙游湖则是与龙游河水一脉相承的人工湖,以此为核心,如皋市投资8亿元规划建设了面积1.6平方公里的商务风景区,致力将自然与科技、人文、休闲、旅游等现代元素相结合,营造时尚高雅的现代都市主题公园氛围,建成国家AAAAA级风景区。蒋宏坤对如皋市大手笔打造的净水、亲水工程表示肯定,并要求如皋市在控制农村面源污染上下足功夫,提升河道管理水平,切实打通水环境监管落地的“最后一公里”;此外,在努力修复水生态的同时,充分挖掘城市独有的历史文化资源,倾力赋予水系及水工程以丰富的文化内涵,借此带动旅游业及相关产业的发展。活动中,蒋宏坤一行还视察了恒发污水处理厂提标改造工程等处。

江苏省委原副书记顾浩到如皋调研

10月21日,省委原副书记顾浩一行到如皋调研。如皋市政协主席李中林、秘书长殷高华参加调研。

顾浩一行首先来到曾经工作过的白蒲镇文峰社区参观。“变化太大了,以前都是平房,现在处处都是楼房;以前我的宿舍就是办公室,现如今是功能齐全、便民的社区公共服务中心”。顾浩对近年来白蒲村镇建设取得的成绩给予肯定。今年3月,文峰社区创新基层社会治理模式,以“乡里乡亲、紧密连接,守望相助、相亲相爱”为宗旨,建立了相邻工作室。6个多月以来,7位“相邻”在化解矛盾纠纷、宣传法律法规、收集社情民意、联络群众感情等方面发挥了积极作用。顾浩说,相邻工作室达到了造福乡邻、和睦乡邻的目的,值得推广。顾浩希望白蒲的镇村干部继续坚持全心全意为人民服务的宗旨,保持党同人民群众的血肉联系,为百姓多做实事做好事;在抓好经济建设的同时,要努力抓好精神文明建设,全力建设“民富村强乡美风气好”的新农村。

2014年,在省委组织部、省委老干部局组织开展的“离退休干部牵手大学生村官”活动中,白蒲镇大学生村官张琦浩得到省委原副书记顾浩的结对帮扶。顾浩鼓励张琦浩要扎实工作,奋发有为,虚心学习,增长才干,并表示还会定期通过书信、电话为张琦浩答疑解惑、指明方向。

十届全国政协副主席张怀西到如皋考察

10月27日,十届全国政协副主席张怀西到如皋视察经济社会发展情况。南通市政协副主席殷雄和如皋市领导李中林、吴瑕、杜永红陪同视察。

如皋市政协主席李中林向张怀西介绍了“十二五”期间如皋市经济社会发展情况。李中林说,“十二五”期间,如皋干群抢抓机遇,应对挑战,推动转型,经济实现平稳增长;加大改革攻坚力度,努力释放制度红利,发展动力明显增强,实现了中国最具投资潜力中小城市百强县“三连冠”;持续增加资金投入,落实惠民举措,健全城乡一体的就业、社会保障、教育、医疗、文化等公共服务体系,完善医疗保障,构建均衡义务教育,市民生活质量不断提高。如皋市入选“中国最具幸福感县级城市”前十强。

张怀西考察了市文化广场、华夏胶片电影博物馆、李昌钰刑侦科学博物馆等处。市文化广场演播厅内,如皋工业园区(如城街道)的居民正在排演以读书为主题的文艺节目。张怀西边看边和随行的同志说:“读书应该成为一种时尚。多读书、多学习,国家才能振兴,民族才有希望。”在国家一级馆市文化馆,张怀西浏览了如皋市2016文化创意设计大赛作品展和如皋市非物质文化遗产项目的制作方法介绍。他高兴地说:“如皋萝卜条和‘水明楼’黄酒太有名了,可谓是享誉全国。”

视察中,张怀西对如皋近年来经济社会发展所取得的成就表示肯定。他要求如皋市在高起点上统筹推进经济建设、政治建设、文化建设、社会建设、生态文明建设,争取早日实现“经济强、百姓富、环境美、社会文明程度高”的奋斗目标。

原外经贸部领导周可仁到如皋考察

10月31日,原外经贸部副部长、第十届全国政协外事委员会副主任周可仁到如皋市考察。如皋市领导李中林、吴道健参加活动。

周可仁一行来到如皋工业园区(如城街道)新民社区,实地察看了该社区的居民活动中心、莲藕基地等处,并听取了社区负责人的情况介绍。在莲藕基地,周可仁详细了解了基地的种植规模、生产和销售情况,对新民社区主动策应和融入“互联网+”,积极发展大健康产业的做法给予充分肯定。

考察过程中,市政协主席李中林向周可仁一行简要介绍了如皋市大健康产业发展情况。他说,如皋人杰地灵,是世界长寿乡,深层土壤中富含人体所需的硒、铁、锰、锌等固定微量元素,发展有机农业有着得天独厚的优势;未来如皋“大健康产业”将成为融合发展休闲旅游、长寿食品、养老养生、医疗康复等覆盖一二三产的全产业链工程,实现从“普通消费品”向“健康消费品”、从传统服务业向新兴服务业的转型。周可仁说,近年来,家乡发生了翻天覆地的变化,这得益于改革开放的政策,得益于如皋市委、市政府领导班子带领全市人民的奋斗和拼搏,祝愿家乡在“十三五”期间实现新的飞跃。

南通市政协党组书记黄巍东、副主席屈宝贤调研如皋政协工作

11月10日,南通市政协党组书记黄巍东、副主席屈宝贤就如皋市政协工作开展调研。如皋市政协主席李中林,市委常委、如皋工业园区(如城街道)党工委书记刘向阳,市政协副主席魏祝明、黄文斌、郑振明、钱志刚,秘书长殷高华陪同调研。

黄巍东一行实地参观了经济技术开发区政协工委"委员之家"、康迪汽车、荣威娱乐、中国·如皋国际园艺城、李昌钰刑侦技术博物馆等处。2016年,市政协按照年初市委常委会讨论确定的工作要点和政协十三届五次全会要求,深入学习贯彻全省政协工作会议精神,认真履行政协"三大职能",紧张有序地开展各项活动,预计到11月底,基本完成全年各项任务。2017年,市政协将坚持围绕协调推进"四个全面"战略布局,突出团结和民主两大主题,重点推进政治协商、民主监督、参政议政制度化、规范化、程序化,拓展协商内容,丰富协商形式,规范协商程序,增加协商密度,提高协商成效,切实加强政协委员能力素质建设和机关自身建设,为建设"强富美高"魅力如皋作出更大的贡献。

江苏省委常委、副省长杨岳调研如皋"三农"工作

11月27日,省委常委、副省长杨岳率队调研如皋"三农"工作。南通及如皋市领导陆志鹏、张兆江、单晓鸣、陈晓东、何益军、司祝建、刘向阳陪同调研。

杨岳(前排中)在如皋市调研"三农"工作

黄友谊 摄

位于经济技术开发区平园池村的2014年农业综合开发高标准农田项目是杨岳调研的第一站。在现场听取介绍并观看了项目施工前、施工中、施工后的对比照片后,杨岳说,"这个项目真正做到了农民增收,环境提升,实现了农业生产的规模化、产业化和高效化,综合效益非常好。"如皋市委书记陈晓东还汇报了百姓对该项目均持支持态度。对于水稻的收成,在得知农户大多种植的"5505"品种产量高,生长周期长,在一定程度上能避开雨水天气,产量影响不大时,杨岳非常欣慰。

经济技术开发区的诚阳农业是一家集农产品种植、加工、出口于一体的中美合资企业,全部为连栋设施大棚种植,温室种植面积达900多亩。调研中,杨岳兴致勃勃地走进大棚,询问起新品种荷兰孢子甘蓝的种植情况。对该企业一年可带动周边用工1万人次以上,实现出口创汇200多万美元的情况,杨岳给予了肯定和赞许。

在中国·如皋国际园艺城，杨岳详细了解园艺城的规模和运行情况。调研中，布展盆景上的二维码引起了杨岳浓厚的兴趣，园艺城负责人告诉杨岳，通过扫描二维码，顾客就可以全方位了解盆景的价格和种养信息，杨岳对这一借力互联网技术的创新做法表示赞赏。

调研中，杨岳对顾庄生态园的环境赞不绝口。陈晓东告诉杨岳，这里已经被纳入如皋城市规划，成为重要的城市绿肺，杨岳对如皋市因地制宜的城市规划表示肯定。

调研中，杨岳还听取了如皋市"三农"工作情况汇报。一直以来，如皋市以全面小康建设和农业现代化工程为总抓手，大力推进农村改革发展，富民强村成效显著，农村环境更加宜人。如皋市大力推进特色农业发展，持续强化高标准农田建设，不断提升农业品牌竞争力，提升了农业发展质效，增强了富民强村源动力；扶大做强新型农业经营主体，更高水平实现全民创新创业，大力推动村集体经济发展，大力培育多元主体，壮大了富民强村内生力；以三产融合发展促增收，以城乡统筹发展促增收，以人居和谐发展促增收，引领农村融合发展，激发了富民强村驱动力；深入推进农村改革，扎实抓好精准扶贫，不断完善体制机制，持续深化改革创新，释放了富民强村新活力。

南通市委副书记、市长韩立明率队观摩如皋建设项目

12 月 27 日，南通市委十二届二次全体会议第一阶段，南通市委副书记、市长韩立明率队到如皋市开展产业项目建设现场观摩。如皋市领导何益军、茅红宇、高峰参加活动。

观摩组深入如皋市企业车间、项目建设现场，了解相关情况。南通明德塑胶有限公司主要从事儿童玩具、体育用品等产品研发、生产和销售，全年投资 1 亿元建设的高档塑料玩具生产扩建项目厂房已完工，正在安装设备。韩立明认真了解企业产品研发、生产等情况，希望企业不断加强技术创新和产品创新，用创新引领企业转型发展。位于如皋软件园的凌志软件如皋有限公司，现正在新开发一款身份证信息管理系统，投产后可增加营业收入 2000 万元。得知公司近 200 名员工绝大多数是年轻人、且软件工程师有 160 多人后，韩立明说，要在引进高端人才的同时，为他们创造更好的工作、生活环境，真正把南通打造成近悦远来之地。观摩组还参观了江苏赛麟汽车零部件项目建设现场。

2016 年，如皋市把项目建设作为经济发展的重中之重，大力招引优质产业项目，从早从紧推进项目建设，千方百计强化要素保障，项目建设取得了一定成效。在工作中，如皋市精心组织，完善项目推进机制；多措并举，强力促进项目建设；多管齐下，努力破解制约瓶颈；深化改革，着力提升服务效能；严格考核，激发项目投入活力。

热点聚焦

ReDian JuJiao

长寿之乡如皋百岁老人达 338 人

据如皋市老龄办最新消息，至 2015 年 12 月 31 日，如皋市百岁老人已达到 338 人，比上年增加了 35 人。

作为世界著名长寿乡，如皋长寿文化源远流长，敬老爱老蔚然成风。至 2016 年年底，如皋全市拥有总人口 143.63 万人，其中，60 周岁以上老年人口 36.51 万，占总人口 25.42%，80 周岁至 90 周岁以上高龄老人为 7 万人，占总人口 4.9%。

该市最年长的寿星是家住如皋市搬经镇梅甸村 10 组的佘文福老人，现年 112 岁。

市政协十三届五次会议召开

市政协十三届五次会议会场

黄友谊 摄

1 月 9~11 日，中国人民政治协商会议江苏省如皋市第十三届委员会第五次会议在市行政中心礼堂举行。来自全市各行各业、各条战线的政协委员肩负着光荣使命和责任，为建设“强富美高”新如皋献智出力。

市政协主席李中林，副主席魏祝明、黄文斌、张亚鸾、郑振明、钱志刚，秘书长殷高华在主席台就座。市委、市人大、市政府领导姜永华、陈晓东、谢新民、司祝建、胡拥军、吴道健、胡宏杰、马金华、蔡忠、缪小华、蒋建、刘向阳、多杰南加等，市人民法院院长、市人民检察院检察长及市政协部分老领导应邀出席。

大会开幕式和闭幕式分别由魏祝明、张亚鸾主持。

开幕式上，姜永华代表市委对大会召开表示热烈祝贺，并向大会代表通报了 2015 年全市经济、社会发展和党建工作取得的成绩，如皋市十一届十二次全体（扩大）会议审议通过的各项决议及如皋市“十三五”发展规划的要求，希望全市各级政协组织和广大政协委员继续围绕中心、服务大局，切实增强政治意识、大局意识和服务意识，进一步提高履职能力和水平，为推动全市经济社会又好又快发展再作新贡献。并表示，市委将一如既往地重视和支持政协依照章程履行职能。

受市政协十三届委员会常委会委托，市政协主席李中林向大会作工作报告。报告总结了市政协常委会在中共如皋市委的领导下，围绕市委工作中心，认真履行政治协商、民主监督、参政议政三大职能，协调关系、汇聚力量、建言献策、服务大局，为推动如皋市全面建成小康社会作出的贡献。主要表现在：一是应对经济发展新常态，助力全面小康建设；二是适应和谐社会建设新任务，持续推动民生改善；三是策应协商民主新要求，积极拓展履职空间；四是顺应作风建设新形势，不断提升履职能力。最后，李中林在报告中还提出了市政协常委会新一年工作总体要求。

受市政协十三届委员会常委会委托，市政协副主席黄文斌向大会报告市政协十三届四次会议以来提案工作情况。全年共提交提案363件，立案328件，办理答复率100%。其中，所提问题已经解决的有265件，占80.8%；列入计划予以解决的有52件，占15.8%；所提问题留作研究参考的8件，占2.4%；所提问题因客观条件限制暂不能解决的3件，占0.9%。承办件在5件以上的部门和单位集中见面汇报率达100%；对答复满意的299件，占91.2%；基本满意28件，占8.5%；不满意1件，占0.3%。提案办理工作为推动如皋市经济社会又好又快发展发挥了重要作用。

大会对2015年度政协活动先进集体和优秀政协委员，2015年度优秀提案、提案工作先进集体和先进个人进行了表彰。会议举办以"建设法治如皋"为主题的政协委员论坛，部分优秀论文作者在大会上发言。会议一致通过了市政协副主席黄文斌代表提案审查委员会所作的提案审查报告，一致通过了《中国人民政治协商会议如皋市第十三届委员会第五次会议决议》。

李中林在大会闭幕式上致辞。他说，这次会议是在全市上下深入学习贯彻市委十一届十二次全体（扩大）会议精神之际召开的一次重要的会议。会议期间，全体政协委员以高度的政治责任感和使命感，自觉弘扬良好会风，专心致志履行职责，通过提案、委员论坛、小组讨论、社情民意信息等形式，就推进经济转型升级、全面深化改革、建设法治如皋、加强文化建设、保障改善民生、保护生态环境等经济社会发展重大问题和涉及群众切身利益的实际问题，以及进一步加强政协工作、推进政协协商民主，广泛交流思想、切实增进共识、积极提出建议，充分展示了政协委员心系发展、情牵民生的时代风貌，生动体现了社会主义协商民主的生机与活力。

如皋市十六届人大五次会议召开

1月10~12日，市第十六届人民代表大会第五次会议在行政中心礼堂召开。大会开幕式应到代表405名，实到代表382名；闭幕式应到代表405名，实到381名，符合法定人数。

市十六届人大五次会议会场

黄友谊 摄

大会开、闭幕式分别由市人大常委会主任、大会主席团常务主席谢新民，市人大常委会副主任张勇主持。

开幕式执行主席由姜永华、谢新民、张元健、邵晓泉、刘聪泉、张勇、万国全、王辉（女）、石耀、朱俊、华国瑞、刘培银、杨龙、李淑云（女）、吴晓培、佘德华、张建军、季淼、胡宏杰、赵建明、费秀平、浦文海、蒋建、程德兴、缪永涛担任。

闭幕式执行主席由姜永华、谢新民、张元健、邵晓泉、刘聪泉、张勇、马金华、王晓明、司祝建、朱晓明、刘建明、孙世军、李中林、吴志华、佘鸣皋、张秀良、林凯、周荣明、胡欣荣、祝国庆、顾卫国、景雪玲（女）、喻耀辉、缪小华担任。

开幕式上，市委副书记、市长陈晓东向大会作工作报告。报告回顾了如皋市2015年各项工作。主要表现在：经济运行总体平稳。现代农业稳步推进，粮食生产实现“十二连增”；工业经济稳中向好，完成全部工业应税销售852.8亿元、增长7.3%。转型升级步伐加快。创新能力持续增强，预计全社会研发投入占GDP比重达2.5%；两化融合成效明显，改造重点信息化项目14个，总投资2851万元。改革开放扎实推进。重点改革稳妥实施，初步实现“一枚印章管审批”“一支队伍管执法”；开发开放更加深入，实现到账外资3亿美元，新批外资项目52个。城乡面貌显著变化。城市品质稳步提升，全面完成城市环境综合整治三年目标任务，建成省优秀管理城市；生态治理深入推进，农村“七位一体”长效管护工作南通领先；镇村建设成效明显，顾庄社区和朱家桥村分别被评为中国最美休闲乡村、全国美丽乡村建设试点村。人民生活持续改善。城乡居民人均可支配收入分别为34130元、15770元，增长10%、11%；保障体系不断完善，社会事业协调发展；民生实事扎实推进，改造农路农桥、提高城乡居民医疗保障水平等10件实事较好完成。社会保持和谐稳定。民主法制建设进程加快；精神文明建设不断深化；社会治理水平有效提升；政府自身建设持续加强，办理人大代表建议350件、政协委员提案328件，代表、委员满意和基本满意率分别为98%、99.6%。报告还提出了“十三五”时期如皋市国民经济和社会发展的指导思想和2016年重点抓好的六个方面工作。

会议讨论了《如皋市2015年国民经济和社会发展计划执行情况与2016年国民经济和社会发展计划（草案）的报告》《如皋市2015年财政预算执行情况和2016年财政预算（草案）的报告》和《如皋市国民经济和社会发展第十三个五年规划纲要（草案）》，通过了《关于市人民政府工作报告的决议》《关于如皋市2015年国民经济、社会发展计划执行情况和2016年国民经济、社会发展计划的决议》《关于如皋市2015年财政预算执行情况和2016年财政预算的决议》《关于〈如皋市国民经济和社会发展第十三个五年规划纲要〉的决议》《关于如皋市人大常委会工作报告的决议》《关于如皋市人民法院工作报告的决议》《关于如皋市人民检察院工作报告的决议》。

如皋市实施如通快速通道工程

根据2016年如皋市重点工程实施方案，如皋市将实施的如通快速通道由如皋城区的海阳南路向南延伸，途经高新区（城南街道）、下原镇、九华镇，终点至南通火车西站站前快速路，全线长约28.4公里（其中如皋段长约22.4公里，通州区段长约6公里），主路采用双向六车道城市快速路的建设标准，设计时速每小时100公里。这项总投资约30亿元的工程，全线封闭，不设置红绿信号灯，只在主要公路交叉设置互通。这些措施不仅确保了整条道路的通行安全，也大大缩短了通行时间。据估算，今后，如皋市市民驱车从城区出发，经过如通快速通道到南通西站只需30分钟。

如通快速通道工程实施带来的红利，还体现在推动如皋与南通城市的融合上。随着沪通大桥的建设，南通的资源集聚力和经济影响力将日益增强。南通城区经过向南发展、向东拓宽，必然还会向西北辐射，而快速通道的建设，不仅打通如皋中东部地区的南北通道，也为南通向北发展打通了关节。如通快速通道建成后，从如皋主城区可直接到达南通西站站前路，进入南通滨江高架，实现了如皋与南通快速路网的“无缝对接”，为如皋接轨南通提供了交通便利。

“美好江苏·享寿如皋”第五届旅游文化节启动

4月16日，“美好江苏·享寿如皋”第五届如皋旅游文化节启动仪式在国家AAAA级旅游景区、“天下名园”——水绘园风景区举行。来自周边主要客源地的旅行社负责人、如皋市本地旅游企业和相关部门负责人以及游客近千人参加了活动。市领导陈晓东、胡拥军、刘聪泉、缪爱诚、黄文斌出席活动。

游客争相品尝长寿食品

邱 宇摄

2016年的旅游文化节，如皋市邀请了上海、南京、无锡、盐城等地百家旅行社负责人来如深度体验，同步启动“畅游江苏寿乡行”活动，通过旅行社精准宣传推介世界长寿乡，进一步拓展市场、集聚人气，打造长三角休闲旅游养生目的地。如皋市还创新旅游宣传促销手段，充分发挥新媒体的作用，举办了“心花怒放·雉水行——我和春天约会啦”活动，精选全国各地较有影响力的旅游大V来如采风，利用微博“病毒式”传播大力宣传如皋市，提升城市知名度和美誉度。启动仪式上，新版《如皋市导游手册》首发。重新编写的导游手册，从吃、住、行、游、购、娱等方面对如皋市进行了全方位介绍，还编入了历史文化传说以及旅游法规、条例等相关内容，希望通过导游的讲解和服务，让更多的游客记住如皋、品味如皋、享受如皋，让游客对如皋留下美好的回忆。启动仪式现场，如皋市还举办了特色旅游产品展销、地方特色文艺演出、长寿养生文化专题讲座等系列活动，为广大游客和市民奉上动静相宜、丰富多彩的节庆“套餐”。

2016年“中乙”联赛在如皋鸣哨揭幕

4月17日，2016年中国足球协会乙级联赛开幕式和揭幕战在如皋奥林匹克体育中心举行。南通支云队主场迎战上海聚运动队，这是南通职业足球队迎来的首场赛事。中央电视台体育高清频道和江苏卫视体育休闲频道进行了现场直播。

中国足球协会执委、省体育局副局长刘彤，南通市委常委、宣传部部长章树山，中国足球协会联赛理事会执行局局长马成全，南通市副市长朱晋，如皋市市委书记姜永华，市委副书记、市长陈晓东等领导和来宾出席开幕式。

开幕式由中国足球协会主办，南通市人民政府、江苏省足球协会承办，如皋市人民政府、南通市体育局、南通支云足球俱乐部协办。下午5时许，开幕式正式开始，20家俱乐部队旗代表首先有序入场。充满南通特色、如皋元素的“打开春天”“南通好家园”“超越”等文体节目精彩上演。裁判员及运动员代表先后在仪式上宣誓。

章树山在开幕式上致辞。他说，南通靠江靠海靠上海、承南启北，是富有特色的江海旅游门户城市、国家历史文化名城和全国文明城市，是首批对外开放的14个沿海城市之一，堪称“中国近代第一城”。在经济社会又好又快发展的同时，南通体育事业也得到了蓬勃发展。特别是改革开放以来，南通先后在8个项目上为国家培养输送了18位世界冠军，累计夺得世界大赛金牌91项(次)，南通也因此被誉为“体育之乡”和“世界冠军摇篮”。中乙联赛是全国性重大足球赛事之一，中国足协把2016年乙级联赛开幕式放在南通举办，是对南通体育事业极大的鼓舞和信任，也为我们搭建了一个相互学习、共同促进的平台。他表示，南通将积极做好联赛的相关服务和保障工作。同时，通过承办联赛、组队参赛，进一步吸引更多的人关注足球运动、参与足球运动、热爱足球运动，共同促进足球事业的健康发展。

刘彤宣布2016年中国足球乙级联赛开幕。在随后进行的中乙联赛揭幕战中，南通支云队在一万余名家乡球迷的助威声中表现出色，从比赛进程看，完全占据上风。进攻组织、攻守转换等皆可圈可点，对手上海聚运动队依靠门将的出色发挥，化解了支云队潮水般的进攻。天道酬勤，支云队的不懈努力在下半场得到回报。第61分钟，支云队前场打出精妙配合，16号队员王斯终于抢点叩开了对手大门。这也是南通支云队在职业联赛攻入的首粒进球。最后时刻，南通支云队形成围攻之势，但是最终未能再次破门，1比0的比分保持到了终场哨响。

中国足球乙级联赛开幕式

黄友谊 摄

如皋市举行“4·23全民阅读日”暨李渔读书节活动

4月23日，如皋市举行“4·23全民阅读日”暨李渔读书节活动，充分展示近几年来书香城市建设成果，营造全民阅读浓厚氛围。市委副书记、市长陈晓东，市委常委、宣传部部长胡拥军出席活动。

几年来，如皋市以创建书香如皋为目标，遵循“政府引导、全民参与、公益普惠、平等便利”的原则，大力加强全民阅读基础设施建设，开展全民阅读活动，书香如皋建设成绩斐然。全市14个镇(区、街道)全部建成图书馆分馆，实现了通借通还；数字阅读平台建设加快推进，市政重点文化阵地、较大规模宾馆、公交车全面实现 wifi 全覆盖;“读好书、好读书”已经成为全市广大市民的自觉行动,涌现出一批叫得响、推得开的读书典型。

陈晓东说,阅读与人生相伴,文明与城市同行,此次活动围绕一个主会场和 18 个分现场同时开展,覆盖了全市上下各行各业,标志着如皋市全民阅读在更大范围、更广领域不断延伸。他要求各镇(区、街道)和全民阅读活动领导小组的成员单位切实负起组织领导责任,认真贯彻执行书香城市建设要点和全民阅读百项行动计划,大力加强传统阅读平台和新型阅读空间的建设,开展丰富多彩的全民阅读活动;广大市民朋友要投身到全民阅读活动中来,积极参与书香机关、书香企业、书香学校和书香家庭的系列创建,在阅读中培养修养、开阔眼界、汲取能量,在潜移默化的熏陶中保持宁静致远的心境,增强干事创业的信心。他强调,要以开展全民阅读活动为契机,在全市掀起新一轮的读书热潮,让阅读成为行动自觉,让书香成为如皋气质。

活动还对几年来的读书先进典型进行了表彰,并举行了好书推荐、李渔书籍首发、“书香如皋”微信公众号发布等仪式。

共青团如皋市第十七次代表大会开幕

5 月 3 日,共青团如皋市第十七次代表大会开幕。如皋市市委书记姜永华,市委副书记、市长陈晓东,共青团南通市委书记葛志娟,如皋市人大常委会主任谢新民,市委常委、组织部部长蒋建,市人大常委会副主任张元健,市政协副主席钱志刚出席大会。

市委书记姜永华在开幕式上讲话,勉励全市青年不辱使命、不负重托,脚踏实地、艰苦奋斗,自觉践行“五大发展理念”,积极投身“四个全面”和“五位一体”建设大局,施展人生抱负,挥洒辛勤汗水,成就青春梦想,在建设“强富美高”新如皋的伟大进程中书写壮丽篇章。

葛志娟代表南通团市委祝贺大会开幕。她要求如皋市各级团组织,坚持政治建团,通过有效途径,用先进文化教育青年,用时代精神引导青年,用共同理想凝聚青年;要坚持本领强团,不断提高政治敏锐性和鉴别力,找准党政关注点,找准团的切入点,突出工作关键点,推动工作取得实效;要坚持服务兴团,尊重青年的主体性,提升专业化服务能力,加强工作品牌化建设,扎实推进基层服务型团组织建设,全面提升共青团组织的社会影响力;要坚持基础立团,牢牢把握共青团改革的方向,大力推进团建创新,全面加强和改进团的自身建设。

蒋建要求全市各级团组织和广大团员青年以此次大会召开为新的起点,按照如皋市“十三五”规划描绘的宏伟蓝图,紧紧围绕市委中心工作,紧扣创新驱动、统筹协调、绿色发展、改革开放、共建共享的发展思路,把握机遇,明确使命,高扬青春旗帜,发扬光辉传统,勇敢地承担起历史赋予的重任,努力为全力打好“十三五”开局战、建设“强富美高”新如皋再立新功。

如皋团市委书记杨海鹏代表共青团如皋市第十六届委员会作了题为《高举团旗跟党走,奋发有为勇担当,为建设“强富美高”新如皋贡献青春力量》的工作报告。

会议选举产生了共青团如皋市第十七届委员会委员 29 名,候补委员 16 名,审议通过了《关于共青团如皋市第十六届委员会工作报告的决议》。

如皋市全面部署农村土地确权登记颁证工作

6月13日，如皋市召开农村土地承包经营权确权登记颁证工作动员大会，全面部署农村土地确权登记颁证工作，动员各镇(区、街道)、村(社区)、各相关部门统一思想，提高认识，落实责任，强化措施，迅速行动，积极作为，确保按时、高标准完成确权登记颁证工作任务。如皋市领导姜永华、司祝建、邵晓泉、杜永红、郑振明出席会议。

会议由如皋市副市长杜永红主持。

如皋市委书记姜永华在会上讲话时指出，土地确权登记颁证是稳定土地承包关系、完善农村基本经营制度，保护农民土地权益、赋予农民更多财产权利，促进土地流转、发展农业规模经营，完善农村治理体系、促进农村和谐稳定的重要举措。各镇(区、街道)、村(社区)要充分认识开展农村土地承包经营权确权登记颁证工作的重要意义，统一思想、提高认识，把握基本原则，严守政策底线，积极稳妥推进，把这项工作抓紧抓实，按时保质地完成任务，确保得到群众认可，经得起历史检验。他要求，一要尊重历史，保持稳定；二要依法依规，有序操作；三要认真细致，保证质量；四要依靠群众，维护权益。

如皋市委副书记司祝建在会上作动员报告。他指出，各镇(区、街道)、村(社区)、各有关部门要以科学严密的举措，认真部署实施，切实抓出成效。要坚持依法依规原则、保持稳定原则、尊重群众原则、确地为主原则、质量优先原则，严守政策底线，真正做到群众认可，经得起历史检验；要把握好前期准备、入户调查、测量制图、公示审核、登记发证、建档入库“六步走”工作流程；要突出关键环节，做到土地承包档案资料清查到位，土地承包经营权调查明晰到位，土地承包和流转合同清查完善到位，土地承包经营权登记簿建立健全到位，土地承包经营权证书颁发到位，土地承包经营权信息应用平台建设到位，确权登记颁证资料建档入库到位。

江安镇、九华镇、搬经镇负责人在会上作交流发言。当日，还举办了相关业务知识培训。

如皋市不动产产权登记正式启动

如皋市颁出第一份不动产权证书

邱　宇　摄

6月30日上午，如皋市举行不动产权证首发仪式，市委常委、常务副市长吴道健出席仪式，并为首批获颁不动产权证的产权人颁发证书。

国家建立实行不动产登记制度，有利于更好地保护权利人的不动产物权，保障不动产交易安全，维护正常的市场交易秩序；有利于厘清当事人之间的不动产权利界限，减少权属纠纷，提高登记准确性和权威性；有利于减少办证环节和登记费用，更好地服务企业和群众。

如皋市不动产登记中心负责具体办理不动产登记发证等相关业务，

业务窗口设在市行政中心礼堂北侧一楼。可办理的不动产统一登记业务为土地以及房屋等定着物的首次登记、变更登记、转移登记、注销登记、更正登记、异议登记、查封登记等。按照“不变不换”的原则，在2016年6月30日前依法颁发的各类不动产权属证书继续有效，权利不变动，证书不变换；在依法办理变更登记、转移登记等登记时，更换为新的不动产权证书。农村集体土地承包经营权登记发证工作在过渡期内仍按原渠道办理。

如皋市获评“国家生态市”称号

6月29日，环保部发出公告，授予包括如皋在内的10个地区“国家生态县(市、区)”称号。如皋市与南通市同批获得此项荣誉。

绿色，是如皋的“城市底色”；生态，是如皋孜孜以求的民生福利。如皋市始终突出生态优先发展导向，大力推进经济结构调整和发展方式转变，同步加快环境基础设施建设步伐，深入实施植树造林、农村环境综合整治、重点领域污染防治等工程，推进环保综合执法体制改革，持续开展环境执法“亮剑行动”，成效显著。围绕“立足生态，着眼经济、全面建设、综合开发”的发展思路，如皋市还大力发展循环经济、生态旅游业，倡导绿色生活方式，推广新能源微公交，推动了经济效益、生态效益、社会效益的有机统一。未来5年，如皋将以创建国家生态文明建设示范市为目标，以绿色发展为导向，以改善生态环境质量为核心，以污染防治和生态修复为重点，努力建设天更蓝、地更绿、水更清的新如皋。

中国共产党如皋市第十二次代表大会召开

7月29~30日，中国共产党如皋市第十二次代表大会在市行政中心礼堂召开。大会应到代表396名，开幕式实到376名，闭幕式实到377名，符合法定人数。何益军、陈晓东分别主持大会开幕式、闭幕式。

中共如皋市第十二次代表大会会场

黄友谊　摄

会议对陈晓东所作的题为《抢抓发展机遇期 提升综合竞争力 为争当苏中新一轮发展排头兵而努力奋斗》的报告和史有根所作的中国共产党如皋市纪律检查委员会的报告进行了审议。选举产生中共如皋市第十二届委员会、纪律检查委员会和出席中国共产党南通市第十二次代表大会的代表。通过了《中国共产党如皋市第十二次代表大会关于中国共产党如皋市第十一届委员会报告的决议》和《中国共产党如皋市第十二次代表大会关于中国共产党如皋市纪律检查委员会工作报告的决议》。

大会闭幕前，陈晓东作重要讲话。他说，中国共产党如皋市第十二次代表大会经过全体代表和与会人员的共同努力,圆满完成了大会预定的各项任务。这次代表大会，全面总结了5年来如皋市各项工作取得的辉煌成绩，客观分析了当前形势与机遇，提出了“抢抓发展机遇期、提升综合竞争力，争当苏中新一轮发展排头兵”的目标任务和工作举措。他代表大会主席团，向当选的新一届市委委员、候补委员、市纪委委员和出席南通市第十二次党代会的代表表示热烈的祝贺。

陈晓东要求,大会以后,全市各级党组织和广大党员要更加紧密地团结在以习近平同志为总书记的党中央周围,高举中国特色社会主义伟大旗帜,在省委、南通市委和中共如皋市第十二届委员会的正确领导下,团结和带领全市广大党员干部群众,进一步解放思想、攻坚克难、开拓进取、扎实工作,为全面建成小康社会、争当苏中新一轮发展排头兵、开创如皋更加美好的未来而努力奋斗。

中共如皋市第十二届委员会举行第一次全体会议

7月30日,中共如皋市第十二届委员会举行第一次全体会议。会议由陈晓东主持。会议应到市委委员37名、候补委员7名,实到市委委员37名、候补委员7名,符合法定人数。市纪委委员列席会议。

会议举手表决一致通过了缪爱诚宣读的《中共如皋市第十二届委员会第一次全体会议关于选举市委常委、书记、副书记的办法(草案)》。选举产生了中国共产党如皋市第十二届委员会常务委员会委员,市委书记、副书记。表决通过了中共如皋市纪律检查委员会第一次全体会议选举结果的报告。

中共如皋市第十二届委员会常务委员会委员名单

陈晓东　何益军　司祝建　胡拥军　马金华　缪小华　刘向阳

史有根　缪爱诚　茅红宇　祝国庆　吴　瑕(挂职)

中共如皋市第十二届委员会书记、副书记名单

书　记　陈晓东

副书记　何益军　司祝建

中共如皋市第十二届常务委员会委员合影

黄友谊　摄

如皋市成为国内首个“联合国氢经济示范城市”

8月27日，“氢经济示范城市”揭牌仪式在如皋锦都金鼎大酒店举行。商务部国际经济技术交流中心副主任肖凤怀，联合国开发计划署驻华代表处助理国别主任戈门，广东省佛山市委常委、云浮市委常委、副市长、佛山对口帮扶云浮指挥部总指挥许国，南通市委常委、副市长王剑锋，上海市科学技术委员会副主任马兴发以及如皋市领导马金华、高峰、张亚鸾出席揭牌仪式。

“氢经济示范城市”项目是联合国开发计划署以“中国燃料电池公共汽车商业化示范项目”为基础的拓展项目，旨在推动包含燃料电池汽车在内的氢能产品的全方位示范应用。作为联合国开发计划署在中国的首个“氢经济示范城市”，如皋市将以氢燃料电池汽车为切入点，通过氢燃料电池产品在工业园区、交通、消费等多领域的示范应用，加快推动我国氢燃料电池产品性能和产业化水平的提升，打造中国乃至全球知名的氢能经济之都。

肖凤怀在仪式上致辞。他说，“氢经济示范城市”项目实施目的在于开展氢能制取和应用等技术示范，开展氢能在工业园区、交通、社区、家庭、碳金融等多领域的示范应用，将如皋打造成氢能之都，在中国建立第一个“氢能城市”。他表示，商务部国际经济技术交流中心将与联合国开发计划署、如皋经济技术开发区管委会密切合作，实施好联合国开发计划署中国氢能经济示范项目。

戈门在致辞时说，在氢经济中，氢将作为主要能源以满足未来社会能源的需求。氢除了能通过燃料电池为不同的交通工具提供能源，还能作为一种能量存储介质，平衡高峰期和非高峰期的电力需求。对清洁能源需求的不断增加和氢的广泛应用，使得实现氢经济成为一件日益重要的事情，并让实现零碳经济成为可能。他希望如皋以及其他即将在氢能源领域开展的项目作为即将到来的以清洁能源为基础的氢时代的典范，促进可持续和环境友好型发展道路的建立，来推动氢经济模式在中国其他地方的成功复制和推广。

揭牌仪式前，与会人员还参观了南通百应能源公司、南通泽禾新能源科技有限公司等企业。

第16届全国老将田径锦标赛在如皋开幕

9月20日上午7时30分，由国家体育总局田径运动管理中心主办，江苏省体育局和如皋市人民政府承办的“Mlily梦百合”杯第16届全国老将田径锦标赛开幕式在市奥体中心举行。亚老联主席维瓦·维格特塔纳利斯、亚老联秘书长西瓦帕罗格萨姆·西瓦萨博、国家体育总局田径运动管理中心市场开发办公室主任李秀华、国家体育总局田径运动管理中心竞赛部副部长付维波，如皋市领导陈晓东、何益军、谢新民、茅红宇、万维庆出席开幕式。

开幕式由市委副书记、代市长何益军主持。来自全国各地的46支代表队、957名运动员将在3天的时间内参加30个比赛项目的角逐。在这些运动员中，年龄最小的35岁，最大的83岁。值得一提的是，这是如皋市第二次承办全国老将田径锦标赛，也是历届规模最大、项目最多、参赛人数最多的综合性老年体育运动会。如皋市也选派了111名田径老将参加这场体育盛事。

市委书记陈晓东在开幕式上致辞。他说，承办第16届全国老将田径锦标赛，是国家体育总局田径运动管理中心对如皋的充分信任和厚爱，是对如皋老年人体育工作的极大鼓励和鞭策，这对于今后推动全市老年人体育事业的发展，有着十分重要的意义。同时，如皋市通过承办全国老将田径锦标赛，来进一步完善功能配套、扩大城市影响，为办好2017年在如皋举行的第20届亚洲老将田径锦标赛，作洲际赛事前组织保障的检测和预演。他表示，如皋市将牢牢抓住这次难得的机遇，竭尽全力做好服务保障，努力把赛事办成一次团结、奋进、安全的盛会。同时，也将以承办此次赛事为契机，进一步营造全民健身运动和老年人体育运动的浓郁氛围，让"每天锻炼一小时、健康工作50年、幸福生活一辈子"真正成为如皋市老年人体育的指针，让"健康如皋"成为145万如皋人民的共同生活理念。

在裁判员和运动员代表宣誓之后，李秀华宣布"Mlily 梦百合"杯第16届全国老将田径锦标赛开幕。

如皋市位列全国县域经济百强24位

9月22日，由中国社会科学院财经战略研究院县域经济课题组完成的《中国县域经济发展报告(2016)》在京发布。报告显示，竞争力十强县(市)江浙占其九，如皋市跻身"全国县域经济综合竞争力100强"，位列24名。

作为国家最重要的智库之一，国家级智库中国社科院所属的财经战略研究院发布的县域经济体排名主要依据GDP、地方公共预算收入和规模以上工业企业数目等3项指标遴选，颇具权威性。报告发布了基于全国400强样本县(市)的县域经济竞争力评价指标体系和投资潜力评价体系，遴选出了2016年度全国县域经济竞争力百强县(市)和全国县域经济投资潜力百强县(市)。竞争力指县域经济对生产要素的吸引能力，同时体现在生产要素数量的集聚和生产质量的提升两个方面。

2016年以来，如皋市认真学习贯彻习近平总书记系列重要讲话精神，以"两学一做"学习教育为动力，攻坚克难，真抓实干，经济发展稳中有进，社会大局和谐稳定，"十三五"实现良好开局。如皋市始终突出"项目第一抓手"理念，一着不让抓招引、抓投入、抓会办，项目建设有序推进。在项目建设的有力带动下，上半年地区生产总值增长10.1%，位居南通第一。

如皋市举行烈士纪念日公祭

9月30日，我国第三个烈士公祭日当天，如皋市在烈士陵园隆重举行公祭活动，深切缅怀革命烈士，告慰先烈英灵。市四套班子全体领导、烈属代表、老战士代表、驻如部队官兵代表、少先队员代表，及社会各界代表650多人冒雨参加活动。

上午8时30分，公祭活动在庄严的《中华人民共和国国歌》声中开始。市委副书记、代市长何益军主持活动。

如皋是革命老区，有名可考的革命先烈就达3898人，一批又一批如皋儿女用生命谱写了一曲曲可歌可泣的壮美诗篇，用热血铸就了一座座不朽的丰碑。

市委书记陈晓东在讲话时说，缅怀先烈、祭奠忠魂，就是要学习烈士们矢志报国的理想信念，学习烈士们舍身成仁的爱国精神，学习烈士们勇于担当的高尚情怀。要把"忠爱国家、追求和平、无私无畏、舍身为民"的烈士精神，融进每一个如皋儿女的血脉，生生不息、薪火相传。站在新的历史起点上，如皋儿女要发扬英烈精神，为国家和人民利益不避艰难，奋然前行。要以创新发展、协调发展、绿色发展、开放发展、共享发展理念为引领，进一步抢抓发展机遇期，提升综合竞争力，走出一条彰显如皋区域优势的特色发展之路，为高水平全面建成小康社会、争当苏中新一轮发展排头兵、建设"强富美高"魅力如皋,谱写好中国梦的如皋篇章而努力奋斗。

公祭活动中,市交通运输局、长江镇负责人分别表态发言。市四套班子主要领导及86旅代表、烈属代表整理挽联;少先队员献唱少先队队歌《我们是共产主义接班人》。

江苏恒康家居A股主板在沪成功上市

10月13日,江苏恒康家居科技股份有限公司首次公开发行股票上市仪式在上海证券交易所隆重举行,成为如皋市首家A股主板上市企业。当天上午9时30分,市委书记陈晓东,恒康家居董事长、总经理倪张根共同敲响了上市的铜锣,标志着恒康家居成功进军资本市场,迈进一个崭新的发展阶段。上海证券交易所副总经理徐毅林、广发证券股份有限公司副总裁欧阳西及如皋市领导李中林、吴道健、司祝建、胡拥军等出席上市仪式。

陈晓东与倪张根共同敲响上市铜锣

黄友谊 摄

如皋市委副书记司祝建在仪式上致辞。市委书记陈晓东发表讲话,希望恒康家居以上市为新起点,再接再厉,再创佳绩,以优异的业绩回报投资者、回报社会,为促进地方经济转型升级、推动我国记忆绵家居产业发展作出更大贡献。恒康家居董事长倪张根表示,恒康家居成功登陆资本市场,是公司发展历程中的一个重要里程碑,也是一个新起点、新动力。此次发行募集资金将用于记忆绵床垫、枕头技改及扩产项目、研发中心扩建项目、营销网络建设项目、补充公司流动资金项目。下一步,公司将积极推进募集资金投资项目,并借助多年积累的市场优势和客户基础,进一步开发国内外市场,提升公司在行业中的竞争优势。

恒康家居公司自2003年创建以来,一直从事记忆绵家居制品的研发、生产与销售,是国内规模最大的记忆绵家居制品生产企业之一,通过十余年的发展,现已有里高家具、金睡莲科技、恒康香港、恒康塞尔维亚、美国梦百合、西班牙梦百合、法国梦百合等11家控股公司。至2016年年底,公司已逐步形成自身的核心技术,拥有专利44项,其中发明专利7项,并实现多项技术的科技成果转化,先后被评为"江苏省高新技术企业""江苏省民营科技企业""江苏省创新型企业"。据了解,恒康家居发行价为15.41元/股,首日挂牌,开盘价为22.19元/股,1秒飙升44%,直接登陆涨停板,取得开门红。

江苏九鼎新材为神舟十一制造"保暖内衣"

10月17日,搭载着神舟十一号载人飞船的长征二号F遥十一运载火箭,在酒泉卫星发射中心点火升空。火箭所用的航空航天特种玻璃纤维布,是由如皋市的江苏九鼎集团新材料股份有限公司生产的产品。

航空航天特种玻璃纤维布所用的“纺纱”，是一根根直径只有0.66毫米的玻璃丝儿，所“织”出来的玻璃纤维布强度高、保温性能好，主要用在运载火箭的液氢液氧箱体外围，是火箭名副其实的“保暖内衣”。

火箭发射的时候需要用到液氢和液氧，氢气和氧气被压缩成液态后，内部温度会降到-190℃；而在发射过程中，火箭外表经过大气摩擦，温度将超过1000℃。为应对外热内冷的状况，就必须有“保暖内衣”作为隔热保温层，九鼎新材研发的玻璃纤维布便在此时发挥了作用。

作为全球最大的玻璃纤维制砂轮增强片供应商、国家航空航天特种玻璃纤维布定点生产企业，九鼎新材一直承担着为运载火箭和航天飞船提供特种玻璃纤维布的任务。从“神一”开始，它的“秋裤”就是九鼎新材织的。也就是说，从20世纪90年代的“神一”到如今的“神十一”，近20年的时间里，九鼎新材从一块小小的“布”上见证了我国航天事业的发展历程。

九鼎集团董事长顾清波说，包括他在内，企业的员工对中国航天事业都有一种特别的情结。这种情结，是一种小的集体荣誉感，更是一种大的民族自豪感。

“如皋智造”亮相机器人界“奥运会”

企业工作人员在介绍木爷机器人的功能

沈小平 摄

10月21~25日，2016世界机器人大会在北京亦创国际会展中心开幕，由江苏木爷机器人技术股份有限公司研发的智能机器人Cooky(酷奇)和多个行业解决方案在本届大会上亮相。参展期间，中共中央政治局委员、国务院副总理刘延东莅临木爷机器人展台参观，并与公司董事长蒋化冰亲切握手交谈。

本届世界机器人大会以“共创共享共赢 开启智能时代”为主题，由北京市人民政府、工业和信息化部、中国科学技术协会共同主办，被誉为机器人界的“奥运会”。2015年8月8日，由上海木爷机器人技术有限公司投资的智能制造项目正式落户如皋经济技术开发区，填补了如皋市在智能制造方面的空白。

本次机器人大会，是木爷机器人继2016年3月和7月分别亮相于上海与北京的酒店行业博览会后的又一次力作。同年3月，木爷机器人正式发布第二代智能机器人Cooky(酷奇)，一经推出就受到各界的关注，并受到市场的广泛认可。现在Cooky(酷奇)智能机器人被广泛应用于银行、保险、政府办事大厅、餐饮、酒店、旅游等领域。木爷机器人原创专利已经超过100项，在人格化机器人、计算机视觉、脑算法、自主导航、网络通信、多传感器融合通信等方面已经构建了核心优势。

机器人大会期间，木爷机器人技术有限公司举行了“计算机视觉心理分析平台”技术发布会，发布展示了当前行业领先的、创新的机器人技术，受到行业组织领导、专家学者、企业代表的高度评价。出席活动的市委常委、经济技术开发区党工委副书记马金华告诉记者，木爷机器人精彩亮相2016世界机器人大会，标志着如皋市在发展机器人这一新兴智能制造产业方面迈出了坚实一步，将进一步推动“如皋制造”向“如皋智造”转型,全面助力产业转型升级。

陈晓东做客人民网和新浪网

10月18日,市委书记陈晓东分别走进人民网和新浪网演播室。在人民网,陈晓东围绕“两学一做”主题,向广大网友分享了如皋市把学习教育、党建工作与经济社会发展紧密结合的经验做法;在新浪网,陈晓东向广大网友介绍了如皋的经济社会发展情况,对即将召开的“一会两节”进行宣传推介。市委常委,组织部部长、统战部部长缪爱诚参加活动。

按照中央统一部署,“两学一做” 学习教育正在全国各级党组织深入开展，并取得了阶段性的成效。在介绍如皋推进“两学一做”学习教育时,陈晓东说,“两学一做”学习教育启动以来,如皋市按照中央、省委和南通市委部署要求,结合自身实际,有力有序推进全市面上的“两学一做”学习教育。一是抓组织发动,推动学习教育稳步开局。二是抓分类指导,聚焦学习教育重点任务。三是抓舆论宣传,营造学习教育浓烈氛围。四是抓督查考核,增强学习教育实际效果。在“两学一做”学习教育过程中,围绕“三主题一系列”活动,如皋市积极创设载体,充分激发了广大党员的积极性和创造性,推动广大党员向“四讲四有”合格党员靠拢。引导广大党员做标杆、勇担当;引导广大党员亮身份、树形象;引导广大党员立家规、正家风;引导广大党员学典型、见行动。

在回答“两学一做”学习教育过程中,如皋是如何将发展成果惠及最广大的人民群众,如何充分发挥党建惠民作用来保障和改善民生时,陈晓东表示,“两学一做”学习教育的落脚点在“做”字上,对县一级党委来讲要让居民收入、企业利润、财政收入“三个口袋”更加充实,解决好老百姓看病、上学、养老“三个焦点问题”,提供好生态环境、公共安全这“两大公共产品”,不断织牢民生保障网,努力让人民群众拥有更多的幸福感和获得感。

沪通公路铁路大桥通车后,如皋将迎来高铁时代,未来的如皋将是怎样的城市形态？在加强与长三角城市群融合发展、最大化融入长三角一体化格局方面,如皋有哪些思考和打算？在构建“六大产业体系”方面如皋有哪些独特的思路和举措,取得了哪些成效？在发展“大健康产业”方面,如皋有哪些思路？如皋在“十三五”未来发展的思路和发展蓝图？如皋在打造宜居之城方面的理念和做法？来到新浪网演播室,在介绍了如皋的经济社会情况后,陈晓东对上述问题一一作了解答。

在介绍高铁时代下的“如皋机会”时,陈晓东说,如皋将抢抓沪通公路铁路大桥建设的窗口期,紧紧围绕省政府批复如皋市城市总规中明确的“75平方公里68万人口”规模的中等城市建设要求,超前规划实施高铁新城建设,突出以人为核心推进城市发展,坚持高起点规划、高标准建设、高效能管理,努力将如皋打造成“枢纽之城、繁荣新城、宜居美城、文化名城、生态绿城”,切实用行动诠释“城市让生活更美好”的深刻内涵。

最近出台的《长江三角洲城市群发展规划》将如皋与昆山、江阴列为同一能级城市,但如皋的经济总量与昆山、江阴这些同能级发达城市相比,还存在一定差距。对此,陈晓东说,未来,城市之间互联互通是大势所趋,如皋市将主动顺应城市发展的“极化效应”和“扩散效应”,在交通、产业、人才、技术等方面,加强与长三角城市群融合发展,最大化融入长三角一体化大格局。

在介绍如皋市目前正在加快构建大智造、大物流、大数据、大健康、大旅游、大农业为主体的现代产业体系时,陈晓东说,如皋市坚持以“调高调优调强调绿”为导向,大力实施先进制造业与现代服务业的“双轮驱动”战略,努力构建符合如皋实际的现代产业体系。如皋市着重做了以下工作:推进大智造产业高端化发展、推进大物流产业国际化发展、推进大数据产业集聚化发展、推进大健康产业品牌化发展、推进大旅游产业特色化发展、推进大农业产业现代化发展。

作为世界长寿养生福地、中国最佳休闲小城、最具幸福感县级城市，如皋在“宜居”这方面有许多独到之处。陈晓东介绍说，“城市让生活更美好”是我们推进城市建设的价值追求，围绕这一追求，如皋市突出“人民城市为人民”的核心理念，聚焦功能、生态、治理三大重点狠抓城市转型，加快推动城市由外延型向内涵型、功能型向生态型、管理型向服务型转变，努力实现城市舒适度和居民幸福感的持续提高。

如皋市“一会两节”隆重开幕

“一会两节”开幕式会场

黄友谊　摄

10月28日，第十三届中国·如皋沿江经济洽谈会、第八届如皋·中国长寿文化节、第九届中国(如皋)花木盆景艺术节在市行政中心礼堂正式拉开帷幕。

出席开幕式的领导和嘉宾有：十届全国政协副主席张怀西，原外经贸部副部长、第十届全国政协外事委员会副主任周可仁，中国花卉协会副会长张延华，南通市委副书记、宣传部部长张兆江，南通市副市长赵闻斌，南通市政协副主席殷雄，农业部农村社会事业发展中心副主任詹慧龙，上海社会科学院副院长何建华，中国花卉报社社长周金田，国际自然医学会会长、世界长寿乡调查团团长、世界长寿乡科学认证委员会主席、医学和长寿学博士森下敬一，工业和信息化部软件与集成电路促进中心总工程师王建平，上海应用技术大学党委书记刘宇陆等。

陈晓东、何益军、谢新民、李中林、吴道健、司祝建等如皋市四套班子领导出席活动。

市委副书记、代市长何益军主持开幕式。与会人员首先观看了如皋市城市形象宣传片《如皋好》。

市委书记陈晓东在开幕式上发表致辞。他说，如皋地处长三角经济圈核心区，位居全国县域经济综合竞争力百强县(市)24强、福布斯中国大陆最佳县级城市20强，素有“江苏历史文化名城、中国花木盆景之都、世界长寿养生福地”的美誉，正成为创业者热爱、投资者汇聚、养生者向往的一方沃土。

陈晓东说，如皋是优势叠加的创业“大舞台”。如皋将与您共享“三大优势”：一是区位优势。依托沪通城际高铁和长江深水航道，如皋乘势迈入“高铁时代”“海港时代”，成为中国东部沿海大通道和长江黄金水道交汇的节点城市。二是平台优势。如皋拥有国家级经济技术开发区、国家级农业科技园区核心区、国家一类开放口岸、省级高新区，大桥建成后境内拥有12个高速道口、3个高铁站，1小时通勤圈覆盖6个国际机场,如此平台配置在全国县域板块十分鲜见。三是服务优势。作为国家级的行政审批制度改革试点城市,我们实现50个工作日内完成项目审批、3个工作日内办结证照常态化、品牌化,“全方位、保姆式”服务如您所愿、超您所想,发展软环境独具竞争力。

如皋是商机无限的投资“潜力股”。处于一带一路和长江经济带两大轴线交汇点的如皋,将与您共享“三大发展红利”:一是共享六大产业发展红利,如皋市构建的大智造、大物流、大数据、大健康、大旅游、大农业“六大现代产业”体系,集聚了德国SAP、中航、中铁、华电、大唐等一批国内外知名企业、上市公司;二是共享长三角融合发展红利,《长江三角洲城市群发展规划》将如皋与昆山、江阴等列为同能级城市,广阔的发展空间造就巨大的发展红利;三是共享高铁新城发展红利,古城如皋必将借力高铁焕发勃勃生机。

如皋是长寿宜居的养生“目的地”。作为唯一地处沿海发达地区平原地带的世界长寿乡,如皋将与您共享“皋城三美”:皋城历史之美,引人入胜,悠久的历史和杰出的人文赋予了如皋独具特色的核心竞争力;皋城长寿之美,令人神往,现有百岁以上老人338位,占比高出国际标准两倍多;皋城生活之美,让人忘返,闲暇之余,漫步皋城,醉心于美食美景,安然于民淳俗厚,收获长寿生活超凡体验。

陈晓东最后指出,如皋,古语是到水边高地的意思,水边的高地也是人才的高地、资本的高地、养生的高地。他期待大家以盛会为媒,共筑合作高地,共创人生伟业,共享百岁人生。

张兆江对如皋市“一会两节”活动的成功举办表示祝贺。他说,如皋作为世界长寿养生福地、中国花木盆景之都、南通沿江经济前沿阵地,近年来着力打造长寿、长绿、长江等城市名片,不断放大国家级经济技术开发区、国家一类开放口岸等平台优势,在县域经济发展上取得了令人瞩目的成就。特别是今年以来,如皋坚定不移抓项目、促发展,地区生产总值、工业应税销售、实际利用外资等多项指标增速位居南通前列,经济社会呈现出持续健康快速发展的良好势头。他真诚期望各位来宾多到南通和如皋走走看看,考察指导、投资兴业,一同开创更加美好的未来。

张怀西、张延华、张兆江、陈晓东共同启动“一会两节”开幕式水晶球。周可仁宣布“一会两节”正式开幕。

上海社会科学院副院长何建华围绕“如皋如歌如愿拥抱发展腾飞新机遇——千年古城迈入世界级都市圈同城新时代”这一主题,从历史、现在和未来的视角,对如皋未来发展的战略、机遇和前景进行了第三方信息发布。来自清华大学汽车产业与技术战略研究院、渤海商品交易所、工业和信息化部软件与集成电路促进中心(CSIP)的有关专家分别就新能源汽车产业发展、如皋港大宗商品交易综合服务平台建设、如皋软件园运营作了推介。

国际自然医学会对如皋市长寿现象持续高度关注,并且对如皋市的健康养生独特禀赋进行了深度研究,决定授予如皋市“国际健康养生胜地”荣誉称号。会上,森下敬一为如皋市颁授荣誉牌匾。CSIP如皋创新创业基地、渤商所长江国际交易中心、南通大学软件学院成功揭牌。

中国花木盆景产业发展论坛在如皋举行

10月28日,中国花木盆景产业发展论坛在江苏盆景博物馆(如皋绿园)举行。中国花卉协会副秘书长陈建武,副市长杜永红出席活动。

活动中,与会专家围绕盆景生产周期和市场预期、中国盆景产业发展的机遇挑战与对策研究、盆景出口为产业化发展创造良机、中国盆景产业化的得与失等话题展开交流。

中国花卉协会盆景分会执行会长施勇如希望与会代表能借助论坛这个平台,从不同角度深入探讨盆景产业化发展的新思路和新做法，盆景分会会认真总结分析，将此次论坛成果运用到今后研究工作思路、出台政策文件和编制发展规划当中，使分会制定的办法、规划和活动方案更加接地气、更具有操作性，为推动盆景产业发展作出更大的贡献。

对于专家学者来说，论坛是观点的碰撞、思想的汇聚。“此次论坛为我们提供了交流沟通的平台，我们可以利用这个平台开展技能培训，培养大量的一线技工、盆景贸易人才，让我们的盆景产业更能顺应国际市场，让更多盆景爱好者、从业者明晰未来发展方向，促进盆景产业不断发展壮大。”北京林业大学园林学院教授李庆卫说。

2016首届健康中国如皋论坛成功举办

10月29日，致力发展大健康产业的专家学者和企业界人士400余人到如皋，齐聚2016健康中国如皋论坛，围绕“大健康、大产业、大品牌、大未来”这一主题进行深入探讨。十届全国政协副主席张怀西，国际自然医学会会长、世界长寿乡调查团团长、世界长寿乡科学认证委员会主席、医学和长寿学博士森下敬一，中国工程院院士顾晓松，人民日报社江苏分社社长贺广华，省卫计委副主任徐东红，省民政厅党组成员、省老龄办主任夏春青及如皋市领导陈晓东、何益军、谢新民、吴道健、司祝建等参加活动。

本届论坛由如皋市人民政府与人民日报社江苏分社共同主办，由健康时报社承办，旨在进一步提升“世界长寿乡”的美誉度和影响力，加快推动大健康产业品牌化发展。

张怀西在讲话中强调，他期待如皋市市委、市政府继续发扬优良传统，在已有的长寿文化品牌基础上，认真对照党中央和习近平总书记的部署，围绕《“健康中国2030”规划纲要》，结合本次论坛的研究成果，坚持从“大健康”的高度出发，以基层为重点、以改革创新为动力，将健康融入所有的政策，让人民共建共享；同时抓紧制订自身健康建设的配套方案，在普及健康生活、优化健康服务、完善健康保证的政策基础上，努力推动健康环境建设、健康产业发展，为“健康中国”建设提供优秀的学习样板。

市委书记陈晓东在为活动致辞时表示，如皋作为唯一地处沿海经济发达地区、平原地带的都市文明型的世界长寿乡，千百年来延续和保持了源远流长的长寿历史、璀璨夺目的长寿文化和丰富多彩的长寿风情，是发展健康产业的天然沃土。面对千载难逢的健康中国建设风口机遇，如皋市积极放大长寿品牌效应，提前布局健康产业，成立了大健康产业发展指挥部，大力推动一二三产与大健康产业深度融合发展，奋力打造长三角健康养生目的地。陈晓东希望如皋实践能为中国健康产业持续健康发展提供可复制、可推广的有益经验，携手各路精英共同把如皋打造成中国健康产业发展的高地。

活动中，夏春青、森下敬一、顾晓松等与会嘉宾逐一走上讲坛，围绕养老服务供给侧改革、长寿现象背后的“长寿元素”、生物医药产业发展方向和市场前景等课题，与嘉宾们分享了自己的研究成果。

市委副书记、代市长何益军向嘉宾们推介了如皋市大健康产业发展规划，发布了“苏·皋长寿”农产品开发、白蒲古街特色小镇、古龙游河生态旅游度假区、健康创客中心等15个项目的项目信息。

与会嘉宾还讨论通过了《健康中国如皋论坛·如皋宣言》。“宣言”倡议构建涵盖健康服务、健康制造、健康农业、健康环境、健康文化等内容的健康产业体系，合力打造健康产业的兴盛局面；构建健康指数，促进关乎健康产业事业的人居环境、生态系统、社会保障、社会服务等支撑体系可持续发展，培育相关评价、咨询、服务、设计等健康产业门类；大力倡导健康科技的应用，提升健康服务、健康产品的技术内涵与科技含量，生产健康产业智能化产品，提供智能化健康服务；积极发展卫生、体育、民政事业，夯实全民健康基础，推进全民健身行动，促进医疗体制改革，加快构建社会化养老体系，全方位提高人民健康素质;着力促进跨界融合,在健康大数据信息采集、应用等方面寻求突破,打造集科技、教育、文化、体育、制造、商贸、管理、咨询、建设和金融等于一体的大健康产业。

如皋市"一会两节"签约一批重大项目

10月29日,第十三届中国·如皋沿江经济洽谈会、第八届如皋·中国长寿文化节、第九届中国(如皋)花木盆景艺术节项目招商成果丰硕,签订投资意向、投资协议93个。计划总投资359.6亿元,其中,内资310.1亿元,外资7.5亿美元。有21个重大产业项目集中开工,总投资132亿元。南通荣威娱乐用品有限公司出口型PVC娱乐用品项目总投资1.56亿美元,是此次开工的最大外资项目。

第十届全国政协原副主席张怀西,原外经贸部副部长、第十届全国政协外事委员会副主任周可仁等见证了如皋金秋招商的丰硕成果。南通市市委副书记、宣传部长张兆江,副市长赵闻斌,市政协副主席殷雄,如皋市委书记陈晓东参加相关活动。

全球首家刑侦科学类博物馆
——李昌钰刑侦科学博物馆开馆

李昌钰刑侦科学博物馆开馆揭牌

黄友谊 摄

11月5日,国际神探、世界著名刑侦鉴识专家李昌钰博士毕生刑侦鉴识科学成果在国内落地,全球首家刑侦科学类博物馆——李昌钰刑侦科学博物馆在如皋市正式开馆。国务院侨务办公室副主任谭天星,广东省人大常委会副主任罗娟,最高人民检察院检察技术信息研究中心主任赵志刚,江苏省委宣传部副部长、外宣办主任司锦泉,江苏省侨务办公室主任王华,江苏省人民检察院党组成员、副检察长游已春,江苏省公安厅党委副书记、省委维稳办主任陈逸中,江苏省公安厅党委委员、副厅长吴跃章,江苏省公安厅党委委员、副厅长裴军,江苏省人社厅党组成员、副厅长朱从明,江苏省纪委案件管理室主任葛夕芳,杭州市人民政府副市长谢双成,浙江警察学院党委书记、院长傅国良,南通市委常委、政法委书记姜永华,南通市副市长、公安局局长陈旭及如皋市四套班子领导、美国专家学者代表团、台湾专家学者代表团、国内政法类高校专家学者参加活动。

李昌钰刑侦科学博物馆位居如皋绿园核心位置,毗邻东方盆景园,正对如皋牡丹园。整个博物馆分李昌钰博士的成长篇、成就篇,刑侦类书籍及资料查阅区、李昌钰博士刑侦物品及藏品展示、刑侦科学发展史、刑侦类名案展示区、案件分析室、培训室、情景模拟室等功能区域。博物馆秉持李博士“使不可能成为可能”的精神,设计简洁美观;内部展陈丰富,除了传统资料展陈,幻影成像、虚拟现实影像、数字影片等先进的技术展示,指纹打印机、凶案现场模拟等新颖的展陈形式吸引了不少国内外嘉宾驻足。建成后的博物馆不仅是重要的文化旅游资源,同时也通过李昌钰参与刑侦鉴识的名案展示,成为进行鉴识科学知识普及教育、刑侦技术及设备研究的综合体。馆内案件展区特设兼具案件展示和案件分析室功能的独立空间,采用多媒体互动投影技术实现专业人士的案件课题研究,报告厅、实验室等场所设备完备,可承办青少年儿童法制讲座活动,更可作为政法、公安类高校学生和人才的实训基地。市委副书记、代市长何益军主持开馆仪式。

市委书记陈晓东在开馆仪式上致辞。他说,如皋自古以来就是一方钟灵毓秀、人杰地灵的宝土,孕育了众多人文繁星,涌现出了一批享誉海内外的知名人士,李昌钰博士便是其中的翘楚。作为世界著名的刑事鉴识专家,李昌钰博士以精湛的鉴定技术,首开以科学证据来定罪之先河,极大地提高了刑事鉴识科学在司法界的地位,成为全美第一位出任州级警界最高职位的华裔官员。由他办过的许多刑案已成为国际法庭科学界与警界的教学范例,被誉为“当代福尔摩斯”“国际神探”“现场之王”。他说,享有国际声誉的李昌钰博士,热爱祖国,心系家乡,始终以身为华人而自豪,以出生在如皋为骄傲。李昌钰博士把自己毕生的刑侦鉴识科学成果,以及珍贵藏品捐赠给家乡集中展示,更是体现了他回报桑梓、造福家乡的赤子情怀。他表示,作为世界首个刑侦科学博物馆——李昌钰刑侦科学博物馆将成为国内外刑侦鉴识的合作交流平台,专业刑侦鉴识人弘扬李昌钰博士崇尚科学、爱国爱乡精神的教育实践基地。他希望各级领导和社会各界人士共同用好这个平台,广泛开展国际间的交流研讨及合作。

谭天星在仪式上讲话。他说，李昌钰博士从事警政鉴识50多年，业绩卓著，是享誉全球的“神探”，深受业界推崇。此次李昌钰博士将个人精心收藏的珍贵书籍、文献档案无私捐赠给家乡如皋，设立世界上第一所刑侦科学博物馆，是他对国际刑侦事业的一大贡献，表达了对祖籍国和家乡的真挚情感。李昌钰博士是海外华侨华人的杰出代表，是美国华侨华人的骄傲，也是如皋市的骄傲。他希望参加博物馆开馆仪式的华侨华人继续努力，继续为中外友好，为实现中华民族伟大复兴的“中国梦”作出新贡献。

仪式上,李昌钰博士发表了演讲;举行了有关物品捐赠仪式;谭天星、李昌钰夫妇、陈晓东共同为李昌钰刑侦科学博物馆揭牌。开馆仪式结束后,李昌钰还接受了媒体的集中采访。

如皋市位列全国综合实力百强县市第27位

11月7日，中小城市经济发展委员会等单位联合发布了第十二届中国中小城市科学发展指数研究成果,“2016年度中国中小城市综合实力百强县市”“综合实力百强区”“建制镇综合实力前100强”等榜单出炉。其中,江苏20个县市入列“全国综合实力百强县市”,总数位居第一。南通地区占5席,分别为海门(22位)、如皋(27位)、海安(30位)、启东(36位)、如东(49位)。如皋市入围“综合实力百强县市”第27位。

在“创新创业(双创)百强县市”中,南通有5个县市上榜,分别为:启东(11位)、海门(20位)、如皋(21位)、如东(32位)、海安(34位)。如皋市入围第21位

在“新型城镇化质量百强县市”中,南通有5个县市上榜,分别为:海门(27位)、启东(38位)、海安(49位)、如皋(73位)、如东(88位)。如皋市入围第73位。

如皋荣登全国县域经济与基本竞争力百强县第23位

12月16日，全国县域经济专门研究机构——社会智库中郡研究所发布第十六届县域经济与县域基本竞争力监测评价结果，如皋市列全国县域经济与县域基本竞争力百强县第23位，较上一年上升了3个名次。

据统计，前三季度，全市实现地区生产总值658.61亿元，同比增长10.0%。其中，一产增加值36.90亿元，增长2.1%；二产增加值327.97亿元，增长10.0%；三产增加值293.74亿元，增长11.3%。GDP增速从2015年以来逐季走高，继2016年一季度重返10.0%，上半年提高到10.1%后，前三季度仍然达到10.0%，分别高于全国、全省和南通3.3、1.9和0.5个百分点，在南通六县（市、区）位居第一，是唯一继续保持两位数增长的县（市）。

排序	县域经济单位	竞争力等级	县域经济部分指标				县域经济主体功能区			县域发展指数		
			经济增长率等级	居民收入增长率等级	投资增长率等级	消费增长率等级	类型	绩效指数	绩效指数排序	创新活力指数等级	民生建设指数等级	绿色发展指数等级
1	江苏江阴市	A+级	A级	A级	A-级	A-级	优化开发	85.90	优2	A+级	A+级	A+级
1	江苏昆山市	A+级	A级	A级	C级	A级	优化开发	89.26	优1	A+级	A+级	A+级
2	江苏张家港市	A+级	A级	A级	C级	A-级	优化开发	79.20	优8	A+级	A+级	A+级
3	江苏常熟市	A+级	A级	A级	C级	A-级	优化开发	81.84	优5	非B级	A+级	A+级
4	江苏太仓市	A+级	A级	A级	C级	A-级	优化开发	80.78	优7		非B级	
5	福建晋江市	A+级	A级	A级	A+级	A级	重点开发	82.82	重5	A+级	A+级	A+级
6	江苏宜兴市	A+级	A级	A-级	A-级	A-级	优化开发	76.16	优11	A+级	A+级	A+级
7	湖南长沙县	A+级	A级	A级	A+级	A+级	重点开发	83.14	重3	A+级	A+级	A+级
8	浙江慈溪市	A+级	A级	A级	A级	A级	优化开发	78.89	优9		非B级	
9	浙江义乌市	A+级	A级	A级	A级	A级	重点开发	84.27	重2		非B级	
10	山东龙口市	A+级	A级	A级	A级	A级	优化开发	81.62	优6	A+级	A+级	A+级
11	山东即墨市	A+级	A+级	A级	A级	A级	优化开发	71.60	优22		非B级	
12	内蒙古准格尔旗	A+级	A级	A级	A级	A-级	重点开发	73.87	重67		非B级	
13	浙江诸暨市	A+级	A级	A级	A级	A级	重点开发	78.45	重28		非B级	
14	浙江余姚市	A+级	A级	A级	A-级	A-级	优化开发	82.21	优4		非B级	
15	江苏丹阳市	A+级	A级	A级	A+级	A级	优化开发	73.84	优17		非B级	
16	山东胶州市	A+级	A级	A级	A级	A级	优化开发	75.08	优14		非B级	
17	山东滕州市	A+级	A级	A级	A级	A级	重点开发	74.60	重63		非B级	
18	江苏海门市	A+级	A级	A级	A级	A-级	重点开发	84.85	重1		非B级	
19	湖南浏阳市	A+级	A+级	A级	A+级	A+级	重点开发	83.11	重4	A+级	A+级	A+级
20	山东荣成市	A+级	A级	A级	A级	A级	优化开发	75.88	优12		非B级	
21	陕西神木县	A+级	A-级	A级	A-级	B级	重点开发	75.11	重59		非B级	
22	山东寿光市	A+级	A级	A级	A级	A级	优化开发	74.07	优15		非B级	
23	江苏如皋市	A+级	A级	A级	A级	A-级	重点开发	81.98	重7	A+级	A+级	A+级
24	江苏启东市	A+级	A级	A级	A-级	A-级	重点开发	79.16	重25		非B级	
25	江苏靖江市	A+级	A级	A级	A++级	A-级	重点开发	79.49	重22	A+级	A+级	A+级

全国县域经济与县域基本竞争力百强县排名榜

北外附属如皋龙游湖外国语学校开工

12月16日，北外附属如皋龙游湖外国语学校正式破土动工。这标志着如皋市教育事业在与国际接轨、充实民办力量满足群众多样化需求等方面迈出了坚实的步伐。北京外国语大学校长彭龙、副校长贾德忠与如皋市领导陈晓东、何益军、吴道健、缪爱诚、钱志刚、万维庆一起为项目培土奠基。

北京外国语大学校长彭龙（左二）与市领导一起为项目培土奠基

北外附属如皋龙游湖外国语学校位于高新区（城南街道）城东路南侧、凰台路东侧、双龙路北侧，总用地面积22万平方米，总投资8亿元。学校涵盖幼儿园、小学、初中、普通高中和国际高中，办学规模暂定 2550 人，将开设国际化课程，从多方面培养学生的学习能力和在国外大学就读的适应能力，同时利用北京外国语大学的国际资源为学子就读国际名校提供“绿色通道”。

北京外国语大学是全国外语类高等院校中历史最悠久、教授语种最多、办学层次齐全的全国重点大学、领军大学，被誉为“共和国外交官的摇篮”。市委书记陈晓东在奠基仪式上说，与北外的合作，让如皋倍感荣幸，也倍感珍惜。一方面因为当前如皋市面临的交通新格局，需要我们不断增加品质一流、含金量高的城市功能配套，以策应人口导入型城市规划，吸引更多优质外来人口，培养更多国际人才；另一方面，高质量的教育品牌是提升区域竞争力的重要助力，建设一所高境界、高起点、高品质的民办国际学校，已经成为完善城市功能的当务之急。如今，北外附属如皋龙游湖外国语学校的建设，策应了如皋市拥抱“高铁时代”“海港时代”，融入上海大都市圈的战略构想，将助推城市功能配套和教育架构体系的完善，进一步提升城市的知名度、美誉度和影响力。

陈晓东希望学校能够秉承“兼容并蓄、博学笃行”的北外校训，瞄准全国一流民办国际学校的目标，立足国际视野、面向学生未来，充分发挥北外品牌及资源优势，在硬件设施建设及软件配备方面做优做精做强，加快如皋市教育国际化进程。他同时要求市各相关部门、高新区（城南街道）和投资方不断增强责任意识、时点意识，积极主动作为，加强协调配合，将学校建成集聚人气的宝地、提升教育内涵的品牌与加强对外交流的名片。他希望施工单位和监理单位精心组织施工，加强工程管理，做到高标准定位、高质量建设、高要求验收，确保如期完成建设任务。

将教育资源向经济发达地区、文化底蕴深厚地区的基础教育辐射，是北京外国语大学作出的一项非常谨慎的战略部署。缘何选择如皋？彭龙作出了解释，是如皋的城市发展战略和发展愿景吸引了他们。一直以来，北京外国语大学的成长命运都是与国家的命运紧密相连，5 年后学校开设的教学语种将超 100 种，并孵化出多种复合型专业，培养出更多复合型人才、高层次人才，成为中国外语教育的引领者、推动世界文明多样化发展的基地以及将中华民族优秀传统文化向世界传播的基地。他坚信，北外的资源、一流的硬件条件加上如皋市委、市政府的支持，北外附属如皋龙游湖外国语学校一定会成长为一所特别的学校、顶级的学校，成为教育国际化的引领者，拥有辉煌的未来。

如皋市再次蝉联“中国百强公益慈善城市”

12 月 26 日上午，中国慈善联合会在北京发布第四届“中国城市公益慈善指数”，揭晓了“中国城市公益慈善百强榜”。如皋市榜上有名，名列第 66 位。这是继 2012 年、2014 年连续两届荣获“中国百强公益慈善城市”称号之后，如皋市第 3 次获此殊荣。

第四届“中国城市公益慈善指数”以城市为研究对象，对全国 256 个直辖市、地级市和县级市 2014 年至 2015 年间城市慈善发展水平进行评价。本届城市慈善指数样本城市涵盖大陆地区 87.5%的省、市、自治区，约 39%的县级以上城市，覆盖人口达 7.70 亿人，占总人口 56%左右，样本具有一定的代表性。本届的评价体系沿用往届基本框架，通过对城市社会捐赠、志愿服务、慈善组织、慈善经济贡献、政府对慈善事业的支持、城市慈善文化 6 个方面，规模、结构、贡献、可持续性 4 个维度，共 51 个指标进行综合计算，为各个城市评定指数得分。据悉，本届指标做了 4 项调整。其一是将一级指标“慈善组织”中的二级指标增加一项“社区社会服务机构数量”；其二是在一级指标“慈善文化”中，增加了动态监测和实地考察的评估权重；其三是适当调整了比例、人均指数的权重，以此尽量减少不同城市等级、规模给评估带来的影响，使评估结果更加客观公正；其四是以增长率考察城市慈善事业的可持续性。城市公益慈善指数统计分析结果表明，我国城市慈善事业总体发展态势良好，捐赠总额稳步增长,志愿者队伍不断壮大，社会组织发展迅速。

如皋“微心愿”活动助困难群体圆梦

顾洪基 摄

“中国城市公益慈善指数”是由民政部主管的中民慈善捐助信息中心编制发布，每两年发布一次。这套对城市慈善事业发展水平进行综合监测和科学评价的指标体系，被业界形象地称为“城市爱心 GDP”。

如皋市慈善事业起步较早。多年来，市委将慈善事业列入文明城市创建的重要内容，将每年的 11 月定为“爱心捐赠月”；慈善会先后策划实施了 20 多个济困项目，10 余万贫困者受到救助；各类冠名慈善基金纷纷设立，扶贫济困、传递爱心；10 余万志愿者们服务社会、奉献爱心……基本形成了以“爱心邮路”为开端，“爱心基金”为基础，“爱心超市”为窗口，“爱心大使”为示范的“爱心城市”建设体系，为创建中国百强公益慈善城市打下了坚实的基础。

中共如皋市委十二届三次全体(扩大)会议召开

12 月 30 日，市委十二届三次全体（扩大）会议在市行政中心礼堂召开。市领导陈晓东、何益军、谢新民、李中林、吴道健、司祝建、胡拥军、马金华、缪小华、刘向阳、史有根、缪爱诚、茅红宇、祝国庆、吴瑕在主席台就坐。

市委副书记、代市长何益军主持会议。

市委书记陈晓东代表市委常委会向大会作题为《创新转型、聚焦富民，努力走在南通全面建成小康社会前列》的工作报告。报告分为四个部分：2016 年工作回顾、2017 年工作目标思路、2017 年主要工作举措、坚定不移推进全面从严治党。与会人员分组讨论并审议了此工作报告。

2017 年总体要求：按照中央和省市决策部署，深入贯彻习近平总书记系列重要讲话精神，坚持稳中求进工作总基调，牢固树立和贯彻落实新发展理念，适应把握引领经济发展新常态，以提高发展质量和效益为中心，以推进供给侧结构性改革为主线，以六大指挥部为抓手，致力推动先进制造业与现代服务业“双轮驱动”，创新转型、聚焦富民，推动各项事业发展和全面从严治党迈上新台阶，努力走在南通全面建成小康社会的前列。

2017 年重点抓好 5 个方面的工作：（一）聚力转型升级，提升经济增长新质效；（二）聚力改革创新，增强转型发展新动能；（三）聚力统筹协调，构筑城乡发展新格局；（四）聚力绿色发展，彰显生态宜居新形象；（五）聚力共享富民，谱写民生幸福新篇章。

如皋市委十二届三次全体（扩大）会议会场

黄友谊 摄

经过认真酝酿、讨论，出席这次全会的市委委员以举手表决的方式，一致通过了《中国共产党如皋市第十二届委员会第三次全体（扩大）会议决议》。

会议结束前，何益军就贯彻落实会议精神强调，一要强化重点支撑，确保实现工业经济“开门红”。二要坚持从早从紧，继续加大项目招引建设力度。三要把控关键环节，均衡推进六大指挥部工作。何益军最后强调，要严格执行廉洁自律规定，严肃财经纪律，确保廉洁过节、文明过节。

新闻人物

XinWen RenWu

中国共产党如皋市第十二届委员会常务委员会委员

陈晓东

男，汉族，江苏启东人，1969 年 7 月生，研究生文化程度，博士学位，1995 年 9 月加入中国共产党，现任如皋市委书记。

1986 年 9 月~1990 年 8 月，在扬州师范学院（南通师专本科班）中文系学习；

1990 年 8 月~1991 年 8 月，任启东市大江中学教师；

1991 年 8 月~1992 年 9 月，任江苏省启东中学教师；

1992 年 9 月~1993 年 9 月，任江苏省启东中学团委副书记；

1993 年 9 月~1995 年 9 月，任江苏省启东中学团委书记；

1995 年 9 月~1996 年 8 月，任江苏省启东中学团委书记兼政教处副主任；

1996 年 8 月~1997 年 8 月，任江苏省启东中学校长助理（其间，1995 年 11 月~1997 年 7 月，在苏州大学中文教育专业研究生课程进修班学习结业）；

1997 年 8 月~1997 年 11 月，任启东团市委副书记、党组书记；

1997 年 11 月~1998 年 10 月，任启东团市委书记、党组书记；

1998 年 10 月~1999 年 1 月，任启东市惠和乡党委副书记、代乡长；

1999 年 1 月~2000 年 2 月，任启东市惠和乡党委副书记、乡长；

2000 年 2 月~2000 年 11 月，任南通团市委副书记、党组成员；

2000 年 11 月~2002 年 5 月，任南通团市委副书记、党组成员，市青联主席；

2002 年 5 月~2003 年 8 月，任南通团市委副书记、党组副书记，市青联主席；

2003 年 8 月~2007 年 11 月，任南通团市委书记、党组书记（其间，2002 年 9 月~2005 年 7 月，在中央党校经济管理专业研究生学习毕业）；

2007 年 11 月~2009 年 9 月，任南通经济技术开发区党工委副书记、管委会副主任；

2009 年 9 月~2011 年 7 月，任南通经济技术开发区党工委副书记、管委会副主任，苏通科技产业园综合管理办公室常务副主任（其间，2005 年 9 月~2010 年 12 月，在扬州大学中国古代文学专业在职研究生学习，获博士学位）；

2011 年 7 月~2012 年 12 月，任南通经济技术开发区党工委副书记、管委会副主任，苏通科技产业园综合管理办公室主任；

2012 年 12 月~2013 年 1 月，任如皋市委副书记、市人民政府副市长、代市长；

2013 年 1 月~2016 年 6 月，任如皋市委副书记、市人民政府市长、党组书记；

2016 年 6 月~2016 年 7 月，任如皋市委书记、市人民政府市长；

2016年7月起，任如皋市委书记。

江苏省第十二届人大代表，中共南通市第十届委员会委员、第十一届委员会候补委员，南通市第十、十一次党代会代表，南通市第十二、十三、十四届人大代表，政协南通市第九届委员会委员，中共如皋市第十一届委员会委员，如皋市第十一次党代会代表，如皋市第十六届人大代表。

何益军

男，汉族，江苏句容人，1973年7月生，大学文化程度，硕士学位，1994年1月加入中国共产党，现任如皋市委副书记，市人民政府代市长、党组书记。

1990年9月~1994年6月，进入扬州大学农学院植保专业大学学习；

1994年8月~1997年9月，任南通市港闸区房地产开发公司办公室副主任；

1997年9月~1998年9月，任南通市港闸区房地产开发公司、南通市城镇房地产开发公司总经理助理（其间：1995年4月~1998年12月，在南京大学自学考试经济管理专业本科学习）；

1998年9月~2001年5月，任南通市港闸区团委副书记（主持工作）；

2001年5月~2001年11月，任南通市港闸区团委书记；

2001年11月~2001年12月，任南通市港闸区团委书记、港闸区闸西乡党委副书记；

2001年12月~2003年3月，任南通市港闸区闸西乡党委副书记（正科）；

2003年3月~2005年1月，任南通市港闸区闸西乡党委副书记、乡长；

2005年1月~2005年3月，任南通市港闸区陈桥乡党委书记；

2005年3月~2006年8月，任南通市港闸区陈桥乡党委书记、人大主席（其间：2003年4月~2005年12月，在扬州大学农学院农业推广专业学习，取得硕士学位）；

2006年8月~2007年1月，任南通市港闸区陈桥乡党委书记、乡长；

2007年1月~2007年12月，任南通市港闸区陈桥乡党委书记；

2007年12月~2008年12月，任南通市港闸区陈桥乡党委书记、人大主席；

2008年12月~2009年3月，任南通市港闸区陈桥乡党委书记；

2009年3月~2009年9月，任南通市港闸区陈桥街道党工委书记；

2009年9月~2010年9月，任南通市城乡建设局副局长、党组成员（试用期一年）；

2010年9月~2016年6月，任南通市城乡建设局副局长、党组成员；

2016年6月~2016年7月，任如皋市委副书记，市人民政府市长人选；

2016年7月起，任如皋市委副书记，市人民政府副市长、代市长、党组书记。

南通市第十一次党代会代表，南通市港闸区第七、八届人大代表，南通市崇川区第八届人大代表，中共如皋市第十一届委员会委员。

司祝建

男，汉族，江苏如皋人，1964年3月生，中央党校、省委党校研究生文化程度，1990年12月加入中国共产党，现任如皋市委副书记。

1983年9月~1986年7月,在南通师专生化专业大专学习；

1986年8月~1992年5月,任如皋中学教师、团委副书记、书记；

1992年5月~1998年4月,任共青团如皋市委副书记(其间:1993年8月~1995年12月,在中央党校经管专业本科学习)；

1998年4月~2000年4月,任如皋市东陈镇党委副书记、镇长；

2000年4月~2002年8月,任如皋市东陈镇党委书记(其间:1998年11月~2000年12月苏州大学世界经济专业研究生课程进修班学习结业)；

2002年8月~2002年11月，任如皋市委宣传部副部长、如皋日报社社长、党组书记；

2002年11月~2003年1月，任如东县委常委；

2003年1月~2006年6月，任如东县委常委、宣传部部长；

2006年6月~2010年2月,任如东县委常委、组织部部长(其间:2004年9月~2007年7月省委党校企业管理专业研究生学习毕业;2004年9月~2007年7月中央党校经济管理专业研究生学习)；

2010年2月~2011年6月，任如皋市委常委、市人民政府副市长；

2011年6月~2012年1月，任如皋市委常委、市人民政府常务副市长、党组副书记；

2012年1月~2012年3月，任如皋市委副书记、市人民政府副市长、党组副书记；

2012年3月起，任如皋市委副书记。

中共如皋市第九、十一届委员会委员，如皋市第十五、十六届人大代表。

胡拥军

男，江苏如皋人，1974年12月生，省委党校研究生文化程度，1998年3月加入中国共产党，现任如皋市委常委，市人民政府常务副市长、党组副书记。

1989年8月~1992年7月，任如皋师范普师专业学习；

1992年8月~1995年8月，任如皋市磨头小学教师；

1995年8月~1998年4月,任如皋市磨头蔡庄小学副校长、校长(其间:1996年6月,江苏教育学院小学教育专业自考大专学习)；

1998年4月~2001年12月，任如皋市磨头中心小学校长（其间：1995年9月~1998年7月，在南通教育学院教育管理专业函授大专学习；2001年12月，在江苏教育学院教育管理专业自考本科学习)；

2001年12月~2003年9月,任如皋市委办公室信息科工作人员；

2003 年 9 月~2004 年 2 月，任如皋市委办公室党群科副科长；

2004 年 2 月~2004 年 3 月，任如皋市委办公室督查科科长；

2004 年 3 月~2004 年 12 月，任如皋市委办公室副科级秘书、督查科科长；

2004 年 12 月~2005 年 12 月，任如皋市委办公室副主任；

2005 年 12 月~2007 年 12 月，任如皋市长江镇党委书记；

2007 年 12 月~2008 年 3 月，任如皋市政府办公室主任、党组书记；

2008 年 3 月~2008 年 12 月，任如皋市政府党组成员、市政府办公室主任、党组书记；

2008 年 12 月~2009 年 9 月，任如皋市委办公室主任（其间：2006 年 10 月~2009 年 7 月，在江苏省委党校世界经济专业研究生学习）；

2009 年 9 月~2010 年 9 月，任如皋市委办公室主任、市接待办公室党组书记；

2010 年 9 月~2010 年 12 月，任如皋市委常委、政法委书记、市委办公室主任、市接待办公室党组书记，市依法治市领导小组办公室主任；

2010 年 12 月~2011 年 6 月，任如皋市委常委、政法委书记，市依法治市领导小组办公室主任；

2011 年 6 月~7 月，任如皋市委常委、宣传部部长；

2011 年 7 月~8 月，任如皋市委常委、宣传部部长，市人民政府副市长人选；

2016 年 8 月起，任如皋市委常委，市人民政府常务副市长、党组副书记。

南通市第十次党代会代表，南通市第十三届人大代表，中共如皋市第十届、十一届、十二届委员会委员，如皋市第十次、十一次、十二次党代会代表，如皋市第十五届、十六届人大代表。

马金华

男，江苏如皋人，1966 年 3 月生，省委党校研究生文化程度，1990 年 7 月加入中国共产党，现任如皋市委常委、如皋经济技术开发区党工委副书记（负责党工委日常工作）、城北街道党工委书记。

1986 年 9 月~1988 年 8 月，在南通师范专科学校中文系文秘专业学习；

1988 年 8 月~1992 年 6 月，任如皋县市黄市乡统计助理；

1992 年 6 月~1993 年 5 月，任如皋市黄市乡党委秘书；

1993 年 5 月~1994 年 3 月，任如皋市黄市乡组织委员；

1994 年 3 月~1996 年 10 月，任如皋市黄市乡组织委员（副科级）；

1996 年 10 月~1997 年 2 月，任如皋市何庄乡组织委员；

1997 年 2 月~1998 年 11 月，任如皋市何庄乡组织委员、副乡长；

1998 年 11 月~1999 年 1 月，任如皋市何庄乡党委副书记，主持乡政府工作；

1999 年 1 月~2000 年 4 月，任如皋市何庄乡党委副书记、乡长；

2000 年 4 月~2000 年 10 月，任如皋市搬经镇党委副书记、行政工作组组长；

2000 年 10 月~2001 年 10 月，任如皋市搬经镇党委副书记、镇长（其间，1998 年 8 月~2000 年 12 月，在中央党校函授学院经济管理专业学习，取得大学学历）；

2001 年 10~2003 年 7，任如皋市下原镇党委书记（其间，2001 年 2 月~2002 年 1 月，在江苏省委党校第 11 期青年干部培训班学习；2002 年 2 月~2003 年 7 月，在江苏省委党校行政学院政治经济学方向经济管理专业学习，取得研究生学历）；

2003 年 7 月~2004 年 12 月，任如皋市下原镇党委书记、人大主席；

2004 年 12 月~2005 年 12 月，任如皋市下原镇党委书记；

2005 年 12 月~2006 年 12 月，任如皋港经济开发区党工委副书记、管委会常务副主任(正科职)；

2006 年 12 月~2008 年 1 月，任如皋港经济开发区党工委副书记、管委会主任；

2008 年 1 月~2008 年 12 月，任如皋市长江镇党委书记、如皋港区党工委副书记、管委会主任；

2008 年 12 月~2009 年 9 月，任如皋经济开发区党工委副书记，如皋市柴湾镇党委书记、人大主席；

2009 年 9 月~2009 年 12 月，任如皋经济开发区党工委副书记、管委会主任，如皋市柴湾镇党委书记、人大主席；

2009 年 12 月~2011 年 6 月，任如皋经济开发区党工委副书记、管委会主任；

2011 年 6 月~2012 年 2 月，任如皋市委常委、如皋经济开发区党工委副书记、管委会主任；

2012 年 2 月~2012 年 5 月，任如皋市委常委、如皋经济开发区党工委副书记（其间，2009 年 9 月~2012 年 5 月明确为如皋经济开发区考核负责人）；

2012 年 5 月~2014 年 8 月，任如皋市委常委、如皋经济开发区党工委书记；

2014 年 8 月~2015 年 1 月，任如皋市委常委、如皋经济技术开发区党工委副书记、管委会副主任（负责管委会日常工作，明确为正处职）；

2015 年 1 月~2016 年 5 月，任如皋市委常委、如皋经济技术开发区党工委副书记、管委会副主任（负责管委会日常工作）、城北街道党工委书记；

2016 年 5 月起，任如皋市委常委、如皋经济技术开发区党工委副书记（负责党工委日常工作）、城北街道党工委书记；

南通市第十一次党代会代表，中共如皋市第十一届委员会委员，如皋市第九、十、十一次党代会代表，如皋市第十四、十五、十六届人大代表。

缪小华

男，江苏如皋人，1963 年 11 月生，省委党校研究生文化程度，1987 年 1 月加入中国共产党，现任如皋市委常委、政法委书记。

1979 年 9 月~1981 年 7 月，在南通供销学校财会专业中专学习；

1981 年 7 月~1982 年 1 月，任如皋县交通局工程队会计；

1982 年 1 月~1984 年 3 月，任如皋县统计局办事员；

1984 年 3 月~1988 年 6 月，任如皋市统计局农业股副股长（其间，1985 年 9 月~1987 年 7 月南通工业管理干部学院财会专业大专脱产学习）；

1988 年 6 月~1994 年 3 月，任共青团如皋市委副书记（其间：1988 年 9 月~1991 月年 7 月省委党校外经专业本科学习）；

1994 年 3 月~1996 年 10 月，任共青团如皋市委书记；

1996 年 10 月~2000 年 4 月，任如皋市戴庄乡党委书记；

2000 年 4 月~2001 年 1 月，任如皋市柴湾镇党委书记；

2001 年 1 月~2007 年 11 月，任海安县人民政府副县长、党组成员（其间，2000 年 3 月~2002 年 12 月省委党校政治经济学专业研究生学习）；

2007 年 11 月~2010 年 4 月，任南通市房产管理局副局长、党组成员；

2010 年 4 月~2011 年 6 月，任南通市住房保障和房产管理局副局长、党组成员；

2011 年 6 月~2012 年 1 月，任如皋市人民政府副市长、党组成员；

2012 年 1 月~2012 年 3 月，任如皋市委常委、政法委书记，如皋市人民政府副市长、党组成员；

2012 年 3 月起，任如皋市委常委、政法委书记；

中共如皋市第八、十一届委员会委员，如皋市第八、十一次党代会代表，如皋市第十六届人大代表，中共海安县第十、十一届委员会委员。

刘向阳

男，江苏如皋人，1968 年 7 月生，大学文化程度，1994 年 5 月加入中国共产党，现任如皋市委常委、如皋工业园区党工委书记、如城街道党工委书记、如皋市长寿旅游度假区党工委书记。

1985 年 9 月~1989 年 7 月，在江苏农学院农学系农学专业大学学习；

1989 年 8 月~1991 年 4 月，任如皋县邓园乡农技站农技员；

1991 年 4 月~1992 年 5 月，任如皋县城西区工委农技员；

1992 年 5 月~1994 年 5 月，任如皋市丁西乡科技助理；

1994 年 5 月~1994 年 8 月，任如皋市农业局农技推广中心技术干部；

1994 年 8 月~1998 年 11 月，任如皋市扶贫办秘书（借用）；

1998 年 11 月~2000 年 2 月，任如皋市搬经镇党委宣传委员；

2000 年 2 月~2000 年 3 月，任如皋市搬经镇党委宣传委员、副镇长；

2000 年 3 月~2000 年 4 月，任如皋市搬经镇副镇长；

2000 年 4 月~2000 年 10 月，任如皋市搬经镇行政工作组成员；

2000 年 10 月~2001 年 10 月，任如皋市搬经镇副镇长；

2001 年 10 月~2002 年 1 月，任如皋市搬经镇党委副书记、镇长候选人；

2002 年 1 月~2004 年 12 月，任如皋市搬经镇党委副书记、镇长；

2004 年 12 月~2005 年 1 月，任如皋市搬经镇党委书记；

2005 年 1 月~2005 年 3 月，任如皋市搬经镇党委书记、人大筹备组组长；

2005 年 3 月~2009 年 9 月，任如皋市搬经镇党委书记、人大主席；

2009 年 9 月~2013 年 6 月，任南通市委农村工作办公室副主任；

2013 年 6 月~2013 年 7 月，任如皋市委常委；

2013 年 7 月~2013 年 12 月，任如皋市委常委，如城街道党工委书记、如城工业区党工委书记、如城顾庄生态园党工委书记；

2013年12月~2015年1月，任如皋市委常委、如皋工业园区党工委书记、如城街道党工委书记；

2015年1月起，任如皋市委常委、如皋工业园区党工委书记、如城街道党工委书记、如皋市长寿旅游度假区党工委书记。

中共如皋市第十届委员会候补委员、第十一届委员会委员，如皋市第十、十一次党代会代表，如皋市第十五、十六届人大代表，政协如皋市第十一届委员会委员。

史有根

男，江苏海安人，1968年7月生，中央党校大学文化程度，1993年5月加入中国共产党，现任如皋市委常委、市纪委书记。

1986年9月~1989年7月，在江苏会计专科学校工业会计专业学习；

1989年8月~1994年3月，任海安县审计师事务所办事员；

1994年3月~1995年7月，任海安县审计师事务所副所长；

1995年7月~1996年8月，任海安县审计师事务所所长（其间，1995年8月海安县审计局局长助理）；

1996年8月~1996年11月，任海安县审计局党组成员、副局长；

1996年11月~1997年11月，任海安县张垛乡党委副书记（其间，1997年7月~1997年11月，任陕西省彬县挂职县长助理）；

1997年11月~1998年12月，任海安县团县委副书记；

1998年12月~2000年1月，任海安县团委书记（其间，1997年8~1999年12中央党校经济管理专业本科学习）；

2000年1月~2000年2月，任海安县雅周镇党委副书记；

2000年2月~2001年10月，任海安县雅周镇党委副书记、镇长；

2001年10月~2002年12月，任海安县角斜镇党委书记；

2002年12月~2003年7月，任海安县角斜镇党委书记、镇长；

2003年7月~2004年6月，任海安县角斜镇党委书记；

2004年6月~2004年8月，任海安县纪委副书记、角斜镇党委书记；

2004年8月~2005年5月，任海安县纪委副书记；

2005年5月~2010年9月，任海安县纪委副书记、监察局局长；

2010年9月~2010年12月，任南通市纪委、监察局案件监督管理室正科长级副主任(主持工作)；

2010年12月~2016年6月，任南通市纪委、监察局案件监督管理室主任（副处级）；

2016年6月起，任如皋市委常委、市纪委书记。

中共如皋市第十一届委员会委员，中共如皋市纪律检查委员会委员。

缪爱诚

男，江苏海安人，1969年1月生，大学文化程度，1994年12月加入中国共产党，现任如皋市委常委，市人民政府副市长、党组成员，市委组织部部长、统战部部长。

1986年9月~1990年8月，在南京师范大学历史系专业学习；

1990年8月~1999年2月，在海安县政府办公室工作，历任秘书、副科长、科长、主任助理；

1999年2月~2001年10月，任海安县政府办公室副主任；

2001年10月~2002年4月，任海安县委办公室副主任（其间，2002年1明确为正科级）；

2002年4月~2002年12月，任南通市委办公室（研究室）调研科工作（其间，2002年7月明确为正科级秘书）；

2002年12月~2003年12月，任南通市委办公室（研究室）调研处处长；

2003年12月~2004年3月，任南通市委办公室（研究室）综合二处副处长（正科级）；

2004年3月~2006年12月，任南通市委办公室（研究室）综合二处处长；

2006年12月~2008年8月，任南通市委办公室（研究室）督办处处长、副处级秘书；

2008年8月~2011年6月，任南通市委办公室主任助理（副处级）；

2011年6月~2016年6月，任如皋市人民政府副市长、党组成员；

2016年6月~7月 如皋市人民政府副市长、党组成员，市委组织部部长、统战部部长；

2016年7月~8月，任如皋市委常委、市委组织部部长、统战部部长，市人民政府副市长、党组成员；

2016年8月起，任如皋市委常委、组织部部长、统战部部长。

中共如皋市第十一届委员会委员，如皋市第十一次党代会代表，如皋市第十六届人大代表。

茅红宇

女，江苏启东人，1975年11月生，中央党校研究生文化程度，1997年6月加入中国共产党，现任如皋市委常委，市人民政府副市长、党组成员。

1991年9月~1995年7月，在江苏省江海贸易学校市场营销专业学习；

1995年8月~1997年9月，任启东市海复镇团委书记；

1997年9月~1999年1月，任启东市海复镇妇联主席；

1999年1月~2001年10月，任启东市近海乡副乡长（其间，2000年12月南京师范大学英语专业自考大专毕业）；

2001年10月~2003年4月，任启东市海复镇党委副书记（其间，2003年2月~2003年4月，任启东市惠丰镇党委副书记）；

2003年4月~2004年12月，任启东市惠丰镇党委副书记、镇长（其间，2001 年 8 月~2003 年 12 月，在中央党校经济管理专业本科学习）；

2004 年 12 月~2007 年 8 月，任启东市惠丰镇党委副书记、常务副镇长（享受正乡职待遇）（其间，2004 年 9 月~2007 年 7 月中央党校经济管理专业研究生学习）；

2007 年 8 月~2010 年 1 月，任启东市科协主席、党组书记；

2010 年 1 月~2010 年 8 月，任启东市科技局局长、党组书记，地震局局长，科技产业园（留学人员创业园）党工委副书记、管委会副主任；

2010 年 8 月~2012 年 1 月，任启东市科技局局长、党组书记，地震局局长，科技产业园（留学人员创业园）党工委书记；

2012 年 1 月~2012 年 3 月，任如皋市人民政府副市长；

2012 年 3 月~2016 年 7 月，任如皋市人民政府副市长、党组成员；

2016 年 7 月起，任如皋市委常委，市人民政府副市长、党组成员。

南通市第十、十一次党代会代表，中共启东市第十二届委员会候补委员，启东市第十二届人大代表，政协启东市第十三届委员会委员，如皋市第十六届人大代表。

祝国庆

男，江苏海安人，1970 年 10 月生，大学文化程度，1990 年 11 月加入中国共产党，现任如皋市委常委、市人民武装部部长。

1990 年 3 月~1992 年 9 月，任军炮兵旅战士；

1992 年 9 月~1995 年 7 月，在南京炮兵学院学员；

1995 年 7 月~1997 年 8 月，任海防第三团排长；

1997 年 8 月~1998 年 12 月，任海防第三团政治处组干股正排职干事；

1998 年 12 月~2000 年 2 月，任海防第三团政治处组干股副连职干事；

2000 年 2 月~2003 年 5 月，任海防第三团海防一连政治指导员；

2003 年 5 月~2004 年 6 月，任海防第三团政治处副营职干事；

2004 年 6 月~2005 年 3 月，任海防第三团海防营副教导员；

2005 年 3 月~2006 年 6 月，任南通军分区司令部作训科副营职参谋；

2006 年 6 月~2009 年 3 月，任南通军分区司令部作训科正营职参谋；

2009 年 3 月~2009 年 6 月，任南通军分区司令部作训科副科长；

2009 年 6 月~2014 年 2 月，任南通军分区司令部作训科科长；

2014 年 2 月~2016 年 7 月，任如皋市人民武装部部长；

2016 年 7 月起，任如皋市委常委、市人民武装部部长。

吴　瑕

女，汉族，1976 年 4 月出生，江苏海安人，大学学历，1998 年 8 月参加工作，1998 年 1 月加入中国共产党。

1994 年 9 月~1998 年 7 月，在南京师范大学外国语学院英语系经贸英语专业本科学习；

1998 年 8 月~2003 年 6 月，任南通市外事办公室接待友城科工作人员、科员；

2003 年 6 月~2006 年 12 月，任南通市外事办公室礼宾友城处副处长；

2006 年 12 月~2010 年 12 月，任南通市外事办公室礼宾友城处处长；

2010 年 12 月~2012 年 9 月，任南通市人民政府外事侨务办公室礼宾友城处处长；

2012 年 9 月~2016 年 5 月，任南通市人民政府外事侨务办公室副主任、党组成员。

2016 年 5 月起，任中共如皋市委常委（挂职），南通市人民政府外事侨务办公室副主任、党组成员。

陈晓彬担任如皋市人民政府副市长、市公安局局长

7月15日，如皋市第十六届人大常委会召开第四十二次会议，任命陈晓彬为如皋市人民政府副市长、公安局局长。

陈晓彬，男，汉族，1968年5月出生，江苏如东人，大学学历，1990年8月参加工作，1987年12月加入中国共产党。

1986年9月~1990年7月，在中国人民公安大学侦察系侦察专业学习；

1990年8月~1992年3月，任南通市公安局港闸分局刑警队办事员；

1992年3月~1992年8月，任南通市公安局港闸分局刑警队科员级民警；

1992年8月~1994年3月，任南通市公安局港闸分局刑警队副队长；

1994年3月~1996年2月，任南通市公安局港闸分局秦灶派出所副所长；

1996年2月~1998年7月，任南通市公安局港闸分局幸福派出所所长(聘用)；

1998年7月~1999年10月，任南通市公安局港闸分局幸福派出所所长；

1999年10月~2002年9月，任南通市公安局崇川分局副局长(副科级)；

2002年9月~2004年5月，任南通市公安局崇川分局副局长(正科级)；

2004年5月~2006年8月，任南通市公安局指挥中心副主任；

2006年8月~2008年6月，任南通市公安局指挥中心副主任兼情报信息中心主任；

2008年6月~2009年12月，任南通市公安局指挥中心主任兼情报信息中心主任；

2009年12月~2016年6月，任南通市公安局指挥中心主任；

2016年6月~2016年7月，任如皋市人民政府副市长人选、公安局局长人选。

2016年7月起，任如皋市人民政府副市长，市公安局局长、党委书记。

高峰担任如皋市人民政府副市长

7月15日，如皋市第十六届人大常委会召开第四十二次会议，任命高峰为如皋市人民政府副市长。

高峰，男，汉族，1976年8月出生，江苏如东人，省委党校研究生学历，1998年8月参加工作，1998年4月加入中国共产党。

1995年9月~1998年8月，在南京师范大学中文系涉外文秘专业大专学习；

1998年8月~2002年6月，任如东县政协办公室秘书(其间，1999年6月南京师范大学汉语言文学专业自考本科毕业)；

2002年6月~2006年1月，任共青团如东县委副书记；

2006年1月~2006年6月，任共青团如东县委书记、青年联合会主席；

2006年6月~2007年11月，任共青团如东县委书记；

2007年11月~2011年1月，任如东县新店镇党委副书记、镇长(其间，2006年9月~2009年7月，在江苏省委党校世界经济专业研究生学习)；

2011年1月~2013年1月，任如东县新店镇党委书记；

2013年1月~2015年12月，任如东县岔河镇党委书记；

2015年12月~2016年5月，任南通外向型农业综合开发区管委会主任、如东县岔河镇党委书记；

2016年5月~2016年6月，任南通外向型农业综合开发区党工委副书记、管委会主任；

2016年6月~2016年7月，任如皋市人民政府副市长人选；

2016年7月起，任如皋市人民政府副市长。

陈杰担任如皋市人民政府副市长

11 月 23 日，市第十六届人大常委会第四十五次会议召开。会议任命陈杰为市人民政府副市长。

陈杰，男，汉族，1979 年 7 月出生，江苏南京人，大学学历，硕士学位，2001 年 8 月参加工作，2001 年 5 月加入中国共产党。

1997 年 9 月~2001 年 7 月，在解放军理工大学计算机与指挥自动化学院（原南京通信工程学院）通信工程专业学习，获本科学历，工学学士学位；

2001 年 8 月~2007 年 12 月，任江苏省政府采购中心科员；

2007 年 12 月~2009 年 12 月，任江苏省政府采购中心副主任科员；

2009 年 12 月~2013 年 9 月，任江苏省政府采购中心主任科员（其间，2006 年 2 月~2011 年 3 月，在东南大学计算机科学与工程学院计算机科学与技术专业攻读硕士学位，获工程硕士学位）；

2013 年 9 月~2015 年 2 月，任江苏省科协信息中心副主任；

2015 年 2 月~2016 年 3 月，任江苏省科普服务中心副主任；

2016 年 3 月~2016 年 9 月，任江苏省科学技术协会计划财务部副部长；

2016 年 9 月~2016 年 11 月，任江苏省科学技术协会计划财务部副部长、如皋市人民政府副市长人选、市科技镇长团团长；

2016 年 11 月起，任如皋市人民政府副市长、市科技镇长团团长。

程瑞琴担任如皋市人民政府副市长

11月23日，市第十六届人大常委会第四十五次会议召开。会议任命程瑞琴为市人民政府副市长。

程瑞琴，女，汉族，1980年4月出生，江苏海安人，省委党校研究生学历，2002年8月参加工作，2001年6月加入中国共产党。

1998年9月~2002年6月，在苏州科技学院汉语言文学专业学习并毕业；

2002年8月~2003年12月，任海安县西场镇人大秘书；

2003年12月~2005年3月，任海安县计经委综合计划科办事员；

2005年3月~2007年7月，任海安县发改委综合计划科副科长；

2007年7月~2009年6月，任海安县发改委综合计划科科长；

2009年6月~2011年3月，任海安县西场镇人民政府副镇长；

2011年3月~2011年12月，任中共海安县西场镇党委副书记、党委委员；

2011年12月~2012年1月，任海安县经济开发区管委会委员、项目建设推进办公室主任（其间，2011年9月~2014年7月，在江苏省委党校宪法与行政法专业学习并毕业）；

2012年1月~2012年2月，任海安县大公镇党委副书记、镇长候选人；

2012年2月~2014年12月，任海安县大公镇党委副书记、镇长，大公科技产业园党工委副书记、管委会主任；

2014年12月~2015年4月，任海安县大公镇党委副书记、镇长；

2015年4月~2016年10月，任海安县大公镇党委书记；

2016年10月~2016年11月，任如皋市人民政府副市长人选；

2016年11月起，任如皋市人民政府副市长。

大事如皋

丁兴华担任中共如皋市委副书记

12月26日，中共南通市委发文任命丁兴华为中共如皋市委副书记，正处级。

丁兴华，男，江苏如皋人，汉族，1969年9月生，研究生学历，1991年1月加入中国共产党。主要简历如下：

1986年9月~1988年8月，在南通师范专科学校中文系文秘专业大专学习；

1988年8月~1993年5月，任如皋县柴湾乡文书(其间，1989年8月~1992年6月，在中央党校党政专业本科学习)；

1993年5月~1993年9月，任如皋市委组织部办事员；

1993年9月~1997年6月，任如皋市委组织部办公室组织员；

1997年6月~1998年2月，任如皋市委组织部组织科副科长；

1998年2月~1999年1月，任如皋市柴湾乡党委副书记（其间，1998年9月~1998年11月，参加南通市第十三期中青年干部培训班学习)；

1999年1月~2000年4月，任如皋市柴湾乡党委副书记、乡长(其间，1999年9月~2000年1月，参加江苏省第八期中青年干部培训班学习)；

2000年4月~2001年2月，任如皋市柴湾镇党委副书记、行政工作组组长、镇长；

2001年2月~2002年8月，任如皋市柴湾镇党委书记；

2002年8月~2004年3月，任如皋经济开发区党工委书记、管委会主任；

2004年3月~2004年5月，任如皋市人民政府党组成员，如皋经济开发区党工委书记、管委会主任；

2004年5月~2007年8月，任如皋市人民政府副市长、党组成员，如皋经济开发区党工委书记、管委会主任；

2007年8月~2007年11月，任如皋市人民政府副市长、党组成员，如皋经济开发区党工委书记(其间，2004年9月~2007年7月，在中央党校经济管理专业研究生学习)；

2007年11月~2010年4月，任南通市劳动和社会保障局副局长、党组成员；

2010年4月~2013年7月，任南通市人力资源和社会保障局副局长、党组成员(其间，2012年9月~2012年11月，参加江苏省委党校第4期中青年干部培训班)；

2013年7月~2013年8月，任南通市人力资源和社会保障局副局长、党组成员(正处级)，南通市第八批援疆工作组组长；

2013年8月~2013年12月，任南通市人力资源和社会保障局副局长、党组成员(正处级)，南通市第八批援疆工作组组长、伊宁县县委常委(援疆)；

2013年12月~2016年12月，任南通市人力资源和社会保障局副局长、党组成员(正处级)，南通市第八批援疆工作组组长、党委书记，伊宁县县委副书记(援疆)；

2016年12起，任如皋市委副书记(正处级)。

吴红芳老师当选2月份“中国好人”

3月2日上午，由中央文明办主办的“中国好人”榜2016年2月入选名单发布仪式暨全国道德模范与身边好人（江苏淮安）现场交流活动在淮安市举行。全国共有108位身边好人光荣上榜，“感动南通·教育人物”如皋市乡村教师吴红芳榜上有名，她受邀到活动现场接受颁奖。

吴红芳是如皋市江安镇滨江初中一名普通的教师。25年的从教之旅，“热爱、忙碌、追求”始终伴随她左右，而在患病之后，“抗争”和“坚守”又成了她生命字典里两个新的主题词。

她是一位充满了人文气息的语文老师。她的语言总是优美生动，春风化雨；她的课堂总是意蕴丰富，情思飞扬；她是一位用心的班主任。她的班队活动丰富多彩，她的教育日记里写满故事。“将心比心，以心换心”，让她成为学校里最受师生欢迎的老师。她同时也是一位慢性肾衰竭患者。病史长达17年，六年前已发展为氮质血症期，靠着每天吞服大把的西药，灌饮苦涩的中药控制病情。然而，作为一名优秀的教师和共产党员，她没有向疾病屈服，她说：“既然生命有限，为何不让有限的生命更精彩呢？牛拴在桩上也会老的，人不能延长生命的长度，但可提升生命的高度。”每次她一出院，就毅然回到课堂。尽管身体羸弱，但一跨进学校，她就感到浑身充满力量；尽管神疲力乏，但只要走进教室，她就满面春风、神采飞扬。因为“只有和孩子们在一起，我才会感到非常快乐。”多少次课堂上，虽然她脸上挂着亲切的微笑，腿却像灌了铅一样沉重；多少次，为了写好一份材料，挑灯夜战，第二天起床就会恶心呕吐；多少次晚上发着烧，昏昏沉沉，白天她依然坚持到校工作……因为爱，所以倾注全部。也正是因为热爱，因为坚守，这朵教育园地里的“铿锵玫瑰”绽放出了绚丽夺目的光彩：所教学生在各种活动和比赛中频频获奖；从市级到省级，她本人获得的荣誉一个连着一个。

这就是吴红芳——一个带着对教育的热爱上路，乐此不疲的老师；一个在平凡岗位倾心履职，心无旁骛的共产党员；一个身患重疾，依然“俯首甘为孺子牛”的朴实教育人。她用大爱，铺就了莘莘学子的美好前程，温暖丰富着自己的教育人生。她的先进事迹多次被省市媒体报道。2014年，她被授予“江苏省中小学校优秀共产党员”“感动南通·教育人物”“如皋市爱心大使”“如皋市爱心大使”“如皋市德业双馨十佳教师”等荣誉称号。

对于此次获得“中国好人”，吴红芳老师表示：“我其实就是一个平凡的人，在平凡的工作岗位上，尽己所能坚持做最好的自己，得到了大家的肯定。我是好人，我周围有很多好人。一个人只要有善良的心，有热爱的精神，爱祖国，爱人民，爱家乡，爱事业，爱生命，那就是好人。”

小城片儿警李百战当选4月份“敬业奉献”类中国好人

4月29日，中央文明办发布了“中国好人榜”4月入选名单，来自如皋的片儿警李百战榜上有名，当选“敬业奉献”类中国好人。

2016年,44岁的李百战是市公安局如城中心派出所副所长兼城南警务区社区民警。从警20年来,他下水救人23次,巡查骑坏12辆自行车,为137人找到回家的路;手机存有群众号码2747个,微博“如皋片儿警”拥有粉丝10485人,微信朋友圈拥有好友1524人。小城片儿警李百战把“保民平安”的誓言写在辖区群众的微笑里,用数字写下了平凡却有着最美底色的从警人生。

20年下水救人23次，面对危险他总是冲在最前面。2015年5月24日晚9时，李百战接到110指令，水绘园大桥附近有人跳河。正在值班巡逻的他没有半点迟疑，立即踏上了第23次下水救人的路。

依靠一只手电在漆黑的夜里搜寻了大约100米，李百战凭借堤岸上一滩水迹判断出落水者的大概位置。事发河段属三级航道，经过驳坡的堤岸直上直下，水面以上就有三米多高，救人心切的李百战第一脚便踩空了，所幸下水前在腰间系了一根绳子，不然后果不堪设想。经过几分钟的搜寻，李百战终于找到落水者，但他已是精疲力尽，无力将落水者拉回岸边。这时，他果断解下自己身上的绳子，系在落水者的腰间，最终围观群众合力将落水者拉上了岸。

事故现场没有思考的余地，所有的一切都靠一种信念支撑着李百战的行动。寒冬腊月下河救人，熊熊火海抢出煤气罐，高楼之上劝说轻生者，面对丧失理智的群众奋起夺刀……每一次危难关头，他都冲在最前面，用行动践行了一个普通民警对职业的忠诚。

20年巡查骑坏12辆自行车，他的电话就是“110”。2014年夏天，如皋城区突降特大暴雨，李百战的辖区集中了全市一半的老小区，很多地方积水都没过了膝盖。雨还没停，李百战就跑到一些独居老人家中，把他们一个个背出来，安置到安全的地方。

当片儿警20年，李百战巡查骑坏了12辆自行车。他回忆不出惊心动魄，想不起刻骨铭心，也记不起骄傲与自豪，只觉得自己每一天都是平凡而充实的。他的电话里存着2747个号码，绝大部分都是社区群众的。

一次，辖区居民陈某打来求助电话，说自己身在外地，家里的老婆可能接到了诈骗电话，李百战立即赶往其家中。然而，陈某老婆躲在屋内通话，死活不肯出来，无奈之下李百战破门而入。他的及时出击为夫妻俩挽回十余万的经济损失。其后，李百战挨家挨户上门提醒，防止群众上当受骗。两年来，他的辖区该类案件发案率保持全市最低。

20世纪90年代，李百战刚当上社区民警那会，辖区出现了一个入户盗窃的惯偷，屡屡得手，群众对警察的信任降到了冰点。在那个技防手段十分匮乏的年代，李百战想出了一个笨点子，他换上迷彩服，在小区出入口的绿化带里垫上塑料布，守株待兔，一连几夜，终于破案。李百战夜蹲抓小偷的事情传开后，群众一片叫好。李百战拍着胸脯说：“只要我在这里当一天的片儿警，我就是你们的 110，大事小事都包在我身上。”

20 年与时代同行，他是南通警务微博第一人。更多的人认识李百战，还是通过“如皋片儿警”这个网名。2009 年起，李百战以这个网名，先后建立了自己的 QQ 空间、博客；开通了微博、微信，通过各个平台发布警方提示，为群众提供服务。目前，他的微博粉丝逾万人，微信好友达到 1524 人，成为南通公安名副其实的“创新达人”“微博达人”。

2015 年 3 月 17 日，一位群众发微信给李百战，称一名三四岁的小女孩独自蹲在路边哭泣。赶到现场后，李百战发现小女孩讲的本地话，应该是本地人。他立即拍下小女孩的照片上传到朋友圈，希望通过微友的转发，寻找到她的父母。一传十，十传百，一场帮走失小女孩寻找回家的路的爱心接力迅速在全城扩散开来。而此时，小女孩的父亲陈先生正在一家中介公司办事，他怀着好奇心看了一眼工作人员手机上的小女孩，惊讶地发现那个小女孩竟然就是自家女儿。

20 年来，李百战共帮助 137 人找到回家的路。2013 年，台湾网友“筱云”通过李百战的微博帮助，找到了失散多年的大陆亲人，她特地从台湾赶来如皋，只为当面说一声：“大陆警察，真棒！”尝到创新警务的甜头后，李百战还主动将现代网络技术引入社区管理，他开通了南通公安首家网上警务室，组建辖区 QQ 群，探索出社区基础“三二一”工作法，形成了现代社区工作模式。20 年来，他先后受到各级表彰 20 余次，荣立个人二等功 2 次、三等功 5 次，获得江苏省公调对接工作先进个人、江苏省公安派出所工作“111”工程社区民警标兵、“江苏最美警察”提名奖、南通公安“十大爱民警察”等荣誉称号。

绿衣使者赵颖东当选 4 月份“中国好人”

赵颖东(右)帮助老人做农活

4 月 29 日，中央文明办发布了“中国好人榜”4 月入选名单，来自如皋市的投递员赵颖东榜上有名，当选“助人为乐”类中国好人。

现年 41 岁的赵颖东是如皋邮政分公司搬经支局投递员。1996 年走上邮政投递工作岗位以来，他兢兢业业、任劳任怨，累计在乡间邮路上风吹日晒行走了近 26 万公里，投递邮件 28 万多件、报刊杂志 300 多种 36 万多份。他在邮路上给群众传递致富信息、宣传普法知识，帮助邮路上的群众解决实际困难，并常年帮扶搬经居 4 组的章瑞兴老人。邮路上群众只要提及小赵，无不竖起大拇指给他“点赞”。

“走在邮路就要心中装着老百姓，做老百姓的‘鸿雁’。”这是赵颖东的座右铭。他对邮路上每一位服务对象都留心观察，并把了解到的情况详细记录下来，日积月累，逐步形成了较为完整的客户资料。20 年来，他根据客户资料主动上门服务，时间长了与乡亲们的感情不断加深，有的找他帮忙缴电话费，有的找他帮忙办保险……大伙儿遇到事情总是想到找赵颖东帮忙。

如皋恒大机械配件厂原先是一家小作坊，老板陈年进曾一度为产品的开发、销售而烦恼。一天傍晚，风雨交加，赵颖东结束了一天的投递工作返回单位，刚办完归班交接手续，他发现一封从俄罗斯寄往恒大机械配件厂的特快信件。按照规定，他可以回家休息，但他想到恒大机械配件厂是刚刚兴办的民营小厂，来自各方面的每一个信息都可能对企业产生影响，于是，赵颖东不顾一天的劳累，冒雨步行半个多小时来到陈年进家。陈年进接到国外寄来的产品开发征询意见，再看看眼前一身泥水的赵颖东，上前紧握住小赵的手，连声道谢。正是这封快件使陈年进灵机一动，从而开发出了新的产品，他的企业就此红火起来。

扎根农村，做老百姓的贴心人。家住搬经镇搬经居10组的陈国志老人有收集、整理国家时政新闻的习惯，平时他都是通过电视了解时政新闻，但纸质的资料他无法收集完整。行动不便的陈国志老人抱着试试看的心态，将自己的想法告诉了赵颖东。赵颖东很愉快地答应了，不久便将老人需要的报刊找齐送给老人。考虑到老人年纪大了，看报纸有些困难，赵颖东还给老人买了个放大镜，贴心的关怀让老人很是感动。“要我说，小赵对我的帮助比什么都珍贵，这些精神食粮是无法买到的。小赵就是一盏明灯，照亮了很多老人的心。”

此外,赵颖东还主动关心邮路上的留守儿童和困难群众。搬经镇搬东村8组村民陈良圣夫妇因煤气中毒双双去世,留下尚未初中毕业的儿子。2016年初春的一天,赵颖东投递搬东村时得知这一情况,当即捐款献爱心。自工作以来,赵颖东先后为困难群众捐款捐物近百次,善举一直延续至今。

常年帮扶，演绎一段绵长忘年交。作为全国精神文明建设重大典型“爱心邮路”的一员，赵颖东与搬经居4组的孤寡老人章瑞兴已结对18年了。18年来，他们结识、结缘、结亲，演绎出邮路上情谊绵长的忘年之交。平时，赵颖东有空就来看望老人，农忙时给老人帮忙，老人过生日时他更是带着全家人给老人过生日。老人生病时求医问药，赵颖东同样全程陪护，精心照料。一次，章瑞兴老人突发肠炎，老人的邻居给赵颖东打来电话，他立马丢下家中的农活，从十几里外赶到老人家，将老人送到医院。老人住院期间，他天天去探视，端水送饭，料理老人的起居。出院后，老人特地请人制作了一面锦旗送给赵颖东，上面写着“绿衣使者帮扶结对，社会公德源远流长”。“从小赵第一次走进我家，帮我换灯泡，他就已经让我感到心里很亮堂。这么多年来，他无微不至地关心我、照顾我，更让我感受到晚年的幸福。”老人如此表达了心中的感激。18年来，赵颖东用点滴善举延续着“爱”的故事，谱写着与章瑞兴老人恒久不变的亲情佳话。

如皋市信访局

2016年，市信访局紧扣预防和减少群众非正常上访工作重心，突出“抓基层、打基础、强责任、出成效”，创新群众管理、完善工作机制、优化服务手段，全市信访维稳形势持续好转。社会治理工作被市委、市政府表彰为社会治理工程红旗单位，全市信访工作被市政府表彰为先进集体。

完善工作机制，规范工作流程。从基层基础建设、信访机制建设、信访责任制落实、信访队伍建设等方面，修订完善了15项信访工作制度，制定并提请市委常委会研究出台了《关于进一步加强和改进新时期信访和群众工作的意见》，进一步明晰领导干部、责任主体、工作部门信访工作职责，全市上下形成了统揽统抓、上下联动、沟通顺畅、运转有序、协调有力的信访工作新格局。

突出工作重点，压降信访总量。不断夯实基层工作基础，抓源头预防及时发现矛盾，抓领导接访及时钝化矛盾，抓领导包案及时化解矛盾，年度内群众进京非正常上访同比下降50%；群众去省上访量同比下降24.57%；群众来市上访同比下降48.65%，年度内未发生群体性进京去省到通有影响事件。

落实源头预防，把握关键节点。持续开展领导干部接访下访活动，14次安排市四套班子领导接待来访群众35批57人次，接访交办事项办结率100%，市党政主要领导干部接访下访“百县千案”活动中，省和南通市交办的8件包案接访事项办结率100%。在市、镇、村层层建立矛盾排查、处置、稳控、化解责任机制，排查各类矛盾纠纷729件，矛盾化解率95.3%。坚持信访信息日报告和“两收一报”制度，各级重大活动期间全市实现群众进京、去省“零”非访目标。

强化领导包案，化解疑难问题。结合全市“信访积案集中化解攻坚月”活动、省和南通市越级进京访专项整治“百日会战”行动，按照“三到位一处理”和“五包”工作要求，在全市集中排查重点疑难突出信访积案53件，以两办文件交办市四套班子领导、镇（区、街道）和部门主要领导包案和推进化解，交办事项结案率95.7%，人员稳控率89.6%。

创新工作方式，提升工作效能。创新建立信访事项办理“两必须”“两评价”“三办理”和“三单、三评、三关”三个三工作模式，群众来信来访事项登记录入率、及时受理率、按期办结率100%，南通市在如皋召开了信访事项规范化办理现场推进会，《江苏信访》第六期、第九期分别对如皋经验做法进行了推广。建立重点人员日常管理“三融合”工作平台，信访办、综治办、派出所各司其职，统筹协调矛盾化解、加强教育管理、强化依法处置，实现了矛盾化解、人员管理、依法处置“三到位”。在各镇（区、街道）建立信访联席会议机制，明确机构组成、明确工作职责、明确工作机制，切实将群众矛盾解决在基层，将问题化解在萌芽状态。

加强法治建设，规范信访秩序。全面推行群众依法逐级走访权益保障卡制度，实行群众初次走访领卡、逐级走访凭卡、处理情况记卡、保障权益用卡，倒逼责任单位依法按政策解决问题，倒逼信访群众依法逐级走访，全市信访秩序持续好转。在34个职能部门建立通过法定途径分类处理信访投诉请求工作机制，厘清工作责任，有序分流群众，促进群众问题解决。加大依法治访力度，先后治安拘留违法信访人员3名，教育训诫违法信访人员5名，进一步规范了信访工作秩序。

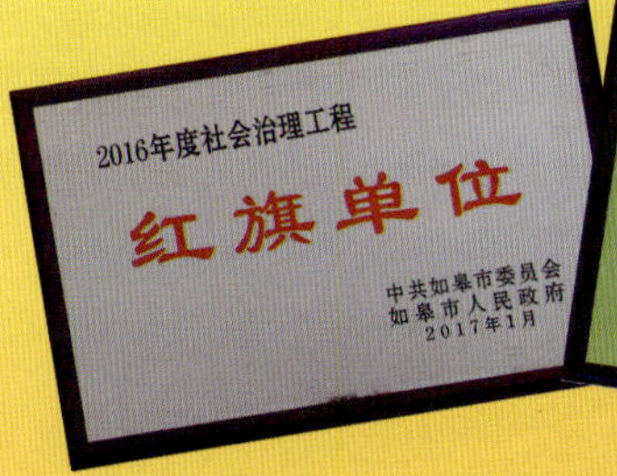

如皋经济技术开发区

南通市委书记陆志鹏会见出席氢能产业如皋峰会的三位院士

南通重大项目现场与会人员参观荣威

2016年，如皋经济技术开发区认真贯彻落实中央、省、南通及市各级会议精神，扎实开展“两学一做”学习教育活动，坚持以“创新驱动、特色发展”为核心战略，进一步解放思想、提升定位、求真务实、攻坚克难，切实打造亮点特色，各项工作取得新的成绩。

经济发展“快中向好”。收入组织方面，在全面推行“营改增”的大背景下，通过全区上下共同努力，取得了比较理想的成绩，公共财政预算收入超额完成全年目标任务，增值税同比增长13.16%。利用外资方面，全区累计完成注册外资完成率681.03%，累计完成到账外资完成率116.9%，同比增长25.69%。工业经济运行方面，无论是规模还是质态均处于全市第一位，全部工业应税销售完成率112.4%，同比增长25.23%，净增47.1亿元，全部工业实缴税金同比增长24.65%，新增规模企业13家，净增亿元企业6家，新增5亿元企业5家，10亿元企业2家。其中，新能源汽车产业新增规模企业6家，新增亿元企业3家，10亿元企业1家；氢能产业新增亿元企业3家，10亿元企业1家。现代服务业方面，应税销售完成同比增长111.5%，服务业新开工规模项目12个。房产交易税完成率106.4%，同比增长8.4%，居主功能区第一。其他方面，农业农村考核项目全面完成全年市交目标任务；超额完成土地“双整治”和废弃工矿整理目标任务，挤进并超过第二批“同一乡镇”试点验收，成功建立“中融”与“华领”两个产业发展基金，供应链金融取得新突破。

招商引资“集聚提质”。始终坚持“招商引资”第一要事，突出“招大引强”第一目标，产业招商取得新突破，外资利用创历史最好水平。一是重大项目实现重大突破。美国赛麟项目成功签约，总投资140亿元，其中

第100台木爷机器人成功下线

外资10亿美元，项目一期全面开工，“如皋制造、全球销售”的国际视野理念、美国最先进的汽车制造全套技

术、现代化生产线将全面植入如皋，对开发区汽车产业企业的集聚、拉动与影响具有特别重要的意义。二是新兴产业项目形成井喷式集聚。年内获批“江苏省新能源汽车产业集群”，青年亚曼、迈迈汽车、龙能锂电池、汇业等一批新能源汽车项目迅速集聚落户。尤其“氢能产业如皋峰会”活动成效超出预期，项目数量和质态大幅提升，会上中国氢经济示范城市项目揭牌、省内首家加氢站举行开工仪式、10000辆氢燃料物流车签约、华领新能源及新能源汽车30亿元产业发展基金签约，会后神华、上海清能、新源、台湾锡力、英美资源、浙江海天等海内外相关企业主动前来对接氢能项目和产业发展。三是大招商工作情况较好。全区各部门、各村（社区）均基本完成有效项目信息的序时任务，办公室、农工局、科创园、建设局、行政审批局等多个部门实现了项目落户。四是招商新体制不断完善。根据“市场化招商、公司化运作”的总体思路，研究成立招商公司，建立“园区+招商局+招商公司”运营合作机制，努力构建“2+5+X”的招商新格局，增强产业链招商的实效。

氢能峰会院士讲堂

中国氢经济示范城市成功揭牌

马金华出席首届氢燃料电池汽车协会成立大会

江苏第一家加氢站举行开工仪式

项目建设“双轮快转”。重大项目推进体制机制不断完善，成立开发区重大项目领导小组，下设办公室，以“四即时”（即时发现、即时汇报、即时会办、即时交办）机制助推项目早开工、快建设、早见效。一是增量存量两个“轮子”同时发力。全区累计申报南通亿元以上重大项目38个，确认32个。增量方面，项目多、体量大，产业集中度高。围绕新能源及新能源汽车产业的大唐热电配套、沈阳金杯、赛麟迈卡、青年亚曼、龙能锂电等项目达到28个，总投资近200亿元。存量方面，项

南通百应能源外景

泽禾产品：大巴用氢燃料电池块

陆地方舟车间一

目增资扩股、扩能多，在技术改造、产能释放上做足文章。荣威、双钱、泰慕士、金元亚麻等12家企业新增投资量大质好，总投资近30亿元，建设出口型PVC娱乐用品、30万套全钢子午载重轮胎改造项目、针织服装生产线、年产差别化纤维2000吨等项目。二是项目建设周期短、行政审批快、服务效率高。为策应项目落户环评验收，新启动了产业园区、威格机电、英田、金杯等几大地块的搬迁工作，保障了项目快速落户。坚持例会制，项目办定期召开项目推进例会，及时解决项目建设中遇到的难题，对区层面无法解决的及时报市重大项目办协调解决。坚持项目经理制，区领导分工联系具体到项目，带头深入大唐、荣威、华灿等项目建设一线，及时协调矛盾、推进建设。坚持项目审批高效化，行政审批局成立以来，累计审批外资项目16个，注册外资金额10.7亿美元；为区内近200家企业高效率提供了注册、立项、审批、年报以及后期建设等多项服务。三是传统与新兴产业“两轮”协调相互促进。围绕新能源及新源汽车产业，促进互动，加强对接，在加速配套、完善产业链上推动传统企业转型，加快田园装饰、祥源电气、泰慕士等传统产业企业产品升级换代、技术改造、生产转型。促进英田集团成功盘活、转型，对英田厂房进行租赁、改造、盘活，沈阳金杯、青年亚曼、赛麟迈迈、英田合资等项目均在年内成功建设并形成销售21.87亿元，新增亿元企业3家、10亿元企业1家。推动泰慕士、田园、美能得、柏源4家企业申报高新企业，注重知识产权的运用与保护，完成顺远、神马线业、龙源电站等8件PCT申请。

中交美庐新天地

平台打造“量质并举”。通关物流平台加快建设，保税物流中心（A型）完成前期调研，形成规划方案，正在积极申报。产学研

康迪车间一角

创源电化学生产车间一角

百应产的氢燃料电池物流车

平台取得突破，全年通过江南大学（如皋）食品生物技术研究所、福州大学如皋研究院、北大如皋创新中心三大平台，引进15个产学研合作项目。科技创新及成果转化平台加速建设，被科技部认定为2016年示范型国家国际科技合作基地，国家火炬如皋新能源汽车特色产业基地申报已通过答辩，顺远、创源、陆地方舟正申报省级工程技术研究中心，高压正创建省研究生工作站。专业公共服务平台提速发展，中汽中心汽车试验研究所、国家轿车质量监督检验中心、天津汽车检测中心如皋办事处已正式揭牌。

发展惠民“统筹并进”。坚持民生改善，保障民生利益最大化，发展中惠民，切实赢得群众理解、支持，实现了发展与惠民的良性协调互动。一是如期实现实验初中交付使用，确保了学校正常开学，第二幼儿园主体工程已全面竣工。二是如意花苑东组团成功交付，其余已建成安置房均如期交付，大产权取得艰难突破，为新王庄办理大产权34户。三是村营收入增收实现了新跨越，总额达3800万元，70万元以上村（社区）19个，50万元以上29个。四是积极应对暴雨、台风等恶劣气候，未出现任何伤害伤亡事件。五是环保“三整治一化解”工作取得成效，突出环境问题和环境信访有效化解。

行驶在如皋大街上的氢能汽车

如皋工业园区（如城街道）

国侨办副主任谭天星、市委书记陈晓东、李昌钰夫妇共同为李昌钰刑侦科学博物馆揭牌

2016年，全区上下深入贯彻落实党的十八大、十八届三中、四中、五中、六中全会和省、南通及市各级会议精神，以“两学一做”学习教育活动为抓手，紧扣全年目标任务，创新思路、狠抓落实、奋勇争先，强势推进各项重点工作，经济社会保持良好发展态势，综合考核居主功能区第二，收获了13面市评红旗中的9面、55项先进荣誉和60项文明荣誉。

市委副书记、市长何益军调研九鼎集团

经济发展稳中有进，综合实力稳步攀升。2016年，全区完成一般公共预算收入18.28亿元；完成增值税5.42亿元，增幅15.5%；完成全部工业应税销售69.34亿元，增幅13%；完成新增装机容量64896千伏安，增幅29.72%；完成全部工业用电量35531万千瓦时，增幅1.51%；实现进出口总额2.58亿美元，增幅14.22%；完成房产交易税收1.78亿元，增幅32%；培育上市企业1家，新增5亿元企业1家、亿元企业3家，新增规模企业8家；村营收入70万元以上的村占比超过70%；现代农业培育各项指标均超额完成全年目标任务，农业农村全面考核居全市第一。

转型升级卓有成效，科技创新亮点纷呈。园区特种新材料、精密机械制造、天文望远镜、特高压输变电四大优势产业持续深化发展。九鼎集团获批国家知识产权示范企业，力星钢球获批成立全国滚动轴承标委会滚动体分委会，天南电力获省级重大成果转化基金支持；中铁华宇获批省级重点研发计划项目；顾庄生态园成功落成沿江地区花木产业集成创新与示范项目；国家北斗应用技术公共服务平台、扬大如皋花木产业研究院相继落户如城，特高压输变电产业基地、如皋花木盆景星创天地获科技部认定，东大—如皋装配式建筑联合研发中心正式签约。全年新增高新技术企业4家，获得各类科技奖励扶持资金1600万元，万人发明专利拥有量达15.36件，成功获批省级“双创人才”项目3个，引进国家级人才2名，荣获全市人才工作先进单位一等奖。

国家北斗应用技术公共服务平台落户如城

力星钢球获批成立全国滚动轴承标准委员会滚动体分委会

项目建设量质并举，经济质态持续优化。全年通过南通重大项目办认定亿元以上产业项目20个，在全市亿元项目建设“月点评、季考核” 竞赛中排名第一。重点项目稳步推进，尔昕木业实木家具加工项目正在加紧设备安装，东部国际家居产业城初具雏形；元升太阳能迁建项目主厂房施工至一层；中铁华宇特种LED照明项目厂房主体封顶；神马电力新型复合输电杆塔、九鼎池窑漏板更新、奔驰4S店、同源污水处理厂等项目实现当年开工、当年建成、当年投产。招商引资工作务实推进，共签约美国哥伦比亚木业家具、迈冠体育用品设施、比高新能源光电科技等重大项目14个，中国菱镁协会25周年庆典成功举办，各地招商推介活动成效明显。

装配式建筑巨业杭萧项目开工

特高压交直流输电线路项目开工

整治后的红星河

城乡统筹协调发展，城市品质不断提升。扎实开展依法搬迁，渤海商交所、中央商务区、国际园艺城等重点地块的搬迁任务圆满完成；“占补平衡”“同一乡镇”工作均超额完成市交任务，园区被评为“土地节约集约模范镇”“土地执法模范镇”；新民新村三期、长安新村二期等安置房全面交付；城区西入口和大明镇区改造、花木路建设等工程圆满结束；红星河、姜桥港、冒庄河等河道整治到位，有效解决了河道污染及沿线“脏乱差”的问题；农业面源污染治理工作持续深入，控量减排成效明显；中国最美乡村顾庄社区、省水美乡村贺洋社区、钱长村等特色品牌效应日益显现。

国家农业科技园建设持续深化，大健康产业影响力逐步增强。对照科技部批复的规划建设要求，花木盆景产业园、花木市场及物流贸易园、新农村建设示范园、花木生态观光园等“一区四园”建设的重点任务基本完成。大健康产业围绕“医、食、住、行、检”等方面破题发展，初步形成了以生态旅游为主导，重点发展“生态旅游、古城文化、特色农业、医养结合、健康居住、康养培训”等产业

国际盆景赏石协会（BCI）
“交流中心”揭牌

长寿旅游度假区一景

江苏省水美乡村——贺洋社区

的思路。中国•如皋国际园艺城建成营业，花木大世界被评为国家级林业龙头企业，中国盆景艺术家协会江苏会员活动中心落户如城，国际盆景赏石协会（BCI）“交流中心”正式揭牌，成为向全世界推介如皋的“新名片”；成功举办首届健康中国如皋论坛，央视《对话》《味道》《养老中国》《长寿密码》唱响如皋“好声音”。

新民浅水藕

明申农业科技有限公司种植的彩色树种——黄金构骨

创建工作亮点频出，城市文明程度不断提高。扎实做好文明城市创建各项测评重点工作，城市面貌和管理水平显著提升，为如皋创建工作在全省领先做出突出贡献；精神文明创建工作得到中央文明办调研组肯定，“特色庭院·美丽农家”建设如火如荼，为全省“最美乡村”现场会提供参观点，园区获得江苏省文明单位授牌；文化建设亮点频出，“如城发布”成长为深受群众喜爱的新媒体平台，“皋城书香四月天”“激情五月青春如城”活动影响广泛，如城知名度和美誉度不断提升。

中国最美乡村——顾庄

社会民生持续改善，幸福感成为城市气质。全面完成居保征缴、医保征缴和职工保险扩面工作，城乡“低保”、农村“五保”应保尽保，社会保险覆盖率稳居全市第一；成功获批“全国社区教育示范街道”，西城幼儿园、光华幼儿园被评为“江苏省优质园”，实验小学荣获“江苏省教育工作先进集体”；“雉水港湾·如城有爱”等品牌效应不断扩大；全面落实领导包案化解和下访巡调制度，社会矛盾信访事件数量大幅下降；完成

东大街老手艺文化街头展

政法综治中心改造提升工程，有效整合信访、司法、综治等部门力量，服务效能全面提升；“横向到边、纵向到底”的安全监管责任网络基本健全，全年未发生较大以上安全事故。

“雉水港湾 · 如城有爱”牵手未成年人活动

人社部领导考察园区劳动保障平台资格认证工作

重阳节敬老院活动

党的建设全面加强，从严治党深入推进。以“三解三促”“双联双助”工作为抓手，组织全体党员干部、机关党支部以及规模以上企业，与各村（社区）及困难群众结对，实施精准帮扶，密切党群干群关系；成立“两学一做”学习教育协调推进小组，全力抓好党员领导干部带头人、党组织书记第一责任人、督查指导压力传导人“三类人员”，建好网络课堂、固定课堂、流动课堂“三个课堂”，落实“立家规、正家风”主题活动、专题集中讨论活动、先进事迹宣讲活动“三项举措”，扎实推动学习教育深入开展，引导园区上下树立新风气，严格新规范，促进党风、政风、民风不断好转。

“两新”组织党员大会

“七一”专题大党课上党员重温入党誓词

中央编办副主任王峰调研如皋编制机构改革情况

省编办主任俞军调研如皋行政管理体制改革

长江镇（如皋港区）

中国建筑装饰协会授予如皋市“中国装饰石材采购基地”授牌仪式

港口夕照

2016年，长江镇紧紧围绕“四个全面”战略布局，主动把握和积极适应经济发展新常态，牢固树立和贯彻落实创新、协调、绿色、开放、共享发展理念，按照四大发展战略和五位一体建设思路，更加突出“以工兴镇”“以港兴城”第一方略，不断放大“强镇扩权”改革效应，致力于建设枢纽、培育产业、打造城市、造福民生，持续加快“港、工、贸”和“港、产、城”一体化进程。港口经济飞速发展，港口新城活力四射，居民生活水平显著改善，初步达成全面小康，圆满实现“十三五”良好开局。

主要经济指标持续增长，综合实力稳步提升。实现地区生产总值157.2亿元，同比增长12.5%，完成一般公共预算收入13.9亿元（营改增）。现代农业持续发展。全年完成项目农业投入4.16亿元,列全市第二，新增设施农业2600亩，新增特色农业2200亩，新增家庭农场9家，通过验收粮食全托管组织18家5356亩。工业经济稳中向好。完成规模工业应税销售279.8亿元，同比增长36.8%。完成固定资产抵扣税8270万元，同比增长52.3%，实现工业用电量8.5亿千瓦时，新增装机容量4.2万千伏安。净增定报企业9家，净增亿元企业3家。现代服务业提速增效。完成服务业应税销售455.7亿

港城高中

安全警示教育馆

广场舞大赛

文化艺术节

元，同比增长77.8%。新开工服务业项目10个，净增限上企业（含大个体）12家，净增规模服务业企业5家。

转型升级持续加快，经济运行质态趋于优化。不断放大自身优势，全力加快“港工贸”“港产城”一体化进程，坚持培育壮大特色产业，转型升级成效显著。项目建设持续加快。新开工重大项目31个，其中工业项目21个，服务业项目10个，完成工业项目投入82亿元。新增重点服务业企业1家——如皋甬大贸易有限公司。华灿线缆、广典石材等项目全面竣工。重组上市持续加力。南通泰利达新材料有限公司在“新三板”挂牌，如皋苏中国际集装箱码头有限公司与证券机构签订合同进入上市轨道。江苏国胶化学科技有限公司等11家企业进入上市后备企业。科技创新持续加强。31家规模企业完成技改投入，新增技改项目12个，24家技改企业实现应税销售正增长，完成高新技术产业投入18亿元，实现高新技术产业产值260亿元。新增发明专利75件，成功对接产学研合作项目15项，新增省级研究生工作站1家。高杰峰、黄海军博士成功申报省“双创博士”。如皋市凯凯电信器材有限公司、江苏泰利达新材料股份有限公司、百川化工（如皋）有限公司等8家企业获批国家高新技术企业。

改革开放不断深化，改革红利充分释放。高度聚焦如皋港深度开发，大力发展外向型经济，各类载体平台功能日趋完善。全年实现外贸进出口额7.3亿美元，完成到账外资8169万美元。新开通广州直航和“皋申快航”两条主航线，完成港口服务业应税销售429.6亿元，同比增长171.9%，实现港口吞吐量4159.3万吨，同比增长57%；集装箱吞吐量

情浓端午

药用植物园

“微心愿”公益活动

“为爱行走”主题活动

达6.5万标箱，同比增长128.7%；华东煤炭交易中心、长三角石化交易中心两大贸易平台持续发力，带动效应日益明显。如皋港现代综合物流园区被命名为江苏省首批省级生产性服务业集聚示范区。保税物流中心（B型）正式开关运行，又来沙内港池12个泊位正式获批，港口承载功能日益增强；固废处置中心、污泥干化处理中心、华电热电联产等配套设施加快建设；污水处理厂提标改造完成，实现稳定达标排放。

城乡统筹力度不断加大，人民生活水平显著提升。紧扣省级国家新型城镇化试点镇目标要求，坚持规划引领，加快如港新城建设，统筹农业农村同步发展，城市、农村面貌日新月异。规划修编与时俱进。编制《长江镇（如皋港区）总体规划》和城镇各版块控规，为港区未来发展提供支撑。大力推进安居工程。深入推进安置房清理，结清欠款安置房172套，收回247套；有序推动房产开发，学府御园二期、金水苑、华源山水别墅区等项目加快建设，房地产月均销售100套以上。城市功能加快完善。完成广州路、福州路、福建大道等路段建设，城市交通更加便捷；投入800万元，共实施绿化工程11项，新增绿化面积13.8万平方米；实施路灯亮化工程，全年点亮广州路、福州路、福建大道、环岛西路等路段以及14个安置小区。城市管理水平全面提升。完成15平方公里范围的电子地图数据采集，整合安装300个摄像头；将市容、交通、治安、环保、建工等职能部门共同纳入数字执法综合指挥中心，搭建网格化监管信息平台，实现数字化、网络化、智能化的综合管理。农村经济活力迸发。大力盘活农村三资，规范经营管理，不断提升村营收入。全年实现村营收入3248.26万元，10个村（社区）完成村集体收入超百万，在全市名列前茅。村级债务得到有效化解，全年化解村级债务186.32万元，化解率21.36%。农村环境持续改善。科学统筹搬迁安置，全年搬迁群众302户，安置1453套，其中对接商品房267套；完成增减挂钩1918亩、占补平衡781亩，土地“双整治”工作在全市名列前茅；累计投入730万元常态化开展“七位一体”长效管护，建成农村通达工程46.6公里，新建桥梁32座，新建农灌泵站35座，完成16个村（社区）150个养殖户户用蓄粪池改造，建成防渗渠18.1公里、渠系配套建筑物230座，显著改善了农村人居环境。

富民进程不断加速，人民生活显著改善。不断加大民生事业的投入，将发展的成果惠及最广大人民群众，民生改善成效突出。保障体系持续完善。全年社保扩面1800人，农村社会养老保险参保2.55万人；新型农村合作医疗参合率100%；低保应保尽保，累计进保1042户2223人，发放低保救助金860万元；常态化开展各类救助活动，累计发放救助资金387.4万元；精准识别建档立卡低收入农户1471户，全年实现低收入农户脱贫426户，脱贫率达到28.6%，“十三五”脱贫首战告捷。全力推动就业增收。举办6场大型人力资源招聘会，提供就业岗位4000余个，达成就业意向1900余人；开展企业高技能人才和失地农民就业创业培训工作，共培训高技能人才2888人。社会事业长足发展。郭园小学、郭园初中校安工程竣工投用，长江高中一期按

农民集中居住小区

青少年素质教育基地

学府御园

中铁山桥

永友粮油

金岛生态园

如皋港人民医院

未来海岸

集装箱码头

华东煤炭矿业交易服务中心

中林如皋港务集团

时完工；如皋第一中专通过江苏省高水平现代化职业学校建设验收；2016年中考如中上线52人，教育水平全面提升；15个村级卫生室改造方案全面启动，成功通过国家卫生镇复核验收；创新开展各类社区建设，道德讲堂、和谐社区、文化社区等活动常态化开展；持续加强文化建设，港城文体中心正常对外开放，30个社区完成了文化活动室和文化广场建设，成功举办首届长江旅游文化节、第五届广场舞大赛、第十三届全民健身运动会和第十四届群众文化艺术节。初步建成全面小康。目前全面小康建设指标体系中，经济发展大类实现程度99.9%，其中人均地区生产总值、二三产业增加值占GDP比重、信息化发展水平、研发经费支出占GDP比重等指标实现程度达到或超过100%；人民生活大类实现程度94.7%，群众消费结构进一步优化，消费重心向穿、用、时尚消费等方向转移，恩格尔系数30%；社会发展大类实现程度100%；民主法治大类实现程度100%；生态环境大类实现程度98.5%，其中单位GDP能耗、城镇污水达标处理率、村庄环境整治达标率、林木覆盖率、城镇绿化覆盖率等指标实现程度达到或超过100%。全面小康指标检测综合得分达98.53分，综合评分已达到全面小康水平。

社会管理更加科学，社会发展大局和谐稳定。大力倡导文明和谐社会新风尚，深入开展社会治安综合治理，进一步提高依法治镇工作水平。精神文明建设持续深入。成立21支特色志愿服务队，广泛开展各类志愿服务活动，爱心城市品牌效应持续放大，书香城镇建设成效显著，成功创成"江苏省文明镇"。社会治理水平稳步提高。常态化开展"党政领导接访下访"活动，接待群众413批1008人次，办理信访交办事项113件，化解信访积案11件；各村（社区）认真履行属地管理责任，排查化解各类纠纷1160起，化解率96%，全年实现去京赴省越级上访"零登记"；

如皋港保税物流中心

"港城热线"接线约600件，全面办结到位，群众满意率达98%。安全生产常抓不懈。落实安全生产"党政同责""一岗双责"，累计投入200多万元用于执法检查，全年开展安全生产检查220多次，投入300万元建成如皋港安全警示教育展示馆，企业安全生产主体责任进一步强化。

如皋港信息交易中心

文峰大世界长江店

高新区

省交通厅党组书记刘广忠视察龙游湖商务区

2016年，全区上下学习贯彻党的十八届六中全会和习近平总书记系列讲话精神，深入开展“两学一做”学习教育，主动适应新常态，自觉践行新理念，全力推进招商引资、项目建设、环境打造、民生改善、社会稳定等工作，经济社会发展保持稳中有进良好态势，综合考核居主功能区第一，2016年实现圆满收官，“十三五”首战告捷。全年主要成绩概括为“四个持续领先、四大历史突破、四种结构优化、四项能力提升”。

四个持续领先：即财政收入、软件外包执行额、离岸外包、服务业应税销售持续在全市领先。全年实现财

10月30日，中国.如皋第五届软件与信息服务业年度推进会

超达大型复杂模具扩产项目开工

12月29日，高新区与SAP、上海蚁城网络科技合作签约仪式

CSIP如皋创业创新基地揭牌

如皋市电子商务产业园

国家级科技企业孵化基地

政总收入5.18亿元，同比增长7.9%。实现公共预算收入3.9亿元，增幅列主功能区第一，高于全市平均12个百分点。软件外包执行额总量、软件和服务外包企业认证数持续高位增长，实现软件外包执行额17.86亿元，同比增

南通超达装备股份有限公司

长42.9%，新增南通软件和服务外包认证企业40家，同比增长66.7%，新增软件从业人员近2000人，精鹜软件、博云物联等4家企业通过省双软企业认证，软件园区获“省双创示范园区”“2016年度中国软件和信息服务最佳产业环境园区”等荣誉称号。离岸外包实现高位增长，全年实现离岸外包执行额4318万美元，服务外包知名度持续扩大，为南通全委会提供唯一软件产业项目观摩现场。服务业发展持续快速增长，全年实现服务业应税销售14.52亿元，同比增长23.7%。全年落户天正信息、威兰德科技等软件和信息服务企业30家。

四大历史突破：即产业服务平台、企业直接融资、科技创新、房产税收实现历史突破。产业服务平台取得突破，与CSIP建立软件园托管运营合作，CSIP如皋创新创业基地和“开源空间”平台成功搭建，与SAP、上海蚁城科技合作的中小企业电商服务平台成功落户，与洪门基金合作设立首个政府产业引导基金。电子商务产业配套体系日趋完善，乐麦新材料、恩埠商贸等知名电商企业加速聚集，28

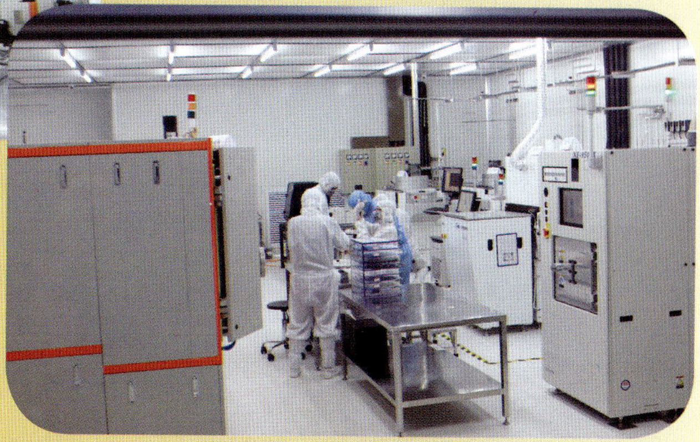

海迪科无尘车间

家电商企业运营质态良好，2万平方米快递物流园投入使用，8家物流企业入驻运行。企业直接融资取得历史性突破，国电阀门“新三板”成功挂牌上市，实现区内企业上市“零的突破”，超达装备与主板上市公司天汽模实现资产并购。科技创新取得新突破，国电阀门、莱鼎电

携程网

顺丰速运

子获得省国际合作项目立项，海迪科获批省研究生工作站，海迪科光电、超达装备入围省级产业转型升级专项资金扶持项目。企业培育力度不断加大，全年新增高新技术企业4家、省级民营科技企业10家、省科技型中小企业10家，新增高新技术产品13个。全年实现房产交易税收4183万元，首次突破4000万元，同比增长19.5%。

四种结构优化：即产业结构、投入结构、财税结构、农业结构不断优化。产业“双轮驱动”初展成效，工业实体经济持续壮大，全年新增规模企业7家、亿元企业2家，实体工业经济稳步回升，全年完成实体工业经济应税销售21.5亿元，增长16.1%，高于全市平均5个百分点，高新技术产值占比增幅12.3%。规模以上工业投入同比增长12.7%，技改投入增长23.3%，完成固定资产抵扣税1837万元，同比增长52.3%，完成工业用电量9522万千瓦时，同比增长2%，新增装机容量5.5万千伏安，同比增长6.6%。增值税同比增长10.8%，占公共预算收入比重较上年提高2个百分点。实体经济财税贡献明显增强，工业企业全年实缴税金9822万元，实现正增长。农业现代化建设进程加快，项目农业投入2.6亿元，新增高效农业1027亩，新增家庭农场15个、示范农场3个，新培育100亩以上特色产业基地村3个，新增粮食

AAA级龙游湖风景区

生产全托管面积2500亩。

四项能力提升：即城市建管能力、民生保障能力、社会治理能力、队伍建设能力不断提升。龙游湖游客中

博云物联

心、龙游花苑安置小区、平明110KV变电所交付使用，党校综合楼、消防站等公共服务项目工程基本竣工，皋南路、湖心路建成通车，凤台路、消防站东侧道路、龙游湖景区封闭等工程加快推进。房产服务意识得到加强，碧桂园、御锦馨河城、中南世纪城等房产项目销售形势好于全市面上。建管并重意识持续强化，绿化养护提档升级，保洁保绿考核动真碰硬，城市整体形象得到提升。社会保障体系不断健全，累计发放各类民政补助776万元，“三大社会保险”扩面超额完成。基础教育投入不断加大，并设立教育专项补助资金，北外龙游湖双语学校开工建设。搬迁安置高效推进，全年完成搬迁223户，竣工安置房7.4万平方米，新建安置房444套，交房667套。全年新建提档升级农村道路6公里、通达工程35公里，新建奖补桥6座，拆坝建桥11座。社会稳定机制逐步健全，周二村（社区）党组织书记开门接访、党政班子成员包案化解等机制成效明显，全年矛盾纠纷、上访信访、市长公开电话、信息公开明显下降。法治创建扎实推进，综治平安亮点纷呈，荣获全市综治信息化实战应用技能比武团体第一名。依法治区意识得到强化，依法办事能力得到提高，行政诉讼应诉能力增强。“两学一做”学习教育深入推进，学习研讨、党课、民主生活会扎实开展，党员干部“四个意识”得到加强。顺利完成新一届党代表、人大代表推荐选举工作，圆满完成村（社区）“两委”换届，一批素质高、年纪轻、能力强的同志充实村干部队伍，整体干事创业活力得到激发，基层党组织的战斗堡垒作用明显加强。“两个责任”意识不断强化，“一岗双责”切实履行，党内政治生活从严开展，风清气正的政治生态正在形成。

如云科技

如皋电商快递物流园

东陈镇

2016年，东陈镇党委、政府团结带领全镇人民，紧紧围绕建设“强富美高”新东陈的目标定位，深入开展“两学一做”专题教育，主动适应经济发展新常态，加快推进转型升级、着力破解改革难题、沉着应对各种风险挑战，东陈经济社会呈现良好发展态势，全面建成小康社会迈出了坚实步伐。

综合实力稳步攀升。完成全年地区生产总值42.9亿元、同比增长10%左右；一般公共财政预算收入7578.77万元、增值税8817.84万元，分别同比增长23.5%、5.1%。全镇流转土地6000余亩，新增粮食生产全托管面积4500余亩、“全托管”经营主体24个，设施农业面积1420余亩，花木生产1000余亩，特色农产品基地建设1980亩，绿化

造林618亩，有机农业面积保持1000亩。新增新认证“三品”2个，培育种养循环示范点3个，新增南通市级农业龙头企业1家、如皋市级农业龙头企业1家，农业现代化考核居乡镇第一，获得“农村公共服务运行维护机制建设先进集体”“为农服务社建设先进集体”“新型农业经营主体培育先进集体”等荣誉称号。实现工业应税销售19亿元、同比增长6.64%，服务业应税销售18.56亿元、同比增长37.53%，在市年度“百面红旗”竞赛中，荣获“服务业红旗单位”称号。新增顺源电力绳网带织造有限公司、永益织造有限公司、久源传动机械有限公司、凯瑞纺织机械有限公司4家规模企业。

转型升级步伐加快。成功招引南通龙达环保科技、南通盛嘉机电2个亿元以上项目。完成工商注册外资2000万美元、到账外资620万美元，利用外资考核居面上镇第一，在市年度“百面红旗”竞赛中，夺得“开放型经济红旗单位”荣誉称号。全年在建工业项目6个，其中续建1个，新建5个（含1个技改项目）。成功获批省级六大人才高峰项目1个、南通市级留学人选科技活动项目1个，成功入选“江苏省双创博士”项目1个，进入“国家千人计划”面试1人，为面上镇首例，取得“人才工作先进单位三等奖”优良成绩。凯晖科技在新三板正式挂牌上市，并建立江苏省工程技术研究中心。天鸿镭射、凯瑞

纺机成功申报国家高新技术企业。

城乡面貌持续改观。沈海高速东陈道口周边房地产和服务业格局不断完善。左岸洋房一期开始销售；丁香花园、翠湖湾三期即将组织开工；水绘东陈初步方案已通过规划局评审；顺洋文化传媒中心已全面封顶。成功申报国家基础设施建设投融资体系改革特色镇。七位一体长效管护机制全面建立，有效推动镇村环境卫生管理工作规范化、长效化。突出“美丽乡村”山河社区的示范引领和辐射带动作用，持续推进美丽乡村培育工程。“双群•金鱼”在“中国金鱼网”跨境电子商务平台正式上线后，年线上销售额高达58万元，并再获两项国际金奖。中萃米业被省评为“百姓品米节”一等奖。“鹏展•草莓”获省首届“盐都大纵湖杯”优质草莓金奖。华日水稻种植专业合作社被评为省级科普惠农服务站。鑫盛禽业被评为国家级农民专业合作社。“双联双助”工作获南通市表

彰。土地整理方面取得耕地占补平衡工作二等奖、城乡建设用地增减挂钩工作三等奖的优良成绩。

民生福祉日益增进。顺利通过省文明镇复查。投资120万元实施了东陈初中配套工程。全面推进文化活动阵地建设，南东陈、石池、山河、杨庄、杭桥5个村居建成标准化村居综合文化服务中心，南东陈、杨庄2个村居农家书屋被南通市评为“四星级农家书屋”。镇便民服务中心设立服务窗口14个，日办件量达162件以上，切实打响了“给群众方便，让人民满意”的东陈服务品牌。先后获得“统计工作先进单位”“体育现代化建设先进单位”“卫生计生工作先进集体”“社会治理红旗单位”

等荣誉称号。

社会大局和谐稳定。“七五”普法扎实开展，公民法治意识明显增强。山河社区成功创建省级民主法治示范社区。办理法律援助案件15件，完成社会稳定风险评估项目15个。2016年，共排查矛盾纠纷1040件，调处1040件，调处成功率100%；承办市长热线215件，按时反馈率100%；接待来访群众385批次1405人次，无越级上访。深化专项整治行动，全年共检查企业120家，排查治理安全隐患527条，排查、整改市级挂牌重大隐患2个。全力推进安全标准化创建工作，镇安监机构能力建设于11月份通过了省达标验收，“村居安全管理达标”提档升级，辖区15家企业通过创建（复审）验收。全年未发生重大安全事故。积极支持工会、共青团、妇联、科协、残联、关工委、老建会等群团组织发挥作用。人武、国土、工商、税务、供电、水利、安监、广电、交通、动植物防疫等工作均取得新进步。

丁堰镇

2016年，镇政府全面贯彻落实党的十八大、十八届五中全会和习近平总书记系列重要讲话精神，紧紧依靠和团结全镇人民，统筹做好改革发展稳定各项工作，较好地完成了全年目标任务。

经济运行稳中有进。全镇实现地区生产总值45.04亿元、增长8.76%。完成一般公共预算收入1.4亿元，增值税1.89亿元，分别增长38.6%、9.01%。现代农业持续发展。粮食生产实现“十三连丰”。新增设施农业1200亩，新增家庭农场9家、省级家庭农场1家。工业运行高位突破。实现全部工业应税销售91.78亿元、实缴税金2.66亿元，分别增长13.56%、2.93%。新增规模企业6家，培育主板上市企业1家。现代服务业提速增效。实现服务业应税销售4.52亿元、税收1606万元。

森果农庄

转型升级成效初显。创新能力持续增强。高新技术产业产值占规模工业产值比重达68.4%。万人发明专利拥有量达16.83件，引进国家级顶尖人才2名。项目投入加快推进。完成固定资产投资17.12亿元，增长13.3%，其中规模工业项目投入15.8亿元，增长14.6%。新开工亿元项目3个，竣工2个。实现固定资产抵扣税1424.52万元，新增装机容量4093千伏安。生态环境不断改善。万元GDP能耗降幅和主要污染物减排超额完成市下达目标任务,空气质量优良天数占比达81%。

改革开放纵深推进。开发开放更加深入。新招外资项目3个，实现到账外资615万美元，超额完成目标任务。外贸进出口2.6亿美元，其中出口2.49亿美元。载体功能不断提升。以日用家居产业为主导的特色工业园区初具雏形，园区土地整理加速推进，道路、污水管网等配套日趋完善，园区集聚主板上市企业恒康家居、准上市企业恒康数控和明德塑胶以及杨天机电等一批超亿元、超10亿元企业。

恒康企业

镇村面貌明显改观。城镇品质稳步提升。建成丁西小镇和润泽园两个精品小区，房产销售超额完成全年目标任务。基础设施更加完善。中心镇区基础设施投入600多万元，新增绿化面积7000多平方米，新修镇区道路9公里，新增“十个优”项目2个。镇村环境持续优化。高质量推进农业综合开发等项目，修建农村道路40余公里、泵站6座、农桥5座，疏浚河道25余公里，扎实推进“七位一体”长效管护，秸秆机械化还田率达98%。建成国家级卫生镇。

丁西小镇

民生福祉日益增进。城乡居民人均可支配收入分别增长9.2%、10.3%。城镇居民基本医疗、基本养老保险实现全覆盖，城镇低保、农村五保实现应保尽保，新增被征地农民保障实现即征即保。教育、文化、养老事业协

健康主题公园

调发展。丁堰宝贝幼儿园、镇文体中心、镇养老院三个“公建民营”试点社会效益日趋凸显。刘海小学、幼儿园建设工程已进入招标程序，2017年春季开工建设。公共卫生服务体系不断完善，村（社区）卫生室公有化率达90.9%，群众看病难得到有效缓解。

社会保持和谐稳定。社会治理水平稳步提升。综治管理、司法行政、大调解整体推进，领导接访下访、领导包案等制度不断完善，全年排查调解各类矛盾纠纷212件，连续四年获评“南通法治建设先进镇”。安全生产形势保持稳定，公众安全感持续保持在98%以上。政府自身建设持续加强。扎实开展“两学一做”学习教育。主动向人大汇报经济社会发展情况，自觉接受人大的法律监督、工作监督和政协的民主监督。严格落实党风廉政建设责任制，认真履行“一岗双责”，坚决支持严肃查处违纪违法案件。国防动员、征兵工作成效显著，妇女儿童、青少年、老龄、残疾人、慈善事业取得新成效。

丁堰镇文体中心

白蒲镇

市委书记陈晓东调研白蒲镇企业

省农发行副行长钱德辉、市长何益军调研白蒲特色小镇建设

2016年，白蒲镇牢牢把握"稳中求进、好中求快"的总要求，坚持以提高经济增长质量和效益为中心，以"两增加、两提升"为工作衡量标准，进一步解放思想，高点定位，创新思路，奋力拼搏，经济社会保持了持续发展的良好态势。

抓统筹、促发展，综合实力较快提升。2016年，面对复杂严峻的经济形势，白蒲镇不断优化产业结构，着力改善投资环境，积极培育市场主体，保持了镇域经济平稳增长。全镇实现地区生产总值（GDP）66亿元，同比增长10%。完成一般公共预算收入1.7亿元、增值税1.88亿元，分别增长23.5%、6%。实现全部工业应税销售42.68亿元、工业用电量2.31亿千瓦时，分别增长0.44%、0.6%。全年新增规模企业4家，完成工商注册外资1000万美元，到账外资609万美元。完成服务业应税销售13.04亿元，同比增长63.75%；设备抵扣税1293万元，同比增长4.8%。实现房地产税收3248万元，完成市交任务的171%。

重项目、促转型，工业经济提档升级。扎实推进招商引资。坚持走出去、请进来两条腿走路，更加注重对外推介和内部挖掘。先后十多次赴北京、上海、杭州、苏南等地招商引资，实现签约项目8个，落户项目5个，在手在谈项目7个（其中亿元以上3个）。在上海成功举办白蒲投资环境说明会。投资5000万元的瑞强超纤布项目、投资5000万元的鲲鹏运动器材项目、投资3000万元的益民秸秆颗粒项目实现竣工投产；投资3000万元的裕发食品机械项目即将完工；万秭农业科技和顺祥新型材料项目正在注册。持续推进项目建设。突出"项目第一抓手"理念，一着不让抓投入、抓建设、抓进度。茂鑫工艺品1.2万平方米技改项目全面竣工，正在进行设备安装；白蒲黄酒投资1.5亿元灌装自动线项目的52个储酒罐全部安装到位；宇鑫服饰1.1万平方米生产自动化技改厂房正在建设；如通物流1.04万平方米厂房主体封顶；家纺园标准厂房正在抓紧建设。茂鑫工艺品、宇鑫服饰、如通物流通过南通亿元以上项目验收。不断推

南通市级中心镇现场会

便民服务中心

华东油压新开生产线

“四位一体”市场化运作——沿海市政

进转型升级。不断加大科研技术投入，促进企业转型升级，科技创新成效显著。完成高新企业产值53亿元，新增高新技术企业1家，完成职务发明申请专利125件，新增有效发明专利17件。推动力源金河、曜彰体育、纽唯盛机电申报省级工程技术研究中心。

强规划、快实施，城镇功能持续完善。特色小镇开始破题。围绕“十三五·长寿食品产业+旅游”的发展定位，立足“讲好三个故事”“搭好三大载体”“抢抓三个转型”，初步形成了“整合发展资源、搭建融资平台、探索商业模式”的特色小镇发展思路，详细规划正在完善。中国历史文化名镇申报资料已上报省住建厅，中国红木雕刻艺术之乡即将获批，江苏特色景观旅游名镇已经公示，江苏人居环境范例奖通过现场审核。基础工程有序推进。中心街建设工程扎实推进；文昌路路面改造及亮化工程全面竣工；印池广场土方、绿化等工程建设全面完工；镇区景观亮化工程正式启动。美国长老会主楼修缮工程完成标底编制，历史街区市大街风貌整治及配套提升工程已落实施工主体，印池东岸绘春园仿古商业街已完成方案设计，正在报批。城镇面貌日益改观。大力实施水系畅通和污水管网并网工程，恶臭河道得到有效治理，镇区基本实现“水清、坡绿、岸洁、景美”。招商建镇实现突破，引进新通房产打造仿古商业街项目，建设具有古镇风貌的旅游集散中心，已与浙江万乡小镇投资城市客厅项目达成初步意向。

调结构、提质效，新农村建设日新月异。现代农业不断发展。新增设施农业2753亩，地方特色农产品基地3078亩，全托管经营主体17个、家庭农场13家、总面积5252亩。邓杨村成功签约500亩高效设施蔬菜项目，千亩设施农业基地初具规模；合兴村优质稻米项目基础设施建设基本结束；黄芽菜、黑塌菜两个特色农产品项目即将落户；国家级农业开发项目（钱园项目区）、省级沿江高沙土开发项目（文著项目区）有序推进中。农村环境不断优化。“四位一体”市场化取得阶段性成效，实现了“成本下降20%、质量提升80%”的目标，村居环境进一步改善，综合考核全市第一。“双整治”工作成效显著，完成拆旧复垦1249亩，占补平衡242亩，新增耕地236亩。钱园社区公共服务中心即将封顶，黄行村公共服务中心主体竣工，蒲东社区美丽乡村建设项目实施方案基本形成。农民生活不断改善。26个村居完成村营收入1490万元，增长5%；农民人均纯收入23000元，增长10.1%。大力实施精准扶贫，完成脱贫170户、290人。农村居民基本医疗、基本养老保险实现全覆盖，城乡低保、农村五保应保尽保，新增被征地农民保障实现即征即保。

惠民生、促和谐，社会事业稳步推进。加快推进实事工程。镇区污水管网建设和接入工程全面完成，确保了镇区水系的清洁、美观。中心街等级提升工程、公共安全设施投入、历史街区改造及基础设施建设、白蒲博物馆建设、农路农桥改造等5项工程正在抓紧实施中，镇区亮化工程、沿河风光带滨河路工程等3项工程已进行招投标，文体中心提档升级工程因方案调整列为2017年实事工程。扎实推进社会事业。投入120万元对阳光敬老院消防设施进行提档升级，居住环境得到进一步改善。完成440平方米多功能室内文体场馆设计方案，重建的新姚小学教学楼正式投入使用。白蒲初中、阳光初中、新姚小学、勇敢小学、蒲西小学顺利通过南通市教育现代化学校验收。白蒲初中、阳光初中、白蒲小学顺利通过南通市数字化校园验收。持续畅通信访渠道。全面推行阳光信访，强化信访联办机制，着力推行变上访为下访，基本做到小事不出村、大事不出镇，“阳光信访”“责任信访”和“法治信访”扎实推进。

龙新九龙湾商住小区

下原镇

首届智能KY蓝宝石晶体生长专家论坛

南通威明服饰辅料有限公司

如皋市华阳铝制品有限公司

2016年是落实“十三五”规划的开局之年。过去的一年，面对严峻复杂的宏观形势和艰巨繁重的发展任务，在市委、市政府和镇党委的坚强领导下，全镇上下牢牢聚焦重点，坚持稳中求进，统筹做好招商引资、产业升级、创新驱动、城乡一体、环境优化、社会治理、民生改善等各项工作，推动了经济社会持续健康发展。

经济运行稳中提质。镇域经济量质齐升。经济发展总量、质量均稳中有升。全年实现地区生产总值19.65亿元，增长8.2%；一般公共预算收入7104.115万元，增长9.8%；全口径财政总收入1.44亿元，增长8.3%。工业运行提质增效。完成工业应税销售11.7亿元，增长9.46%；工业用电量5565万千瓦时，增长9.9%；新增装机容量2600万千伏安，增长15.4%；完成固定资产抵扣税407.3万元，增长20.4%；完成全部工业实缴税金5012万元，增长4.5%。现代服务业平稳发展。实现服务业应税销售13.8亿元，增长2%。推动利园、衣园等乡村旅游点加强管理、完善功能、营造氛围。全年接待游客达到9万人次，衣园获评“江苏省三星级乡村旅游点”。

转型创新取得实效。招商引资成效明显。先后举办4轮外地招商活动，成立专业招商队伍，坚持“走出去、引进来”，集聚全镇信息优势，全力推动项目落地。全年共收集有效招商信息88条，重点在手在谈项目13个，落户6个3000万左右的科创型工业项目、5个总部基地项目、1个亿元项目。转型升级速度加快。工业投入持续加强，全年投入8.4亿元，同比增长13.1%，卓远机器人产业链延伸等4个技改项目顺利竣工投产，进一步提升了生产规模和市场竞争力。亚太广告、热熔胶等8个新落户工业项目正在抓紧推进。新培育伊索热能、威明服饰等5家规模企业。科技创新持续突破。推动天

有机农场

佑医疗成功申报南通市级工程研发中心，华阳铝业完成高新技术企业复审验收，组织企业申报专利120个，其中发明专利50个，获得发明专利授权11件，推动卓远、天佑等企业积极与人才对接，引导企业进行产学研合作，先后引进2名国家级人才，组织卓远、天佑成功申报2个南通市外专项目。成功举办蓝宝石全自动智能长晶高层论坛。平台载体更加健全。打造下原镇科创

下原镇医疗器械产业园

下原镇科创中心

中心，首期面积3000平方米，推行“中心一基地”载体孵化模式，为创业者提供一条龙创业服务，已有13家企业入驻。成功组织第一届创业青年培训。

城乡发展更趋协调。镇村规划得到优化。策应通皋大道建设，进一步调整完善镇区总体规划，现已经完成规划成果。新一轮镇村布局规划、村庄建设规划已编制完成。基础设施逐步完善。育贤路提升、惠原路提升、惠业路提升等镇区道路工程全面建成。代表如皋成功申报江苏省首批特色小镇建设项目。城镇能级明显提升。富贵园二期、吉祥苑小区按期竣工并顺利交房，富贵园三期项目方案已完成设计，力争2017年上半年开工建设。加大镇区推介力度，全年共引导50户群众进镇购房居住。镇村面貌焕然一新。以文明城市创建为契机，加大镇区秩序维护，拆除乱搭乱建，清理乱堆乱放，配齐环卫设施，垃圾日产日清，镇区污水收集处理率90%以上。农村环境“七位一体”管护工作实现长效化。

社会建设成效明显。教育事业蓬勃发展。坚持教育优先不动摇，加大教育事业投入。下原小学教学楼正式投入使用，花园幼儿园工程主体封顶，内部配套设施正在有条不紊施工中，年前全部竣工并交付使用。教学质量全面提高。下原初中2016年中考普通高中上线率达54.3%，高分段人数占比、如中达线率居全市乡镇首位。文卫事业取得进步。先后举办6次大型群众文体活动，组织“讲好下原故事”原创文艺作品创作，制作专题微信26篇，累计吸引群众关注80000人次。加大村居公共文化服务中心的管理，邹庄成功创建首批省级基层公共文化服务中心示范村。村居卫生室公有化建设稳步推进，各村均已明确实施方案并按期推进。民主法治进程加快。深入推进“七五”普法成效显著。积极落实重大项目稳评机制，在决策、推进、验收过程中广泛征求意见，全年无群体性事件发生。定期开展矛盾纠纷排查化解活动，共排查矛盾纠纷240件，化解率100%，重点群体保持稳定，受理信访事项13件、市长公开电话164件，坚持做到及时办结。顺利完成新一届村委会换届选举工作。安全生产得到落实。高度重视安全生产，强化责任分解，加大安全生产教育监管，全年共开展安全生产大检查6次，排查隐患1468条，整改1446条，全年未发生一起重大安全生产事故。

下原镇从善教育基金纪念碑

乡村旅游景点——利园

乡村旅游景点——衣园

人民生活不断改观。群众收入稳步提高。全年城镇居民人均可支配收入达36925元，增长10.3%，农民人均纯收入达25043元，增长11.8%。全镇15个村居集体经济总收入增长12%左右。保障体系不断完善。合作医疗筹资、门诊结报等工作规范有序；城乡居民社会养老保险参保完成率、新型农村社会养老保险参保率100%；困难群体实现应保尽保，发放各类民政帮扶资金共计1080万元；深入推进“双联双助”，完成新一轮贫困农户建档立卡工作。民生工程扎实推进。镇区污水提升泵站异地新建、敬老院消防配套设施等工程顺利竣工并投入使用，省投项目、生命安全防护工程、新建农村一事一议奖补路等扎实推进。

省人大常委会常务副主任、党组副书记蒋宏坤调研福康医院

土地“双整治”工作调研

吴窑镇

【概况】吴窑镇位于如皋市中南部，总面积64.36平方公里，镇区建成区面积4.5平方公里，耕地面积3519.43公顷，辖行政村9个、社区8个，村（居）民小组402个，总人口63193人。2016年完成财政总收入1.5亿元，一般公共预算收入7400万元，增幅和完成率均居全市第二。

【农业和农村经济】 年内，吴窑镇新增设施农业面积1645亩，新增特色产业面积1927亩。新增家庭农场29个，培育示范家庭农场2个，新增粮食全托管20个，新增成片造林面积130亩。创建南通市级农民专业合作社1家，培育如皋市级土地股份合作社综合社1家。台莲、鑫翌现代农业项目有序推进，产销形势良好。组建山羊业商会，规范引导行业健康发展，山羊、银杏等特色品牌进一步打响。强化农村环境“七位一体”长效管护工作，对农村畜禽禁养区进行规范化管理。狠抓秸秆综合利用，完成还田面积2.5万亩，同比增长54.8%。何柳村被评为江苏省水美乡村、江苏省文明村。

【工业经济】 年内，吴窑镇完成全部工业应税销售10.78亿元，全年共完成专利申请156个、发明专利申请45个，新增有效发明专利5个、专利授权90个，新增专利消零企业8家。中如化工成功跻身高新技术企业行列，远业液压申报成为高新技术产业企业，汇泽新材料、三强制药成功申报江苏科技型中小企业。远业液压的挖掘机液压缸用柱塞项目获得了如皋市科技进步三等奖。扎实开展产学研活动，征集技术需求20项，5家企业与相关高校开展校企对接。全年完成高新产值20亿，高新技术产业项目投入4.98亿元，超额完成全年任务。坚持制造业和服务业双轮驱动战略，完成服务业税收4970万元，同比增长21.5%，实现规模以上服务业项目投入2.7亿元，同比增长12.6%，实现规模以上服务业主营业务收入1.1亿元，同比增长7.09%。江中集团全年获“国家优质工程”1项、全国绿色施工示范工程2项、省优质工程（结构）23项，2016年缴纳如皋地方税收近9000万元。

新上任村书记培训

【社会事业】 年内，吴窑镇教育教学质量进一步提升，年度教育考核创历史最好水平；2016年中考创历

史佳绩，中考总均分较上年提升了10个名次；中心幼儿园园长郝霞获“感动江苏教育人物”（南通唯一）荣誉。村卫生室公有化率达70.5%，获评南通市卫生应急规范化乡镇；全镇新农合参合50736人，参合率100%。全年镇村共开展文化惠民活动18次，老庄、龙河、立新3个村居综合性公共文化服务中心建设通过南通市级验收；

党委中心组扩大学习会议

镇选送的广场舞节目在南通市首届“小康村”农民广场舞大赛中获得金奖，镇文体公园通过了省级体育公园标准化验收。现有农村低保户462户1103人，五保户229人的补助资金均做到及时足额发放。新增城镇职工参保163人，完成率108%，居保征收19900人1281万元，新增失地保障16人。推进就业政策的贯彻实施，劳动力回（外）引300人，新增创业人数264人，新增入库创业项目3个。全力推动低收入农户小额担保贷款工作，全年共申请低息、贴息创业贷款220万元。切实维护劳动者权益，劳动合同签定率达92%，积极开展劳动争议调解工作，按期调解结案率100%。顺利通过南通市平安法治乡镇建设复审，公众安全感持续提升。市长公开电话办复率达99%。全镇创建省级“民主法治示范村”4个。常态化开展隐患排查治理整改，全年排查各类生产安全隐患715条，有效整改713条，安全生产形势保持总体稳定；强化农村聚餐及零售药店日常监管，食品药品安全实现“零事故”。

【小城镇建设】 年内，吴窑镇小城镇建设总投入达2000多万元，实施了镇区入口、雨污管网延伸、镇区道路绿化亮化提升等工程，镇区形象进一步提升。强化农村基础设施建设，省投项目高效推进，实现新增耕地60多亩。“双整治”工作超额完成市交任务，荣获如皋市占补平衡一等奖、增减挂钩三等奖，移民工程、兴业路东延工程、金盛路提档升级等均已完工并交付使用。督促房地产开发商进一步完善小区道路、绿化、照明、下水、用电等配套设施的建设，房产销售回暖，佳鼎新村、阳成房产等小区销售态势良好，全年共完成房产交易税收950多万，完成市交任务的270%。圆满完成中央巡视组督查江苏期间环保稳控工作，燃煤锅炉整治、“三整治一化解”等工作均走在全市前列。全年共对39家单位进行检查，并对存在问题督促责任主体落实整改；完成环评预审项目14个。镇区污水管网基本实现全覆盖，日均处理污水1051吨，生活污水集中处理率达到80%以上。

全民阅读日活动

九华镇

南通市委宣传部常务副部长陈慧宇（右一）走访九华镇困难群众

副市长张亚鸾（右二）在镇党委书记顾晓春（右一）陪同下慰问困难老党员

2016年，九华镇拼搏进取，创先争优，务实苦干，在“勇当全市全面建成小康社会排头兵”的征程上书写了浓墨重彩的奋斗篇章，在全市综合考核的排名大幅前移，取得全市第二的优良业绩；夺得工业运行、财政收入、服务业三面红旗；蝉连江苏省、南通市、如皋市“文明镇”荣誉称号；捧得全市镇级目标责任制考核银杯。全镇经济社会发展呈现出经济总量平稳增长、产业结构不断优化、民生工程持续改善、社会总体和谐稳定的良好势头。

经济总量稳步增长。2016年，完成地区生产总值34亿元，同比增长11.1 %。完成财政总收入2.42亿元；同比增长18.8%；完成一般公共预算收入1.19亿元，占全年任务的108.9%，同比增长38.5%；完成增值税1.61亿元，占全年任务的114.3%,同比增长25.4%；提前1个月完成了市下全年加压任务，市委、市政府专题发贺信予以祝贺，财政收入考核在全市排名第一。完成工业应税销售31.85亿元；完成服务业应税销售8.2亿元，完成率达329.12%，同比增长171.79%。完成管护零散税收征收5816万元，同比增长167.6%，总量居全市第一。

发展后劲明显增强。2016年完成规模工业投入13亿元，同比增长8.38%，新增规模企业3家，全镇规模企业达到40家，亿元企业总数保持8家。全市工业应税销售百强企业中九华镇有5家企业入围，纳税百强企业九华镇有5家，实缴税金工业百强企业中九华镇有6家，进出口总量前五十名企业中九华镇有4家。工业用电量完成6486.14万千瓦时，同比增长17.7%；全部工业实缴税金1.62亿元，同比增幅9.43%。华胜数码纺织科技15000平方米的主体厂房已完工，高档数码彩印机陆续进场，2016年完成销售收入5000万元。嘉舜运动用品项目4栋厂房已建成，完成设备调试成功进行试生产，2016年完成销售收入5000万元。不二环境科技致力于新产品研发创新，与中国建筑科学研究院合作的混凝土添加剂项目已通过专家评审，并成功召开新产品市场发布会。城威人防、华普工贸项目均已顺利实现开工生产。粮食物流中心一期项目工程进入试运行状态，长寿养生园一期工程竣工投入运营。这些项目全部发力后，必将为九华镇经济发展

全国最大的石墨设备制造厂、行业标准制定者——星球石墨公司，研发的氯化氰合成炉列入国家火炬计划

投资4.2亿元的九华电子工业产业园，一期3D平板电视机显示器生产线、整机装配6条流水线已正式生产运营。

南通市土地确权现场推进会在九华召开

南通市文联组织走进如皋九华慰问活动

注入全新活力。

城镇建设日新月异。2016年完成镇区建设工程600万元，华实路二期、滨河东路、郭李小区配套、兴隆路西延工程全面完成。镇区控制性详规编制工作正式启动。房产销售有所回暖，2016年完成房地产交易税1052万元，同比增长34%。镇区餐饮、商贸等服务业日益发达。锦绣路餐饮一条街日趋繁荣。

人居环境持续改善。2016年实施新建财政桥梁5座，新建农村公路29.2公里；完成疏浚四级河23条（段），长14.57公里，土方35.45万方；拆坝29座，达任务数的165%；拆坝建桥6座、建涵25处。新建泵站30座，改造3座，对205座排灌泵站改制全部到位，一次性完成了三年改制计划；新修防渗渠31.59公里、埋设灌溉管道2.15公里。新增高效设施农业785亩；特色农产品基地建设完成969亩，占年任务的198.5%；成片造林完成331.9亩，占年任务的110.6%，实施省级绿化“示范村”1个；新增省级家庭农场1个；盘活丝渔生态休闲农庄；新增家庭农场16个。高标准基本完成了农民承包土地的确权工作，先后为如皋和南通市提供了推进现场，受到南通、如皋市领导的肯定和表扬。借助国家卫生镇复审迎查契机，持续在全镇范围内掀起环境整治热潮，进一步落实环卫长效管护工作举措，推动农村人居环境持续改善，顺利通过了国家、省、市级考核和明查暗访。农村公路管养及安保工程考核居全市第一。“七位一体”长效管理机制得到进一步巩固和加强，荣获如皋市先进镇称号。

社会事业全面进步。坚持把教育事业放在优先发展的位置，不断加大教育投入,投资300万元的营防幼儿园改扩建工程基本完工，后续配套工程加快推进，即将交付使用，营防小学食堂升级改造通过了如皋市A级食堂验收。教育教学工作成绩喜人，2016年中考总均分达568.5分，特高分段人数取得历史性突破，700分以上3人。敬老院改扩建工程已基本完工。居保服务“四不出村”工作在全市率先实现动态全覆盖。以“村卫生室公有化及医疗服务规范提升年”为重点，全镇卫生医疗秩序井然，新型农村合作医疗规范运行，参合率100%。全面二孩和奖励扶助政策得到充分落实。社会慈善精神得到持续弘扬，2016年接受企事业单位捐款76.23万元、个人捐款41885元，为社会弱势家庭的应急救助提供了有力保障。文化建设工程深度推进，成功举办了第二届“星球杯”全民健身运动会暨文化艺术节，镇文体中心2016年举办大型文艺演出6场、群众性文化娱乐活动20多场。九华、郑甸、洋港、营防、四圩、小马桥、云屏等村（居）分别举办了“乐一天”农民文化艺术节，群众精神文化生活进一步丰富。

九华镇举办第二届“星球杯”全民健身运动会暨文化艺术节

镇区一角

市委副书记、市长何益军视察江安镇

市委副书记、市长何益军调研汤臣汽配

江安镇

2016年，江安镇统筹做好改革发展稳定各项工作，完成了全年目标任务。全镇全年完成财政总收入14119.64万元，公共财政预算收入7502.07万元、增长12.3%，增值税8801.44万元、增长10.6%。目标责任制考核全市排名第六,较之2015年，前移4个位次。获南通市安全生产先进乡镇，如皋市2016年度项目投入红旗单位、人武工作先进单位、引进市外民资先进单位等奖项11个。

一、坚持稳中快进，经济运行质态良好

工业经济平稳发展。全部工业实现应税销售26.12亿元、增长16.46%，实缴税金9089万元、增长4.41%，工业用电量12639.28万千瓦时、增长0.85%。新增规模企业4家。现代服务业加快发展。全年实现服务业应税销售（不含房地产）7.37亿元、增长24.99%。培育服务业限上企业1家，新增限上单位2家。现代农业提速发展。粮食生产保持稳定。项目农业投入1.3亿元，新增高效设施农业2500亩，新增花木500亩，对4450亩的生态公益林进行补栽。成功申报江苏省绿化示范村2家。新增27家全托管服务组织，新增家庭农场20家。联络社区获得全国“一村一品示范村”。

二、坚持转型升级，发展后劲不断增强

创新能力不断增强。全年完成218个职务专利申请，其中发明专利申请68个，职务专利授权178个，其中20个发明授权。建成如皋市级工程中心1个，汤臣汽配成功申报江苏省重大科技成果转化项目。产业结构不断调整。注重零地招商，大力发展总部经济。引进年销售亿元的贸易项目2个。完成汤臣汽配、怡天时纺织、久赢汽配等8家企业的技改项目。专项整治不断深入。深入开展“环保清风行动”，大力实施畜禽粪污综合治理，整治和规范废水、废气、固体废弃物的管理，完成44家企业10蒸吨/小时及以下燃煤锅炉的淘汰或清洁能源改造任务。

三、坚持开发开放，经济发展迸发活力

开放型经济强势突破。实现外贸进出口总额5400万美元。工商注册外资1680万美元，完成年计划的168%；到账外资600万美元，完成年计划的100%。项目投入持续增长。完成规模工业项目投入13.8亿元。全年开工、在建项目12个。完成固定资产抵扣税1529.89万元、增长59.2%，新增装机容量10810千伏安、增长146.75%。载体功能不断提升。工业“一区三园”开发布局进一步优化，新建工业集中区整理土地面积250亩。新建标准厂房8475平方米。江安35千伏变电所搬迁方案完成规划审批。

农业部财务司副司长秦维明调研江安镇

四、坚持统筹发展，镇村环境持续改善

城镇建设不断加快。秀景名豪15幢、华锦名城3幢建筑主体已全部封顶，装饰装修及配套工程基本完成。完成房地产税收1075万元、增长26.9%。完成黄市、葛市老镇区路灯及人行道改造，江安镇区主要路段维修和排

滨江花苑内景

水管道疏通工程结束。实施镇区及周边主干道江曲线亮化提升，新增LED路灯150盏，方便群众生产生活。高效完成土地“双整治”。全年完成土地拆旧复垦1346亩，占补平衡进库481.2亩；省投土地整理项目2.1万亩全面实施结束，新增耕地5089亩，拓宽了开发空间。城镇环境持续改善。全年整治河道20条，总长度19.5公里。拆坝建桥13座全部结束。“七位一体”长效管护高效运行，秸秆机械化还田率获得市评比一等奖。新增成片林1000亩，森林抚育950亩。江苏省最美乡村创建工作座谈会考察了周庄社区。农业部财务司副司长秦维明莅临江安镇调研产业发展和惠农政策落实情况。

五、坚持发展惠民，人民生活明显改善

保障体系不断完善。社保扩面300人，农村社会养老保险参保30900人，城乡居保“四不出村”建设100%达标。新农合医疗统计参合率100%，补偿314.9万元。坚持计生惠民，全年共审批奖扶特扶453份。认真开展精准扶贫工作，全镇1855户贫困户全部建档立卡。就业增收取得实效。“就业直通车”注册会员企业36家，APP注册用户610人。企业稳岗服务率100%；回引劳动力258人，新增入库创业项目1个，新增创业人数90人。积极开展企业职业技能培训和失地农民就业创业培训，考核培训1580人。社会事业长足发展。新建葛市小学食堂和江安小学多功能综合楼。切实推进校车工程，12辆新校车投入使用。江安高级中学2016年高考本二上线率89.97%。滨江初中2016年中考录取如皋中学41人，名列全市农村初中第一；380人达普高分数线，占比58.6%。31个村居中已实现村卫生室公有化27个。10多个村居开展了“乐一天农民文体艺术节”活动。组织送戏下乡10多场，送电影下村100余场次。成功举办“农商行杯”第三届春节返乡大学生演唱会、第十二届农民文体艺术节、机关趣味运动会等大型文体活动，进一步弘扬正能量，提振精气神。

六、坚持管理创新，和谐建设卓有成效

精神文明建设不断深入。大力弘扬社会主义核心价值观，倡导文明和谐社会新风尚，村民素质和社会文明程度进一步提高。组建网络宣传志愿者队伍，引导网络舆情，及时发现并处理舆情9起。周庄社区打造乡愁馆、红色文化馆等，成功创建江苏省文明村。鄂岱村居民学校成功创建江苏省标准化居民学校。江安邮政支局等14家单位获市文明行业、江安镇经济发展局等11家单位获市文明单位、镇中社区等9个社区获市文明社区、徐柴村等10个村获市文明村称号。民主法治建设不断加快。深入开展“七五”普法活动，公民法治驿站正常为民提供法律服务，积极营造尊法学法守法用法的法治氛围。村居“两委”会换届选举工作圆满完成。南通市委常委、政法委书记调研江安镇镇村两级综治、法治平台现场会在胜利社区召开。社会管理水平不断提高。常态化开展“党政领导接访下访”活动，梳理群众意见116条，办结107条，群众满意率达到90%以上。建立健全全覆盖矛盾化解网格化机制，排查化解矛盾纠纷260余起。“市长热线”交办件466个，办结率100%。

江苏中瑞集团

南通玉兔集团

省委宣传部副部长、文明办主任杨志纯参观镇文体活动中心

市委书记陈晓东调研土地“双整治”工作

搬经镇

2016年，面对复杂多变的宏观形势，搬经镇认真贯彻党的十八届六中全会精神，按照全市第十二次党代会和市委全会第二次、三次会议部署，与时俱进，不断拓宽全面小康的建设内涵，创新作为，真抓实干，顺利完成了全年目标任务，实现了“十三五”良好开局。

经济发展在转型升级中稳步增强。项目建设有序推进。全年共新开工亿元以上重大项目3个，完成规模工业投入21.43亿元，同比增长17.6%，增幅位居全市第一。完成全部工业应税销售32.6亿元，同比增长14.7%。完成工业用电量33068万千瓦时，同比增长18.97%，位居全市第一。持续聚焦产业升级。全镇规模以上工业企业技改面达65%，高新技术产业产值占规模工业产值比重达34.2%。第三产业发展迅猛。全年共完成服务业应税销售5.13亿元，同比增长30%，新落成的一品街商铺、易买得广场成为三产经济发展新地标。农业现代化步伐加快。全年新增设施农业面积3600亩，特色产业面积1775亩，两项指标完成率全市领先；新增南通市级农业龙头企业1家、家庭农场4个，“三品”认证居南通首位；在市年度“百面红旗”竞赛中，夺得“农业现代化工程红旗单位”称号。

发展动能在机制创新中加速形成。坚持以革新制度提效能，以创新思路谋发展。围绕“566”的管理模式，创新组建招商引资、综合治税、要素保障、安全生产、资产管理、投资工程管理六大办公室，通过选优配强队伍、明确目标定位、压实工作责任，极大提升了精细化管理水平，实现了各项重点工作的高效突破。自觉践行全面深化改革责任担当，中心镇行政管理体制改革成效初现。通过调整优化中心镇内设机构，推进行政

亿元项目（一品街）开工仪式

吴庄烈士陵园党风廉政教育基地授牌仪式

程恒汽配技改扩建项目破土动工

文体活动中心

事业单位整合设置，“一办七局两中心”的改革方向得到确立。便民服务中心正式投入使用，多部门实现联合办公，行政效能得到明显提高。积极探索“七位一体”长效管护新路径，服务外包模式探索工作加速推进，经过三套班子集体研究，“镇村分离、职责明晰、从严考核、集约高效”的总体思路基本明确，初步方案正在加紧出台。

城乡区域在统筹发展中展现新貌。坚持在统筹兼顾中推进新型城镇化，宜商宜居、绿色生态、彰显特色的现代化中心镇建设进程不断加快。致力产业集聚化发展，利用国土规划、空间调整契机，新规划了电子产业、装备制造产业两大工业集中区，产城融合的理念不断加深。交通路网持续升级，缘龙路东段完成翻新改造，学校放学时段交通拥堵状况明显好转，商住楼C地块完成搬迁扫尾，人民路拓宽改造工程有望在2017年启动实施。镇区功能配套不断完善，搬经中心幼儿园建成对外招生。认真落实“去库存”重点任务，全年完成房产销售近200套，销售面积约2.5万平方米。搬经文化展馆落成并投入使用，于11月12日顺利承办省农村精神文明建设现场会暨最美乡村建设座谈会，以张小波、丁捷等本土作家为主导的如西文化影响力开始凸显。

民生事业在惠民富民中持续改善。坚持像抓经济建设一样抓民生保障，民生支出在一般公共预算支出中占比达到65%。大力实施脱贫致富奔小康工程，完成新一轮低收入农户建档立卡工作。保障体系进一步健全，社保、医保覆盖面不断拓展，保障水平不断提高。教育事业蓬勃发展。搬经高考、中考再次交出圆满答卷，搬经高中631人参加考试，本二以上上线445人，上线率达70.52%，较2015年上升4.07个百分点，再创校史最高记录；搬经中考最高分名列全市第二，特高分（700分以上）、如中上线总人数及比率均居乡镇之首。民间文艺百花齐放，成功举办“书香润搬经”等重大文体活动，文化整体实力得到明显增强。积极化解各种矛盾风险，切实维护群众合法权益，社会大局呈现和谐稳定的发展态势。

党的建设在转变作风中不断深化。扎实开展“两学一做”学习教育活动，镇党委紧紧围绕市委部署，认真制定学习方案，组织开展“七一大党课”“专题研讨”“手抄党章一百天”等活动，规定动作一着不落，自选动作有声有色。党委总揽全局、协调各方的作用充分发挥，成功召开镇第十六次党代会，基层党组织、村（居）民委员会换届选举工作和新一届市镇两级人大代表、市政协委员提名选举工作圆满完成。落实全面从严治党新要求，认真履行“一岗双责”，认真贯彻执行中央和省市关于加强作风建设的有关规定，全面加强对全镇党员干部的日常教育和监督管理。严肃党内政治生活和党内监督，坚决支持镇纪委严肃查处违纪违法案件，党风政风明显好转。

湖刘社区法治文化公园

石庄镇

格拉菲特 · 永林国际大酒店

鸿悦华庭房产项目

上海电气环保热电(南通)有限公司

2016年，石庄镇以开展“两学一做”学习教育为抓手，自觉践行新发展理念，适应把握经济发展新常态，全力推动“强富美高”魅力石庄建设，经济社会持续呈现转型加快、质量提升、效益向好、民生改善的发展态势，目标责任制综合考核跃居面上第四、荣获三等奖，实现了“十三五”良好开局。

经济质态得到更大优化。完成一般公共预算收入1.09亿元、增值税1.38亿元，分别增长20.1%、18.2%，贡献份额分别净增0.51、0.23个百分点。实现工业应税销售45.05亿元，占全镇总量的60%，实缴税金1.54亿元，“纳税百强企业”达5家，工业用电量1.4亿千瓦时、增长11.7%。实现服务业应税销售14.08亿元、完成税收5661万元，分别增长128.5%、100.6%，摘得市“服务业红旗单位”荣誉称号。新增设施农业936亩、特色产业775亩，建成规模以上农业项目3个，新增国家农民合作社示范社1个，市级以上农业产业化龙头企业达9家，被表彰为全市“农民合作社建设先进集体”和“为农服务社建设先进集体”。

创新转型产生更大动能。高新技术产业产值占规模工业比重为72.3%、净增8.37个百分点，新增有效发明专利21件，万人发明专利拥有量达10.76件、净增1.65件，科技项目立项18个、净增8个。新增省“双创计划”人才1名，被表彰为全市“人才工作先进单位”。完成规模工业投入15.01亿元，固定资产抵扣税1751.79万元、增长33.3%，新增装机容量4314千伏安、增长16.9%，获评市“项目投入红旗单位”。完成注册外资1190万美元、到账外资610万美元，被表彰为全市“招商引资先进集体”，实现外贸进出口9053.2万美元，增长31.3%。

城乡面貌实现更大改观。出让土地2宗86.1亩，完成房产交易税收350万元。鸿悦华庭房产项目进展良好，临江东苑、临江西苑等安置区配套提升工程成效显著。实施基础设施修缮项目40余个，改造了东大街、南大街(北段)，环西路北延工程即将摊铺水稳层。启动了“江苏省历史文化名镇”创建工作，新增如皋市级文保单位8处，被列为“乡村记忆——南通乡村影像志”文化工程指定拍摄乡镇。“双整治”成绩突出，完成增减挂钩743.4亩、占补平衡209亩。新增成片造林280亩、绿化示范村1个，被表彰为全市“绿化工作先进单位”。城镇综合管理体制不断健全，农村环境“七位一体”长效管理机制得到巩固。

南通天泽化工有限公司

江苏省石庄高级中学

发展成果普及更大范围。脱贫致富奔小康工程深入推进，经济薄弱村“造血功能”得到增强。完成张黄小学绿化配套，高标准建成高井小学餐厅。超额完成社保扩面任务，城乡居民基本医疗、基本养老保险动态全覆盖。列入城乡低保541户、1291人，农村“五保”433人、集中供养61人，优抚对象972人。大病救助、临时救助、慈善救助等“五道救助线”的托底线、解急难作用得到有效发挥，救助906人次、金额148万元。新增南通市四星级示范农家书屋1个，建成标准基层综合性文化服务中心4个，农民艺术节等群众文体活动丰富多彩，被表彰为全市“体育现代化建设先进单位”。村(社区)卫生室(服务站)公有化率达76.2%。档案中心达省二星级标准，创成省特级村镇建设档案室。

社会治理取得更大成效。精神文明建设迈上新台阶，社风民风持续好转，被表彰为“如皋市文明镇”。

永兴社区农民集居示范区

“七五”普法扎实开展，依法行政持续加强，新增省级“民主法治示范村(社区)”1个，累计6个。“阳光信访”稳步推进，接访下访、包案化解、应急处置等制度更加完善，妥善化解了一批重点信访积案，信访工作考核跃居面上第四，被表彰为全市“信访工作先进集体”。依法严厉打击各类违法犯罪行为，立体化治安防控体系更加完善，公众安全感持续提升。严格落实安全生产“两个主体”责任，风险隐患排查治理机制不断健全，危化品、粉尘防爆、食品药品等重点领域层级监管工作抓得更紧更实，全镇安全生产形势总体可控。

党的建设迈出更大步伐。扎实开展“两学一做”学习教育，推动全面从严治党向基层延伸，党群干群关系更加密切，党风政风更加优良，群众满意度持续提升。党管武装工作氛围更浓，国防动员、征兵工作富有成效，被表彰为全市“人武工作先进单位”。成功召开镇第十四次党代会、镇十八届人大一次会议，圆满完成党委、纪委、人大、政府和村(社区)“两委”换届选举任务，干部队伍结构更加合理。外宣工作特别是网宣工作取得实效，重点选取树立了“大学生村官群体”等典型。党风廉政建设责任制全面落实，主要负责同志切实担负主体责任，带头履行“一岗双责”，坚决执行中央“八项规定”精神，风清气正的政治生态得到巩固拓展。

江苏江中酿酒有限公司

如皋市农业委员会

2016全国盆景交易大会隆重开幕

如皋农产品进上海展示展销

2016年，市农委紧扣农业现代化各项指标，以南通创建国家现代农业示范区为契机，以“234”产业板块为抓手，积极推进农业结构战略性调整，把握主线，突出重点，农业工作成效显著。获得省兽医工作先进县、省县域种子市场秩序先进县、省现代渔业建设先进集体等南通市级以上各类荣誉23个，受南通市级以上表彰28人次。

坚持特色发展，不断做强优势产业。粮食生产稳中求进，新增花木面积0.5万亩，生猪饲养量222.24万头，大中型养殖占比为63.13%。新增设施农业面积2.23万亩，超额完成省下达任务，发展地方特色农产品基地面积5200亩，建成百亩基地24个，蚕桑产业规模位居全省前列。

坚持融合发展，不断延伸产业链条。全年新增全托管主体338个，面积6.7万亩，新增家庭农场340个，经营比重增加10.97%，新认定省级家庭农场5个、南通市级8个。全市农业产业化龙头企业117家，其中国家级1家，省级9家。全年农产品出口总额2.54亿美元，

如皋盆景展风姿

植树造林成效大

同比增长34.4%，位居南通第一。

坚持生态发展，不断改善农村环境。全年完成成片造林面积4045亩，林木覆盖率南通第一。畜禽粪污综合治理工作持续推进，全年共治理172个村（居），全市累计治理合格264个村（居），治理合格率达82.8%，18家不合格生猪屠宰企业全部关停到位。新增沼气发电并网立项备案企业9家，农产品监管省级例行监测中合格率为98%以上。组织新申报无公害农产品19个。在全国范围内率先实施高毒农药定点经营，高效、低毒、低残留应用占比达76%，全省领先。

坚持创新发展，不断提升服务能力。2016年全市共有农业电商58家，纯线上交易额共达6173万，培育销售额50万元以上农业电商5家，物联网技术应用企业5家。新型职业农民培训程度加快提升，“驻点兴园”团队服务成效明显，申报南通市农技推广奖数量再居南通市第一，数字农业、信息农业等新技术研究和运用全省领先，测土配方施肥应用技术全国先进。

如皋国际园艺城开业

“长寿如皋”航拍图

设施园艺前景广

省水利厅副厅长叶健帅视察如皋水利建设工作

市委书记陈晓东视察水利工程

如皋市水务局

如海灌区续建配套与节水改造项目新建成的城北街道北杨祠1号供水站

如皋市自主研发的管道灌溉无电源组合式田间进水控制闸

2016年，市水务局圆满完成了年初确定的各项目标任务。全市全年完成水利投入2.5亿元，极大地提升了水利服务经济社会发展的能力和水平。

全面推动河道综合整治工作，打造“水清、水畅、水美”的河道环境。

一是积极开展河道轮浚工作，建设水美乡村。经过精心组织，扎实推进，全面完成市委、市政府下达的年度建设任务。完成县级河道1条（段）、镇级河道4条、村庄河道（含家沟家塘）404条。各级河道总疏浚土方532.4万方，总投入为3760万元。二是按照序时进度做好中小河流治理工作。中小河流治理重点县综合整治和水系连通试点工程二期工程（如城、林梓白蒲2个项目区）精心组织施工。共疏浚河道30条，总长度117公里，完成工程总投资6068万元。7月省水利厅来如皋检查时，对该工程给予了高度评价，目前该工程已全部完工，10月底顺利通过了县级完工验收。三是加快实施拆坝建桥（涵）工作，实现水系畅通。全市共拆除坝头坝埂643座，其中拆除不建336座；拆坝建桥133座，其中人行桥16座、一跨桥117座。四是全面启动茅雉河综合整治工程，提高城市防洪能力。茅雉河综合整治工程是市政府为提高城市防洪排涝能力、改善水生态环境而实施的2016年度为民办实事项目（新开河道2.7公里，新建桥梁3座），按照市政府相关会议要求，先期实施的一期工程，目前已基本完成前期准备，配合城南街道完成了110多户的搬迁，正在推进施工、监理招投标工作。

全力推进农水项目的实施，提升农田水利基础设施

水平。

2016年以节水改造为主要内容的重点农水工程继续保持项目多、投入大、推进快、标准高的良好态势。到目前为止已完成中央财政小型农田水利重点县工程及奖补工程、新增千亿斤粮食产能规划田间工程、通扬中型灌区节水配套改造工程、农田水利维修养护工程等6个重点水利工程项目建设。共拆建、维修泵站60座，新建防渗沟渠238.9公里、各类配套建筑物5998座，发展高效节水灌溉面积1210亩，新建田间道路11.468公里等，完成总投资11358万元，所有工程全部投入运行。在2016年的全省水利建设绩效考核中小型农田水利重点县项目获优秀等级、小型农田水利工程管理获良好等级。南通市冬春水利工程建设现场推进会在如皋召开。

龙游水利风景区文化石

扎实做好防汛准备工作，提升防汛防台安全保障能力。

一是全面落实防汛防旱工作责任制要求，认真开展汛前、汛后检查工作，对查出的隐患进行及时整改。汛中，根据雨情、水情、工情，审时度势，科学防汛。灾害性天气发生时，市防指领导及局领导奔赴沿江闸（站）和险工险段靠前指挥。同时，利用沿江三大闸尽力进行引江调水和生态补水，以改善内河水质，保障工农业生产、生活用水需要。全年共引水8.9亿方，排水9.1亿方，为经济社会发展提供了有力保障。二是积极推进防汛项目工程建设。已完成久隆闸改造、焦港闸下游西侧堤顶道路修复、焦港闸上游东侧防护应急处理、防汛物资仓库应急修复及长江新跃涵洞上下游段防护应急处理、长江如皋港下游防护应急处理等工程项目。焦港闸下游港道治理工程已完成工程量的60%。

持续大力开展农村环境长效管护工作，打造整洁优美的宜居环境。

2016年以来，全市在强化农村环境长效管理、持续大力开展农村环境长效管护工作的同时，全面启动和打

江安镇永胜北泵站

焦港闸

长江镇9号供水泵站

碾砣港闸

“七位一体”管护

长江镇长青社区金岛生态园湖景

城南街道天堡社区5组居住河

如皋市高效节水灌溉试点县项目新建成的金阳农业园区温室大棚立式水培工程

造农村河道整治、农路渠桥涵管护、绿化管护、垃圾收集处理、畜禽粪污治理、秸秆禁烧禁抛、农民违建治理“七位一体”长效管理“升级版”。一是积极推动骨干河道保洁机械化。全面实行一二级河机械化保洁，保洁长度达448.19公里，配备专职巡查艇1艘，大、小型保洁船20余条，自卸式随车吊、皮卡各一辆，网络视频监控系统一套及各种规格的拦截网具，及时清理恶性水生植物及垃圾，管护效果明显提升。二是着力推进农村环境长效管护市场化。农村环境长效管护工作面广量大，实行市场化运作，专业化、机械化是必然选择。市长效办强化宣传与引导，以城北街道、白蒲镇为试点，迅速组织并落实全镇域农村环境长效管护市场化外包，且管护效果明显；磨头镇已实施分片承包制，为市场化运作打下了好的基础；石庄、东陈等镇也相继挂网招标，并已经明确了中标单位。三是严格执行强化督查考核日常化。建立健全各项管理制度，完善考核细则，建立健全“村日巡查、镇周巡查、市旬巡查”的工作机制。市长效办每月对14个镇（区、街道）332个村居暗访、巡查、考核，月度行程达5000公里，月拍摄图片600余张。提高垃圾收运频次，全市垃圾无害化处置量从2010年的5万吨上升到2016年的25.8万吨，基本做到日产日清，应收尽收，2016年南通市考核又荣获第一名，为连续六年获南通第一。

全面实行最严格水资源管理制度，提升依法治水管水能力。

一是强化宣传，提高全民节水惜水护水意识。2016年以来，以“世界水日”“中国水周”宣传活动为契机，采取广场宣传咨询、组织节水知识竞赛、开展节水签名、在电视等公众媒体循环播放节约用水动漫宣传短片等多种形式，大力开展水法律、法规宣传，不断提高广大群众的水环境保护意识。二是强化服务，优质服务涉水项目审

如皋市高效节水灌溉试点县项目新建成的长江镇禾盛园区大棚移动喷灌工程

如皋港枢纽

如海灌区续建配套与节水改造项目新建成的长江镇扬州东泵站

批。积极为涉水企业提供优质、便捷、高效的服务，力争流程最简。2016年主动服务光大生物质发电项目、大唐热电项目码头工程、取水工程等涉水项目审批。三是积极创建省级节水型社会示范区。积极开展节水型社会示范区创建，不断强化水资源管理的各项工作，健全规划体系、大力开展节水载体建设，6月14日，省水利厅、省发改委正式授予如皋市为“江苏省节水型社会示范区”。四是认真落实最严格的水资源管理制度。有效落实水资源执法管理督查、巡查、稽查“三项制度”，强化水资源的利用与保护，严格控制地下水的开采，在南通市最严格水资源管理制度考核中获优秀等次。6月2日，如皋市代表江苏省、南通市参加国家最严格水资源管理制度考核，受到了考核组及省、南通市领导的高度好评。五是强化河道巡查，及时发现、查处水事违法行为。积极开展对各级河道的巡查工作，利用小艇对全市骨干河道内有无未批先建、倾倒垃圾、擅自取土等违章行为进行了全面巡查，对河道设网、坝头坝埂等阻碍行洪的建筑物进行了认真统计，弥补了单一用车巡查的盲区，全面摸清了骨干河道管理范围内的基本情况。

另外，市水务局以“两学一做”教育实践活动为载体的党的建设、以规范重点工程建设领域为重要内容的党风廉政建设、“双联双助”、安全生产与质量监督、宣传报道等工作都按规范和要求扎实有效地开展，取得了一定的成绩。

局党组成员和全体党员分别开展了学习贯彻中国共产党党组工作条例，每位局党组成员轮流进行领学。集中学习达8次，机关党支部开展了3次专题讨论。党员领导干部和普通党员完成学习心得60多篇，学习笔记近1万字。积极开展党风廉政教育，组织干部职工参观了市职务犯罪预防警示教育基地，进一步提高党员干部的拒腐防变能力，激发爱岗敬业的工作热情。积极筹措资金确保水利事业的正常运行，进一步完善各项内部管理制度，规范水利资金使用管理，减少资金使用风险。

2016年如皋荣获了省级节水型社会示范区称号；小型农田水利重点县项目获省级优秀等级；小型农田水利工程管理获省级良好等级；全省农村河道长效管护考核获省级优秀等级；荣获南通市农村水利建设“十佳”单位；市水务局还被评为南通市水利信息宣传工作先进集体。

施工中的茅维河

新建的防渗渠道

如皋市委农工办

2016年，全市完成项目农业投入46.53亿元；申报国家级示范社2家，培育南通市级以上五好示范社29家；累计流转土地面积50.7万亩，占农村承包土地面积的48.63%；经南通检查，全市村级集体经济收入总额达2.77亿元，332个村集体收入均达30万元以上，50万元以上的村有218个，70万元以上的村有112个；江安镇联络新社区（肉食品）获得全国“一村一品示范村”称号；如皋市万富禽业专业合作社获“全国农产品加工示范合作社”称号；农村土地确权登记工作南通第一；农村改革试验取得明显成效，成为南通唯一承担全省新一轮农村改革试验区的县（市），并承担三项农村改革试验任务。

市委书记陈晓东调研中心镇建设

省农委领导调研农业龙头企业

土地确权登记颁证工作成效显著。南通市政府和南通市委农工办四次在如皋召开确权登记颁证归档工作现场推进会，实地检阅确权工作成果，得到了省市领导的充分肯定。全市共有332个村，35万农户，8581个村民小组。经镇申报市审核，全市不确权的村有27个（如城12个、长江6个、北开9个），组数817个；应确权的村数305个，组数7764个。全面完成前期准备、入户调查、外业测绘等工作，审核公示、签字确认、证书发放完成率分别达96.51%、95.2%、90.46%；组织农工办、财政局、档案局、国土局等部门人员成立专家组开展发证前预验收工作，完成282个村，占应确权村数的92.40%。

脱贫攻坚持续深入。继续开展“双联双助”工作。90家市级机关帮扶单位及个人通过直接或协调资金2900多万元（含实物折价），帮助新建或扩建现代农业种养园区58个，新增村级增收项目35个，资助贫困学生600多人，受益农户2.3万户。实施精准识别，对2015年家庭人均纯收入低于7000元的16312户、33935人及13个省定经济薄弱村、20个南通市定经济薄弱村进行了建档立卡。实施金融扶贫，做好扶贫小额贷款发放工作。全市累计发放扶贫小额贷款997户、1640.7万元，农户享受财政贴息40余万元。开展医疗扶贫工作。做好建档立卡低收入农户参加农村居民基本医疗保险和大病保险（新型农村合作医疗）核查退还补缴工作，为所有“十三五”建档立卡低收入户缴纳居民基本医疗保险和大病保险（新型农村合作医疗），确保参保率100%。免除建档立卡低收入人口一事一议筹资筹劳。全市4970户建档立卡低收入家庭（9493人）人均纯收入达到7000元，人口脱贫率达28%。8月31日，南通市委、市政府扶贫开发工作现场推进会在如皋召开。

农业现代化工程快速发展。项目农业推进加快。全市新建项目农业320个，投入46.53亿元，投资15亿元的如皋花木大世界国际园艺城一期已开业。农产品加工投入强劲。围绕酒类酿造、肠衣加工、花木交易、粮食加工、饲料加工等产业，涌现了尔昕木业、安佑饲料、润蒲酒业、永友粮油、白蒲黄酒扩建和水明楼酒厂低醇饮品等一批在建续建亿元项目。农业龙头企业实力增强。全市农业龙头企业保持较快增长，10家省级以上农业龙头企业实现销售收入176.88亿元，同比增长10.3%。龙脉科技蛭业有限公司正式登陆文化四板，是继百代兰花、天之鹿鸽业、城中园林和康丰屠宰等企业之后，又一家获准进入资本市场的农业龙头企业。合作组织规范发展。2016年进入名录库的合作社114家；工商年报公示1494家，公示率96.4%；申报国家级示范社2家；培育南通市级以上五好示范社29家，创建农民合作社综合社试点7家，南通认可4家，休闲旅游式的民宿专业合作社试点2家，南通认可1家。

农村改革稳步推进。农村土地征使用制度改革循序渐进。积极探索土地增值收益分配，化解农村集体建设用地瓶颈，增加农民土地财产收益。优选白蒲、九华、磨头和开发区等镇的7个村开展村庄土地整理，完成拆旧近百亩，指导试点村确定拆旧和建新地块、编制方案、办理相关异地置换用地手续。探索土地增值收益分配，进一步保障农民合法权益。指导如皋经济技术开发区和白蒲镇等11个试点村量化农户股权，建立社区股份合作社，对土地增值收益进行二次分配。农村产权交易平台实现全覆盖。农村土地流转、涉农项目、资产交易应进必进。全市农村产权交易项目数共计786宗，农村承包土地经营权流转3.88万亩，资产交易项目数109宗，资产交易额3306.18万元，涉农资金项目数378宗，完成交易额1.5亿元。产权改革模式得到省、南通市相关部门认可推荐，并在全省会议上交流发言。农村金融改革全国试点。如皋成功获得南通唯一一家全国农村土地承包经营权抵押贷款试点，全市已经有如皋农商行、建行、农行、包商村镇银行、邮储银行、上海浦发银行6家银行在12个镇开展试点，累计抵押承包土地经营权21366.38亩，发放承包土地的经营权贷款71笔、金额10164.5万元，受益农户及新型农业经营主体达60户，镇覆盖面近90%，处于全省前列。中心镇建设加速推进。2016年4个中心镇实现财政总收入8.07亿元，一般公共预算收入4.16亿元、全部工业应税销售149.36亿元，固定资产投入112.39亿元，规模以上服务业营业收入8.77亿元，发挥了市级中心镇区域发展新增长点和城乡发展纽带的作用。3月31日，南通市政府中心镇建设现场会在如皋召开。

全市农村土地承包经营权确权登记颁证大会

赴崇川区学习社区股份

农经管理不断规范。以"规范、机制、严管"为抓手，农经职能工作稳步推进。农民负担管理常抓不懈。全市一事一议筹资筹劳3577.04万元，比上年减少117.04万元。全年在全市实施"一事一议"财政奖补项目131个，共建水泥道路220.35公里；资金总投入5740.74万元，当年全部验收完毕。农村财务管理进一步规范。完善了村集体经济组织财务管理制度，切实从制度上堵塞漏洞。强化审计监督，组织开展了全市农村集体财务大检查，通过专项检查、赛账评比活动，有力促进了全市农村财务管理水平的提升，做到底账清、变化清、交易清，杜绝糊涂账。村级经济持续发展。全市实现村集体经营性收入总额2.77亿元，村均82.9万元；村级债务1.82亿元，村均54.9万元，村级债务总量下降15.23%。如皋市通过省"扶持村级集体经济发展试点县"资格评审，30个试点村获得省级以上财政扶持专项资金3200万元。经济薄弱村扶持力度进一步加大。在抓紧做好南通市第一轮44个经济薄弱村项目扫尾工作的同时，启动南通市第二轮20个经济薄弱村的项目建设工作。第二轮扶持的20个经济薄弱村项目计划以市集中实施，购买商业用房，统一与村签定返租协议，确保每个村集体经济组织每年获得15万元收入。

如皋市农机局

中国工程院院士张洪程调研如皋市粮食生产全程机械化工作

全省农机牵手石化助“三夏“活动启动仪式在如皋市举办

2016年，市农机局以“强富美高”新农村建设为核心，突出重点，务实创新，农机化工作继续保持了协调推进、快速发展的良好态势。粮食生产全程机械化水平达74.71%，被南通市委市政府表彰为农机化工作先进单位，如皋市被列为全省首批15个粮食生产全程机械化整体推进示范市之一。

农机推广应用持续突破。连续第三年在全市分片开展了以“送农机、送政策、送检审、送服务”为主题的农机“四送下乡”活动。全市实施中央和省级财政农机购置补贴资金2765.165万元，推广各类农机2074台套，受益农户1254户。新增插秧机347台（折合725标准台），其中高速插秧机占比首次超过50%，达189台，均为历年最高水平。完成机插面积60.7万亩，机插率86.04%，机械化种植水平93.27%。新增大中型拖拉机及配套秸秆还田机372台套，占年计划168.6%，新增联合收割机334台，旋耕机357台，条播机147台，农机装备结构进一步优化。切实加强农机人才培训，举办农机职业技能鉴定获证奖补培训班4期，302人通过鉴定考核。

南通市领导调研粮食烘干中心建设

组织召开全市农机化工作暨农田排灌改制动员会

秸秆机械化还田量质并举。在广泛征求镇区意见、召开镇村干部、群众代表、相关部门负责人、第三方核查单位等不同层次座谈会的基础上，2016年将省级秸秆机械化还田作业补贴对象调整确定为实际种植户，充分体现惠农政策的普惠性。为健全风险防范，首次对机械化还田作业面积实行镇级核查、第三方核查、市级核查“三级核查”机制。全年共争取省级秸秆机械化还田作业补助资金1781万元，秸秆机械化还田率达71.24%。6月1日，全省农机牵手石化“助‘三夏’·惠机手”活动在如皋市举行，中央电视台及省、南通市多家新闻媒体进行了现场采访报道。在南通市秸秆机械化还田工作会议上，如皋市政府作经验交流发言。

组织开展农机购置补贴培训暨警示教育活动

粮食生产全程机械化示范市创建全面启动。市政府出台了《关于加快推进粮食生产全程机械化的意见》，明确了发展目标、工作重点和保障措施。开展专题业务培训，局班子成员及中层以上干部分别与14个镇区对接挂钩，实行一对一指导服务，形成了“一把手、分管领导面上整体推进，片长以分工片小团作战，指导员指导各镇全面开花”的推进机制。重点突破机械化种植、粮食产地烘干和高效植保等薄弱环节。大力推广应用喷杆式植保机械，全市新增喷杆式喷雾机53台，增长311.8%，新增动力喷雾机96台，高效植保机械化水平达到46.2%。大力推进粮食烘干中心建设，全市建设粮食烘干中心12个，新增烘干机组62台套，日烘干能力新增248吨，全市粮食产地烘干能力达到22.55%。

农田排灌改制有序推进。采取试点先行、因地置宜、分步实施的办法，结合各镇（区、街道）农田排灌设施管理现状和农业生产特点，确定了从易到难、分层梯进的三年改制计划，鼓励镇（区、街道）提前完成改制任务。兼顾几种模式，会同市农办、财政等部门设计并统一印制“农田灌溉水费专用结算凭证”，建立了“村核算收缴、镇建账监管”模式，加快建立产权明晰、权责明确、管理规范、服务高效的现代农田排灌运行管理机制。全市已有11个镇提前完成三年改制任务。

农机安全生产形势平稳。始终把农机安全生产作为农机化工作的重中之重，形成了市与镇、镇与村、村与农机户层层包干负责的网格化农机安全生产责任体系。认真贯彻落实省市有关工作部署要求，立足安全，依法履职，转变方式，强化服务。全市共检验上道路拖拉机4060台，检验联合收割机1150台，办理上道路拖拉机检验1720台次。

高效植保机械演示

高速插秧机在水田里作业

秸秆还田机在田间作业

收割机在田间作业

如皋市粮食局

省粮食局局长陈一兵视察如皋粮食工作

如皋市粮食局举办粮食行业职业技能竞赛

2016年，在如皋市委、市政府的正确领导下，在省、南通市粮食部门的关心指导下，如皋市粮食局紧紧抓住开展“两学一做”学习教育的契机，围绕“保障粮食安全”和“促进农民增收”两大基本职能，立足行业实际去库存、降成本、补短板，改革创新、奋力作为、攻坚克难，努力推动如皋粮食工作再上新台阶。

守土有责，认真履行好两项基本职能。

市粮食局局认真贯彻落实国家粮食收购政策，储备粮轮换、保管、实储到位。充分发挥国有粮食购销企业收购主体作用，共完成夏粮收购71182吨，其中托市收购35661吨；秋粮收购45756吨，其中托市收购28948吨。具体做到“四个”强化：

强化“去库存、扩仓容”，严防发生卖粮难。

紧紧围绕粮食收购仓容刚性需求，想方设法“去库存、扩仓容”，通过加快储备粮轮换、组织托市粮拍卖、租赁社会仓容等方法腾仓并库，确保夏粮收购不发生“卖粮难”问题。一是轮出2015年15214吨储备小麦和10642吨储备稻谷；二是深入挖掘系统内部承包库站和社会仓容，共排查出8个库站，按照粮食仓储要求对其进行维修、设备添置和环境打造，并报请市政府同意，将2016年15214吨市级储备小麦以及10642吨储备稻谷移库存放；三是整理维修两家国有企业原用于工具存放的标准仓库，扩充托市仓容1500吨；四是协调中储粮南通分公司同意将3个平房仓2015年托市小麦移入圆筒仓保管，增加仓容8000吨，保留一个空圆筒仓用于倒仓，确保储粮安全；五是对退出经营的老张黄港粮库进行维修改造，增加托市仓容7000吨；六是按照《关于做好粮食去库存工作的通知》要求，积极与中储粮沟通，争取2014年托市小麦和稻谷拍卖计划，成功拍出小麦3297吨；七是永友集团9.3万吨浅圆仓以通粮麦业如皋港库的名义成功申报托市收购点。通过以上措施，共腾出仓容15万吨。

强化宣传，确保国家惠农政策家喻户晓。

一是走进村居。在粮食收购前夕，先后两次给全市300多位村书记寄发《粮食收购手册》，并在村务公开平台张贴，走村入户发放宣传资料800多份，为群众现场答疑解惑。二是走进媒体。通过省市粮网、新华网、如皋手机报、户外电子屏等各类平台宣传惠农政策。《如皋新闻》栏目多次走进粮食收购现场，跟踪宣传推广市粮食局惠民做法。三是走进基地。局机关及国有粮食购销企业业务骨干到新型粮食生产主体基地普及针对性的优惠政策。四是走进讲堂。举办粮食流通监督检查法律法规及国家粮食收购政策培训会3场次，培

如皋市粮食局前往海安苏中七战七捷纪念馆开展“两学一做”支部活动

训粮食收购企业、收购网点、种粮大户及粮食收购经纪人326家。通过多角度，全方位的宣传，使国家惠农利农政策以及市粮食局优质服务深入人心，有效防范了间接性售粮导致损害农民利益行为的发生。

强化产销对接，服务好新型粮食生产主体。

为服务好新型粮食生产主体，助推农业现代化发展，在农委的支持下，市粮食局与全市种植面积超过100亩的100家新型种粮主体全部对接到位，并由三个国有（控股）企业与他们签订定向销售意向协议书，不仅对种粮大户卖粮按地理位置和仓容量作出科学合理的安排，还承诺免费技术指导、免费上门取样检测、成本价提供烘干服务、电话预约收购等服务内容，获得了种粮大户的普遍赞誉，订单收购粮食5.6万吨。

强化开拓等外粮销售通道，有效降低农民损失。

粮食收购现场，工作人员正在进行数字粮库操作

粮食生产后期到收获期间的连续阴雨造成产量、质量大幅下降，为了维护好农民的切身利益，市粮食局及时调整工作思路，把保证农民增产后增收调整为保证农民受灾后减损，把做好份内事调整为份内事份外事一起抓，即一手抓托市收购，一手抓不合格粮的（代）收购。首先，将三个国有（控股）企业的部分职工分工到相应的村组，加强对农民整理粮食的指导，尽可能让更多的粮食达到托市收购的标准。其次，发动三个国有（控股）企业跑饲料市场和大米加工市场，联系多家大型饲料企业和粮食加工企业，由他们提供收购资金委托代收粮食。凡是农民到国有（控股）企业来卖粮的，合格的进行托市收购，对于不合格的粮食，尊重农民意愿，按相关指标以质论价代收。夏粮收购中，共为国内大型饲料企业代收等外小麦17125吨，有效降低了农民的损失。

攻坚克难，确保国有资产保值、增值。

国有资产监管做到"五位一体"，实行资产完好、环境优良、招商引资、排除矛盾、安全生产"五位一体"国有资产管理办法。大力推进资产盘活变现，长江名人假日酒店烂尾楼工程已与意向受让人吴军签订合同，即将挂牌转让；黄市粮站、丁西粮站、丁北粮站清理工作已基本结束，黄市粮站已与意向受让人达成初步协议；高明粮站与原承租人成功终止协议；新天宝金店已请示市政府同意拍卖；将储备库大米加工设备租赁给江苏润科商业公司，服务支持其发展粮食全产业链，不仅有效保证了国有资产不流失，还促进如皋大米加工流通业的发展壮大，培植全产业链龙头企业。

深化改革，推进国有企业健康稳定发展。

建立健全国有企业管理制度。

强化国有企业管理，制定《2016年如皋市国有粮食购销企业和粮食资产管理中心目标责任制考核细则》、国有企业劳动人事管理制度，向内部管理要效益。加强党风廉政建设，严格国有企业财审制度，促进企业降本增效，预防腐败。大力实施人才兴粮战略，鼓励企业职工比学赶超，提升个人素质，粮食储备库职工夏培培获全国粮食行业职业技能竞赛三等奖。

加强配套能力建设。

加大投入力度，完善和提高企业综合配套能力，为粮食购销提供优质的硬件保障。丁堰粮库新建日处理300吨的烘干设施，由市代建中心组织实施；储备库数字化粮库提升工程已全面竣工并通过验收。

积极稳妥推进混合所有制改革。

积极稳妥推进混合所有制改革，鼓励国有企业投大靠强，做大做强。将九华粮库与永友粮油集团合资组建如皋市通粮麦业有限公司，经市政府常务会讨论同意，由永友粮油集团出资1100万购买46.5%的股权组建通粮麦业国有控股公司，公司于5月28日正式成立运营，不仅解决了粮食收购仓容不足的矛盾，更促进了国有资产的保值增值。

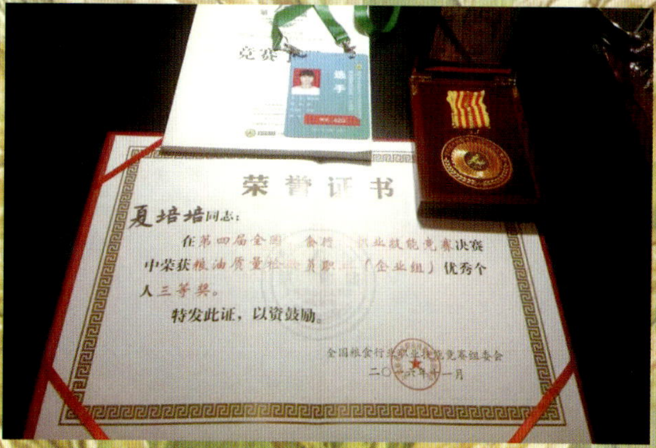

如皋粮食储备库夏培培获全国粮食行业职业技能竞赛三等奖

如皋市供销合作总社

1月15日，第二届世界长寿之乡——如皋农产品进上海展销会在上海宝山区江杨市场开幕，展销会由如皋市委、市政府主办，如皋市供销合作总社、农委、农工办、农产品沪皋流通销售商会、蔬菜生产协会承办

2016年度，如皋市供销合作总社获南通市供销合作社系统综合业绩考评特等奖，被江苏省供销合作总社表彰为创新工作优胜单位、农村综合服务社提升工程先进单位。

加强学习宣传，积极营造综合改革氛围

围绕中发〔2015〕11号文件、苏发〔2015〕31号文件和通委发〔2016〕13号文件，组织机关全体人员学习讨论，将文件精神学深研透，形成共识。组织机关工作人员积极参加省、南通市社举办的“深化供销社综合改革”征文活动，为深化综合改革建言献策。到浙江湖州等地考察学习、参加南通市供销合作社系统深化改革专题培训班，开阔思路和眼界，提高政策理论水平。采用多种形式加大供销社综合改革政策的宣传，让社会各界关心、支持供销社综合改革发展。及时将综合改革工作向市委、市政府主要领导和分管领导汇报，争取领导的支持，积极推动全市贯彻《意见》文件的出台，为供销社综合改革创造有利条件。

加强基层组织体系建设，打造为农综合服务平台

1、推进基层社改造提升。在完成基层社恢复重建任务的基础上，扎实推进基层社改造提升，完善服务功能，增强与农民在组织上和经济上的联结。2016年，与家家乐超市加盟管理有限公司合作，组建了城南街道桃园家家乐供销合作社，开展各种有益于农民生产生活系列服务。通过这种模式，逐步在全市组建具有经营性服务和公益性服务双重职能的公司化基层社。

2、持续推进为农服务社长效管理。2016年，围绕为农服务社长效管理目标，持续推进为农服务社长效管理，注重做好提档升级工作。一季度，市委、市政府专题召开了全市为农服务社长效管理暨供销合作社“三

2月24日，江苏省供销合作总社主任黄宝荣一行到江苏寿都密码农产品有限公司进行实地调研

社”建设现场推进会，明确了为农服务社长效管理、基层社改造等工作的重点举措和目标任务。全年更新为农服务社标识标牌125家，共22家为农服务社完成了提档升级，对4家省定经济薄弱村的为农服务社进行改造并通过省供销合作总社验收。为拓展服务功能，有计划地逐步对全市为农服务社进行信息化改造，开展电子商务服务，目前已有10多家为农服务社实现了网上购销服务。

3、引领带动组建专业合作社。2016年，依托如皋地方优势资源和特色产业，以农业产业化龙头企业为引

领，以基层供销社、为农服务社为载体，以农民经纪人为骨干创办各种类型的农民专业合作社13家。

积极参与农业社会化服务，推进农产品产销对接

1、做好农产品展示展销工作，通过各类展示展销平台不断宣传推广如皋特色农产品。2016年，依托上海蔬菜集团和如皋农产品沪皋流通销售商会，在上海举办如皋特色农产品展示展销会4场次，不断扩大如皋特色农产品的影响力；加强“苏·皋长寿”集体商标的宣传管理，做好直销店开设工作，在上海、南通、如皋开设直营店、连锁专卖柜台4家。组织全市农业龙头企业、农民专业合作社等单位参加各类农产品展示展销会共3场次。

12月24日，由如皋市政府主办、如皋市供销合作总社承办的如皋长寿农产品上海市场巡回展示展销在上海市虹口区水电菜市场拉开帷幕

2、大力发展农产品电子商务。根据《中华全国供销合作总社关于加快推进电子商务发展的意见》精神，不断加强农产品电商平台建设，将江苏寿都密码农产品有限公司打造成为一家集技术服务、线下实体、线

4月19日，如皋市召开全市为农服务工作会议，总结回顾2015年全市为农服务社建设管理工作，明确2016年建设管理目标任务。如皋市人民政府副市长杜永红、市政协副主席郑振明等领导出席会议

上网销及手机APP、微信平台于一体的农产品电商科技平台。2016年，为加强营销，寿都密码农产品有限公司设立2个分公司：在浙江杭州设立一分公司，成立市场中心，深入运营在知名电商平台开设的4家店铺，并扩大线下团购规模，全年销售额达330万；在如皋设立二分公司，通过提供代建电商平台、代维护运营等技术服务，扩大长寿密码网知名度，积极打造农产品电商科技平台，加大对农民经纪人的电商知识培训力度，有计划地对为农服务社进行信息化改造，积极培育电商大户，开展农产品电商示范村建设，更好的促进农产品进城和工业品下乡的双向流通。加快与“供销E家”“地平线”等供销系统电商平台进行对接，推广销售农产品。2016年，公司为贵州德江以及部分企业提供技术支持，建设电子商务平台，帮助贫困地区开展电商精准扶贫工作。通过与省社洽谈，公司成为省社下属电商平台“地平线”的苏锡常通地区区域运营中心。

3、积极推进一二三产业融合发展。注重发挥供销合作社综合服务优势，鼓励市社参股企业与新型农业经营主体对接，发展订单农业、农产品加工业，引导带动农民发展品牌农业、休闲农业，促进农业“接二连三”。2016年，市社参股的如皋市中萃米业有限公司成功申报了农业综合开发供销合作总社稻麦种植土地托管项目，可获财政补助资金1000万元，公司投资580多万建设了日烘干量500吨的烘干中心，可为周边群众提供服务。市社参股企业江苏品德物流配送有限公司成功申报了全国供销总社农业综合开发产业融合项目，可获上级财政补助资金1260万元，将带动四个专业合作社的发展。市社积极为企业协调处理项目建设过程中遇到的难题，加快项目建设进程，争取早日通过项目验收。

如皋市农业资源开发局

如城街道2015年度高标准农田建设项目已建成的渠、路、绿化配套工程

2016年，农发局全面贯彻落实党的十八大和十八届三中、四中、五中、六中全会以及《党政领导干部选拔任用工作条例》精神，深入抓好"两学一做"主题教育活动，以省、市农业综合开发工作要点为基础，牢牢抓住高标准农田建设这一重点工作，抢抓发展机遇，提升农业综合竞争力。认真落实领导干部廉洁从政各项规定，深入抓好干部队伍廉洁自律教育，立足本职，强化责任，周密部署，狠抓落实，采取有力措施，不断推进全局党风廉政建设和反腐败斗争深入开展，促进了农业综合开发和其他各项工作顺利进行，在履行党风廉政建设责任制"一岗双责"方面取得了较好的成绩。

紧盯目标，狠抓落实，圆满完成了各项开发任务

保质保量，完成2015年度各项农发工程建设任务。2016年，圆满完成2015年度农业综合开发土地治理项目。项目工程涉及7个镇（街道），开发任务4.45万亩，总投入5384.35万元，其中：财政投入5150万元，自筹资金234.35万元。新建防渗渠129.257千米、机耕路105.717千米、泵站37座，植树37095株，所有土地治理项目县级验收工作已全面完成，并顺利通过南通市级验收。

优化选项，积极争取2016年度农业综合开发项目计划。2016年，市农发局共争取农业开发土地治理项目9个，项目总投资5936.3万元，其中财政资金5450万元，开发任务总计4.382万亩。第一批国家农业综合开发土地治理项目1个（城北街道），开发面积1万亩，项目总投资1575万元，其中财政资金1500万元，自筹资金75万元；省级沿江高沙土项目5个，开发面积1.7万亩，总投资1986.04万元，其中：省级财政投资1700万元，自筹资金286.04万元。第一批国家土地治理项目和省级高沙土项目项目于9月份完成了招投标工作，建设工程进展顺利，各施工单位正在紧锣密鼓的施工中，到目前为止，已完成总工程量的50%。第二批国家高标准农田建设项目分3个项目区，分别是长江镇0.68万亩、白蒲镇0.5万亩、丁堰镇0.5万亩，共计1.68万亩，项目总投资2375.26万元，其中，中央财政资金1125万元，省级财政配套资金900万元，县级财政配套资金225万元，自筹资金125.26万元，目前已完成总工程量的10%。争取农业综合开发产业化经营财政补助项目2个（200吨蔬菜生产基地扩建项目和年产280吨蔬菜种植基地改扩建项目），总投资224.13万元，财政补助资金90万元。这两个产业化项目均已完成建设任务，并通过县级验收。

认真学习农业综合开发各项管理制度及业务知识

为了做好2016年的农业综合开发工作，确保顺利完成开发任务，局党组专门制定了切实可行的学习计划，保证班子成员每月学习次数不少于4次，学时不少于4小时。采取自学和集中学习的方式，认真学习了《江苏省农业综合开发管理条例》《如皋市农业综合开发土地治理项目工程建设管理实施办法》《如皋市农业综合开发公开选项、竞争立项办法》等管理制度和《江苏省农业综合开发》等业务知识。同时，为了更好地推进农业综合开发工作，年初，市农发局制定了《如皋市农业综合开发土地治理项目监管细则》，作为省、市管理制度的补充。

搬经镇2015年度老项目区改造项目在建的暗渠

强化项目管理，提高工程质量

全面执行公示制。从项目立项到工程实施及工程竣工等阶段进行全面公示，增强项目建设的透明度。完善招投标。着眼加强全程监管，做到"标前监察、标中监督、标后监管"深度融合。全面实施工程监理制。在强化工程建设专业监理的同时推行群众参与监督制度，全面加强工程建设质量监管。推行第三方检测。通过政府采购确定农业综合开发项目工程检测机构，制定了可行的检测实

施方案，审计单位根据检测机构出具的评定结果对施工标段进行相应核减。利用载体管理。市农发局在手机微信里设立农业综合开发工作群，将参与2016年度项目建设的中标单位负责人、现场监理、各项目镇业务人员等加入该群，随时随地掌握工程进展动态和人员在位情况，减轻相关工作人员工作量，提高了工作效率。

丁堰镇2015年度国家高标准农田建设项目机制渠的制作现场

扎实推进党风廉政工作，树廉洁自律之风

按照市纪委的统一部署，局党组将开展好第十个“算好廉政账”专题教育月活动与正在开展的“两学一做”学习教育第二专题的学习讨论有机结合，及时制定了《市农业资源开发局2016年“算好廉政账”专题教育月活动实施方案》，认真组织学习习近平总书记系列重要讲话和十八届中央纪委六次全会精神，特别是将《党章》《廉洁自律准则》《纪律处分条例》等党内法规作为重点，在集中学习与自学有机结合的同时，教育引导机关党员干部严守纪律规矩，强化党员意识，继承中华民族优秀家风文化传统，廉洁修身、廉洁齐家，打造忠诚干净担当的农业综合开发干部队伍。

狠抓教育，深化宣传，营造依法行政工作新环境

多层面加强学习。一是抓好局党组的法制学习，把它作为中心组理论学习的重要内容，提高局领导班子依法决策、民主决策、科学决策的水平。二是集中抓好中层干部的法律知识学习，适时组织局属各科室负责人结合丰富的工作经验进行专题交流，使好经验、好做法能够得到借鉴与交流。通过学习《江苏省农业综合开发管理条例》《如皋市农业综合开发管理暂行办法》《如皋市农业综合开发土地治理项目监管细则（试行）》《中华人民共和国行政复议法》等，巩固了全局人员学法、用法、守法的自觉性，提升了整体素质。

多渠道开展宣传。围绕农业综合开发管理等内容，开展了《江苏省农业综合开发管理条例》《如皋市农业综合开发管理暂行办法》等专题宣传活动，通过“农民信箱”、局网站、手机短信、座谈会、设摊宣传、宣传进基层等形式，进一步增强了群众的法制意识，使农业综合开发的作用和流程更加深入人心。通过贴近群众、贴近实际的宣传，让社会公众进一步了解农业综合开发工作。

多途径健全制度。完善责任体系，落实依法行政责任，将依法行政纳入全局总体目标考评体系，采取层层签订依法行政目标责任书、定期检查、通报阶段性工作完成情况等措施，不断加大工作落实力度，并严格年终考评。制定完善了《如皋市农业综合开发管理暂行办法》《农发局财务管理制度》《农发局使用车辆管理制度》等，确定了局一整套工作流程和办事依据，把法定的执法权力、执法责任具体分到主管领导、职能科室及每个人员，做到责任到人，执法有据，责任量化。

深入开展“两学一做”教育实践活动

自开展“两学一做”学习教育活动以来，通过学习进一步严密党的组织体系、严肃党的组织生活、严格党员教育管理、严明党建工作责任制，激励党员干部干事创业、开拓进取，为切实做好农业综合开发工作、勇当全面发展领头雁提供坚强政治保证。

为将学习成果合理运用于工作中提升全局党建工作规范化、制度化、标准化建设水平，市农发局不断夯实党建工作基础，进一步完善党员信息，大力开展了结对帮扶、“党员干部进社区，志愿服务做表率”等活动。

城北街道平园池村2015年度高标准农田建设项目已完成的防渗渠和机耕路

九华镇2015年生态治理项目在建的防渗渠

国网如皋市供电公司

国网江苏省电力公司副总经理陈庆在公司调研指导工作

2016年，如皋市供电公司坚持以服务地方经济社会发展为己任，以"建好网，供好电"为总目标，加大投入、加强电网管理，用心用情服务电力客户，全力为"强富美高"新如皋建设提供"安全、可靠、优质、高效"的电能。公司全年完成供电量49.78亿千瓦时，同比增长8.35%，供售电总量位居南通五县（市）第一；连续12年被表彰为全国"安康杯"竞赛优胜企业；连续14年保持省"文明单位"称号；被江苏省电力公司表彰为2016年度先进集体、安全生产先进单位、供电服务先进单位；被市委、市政府表彰为"市级机关目标责任制考核先进集体""机关作风效能建设考评优秀单位"。

实施强网战略，建设坚强一流电网

经济要发展，电力必先行。公司认真推进落实与全市14个镇（区、街道）签订的共同推进电网规划建设战略合作框架协议，班子成员带队主动上门走访，全方位收集各镇区用电需求，滚动优化电网发展规划，全力提升电网服务项目建设的支撑能力。年内，公司累计完成电网投资8.9亿元。随着220千伏惠民（首期投资2.62亿元，12月6日建成投运）、110千伏平明（首期投资6592万元，5月30日建成投运）、110千伏石北（首期投资4143万元，9月30日建成投运）等输变电工程竣工投产并发挥效益，如皋境内公用变电站数量已达43座，其中500千伏变电站1座、220千伏变电站8座、110千伏变电站19座、35千伏变电站15座，变电站的总数、规模和容量均位居南通五县（市）第一。加大配农网建设改造工作力度，全年累计完成配网项目投资2.46亿元、农网项目投资1.78亿元。

市委书记陈晓东在公司调研指导工作

公司领导班子成员率队走访各镇（区、街道）

副市长高峰在公司调研指导工作

夯实电网管理，确保供电安全可靠

公司坚持以“严细实”的作风狠抓安全管理，截至2016年12月31日，实现连续安全生产6622天。2016年夏天，暴力梅、龙卷风、“尼伯特”超强台风、持续高温等恶劣天气接连袭击，7月26日，如皋电网最高负荷首次突破100万千瓦，达到100.33万千瓦。公司员工迎难而上，展示了特别能吃苦、特别能战斗、特别能打硬仗的奉献精神，确保了全市电网的安全、有序、平稳。年内，公司携手1421家电力客户开展AAAAA级电力客户创建，推进客户安全隐患治理，持续提升客户端安全管理水平。以“平安电力”创建为抓手，加强电力设施保护，发动各乡镇累计清理线下树障2.72万棵，拆除电力线路保护区内违章建筑5处、塑料大棚43处，全年未发生220千伏及以上外破事件。加强故障跳闸停电管控，10千伏配网故障同比下降13.39%，累计245天实现10千伏线路“零跳闸”。安全、可靠的电力供应已经成为如皋推进招商引资、项目投入的一块招牌，为这方热土增添了无穷的发展潜力。

坚持优质服务，全力履行社会责任

供电企业作为服务性行业，服务质量好坏直接关系到党和政府在老百姓心中的形象，为此，公司始终把优质服务当成“一项永不竣工的工程”来抓，全力为广大电力客户提供更优质、更高效、更贴心的用电体验。主动当好党委政府“电参谋”，靠前服务全市57项政府重大项目，按照“流程最简、方案最优、时间最短、

公司领导班子合影

220千伏野树变电站全景，该变电站系国内首座采用预制舱式布置的220千伏智能站

费用最省”原则，攻坚克难，完成其中31项重大项目送电任务（其余为2017年续建项目）。主动当好企业客户“电顾问”，从提升用电能效、优化用电结构等方面，免费为全市1414家企业进行电力体检，提供优化用电建议书，累计为客户节约电费约963万元。主动当好居民百姓“电保姆”，开展“优质服务进万家”活动，创建台变微信群9176个，全天候开通两部24小时服务热线81788110、81799110，加强与客户的友好互动，随时为客户解决用电难题。

“你用电、我用心，一度电、百分情”，新的一年，公司将始终坚持以“为政府分忧、为客户解难、为民生服务”作为一切工作的出发点和着力点，不断创新举措，优化服务流程，提升服务效能，为如皋率先高水平全面建成小康社会提供坚强的电力保障。

500千伏南通西变电站全景

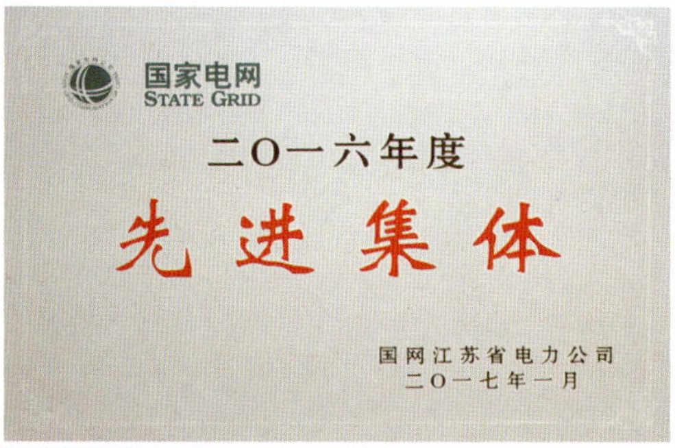

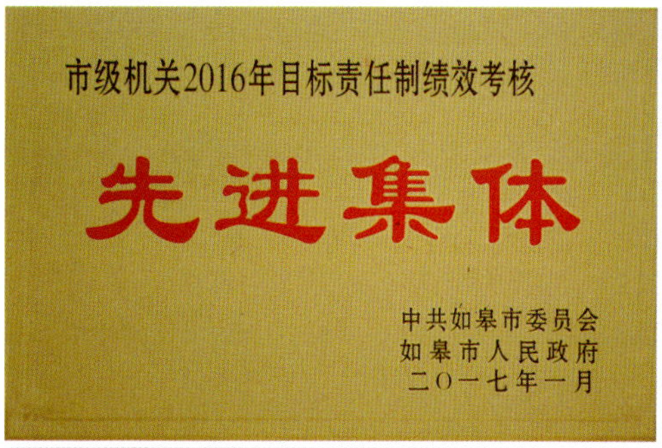

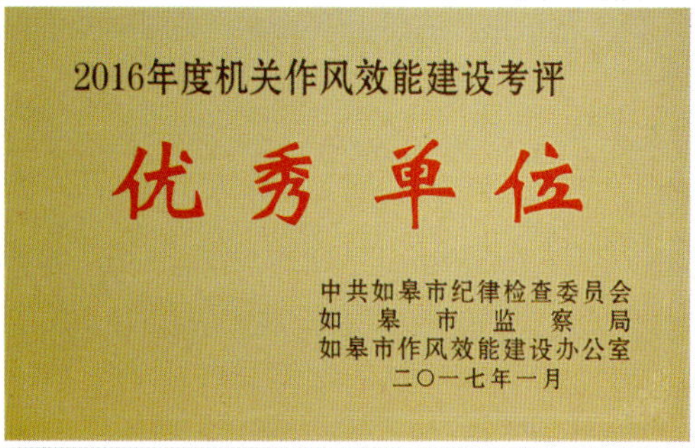

截至2016年底，如皋境内公用变电站数量已达43座，变电站总数、规模和容量均位居南通五县（市）第一。

江苏皋能电力实业有限公司

施工现场

江苏皋能电力实业有限公司是一家以从事110千伏及以下输变电工程施工安装及电力设备检修调试、35千伏及以下成套电器设备制造销售为主，兼营电力物资销售、物业服务、汽车运输等业务的准集团化企业。具有江苏省电力工程电力施工总承包（三级）、房屋建筑工程施工总承包、建筑装修装饰工程专业承包、110千伏及以下送变电工程专业三级、物业管理三级、普通公路货运、二类汽车维修（小型车辆）等资质。

公司配备各种大中型机械设备、汽车吊、钢木材加工机械、建筑装饰装修、送变电施工机械，各种电力仪器仪表、施工检测设备齐全。现有工程经济技术管理人员94人，高、中级技术职称30余人。一、二级建造师8人，特殊工种人员持证上岗率100%。

近年来，公司坚持狠抓质量求生存，确保工期求信誉，严守规章保安全，争创效益求发展的企业理念，积极开拓进取，强化企业管理，精心打造企业品牌。连年

施工现场

通过国家公信认证中心质量、环境、职业健康安全管理体系的认证，成套电器设备产品均通过中国质量认证中心3C和CQC认证。先后获省“重合同守信用”单位、省质量安全信誉AAA电力施工单位、如皋市纳税十强企业等荣誉称号。

2016年，公司秉承服务地方经济发展的宗旨，以满足客户需求为已任，完成110千伏石北变电站安装工程、110千伏庄港I、II线跨越高速公路改造工程、110千伏海门-大石双T接叠石变电缆线路工程等电网基建、技改工程；完成南通地方粮库储备中心、如皋城西医院、李昌钰博物馆、惠民国际初中等36个政府及重要客户业扩配电工程；为客户进行各类事故抢修20余起。

公司坚持“质量第一，信誉第一，服务第一”的企业宗旨，坚持以市场为导向，以客户为中心，以诚实的信誉、合理的价格、专业的设计、过硬的质量、科学的管理、优质的服务赢得客户、赢得市场，为地方经济社会建设提供了强有力的电力保障。

公司服务热线：0513—87636506、0513—87636536

施工现场

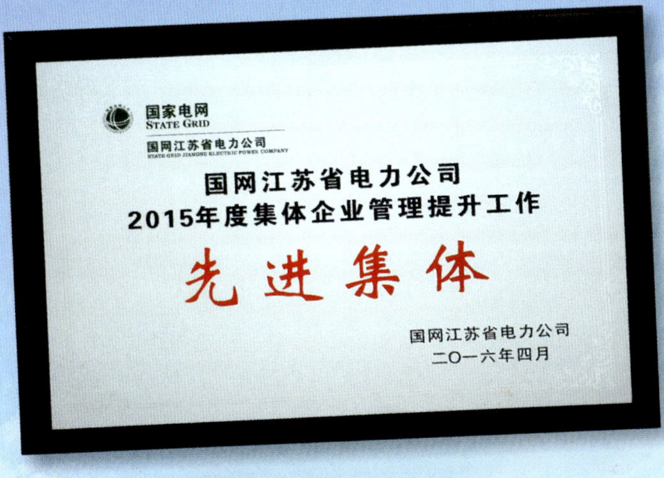
国家电网
STATE GRID
国网江苏省电力公司
国网江苏省电力公司
2015年度集体企业管理提升工作
先进集体
国网江苏省电力公司
二〇一六年四月

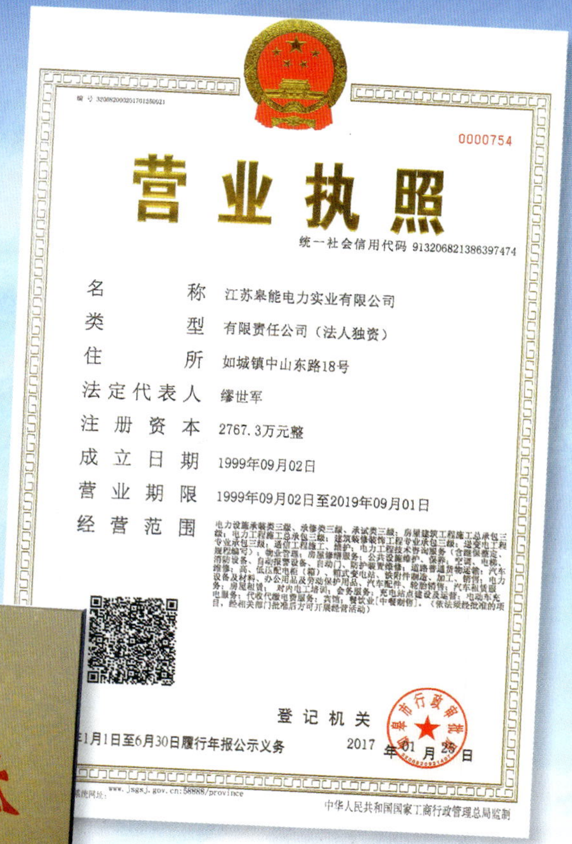
0000754
营业执照
统一社会信用代码 913206821386397474
名称 江苏皋能电力实业有限公司
类型 有限责任公司（法人独资）
住所 如城镇中山东路18号
法定代表人 缪世军
注册资本 2767.3万元整
成立日期 1999年09月02日
营业期限 1999年09月02日至2019年09月01日
经营范围
登记机关
2017 年 01 月 25 日
中华人民共和国国家工商行政管理总局监制

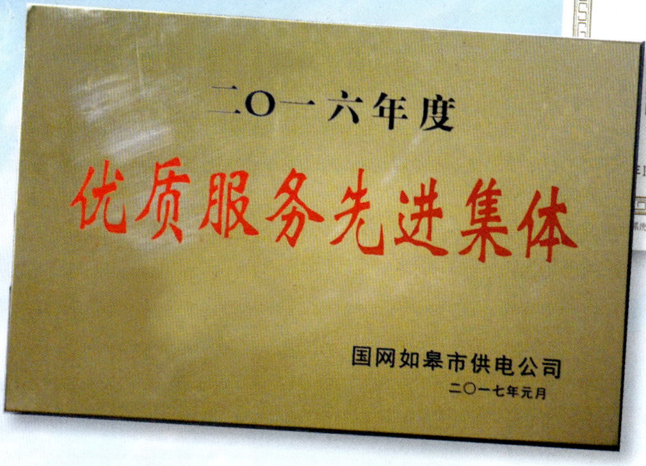
二〇一六年度
优质服务先进集体
国网如皋市供电公司
二〇一七年元月

国家电网
STATE GRID
国网如皋市供电公司
2016年度安全生产
标兵集体
国网如皋供电公司
二〇一七年一月

南通市AAA级
重合同守信用企业
（有效期以证书为准）
江苏省南通工商行政管理局
南通市企业信用管理协会

ANTLJ

江苏南通六建建设集团

2016年是“十三五”规划的开局之年。一年来，在市委、市政府、市主管局的正确指引、关心支持下，南通六建采取有效措施，积极应对，主动作为，在困境中努力运行，保持了平稳发展态势。

2月15日，一年一度的总结表彰大会在集团公司召开。市委常委蔡忠、市人大副主任刘聪泉、副市长陈万圣、市政协副主席黄文斌等领导出席会议。

2月16日，赞比亚空军司令部长官到公司考察，市政协副主席黄文斌、建工局局长冯昕等参加接待。

2月22日，公司在20楼会议室召开了六届三次股东大会。会议表决通过了相关议案，增选了谢荣俊、沈卫东两名董事。

4月8日，经董事会研究决定，公司成立营改增工作领导组，明确了营改增工作中各部门、各岗位的职责、分工；确定了近期应完成的相关基础性工作；对营改增总体推进、软件应用、与管理的结合等相关事项进行了讨论。

5月8日，南通公司在集团公司1406会议室就中标的南通大学附属医院新建门诊楼工程召开内部竞标会，旨在为实体项目负责人提供公平、公正的竞争平台，为实体项目的管理走出一个创新模式，为实体项目的提升和发展奠定基础。

6月26日，张彬、沈卫东应中国恒大北京公司董事长段胜利邀请，在广州参加恒大20周年庆典活动，与恒大北京公司董事长段胜利、常务副总经理刘聪笑、北京公司副总经理、张家口公司经理吴晟就双方在京津冀蒙市场的合作交换意见，双方表示将加强互助互帮友好协作，资源共享强强联手，实现双赢共赢。

7月3日，公司六届四次股东大会在集团公司20楼召开。会议表决通过了股权重组议案、公司章程，进行了监事、增选董事的选举，随后召开董事会，推选宋小忠担任公司董事长，公司法人代表变更为宋小忠。

8月14日，上半年工作会议在集团总部召开，公司领导层、机关部室长、区域/专业公司经理、工程处经理、参控股公司经理以及各支部副书记参加了会议。

8月26日，公司对部分机构和人员进行调整。新一届领导班子正以改革、创新推行企业各项管理提升。

8月29日至31日，在集团公司14楼会议室举办了为期三天的新员工入职培训。通过三天紧张的学习，各位新员工了解了公司的概况；学习了公司的企业文化；熟知了公司的规章制度和管理体系；增长了安全知识和技能，强化了安全意识，了解了信息化系统功能和操作，完成了从知道六建到了解六建再到融入六建的心路历程。

10月16日，公司进行第二批机构设置及人事调整，工作流程梳理、薪酬制度改革、用人制度等各项改革措施正稳步推进。

11月5日，如皋建筑业商会第三届一次会员大会暨换届选举大会隆重召开，市人大副主任张勇，市政府副市长陈万圣，市政协副主席魏祝明，市政协副主席黄文斌，市建工局局长冯昕，人行如皋支行行长刘琴，市工商联副主席缪爱国应邀出席会议。公司董事长宋小忠当选为会长。

12月16日，公司发布《关于自我推荐和征集意见等相关要求的通知》，根据“用人不疑，注重特长，量才适用，知人善用”的原则，在全公司范围内优先择优选择人才，征集合理化建议，以人尽其才、才尽其用，畅通渠道，凝聚公司员工智慧，推动公司改革发展。

12月19日，为广泛吸纳公司各级员工的各种具有启发性、有利于推进公司经营发展、有利于优化企业管理的合理化建议，让广大员工“敢言、善言、积极建言”，公司建立员工与董事长直线沟通的“绿色通道”，公布董事长电子信箱。

2016年企业获奖情况

中国民营企业500强第196位，比上年前移15个位次，在入围的61家建筑业中，位居第15位
全球工程承包商250强第65位，比上年前移3个位次
国际工程承包商250强第204位，比上年前移18个位次
全国优秀施工企业
全国守合同重信用企业
中国建筑业竞争力双百强企业
中国工程建设诚信典型企业
江苏省建筑业百强企业（综合实力类）
江苏省建筑业竞争力百强企业
江苏出省施工先进企业
“百年匠星”中国建筑业特色品牌优秀施工企业
全国建筑行业精品网站
全国建筑行业优秀报纸

奖状
江苏南通六建建设集团有限公司
荣获二〇一五年度全国优秀施工企业

守合同重信用企业
（2014-2015年度）
中华人民共和国国家工商行政管理总局

江苏南通六建建设集团有限公司
2015年度中国建筑业竞争力200强企业
CHINA TOP 200 COMPETITIVE CONSTRUCTION ENTERPRISE

奖状
江苏南通六建建设集团有限公司
荣获二〇一六年度中国工程建设诚信典型企业

荣誉证书
江苏南通六建建设集团有限公司：
被认定为二〇一五年度江苏省建筑业百强企业（综合实力类）。
特发此证，以资鼓励。

部分获奖工程一览

1	如皋市公安局业务用房暨0708工程	扬子杯
2	如皋市体育中心	扬子杯
3	中国移动华东大区物流中心库房2、3、4楼	扬子杯
4	盛景家园居住组团J座工程	山东省建筑工程质量“泰山杯”奖
5	芜湖市规划展示馆、博物馆	煤炭行业工程质量“太阳杯”奖
6	华润凯旋门一期A5#楼	“沈、哈、长三市优质工程观摩活动”银奖
7	内蒙古伊泰广联煤化红庆河煤矿1#2#单身宿舍工程	煤炭行业优质工程
8	鲁商盛景广场项目商务公寓D楼	山东省建设工程优质结构杯奖
9	大溪地花园二期东区19#楼	山东省建设工程优质结构杯奖
10	大庆汇景花园居住区工程B-3#楼	黑龙江省建设工程“乙级优质”奖
11	大庆汇景花园居住区工程B-5#楼	黑龙江省建设工程“乙级优质”奖
12	张家口世贸广场一期3#、4#高层商住楼	河北省结构优质工程
13	滨河雅园1#商业办公楼	河北省结构优质工程
14	天拖一期实泽园（M地块）1#楼	天津市建筑工程“结构海河杯”奖
15	天拖一期实泽园（M地块）5#楼	天津市建筑工程“结构海河杯”奖
16	天拖一期实泽园（M地块）12#楼	天津市建筑工程“结构海河杯”奖
17	晋城市政务服务中心	山西省优质结构工程

部分省级以上QC成果

1	上收下扩式三维眼珠形建筑悬挑脚手架施工方法创新	南通公司	全国QC二等奖
2	闻都城市广场QC小组	北京公司	全国QC三等奖
3	包头维多利新天地二期工程QC小组	北京公司	全国QC三等奖
4	提高混凝土外观质量验收一次合格率	河北公司	全国QC三等奖
5	高层、超高层中空立面附着升降脚手架支承体研制	南通公司	江苏省二等奖
6	可调跨度集成式液压整体升降脚手架施工研究创新	南通公司	江苏省三等奖
7	提高不规则异形钢结构一次安装合格率	南通公司	江苏省三等奖
8	钢连廊牛腿钢筋的绑扎成型	南京公司	江苏省优秀奖
9	新能源创新商务小区A座项目部QC小组	山西公司	山西省三等奖
10	提高蒸压加气块混凝土墙体施工质量合格率	上海公司	上海市一等奖
11	金刚砂地面施工质量合格率	上海公司	上海市二等奖
12	提高二次结构混凝土浇筑质量	上海公司	上海市二等奖
13	提高清水混凝土观感合格率	上海公司	上海市二等奖
14	提高外墙保温体系施工质量	上海公司	上海市三等奖

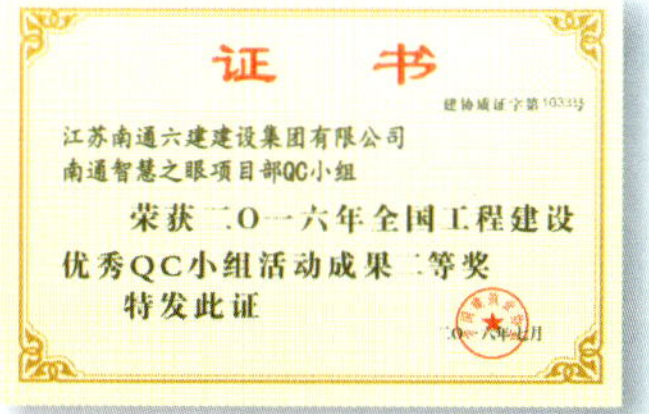

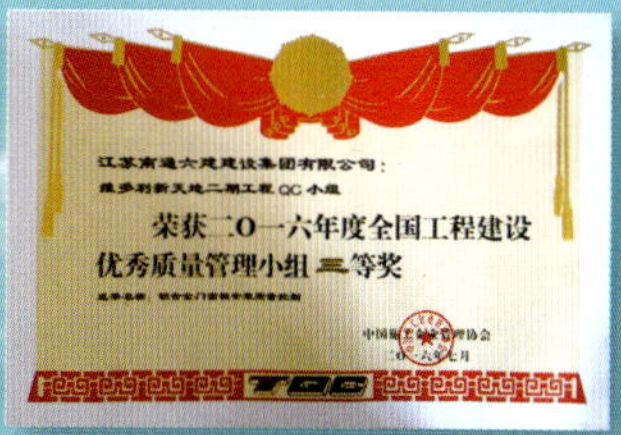

部分安全文明工地一览表

1	哈西E-14地块	哈尔滨公司	黑龙江省建设工程安全生产标准化样板工地
2	香悦蓝天下小区	哈尔滨公司	黑龙江省建设工程安全生产标准化样板工地
3	保利城3号地一期等三项工程	哈尔滨公司	黑龙江省建设工程安全生产标准化样板工地
4	万科城2.2期	长春公司	吉林省施工现场标准化管理示范工地
5	四平德宇国际	长春公司	吉林省施工现场标准化管理示范工地
6	天津永基项目	北京公司	天津市文明工地
7	高能时代科研大楼项目	北京公司	北京绿色施工安全文明工地
8	花语城项目	河北公司	河北省文明工地
9	恒大山水城项目	河北公司	河北省文明工地
10	帝景公馆	山西公司	山西省建筑安全标准化工地
11	中港演艺二期	山西公司	山西省建筑安全标准化工地
12	临沂金悦城项目	山东公司	山东省建筑施工安全文明标准化示范工地
13	智能卡个性化制作产业化项目	上海公司	上海市文明工地
14	1-1#厂房等26项（研发厂房及配套设施项目）	上海公司	北京绿色施工安全文明工地
15	南京丁家庄保障房建设项目二期工程	南京公司	江苏省建筑施工文明工地
16	南通市崇海水厂二期3#、4#清水池工程	南通公司	江苏省建筑施工文明工地

专利一览表

1	钢筋切断机	实用新型	中国	ZL2015 2 0368713.3
2	剪力墙狭窄伸缩缝模板	实用新型	中国	ZL2015 2 0799290.0
3	锚固拉环	实用新型	中国	ZL2016 2 0256811.2
4	一种便捷式脚手架连墙件	实用新型	中国	ZL2016 2 0427302.1
5	一种防剪力墙楼层间错台的模板固定结构	实用新型	中国	ZL2016 2 0427301.7

江苏元辰安装集团有限公司

江苏元辰安装集团有限公司举办内部培训班

江苏元辰安装集团有限公司创建于1994年2月，2002年9月公司从江苏南通六建建设集团有限公司中分立，通过实施产权改革、增量扩股等，改制为独立法人的有限公司。2010年12月经省工商部门核准同意，组建了江苏元辰安装集团，其中江苏元辰安装集团有限公司为母公司，集团下辖元辰钢结构、元辰消防、元辰智能环保、元辰劳务等四个全资子公司，集团注册资本金6818万。多年来，围绕董事会制定的发展规划，全体员工群策群力，促使公司保持稳定、健康的发展。

公司现拥有建筑机电安装、消防设施、钢结构工程专业承包一级资质及电子与智能化工程专业承包二级，环保工程、城市及道路照明工程专业承包三级资质，具有承接设备安装、钢结构、消防、自动控制、工艺管道、供热采暖、通风空调、建筑智能化、环保工程、照明工程等专业施工能力，能独立承担境内、外各类专业工程的综合施工能力。

公司自创立以来，开源节流、人才集聚、规范管理，企业规模日臻壮大，综合实力逐年增强。公司下辖哈尔滨、沈阳、北京、太原、济南、青岛、南京、上海、如城、广东、广西等分公司。公司现有在册施工人数1500余人，拥有各类技术经济人员238人；拥有一级注册建造师近30人，二级注册建造师20人；操作层均持证上岗，各专业工种配套齐全。

公司一贯注重经营开拓，严格质量管理，在国内诸多市场上享有较高的声誉，业务网点主要分布在东三省、环渤海、长三角、珠三角、中东等市场。近几年来，公司承建的代表性工程项目：大庆油田石油科技博物馆、大庆生态园工程、阿联酋双塔工程分别获2010年、2012年度参建“鲁班奖”和境外“鲁班奖”； 内蒙古农村信用联合社综合楼1号楼工程及维邦金融广场F座分别获2013年、2014年度国家优质工程奖；如皋广播电视传媒中心获

获奖证书

江苏元辰安装集团有限公司：

你公司承建的“如皋汇智湖高层办公楼机电安装工程”荣获2015年度江苏省优质工程奖“扬子杯”。

获奖证书

江苏元辰安装集团有限公司：

你公司参建的“如皋市体育中心”荣获2015年度江苏省优质工程奖“扬子杯”。

获奖证书

江苏元辰安装集团有限公司：

你公司承建的“如皋市广播电视传媒中心机电安装工程”荣获2014年度江苏省优质工程奖“扬子杯”。

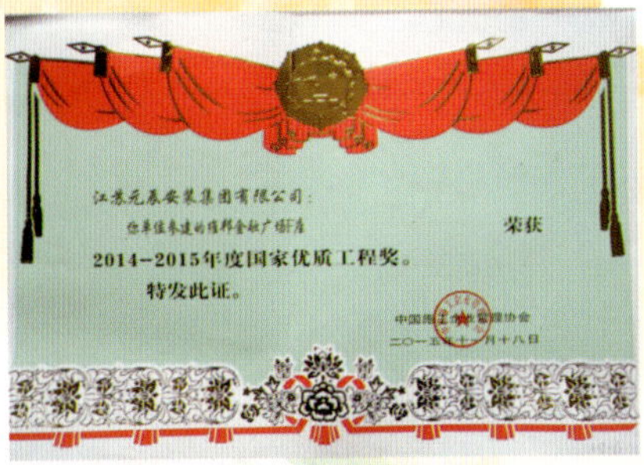

江苏元辰安装集团有限公司：

荣获

2014—2015年度国家优质工程奖。

特发此证。

二〇一六年度如皋市建筑业

优秀专业承包施工企业

金奖

如皋市人民政府

二〇一七年二月

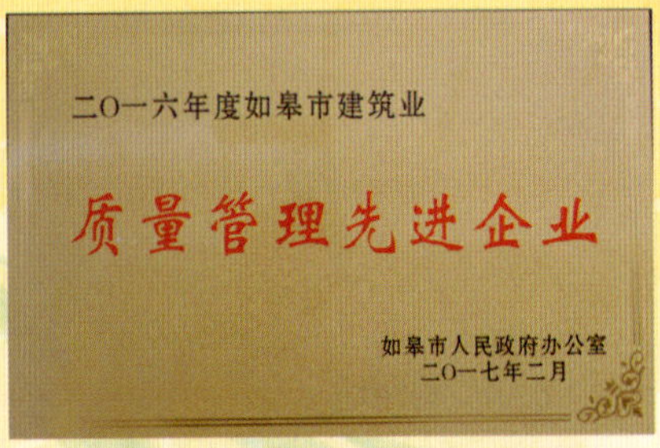

二〇一六年度如皋市建筑业

质量管理先进企业

如皋市人民政府办公室

二〇一七年二月

企业荣誉

优秀工程展示

维邦大厦（国家优质工程奖）

维邦大厦

广电中心

汇智湖（扬子杯奖）

2016年度中国安装工程优质奖（中国安装之星）荣誉称号;如皋市体育中心、如皋汇智湖高层、南京和泰大厦、如皋大润发商业广场、吉大一院、无锡会展中心等十多项工程获省优工程称号。

公司不断深化体制改革，不断培育新的经济增长点，企业充满生机和活力，在市场竞争中保持了健康快速发展的良好态势，荣获：2010-2016“江苏省安装行业最佳企业”；2002-2016年“江苏省青年文明号”；2013-2016年“江苏省重合同守信用企业”；2009-2016年“江苏省AAA级资信企业”；2005-2016年“南通市建筑业优秀企业”；2005-2016年“如皋市建筑业专业承包施工企业金奖”等。

2003年公司通过了《质量管理体系》《环境管理体系》《职业健康安全管理体系》认证，全面贯彻执行管理体系，奉行“诚信守法、铸造精品；环保安康、和谐发展”的管理方针，取得了丰硕成果。承建的工程合同履约率100%、一次交验合格率100%、对用户承诺的满意度100%、优良品率80%以上，受到业主和当地主管部门的一致好评。

面对未来，公司将一如既往，继续以“一流的质量、一流的速度、一流的管理、一流的服务”竭诚为国内外广大用户服务，与海内外同仁携手共进，共铸辉煌。

如皋市自来水厂

2016年，如皋市自来水厂全体干部职工牢牢紧扣全年目标任务，强化责任、奋力进取、凝聚合力、主动作为，积极应对寒潮灾害考验，高度聚焦重点工程建设，统筹推进管网更新改造，切实加强供水服务能力，奋力打造服务品牌，企业各项工作保持稳中求进的良好态势，在安全效益、信息平台、企业形象、漏损控制、基础建设等方面取得了较大的突破。

全年供水2879.73万立方米，售水2242.59万立方米，新增用户16373户。完成老小区管线改造91幢,实现户表改造62幢1865户。实现检测水表16500只。完成水质检测25336项次，水质检测数据综合合格率100%。

安全供水

应对极寒灾害

2016年1月23日到25日，如皋市遭遇最低温度达-11℃极寒天气，供水设施遭遇前所未有大面积冻坏，40余万居民用水受到影响。市自来水厂全员参与，快速组织300余人投入到111个小区的抢修一线，昼夜奋战，在春节前全面恢复供水，确保了居民节日期间的正常用水。

水质检测大楼落成

经过一年多努力，水质检测中心大楼于6月30日竣工交付使用。

应急备用水源正式启动

应急备用水源规划通过专家评审，完成土地租用手续和应急水源围墙外绿化工程。

调度中心建设初见成效

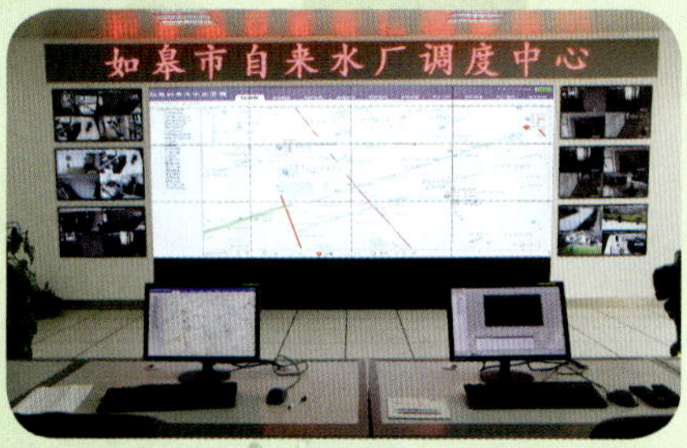

完成调度中心机房（弱电智能化）工程，大屏、服务器柜等部分设备正式进行试运行；管网在线监测系统完成28个监测点的现场终端安装，系统进行调试运行；协同办公及供水管理服务平台（办公OA系统）整体硬件已安装到位，软件部分功能进入预使用。

推动农村低压区改造

市自来水厂大力推进农村低压区管网改造，先后完成大殷村1组、串港3组、新王庄16组、新民村1组、2组、18组、19组、方庄13组、许庄6组、张八里13组等23个组的管网改造，居民用水压力得到改善。

完善二次供水管理

按照《如皋市二次供水管理实施办法》，逐步跟进和规范二次供水设施、设备的管理，已接管泵房7座、设备20套，建立供水区域内二次供水设备档案259份。

反泄氯应急演练

2016年6月23日下午在供水中心加氯间开展“2016年反泄氯事故演习”，演

习人员共分为7组，每组3人，主要针对液氯瓶身和阀门发生泄漏时如何正确、快速进行处置，提高一线值班人员的应急处置能力，确保安全生产。

管工培训

2016年7月9日到9月9日，市自来水厂举办了由66名职工参加的为期两个月的管工技能培训，通过培训，大大提升了他们的服务水平、技能水平和综合素质。

安全生产常抓不懈

全年召开安全专项会议28次，每月定期或不定期开展有针对性的安全生产大检查，发现问题发放“隐患整改通知书”，及时整改，同时做好复查，督促整改到位，杜绝安全生产事故发生。

举办消防运动会

2016年11月8日下午，市自来水厂消防运动会在供水中心举行。参加本次活动的共计36组72人。本次运动会有水桶接力、水龙带收放、定点灭火3个项目，充分检验市自来水厂干部职工的消防防护技能和应急反应能力。

优质服务

老小区改造稳步推进

完成蒲行新村、健康西村、交警大队宿舍、秀水苑、东皋新村、动力机厂宿舍、东皋新村、交通局宿舍、绣品厂宿舍、宏济苑、惠隆苑、开发区农行宿舍、开发区C组团、皋北新村、建工综合楼共计62幢1865户老小区户表改造。完成百花苑二、三期挂壁式表位整改为地埋式表位；江中花园、普庆苑康锦花苑、紫竹园等IC卡智能表清理更换普通表及水表位改造。完成华夏紫竹园、皋北新村、健康西村散居（老住建局后）、蒲行苑一、二区等老小区外线改造。

开通微信支付平台

微营业厅功能全面开放，用户足不出户就可以进行水费查询、水费缴纳、微信抄表、报装报修等。

积极参与消费者权益日活动

2016年3月15日，市自来水厂组织客户服务中心人员参加了由市消费者保护委员会主办的3•15国际消费者权益日主题活动，为消费者提供用水咨询、节水常识宣传等服务。

优质服务进社区

2016年，客户服务中心每月组织一次志愿服务进社区活动，现场解答居民关于水费交纳、户表改造、水质水压、冬季防寒、节约用水、阶梯水价等方面的咨询服务，听取居民对供水服务工作的意见和建议。

服务用户新举措

①建设多功能营业厅，开设现金收费区、综合服务区、咨询服务区、用户休息区。

②为更方便用户，营业厅除收费窗口节假日正常值班外，业务接待窗口节假日也正常工作。

召开行风监督员座谈会

2016年7月19日下午，市自来水厂新聘来自社会各界的21位行风监督员并召开了座谈会，认真听取行风监督员的意见和建议。

2016年，通过全体干部职工的不懈努力，捧回1个江苏省级、2个南通市级、4个如皋市级和2个局级荣誉，先后获得了江苏省放心消费创建先进（示范）单位、南通市平安企业、南通市2016年度机关企业事业单位治安保卫工作先进集体、如皋市和谐模范企业、如皋市市长公开电话受理承办工作先进集体、如皋市城市节约用水先进单位、书香如皋建设先进集体、市住建局红旗单位和安全生产先进集体等荣誉称号。

中华老字号 China Time-honored Brand 水明楼

南通白蒲黄酒有限公司

南通白蒲黄酒有限公司

南通白蒲黄酒有限公司位于著名的长寿之乡、江苏百家名镇、始建于东晋义熙七年（公元411年）的——如皋市白蒲镇，这里河流纵横，盛产优质稻米，水质甘甜，富含有益健康的微量元素，为联合国确认的世界长寿养生福地，是全国著名的黄酒之乡。

南通白蒲黄酒有限公司继承了明清创立的徐大昌酒坊的传统工艺，以健康养生为宗旨，历经五十多年的技术和工艺的持续改进，逐步形成了水明楼系列黄酒独特的风味和品性。

南通白蒲黄酒公司现有员工200多人，其中中国黄酒博士（张万珍博士，生于1928年，国家五一劳动奖章获得者）1名，国家级和部级黄酒评委2名，高中级专业技术人员28名。

南通白蒲黄酒有限公司酿酒技术力量雄厚，拥有全国同行业先进生产灌装线三条，集吸米、浸米、蒸饭、榨酒、灌装一条龙的、一流的现代化生产大楼，完善的质量管理体系，从而保证了水明楼黄酒五十年始终如一的卓越品质。

公司现为中国酿酒工业协会成员单位，中国黄酒技术学会常务理事、江苏省黄酒分会副理事长企业、全国酿酒行业百强先进单位，被中国长寿文化节指定为长寿食品，通过ISO9001质量体系认证、ISO14001：2000环境体系认证、“QS”认证、绿色食品认证、原产地保护认证，注册商标“水明楼”为江苏省名牌、江苏省著名商标。2010年获中华老字号认证。

公司拥有白蒲、水明楼、扣陈、万珍、徐大昌等注册商标，并以此生产四大系列产品，其中“白蒲”系列面向经济实惠的消费群，“水明楼”系列面向小康家庭以及商务餐饮，“扣陈”系列面向专业消费者，“万珍”系列面向中高端商务以及礼品用户。

发酵车间

蒸饭车间

污水处理车间

自动化生产线

“白蒲”系列黄酒——自己的快乐　　“水明楼”系列黄酒——朋友的分享

“扣陈”系列黄酒——专家的享受　　“万珍”系列黄酒——贵宾的礼品

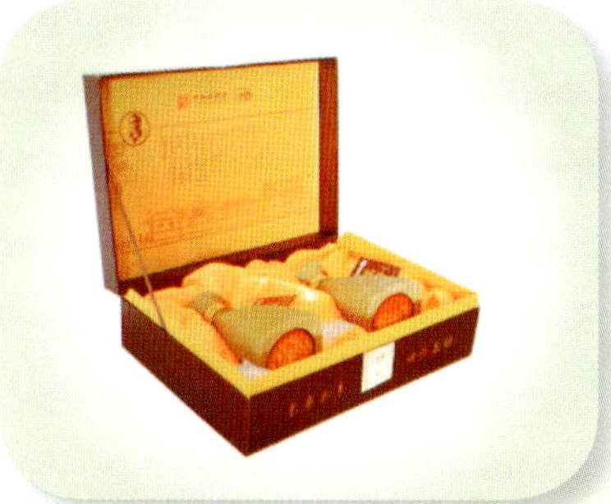

8月31日，省中医药局对妇科进行省级中医重点专科评审验收

5月22日，召开2016年医院工作会议

如皋市中医院

2016年，在市卫计委的领导、关心和支持下，全院上下抓改革、强管理、促发展，圆满完成目标任务。

经济运行总体平稳。1-12月份门急诊人次43.97万，同比增长0.95%；出院病人20954人次，同比增长5.12%。实现总收入3.17亿元，其中业务总收入3.03亿元，财政补助收入1462.99万元；总支出2.91亿元，其中业务总支出2.77亿元，财政专项支出1426.99万元；收支结余2587.10万元，比上年同期减少403万元，下降13.5%。总资产3.93亿元，比上年同期增加3127.38万元，增长8.64%；固定资产原值3.76亿元，比上年同期增加789.61万元，增长2.14%。药占比43.8%，比上年同期下降2.1个百分点；剔除中药制剂的药占比35.63%，比上年同期下降1.8个百分点。经济效益运行质量企稳向好。

改革发展稳步推进。一是强化规划实施与引领。科学谋划、统筹推进医院基础设施、学科专科、人才队伍、设备装备、医院文化五个方面的建设，细化“十三五”发展目标任务和工作举措。二是综合改革取得新进展。成立如皋市中医院医联体，与25家基层医院签订合作协议，推进对口支援、分级诊疗、双向转诊，开展中医基层指导活动5次。三是深化分配机制改革。围绕三级医院评审、大型医院巡查要求，兼顾质量与效益，兑现各项考核指标，通过考核杠杆调控，激发内在动力，提高运行效益。

基础建设加快实施。一是基建工程。三期工程列入江苏省中医药传承与创新工程储备项目，并上报国家中医药管理局，有望争取中央财政补助。立项请示及项目建议书已经市政府批复，投资估算通过财政评审；完成地质灾害评估、项目选址意见书、能评、稳评相关手续。搬迁推进上涉及搬迁40户、签约35户。环评工作完成项目环境影响报告书，并经市行政审批局预审，完成污水处理改造方案设计。二是设备装备。编制设备装备建设五年规划，年内投入资金711万元购置万元以上设备44台套。三是信息化建设。围绕打造智慧医院，紧跟“互联网+医疗”发展趋势，编制信息建设规划并分步实施，完善以电子病历为中心的大信息系统，完成项目考察论证，年内信息项目投入150万元。

内涵建设不断深化。围绕服务能力提升推进“三大”工程。一是持续推进创建工程。继续推进三级医院创建、附属医院创建、中医医院巡查等工作，签订南京中医药大学非直属附属医院创建协议。二是持续推进接轨名院工程。继续深化省中医院医联体、省中西医结合医院的全面

10月14日，医院党委纪委换届选举大会

战略合作，提升中医药服务能力；继续借助上海多家三甲医院技术支撑，提升综合服务能力。三是持续推进专科建设工程，妇科建成江苏省中医重点专科，肾外科通过南通市中医重点专科验收，申报南通市中医重点建设专科5个并通过初评，妇科、脾胃病科启动了与省中医药研究院的协作项目。扎实推进优质护理服务、医院感染管理、慢病防治工作。举办省级继续教育项目

1个、市级项目6个，完成市级科研结题1项。承接各类本科实习生26名，其中南京中医药大学实习生16名。

医疗质量持续改进。深入推进医疗服务规范提升年活动。重点整治医疗文件书写不及时不规范，核心医疗制度落实不到位，收治入院不符合指征，“三合理”规范落实不到位，违规使用抗菌药物、手术等级不规范、不备案、院前急救不规范，放射检查防护不到位，医疗废物处置不规范、传染病不按规定报告等不规范行为。切实加强医疗质量的长效常态管理，坚持依法执业，及时办理执业许可、医师注册、资格准入、科目变更，无违法违规执业行为。统筹实施医疗、护理、感控、药事、慢病防治及传染病等方面的质控和考核，确保质量安全。落实改善医疗服务行动计划，提高患者就医感受。1-12月份医疗投诉18例，发生医疗纠纷8例、医疗赔偿15.0万元，未

10月9日，第二期医院管理培训班——香港海创（中国）医院管理研究中心谢彦彬教授为学员授课

发生医疗事故。

基础管理更加扎实。着力加强医疗质量、患者安全、临床路径、中医药特色、120急救、优质护理、科研教学、药事药学、医院感染、手供一体化、人力资源、财务审计、行政审批等方面的规范化、精细化管理。从管理执行力抓起，建立完善相应的考核、监督、问责机制，确保各项制度职责执行到位、落地生根。从管理责任着力，层层负责、人人有责。注重能力提升，举办管理培训班2期。加强控费管理，对药占比、中药使用率、制剂使用率、基药使用率、材耗比、平均住院床日等6大指标下达任务、逐级考核、从严落实，单独考核住院均次费用、超额部分按比例扣除、按月兑现。1-12月份门急诊人均费用236.56元，同比增加13.45元，上升6.03%；住院次均费用8003.76元，同比增加108.67元，上升1.38%。其中职工医保8377.88元、同比减少24.85元、下降0.30%，居民医保6547.86元、同比增加468.63元、增长7.71%，新农合7827.83、同比增加305.05元、增长4.05%。

执纪守规更加从严。严守纪律规矩，制定岗位责任清单、权力清单，加强政府采购管理，规范采购操作程序。加强“三公”经费管理，重新修订公务接待管理办法。公务接待费7.4万元同比减少3.5万元，下降32.00%；业务培训费67.08万元，同比增加28.71万元；车辆运行维护费38.10万元，同比增加7.2万元；水电费417万元，同比减少33.8万元，下降7.5%。对照“八项规定”及财经纪律严格自查，存在问题均整改到位。

党建文化扎实推进。深入开展两学一做，完成各项“规定”动作和“自选动作”。加强组织人事工作，职称晋升晋级129人；引进招聘人员40名；选拔任用中层干部14名、因到龄或岗位调整免职3名、交流任职1名，继续实施编内外人员同岗同酬制。加强医院文化宣传，举办《杏林春暖》文娱晚会、有奖征文、书法比赛，开展全民阅读活动，承办卫计委“书香卫计”主题活动暨公众微信号发布仪式。拍摄微电影1部参加健康中国微视频大赛。参加南通市摄影展、市卫计委演讲比赛、卡拉OK大赛均获优异成绩。处置网络舆情2起，发布官方微信100余条，制作《名院风采》电视专题26期，举办第七届膏方节开展省级中医专家门诊3次，承办江苏省第六届中医药文化科普宣讲活动（如皋站）1次。统筹推进文明城市创建、文化宣传、舆情监测、综合治理、安全保卫、信访维稳、爱国卫生等中心工作。行风建设成效显著，综合满意度在全省136家三级医院排名第三。

9月17日，《通脉活血散治疗急性下肢深静脉血栓形成的临床与实验研究》成果鉴定会

12月30日，市卫计委欢迎援疆医疗队载誉归来

如皋交通运输综合执法大队

2016年是如皋交通运输综合执法工作开局之年，大队自组建伊始，始终牢牢把握稳中求进的总基调，加强团队管理，注重固本强基，着力构建交通运输综合执法工作新体系，圆满完成年度重点目标任务，交通运输综合执法各项工作迈上新台阶。

统一思想，建制明责，着力强化内部管理

一是统一思想，促进融合。通过多次宣传改革政策、举行联合执法演练、业务技能交流等形式，加强科室、中队间的沟通协调，增进了解，加快融合。二是人员定岗，分级负责。在明确分工不分家、协调统一的基础上，对班子成员进行人员分工，对科室、中队人员实行定岗定位定职责，形成人人有事做、人人担职责的高效运行体系。三是建章立制，奖惩分明。大队先后出台考核考勤等七项内部管理制度，印发并组织学习年度绩效考核办法等规定，内部管理不断规范，为各项工作的顺利开展打下良好基础。

市交通运输综合执法大队被市交通运输局评为综合考评先进单位

执法人员签订党风廉政、作风效能建设责任承诺书

召开交通运输综合执法大队党总支选举大会

突出重点，抓住关键，全面推进行业履职

坚持客运服务重点，加快推进城乡客运协调发展。一是完善公交运行线网，强化公交服务功能。优化调整公交105路、333路、215路运营线路，新建公交站台10座、公交站牌40块，建成并投入使用华夏花卉、双楼庄村两个公交始末站。严格公交服务质量考核，全年共发现和督促整改问题570余起。在2016年江苏省城乡公交一体化发展水平评估中，如皋市公交城乡一体化水平被评为最高等级5A级。二是加快公交智能化建设，打造“互联网+”公交平台。“皋城

向市民宣传相关法律法规，倡导市民选择绿色、低碳、环保的出行方式

检查公交车辆安全设施配备情况

公交”微信公众号正式推广上线，让市民可以“掐着点等公交”。星星公交城市、城乡线路WIFI实现全覆盖。公交一卡通工程建设积极推进，终端设备目前已基本安装到位，充值点的建设也接近尾声。三是推广更新新能源汽车，大力发展绿色交通。大队坚持政策扶持，积极倡导和引导两家客运企业新增、更新新能源、环保型公交车。全年新增新能源公交车30辆，增幅达到19.98%，城南新能源公交车充电停车场也如期建成并投入使用。

加强维修市场管理，促进维修企业的规范化经营。

一是严把市场准入关，从源头上强化维修企业的绿色、规范、可持续发展。主动上门指导，及时宣传维修行业的新政策、新规定、新要求，引领维修市场结构优化调整。2016年新增维修企业36家，其中一、二类维修企业12家。指导金鹏机动车检测有限公司投资40多万元更新升级检测设备。二是严把年度审验关，以年度审验为手段，结合日常检查、专项整治，提升企业自我规范意识。组织开展了维修服务质量、维修服务价格专项检查，全年共检查各类维修企业、检测站100余家，限期整改13家，协调解决事故车辆维修纠纷5起。三是培树诚信服务品牌，努力打造消费者放心行业。深化维修行业质量信誉考核，积极开展“绿色汽修”“江苏快修”“诚信维修”等特色品牌创建活动，宣传和鼓励现有大型维修企业发展连锁快修，鼓励引进知名连锁快修品牌。2016年新增申报省A级以上信誉企业10家。

组织对维修企业进行安全专项检查

发挥市场主导作用，加快驾培市场的转型发展。一是积极宣传贯彻驾改新规，率先实施驾培服务模式改革。大队及时贯彻落实驾改新规，在全市以诚信驾校为试点，率先走出驾改变革第一步，安达、胜翔等多家驾校也先后制订驾改

组织开展“如皋最美教练员”评选活动并颁奖

实施方案，上报南通市处。二是尊重市场发展规律，确保行业稳健发展。针对现有驾培市场学驾人数急剧下降等客观事实，及时发布全市驾培行业投资风险预警公告，引导理性投资，鼓励驾校创特色、创规模、提服务。三是清理整顿驾培市场，营造有序驾培环境。全年共通报并整改驾校存在问题80余起，为驾培行业做大做强、逐步升级营造优良环境。

严格货运资质核查，积极培树物流示范品牌。

一是严抓货运企业年审换证工作。坚持严标准、严把

联合市安监、公安部门约谈危货运输企业，确保交通运输安全

关，对大型货运企业采取预约方式，主动上门服务，全年共完成9家水运企业、350条营运船舶、100多家货运企业的年审和换证工作。二是精心培育物流示范点和江苏快货品牌线路。多次到企业进行调查研究，探讨全市物流行业发展趋势和产业结构变化，积极争取上级资金和政策支持，跟进指导，努力申报和创建如皋农村物流示范典型。三是按序时做好船型标准化改造工作。加强与海事部门的协调配合，从严申报，审核把关，全年改造任务顺利完成。

加大法制稽查力度，有效净化运输市场环境。

一是厘清权力清单，坚持所有执法行为网上公开运行。全面梳理涉及交通运输综合执法的179项行政处罚权力、10项行政许可权力、4项行政强制权力，并将执法权力清单通过网站向社会公示。所有处罚文书、许可文书、处罚结果实时登录如皋行权网公开运行，实行自由裁量权电子化

烈日酷暑下坚持路检路查的交通综合执法人员

操作，规范行政执法行为。二是以专项整治活动为抓手，强化对整个运输市场的动态监管。先后开展了“打黑”专项整治、出租车专项整治、驾培异地经营行为专项整治以及危化品专项整治行动，全年共查处行政处罚案件343起，其中重大案件53起，努力实现行政执法效果和社会效果的双提升。三是充分运用现代信息化手段，提高稽查效率。充分利用运政信息平台、车载无线上网宝、动态执法监控摄像头，实现静态监管和动态执法的紧密结合，真正让稽查工作有的放矢，精确打击。四是严谨细致，认真办理每一件群众投诉举报件。全年共处理投诉举报712件，均能按要求圆满办结，被评为市长热线办理先进单位。大队将投诉举报作为检验和督促工作的一个方面，不断加强自省，改进工作方式。

定期组织执法文书评审活动

夯实基础，精细管理，狠抓安全监管落实

做好“四个强化”，夯实运输安全基础。强化安全领导小组的建立，强化安全管理责任制的落实，强化安全生产教育培训，强化安全文件的贯彻落实。全年认真贯彻落实上级关于安全生产的文件、会议精神，拟订安全管理方面的文件20件，切实将安全放在重要位置。

召开春运工作会议，企业递交春运安全工作责任状

善用“四个结合”，突出安全工作重点。一是注重与科技兴安相结合，提升安全管理信息化水平。充分发挥运政信息平台科技兴安功效，对客运站场、全市客货集散地等重点区域

扬州市运管处考察“一车三方”安全监管平台建设工作

实施动态实时监控，对“两客一危”企业进行常态化的监督管理，发现隐患及时督促整改。二是注重与应急演练相结合，提高应急预案的可操作性。制定和完善各类应急救援预案，组织驾培、维修、客货运行业应急救援演练18次。三是注重与“两客一危”动态监控相结合，强化部门内外协同作用的发挥。建立健全平台查岗记录、研判报告登记表、月报表等相关台帐，全年共印发月报表10期，推送工单50起，全部按规定进行了闭环处理。四是注重与重大运输保障相结合，强化节日安全工作的部署落实。在中高考、G20峰会等重大运输保障任务期间，通过早布置、早准备、早安排，实现安全无事故，得到了社会各界的一致好评。

扎实“四大”活动，坚持常态化管理。扎实开展 “安全月”“企业主体责任年”“安全生产大检查”“夏季百日竞赛”四大主要活动，参加市交通运输系统安全演讲比赛，获得了二、三等奖的好成绩。

围绕中心，创新载体，深入开展党建创建工作

一是认真开展“两学一做”学习教育活动。认真开展思廉日、“抓党风、传家风、树新风”、“七·一”大党课等

主办“诚信与我同行，守信从我做起”电视道德讲堂

活动，发放人手一本读书笔记，真正将“学”这一基础要求落实到位。二是扎实开展“双联双助”、志愿服务等活动。落实结对帮扶建档立卡户16户，全年组织到村慰问9次，送出慰问资助近12万元，开展了送演出、送健康讲座及义诊等活动。组织党员志愿者进社区、进企业、进商场，宣传交通运输相关政策法规、便民举措4次。在全国文明城市创建迎查期间，指派专人驻火车站、汽车站，并以此为契机，强化公交、出租从业人员教育，维护全市公共交通良好

至联助村开展金秋助学活动

秩序。三是不断强化单位作风效能建设。通过完善制度管理，从严绩效考核，成立作风效能建设督查组等，从严管理，正风肃纪。全年发布督查通报3次，发挥了良好的警诫警醒作用。四是努力推进行业精神文明建设。在客货运、汽修、驾培领域深入开展质量信誉考核工作，努力推进品牌创建，5月份，平安驾校被省厅评为AA级驾校，顺达、安达被评为A级驾校。开展“如皋最美驾校教练员评选”活动、“诚信与我同行”电视道德讲堂活动，在社会引起广泛关注。五是积极开展党风廉政建设。以创建廉政文化示范点为目标，严格制度执行，落实责任清单，积极开展党风廉政宣传月、算好廉政账、国际反腐日等主题教育活动。“七·一”前夕，大队组织全体党员参观红十四军纪念馆，重温入党誓词，强化党性修养。

“七一”前夕全体党员参观红十四军纪念馆

南通汽运集团如皋分公司

2016年，南通汽运集团如皋分公司以党的十八大和十八届五中、六中全会精神以及习近平总书记系列重要讲话精神为指导，奋力开创“十三五”发展新局面，加快推动转型升级。以新常态为引领，不断开拓创新，营造创业氛围，大力推动“八大板块”发展，全面构建“六个汽运”。以新目标为追求，深化体制机制改革，提高精细化管理水平，着力推进定制客运、全域旅游、汽车外修发展，企业转型升级步伐全面加快。以新文化为载体，升华企业文化内生动力，提升服务品牌影响力，企业党建创建工作不断迈上新台阶。

分公司荣获集团公司“文明创建达标二级单位”，所属客运站荣获 “文明客运站”，修理厂荣获“文明修理厂”，871、872、873车队荣获“文明车队”集体荣誉。

如皋籍影视明星何明翰一月三剧连播

1月，如皋籍影视明星何明翰接连有3部大剧在全国各大卫视热播，民国悬疑喜剧《煮妇神探》、抗战动作大戏《刀光枪影》以及热血革命抗战剧《潜行者》，3个不同类型的大戏让观众好评不断。

《刀光枪影》中，何明翰饰演一位身怀绝技的侠客任非常，他的蝴蝶刀，速度比手枪还快，每每出手都能轻松将敌人制服。但后来他一度迷失了自己，成为众人眼中的“杀人工具”。最终，任非常幡然醒悟，舍身施救昔日好兄弟高天行。电视剧一经播出，任非常这个角色就深受观众喜爱，何明翰的表演更是受到众多好评与追捧。“《刀光枪影》里的亮点其实有很多，我饰演的任非常这个人，在剧里的角色转换很大，情感也很充沛，一定能让观众过足瘾，另外剧中的打斗场景也很精彩。”何明翰告诉记者，剧中的所有打斗场景，都是他亲自上阵的，期间腰部受了伤，休息了3天才得以痊愈。“这是为了让场景更真实，我能更好地融进剧情中，同时我觉得这也一名合格的男演员应该做到的。”《刀光枪影》在东方电影频道播出期间，收视稳居冠军宝座，此前在湖南经视播出也获得收视冠军，创下收视新高。

除了《刀光枪影》，正在浙江卫视热播的《煮妇神探》里也有何明翰的出色表现。剧中，何明翰饰演的是女主角的丈夫，后被人杀害，他的被害拉开了整个故事的序幕，也正式改变了李小璐饰演的苟吉祥的人生。《煮妇神探》讲述了一个普通的家庭主妇苟吉祥（李小璐饰），在丈夫沈墨初（何明翰饰演）被害去世之后为洗清白，意外发现自己身上的侦探天赋，后与傲慢公子毛儒毅（贾乃亮饰）搭档屡破奇案的传奇故事。何明翰饰演的沈墨初，是一个事业有成、风流倜傥的律师，剧中他的造型时髦，极富年代感，符合他家世显赫、事业有成的人物设定。极少在影视剧中配戴眼镜的何明翰，此次戴上了一副金丝边眼镜，儒雅斯文的气质给他的形象加分不少，网友纷纷表示：“帅得整个人都不好了。”由于该角色在第二集被害，网友更是高呼：“这么帅也不给多看两眼！才两集根本不够看，想看沈墨初更多的戏份。”

另外，1月14日和1月15日，何明翰的另一部大戏《潜行者》将在黑龙江卫视、厦门卫视播出，何明翰在剧中饰演少年成才的军官严正方。而据了解，何明翰出演的另一部作品《双枪》也已经杀青。

大事如皋

如皋人刘建荣获“国家精神造就者”大奖

刘建(左)站上领奖台

12月18日上海西岸艺术中心群星闪耀,现代传播集团携旗下《生活月刊》发起的第九届“国家精神造就者”荣誉大奖正式揭晓，来自如皋市的刘建成为10位获奖者中唯一来自民间的“普通人”。

2006年起由现代传播集团发起的“国家精神造就者”荣誉大奖，每年都会颁给那些以其“意志、力量、梦想”创造了个人人生辉煌，并以其创造力为这个时代铸造精神的杰出人士。10年来，该奖项获奖者遍及文化、艺术、音乐、电影、建筑、设计、商业、教育等领域，包括贝聿铭、樊锦诗、谭盾、张艺谋、茅于轼、曾梵志、贾樟柯、陈其钢、刘家琨、谭元元、陈幼坚、郎朗，徐冰、杨澜等。

2016年，第九届大奖以“戏梦人生”为主题，获奖者与电影、戏剧都有着微妙的关联。刘建打造的华夏胶片电影博物馆位于如皋市经济技术开发区如皋科技创业园，是国内综合能力最强的民间胶片电影博物馆，专业从事胶片电影收藏展示、抢救修复、文化交流和电影技术科研等工作。博物馆内现今收藏并展示着胶片电影、胶片洗印设备、修复设备、放映设备、电影剧本、海报及相关的老电影藏品共20余万件，已成为国内民间胶片电影收藏领域馆藏丰富、种类齐全、设备先进、技术领先、综合实力最强的文化企业，是“江苏省华侨华人文化交流基地”、南京大学影视研究基地，拥有中国电影技术行业完整的胶片洗印流水线。

“他用十年跋涉，搜集与电影有关的一切，拯救、保全、传承、创造。几乎全凭一己之力，他建成中国规模最大的民间电影博物馆，在这个巨变的时代，微电影文化留下珍贵的记录。刘建，执着的信念与坚定的行动，平凡的人生与不凡的成就，他为我们重建的，是一个时代的记忆。”大会给予了刘建至高的评价。“当荣誉到来的那一刻，以前吃过的所有苦都变成了幸福的回忆。”获奖后刘建如是说。他表示会再接再厉为中国电影事业奉献出自己的力量，一如既往地热爱电影，让中国电影的每一个印记都能得到保存和流传。

大事纪要

DaShi JiYao

2016 年 1 月

1日

△ 市委书记姜永华在《如皋日报》发表新年贺词，向全市父老乡亲和社会各界朋友致以新年问候。

△ 如皋市举行体育文化传统活动——元旦健步行活动迎接2016年新年，市老年体协、机关部门代表队和体育志愿者近千人参加活动，从市行政中心东大门出发，沿龙游河生态公园绕行一周，最终到达市奥体中心，全长约4公里。

△ 即日起，根据中央简政放权相关要求，全市放开超限超载货物卸驳载有偿服务费、出租汽车企业向驾驶员收取的管理服务费、租赁承包费、计量器具修理费、社会艺术水平考级费、非普性民办幼儿园收费、会计师事务所服务收费、税务中介服务收费、环境影响咨询收费、旧机动车市场交易服务和评估收费等35项经营服务收费，实行市场调节价。

△ 即日起，根据如皋市《关于进一步完善城乡居民基本养老保险制度的意见》，本市居民参加城乡居民基本养老保险，选择600元、1200元、1800元、2400元或3000元档次缴费，政府每年财政补贴由原来的30元、40元、50元、60元、70元提高到60元、70元、80元、90元、100元；低保、重度残疾人设定100元缴费档次，其中，个人缴费50元、财政代缴50元，财政另外再补贴30元。

△ 截至当日，据市老龄办统计，全市百岁老人共338人（男性72人、女性266人），比上年增加35人，其中，家住搬经镇梅甸村10组的最年长寿星佘文福出生于1905年，现年112岁高龄。

4日

△ 市委举行中心组（扩大）学习会，邀请上海同济同捷科技股份有限公司董事长兼CEO、同济大学汽车系教授雷雨成作《世界汽车工业格局、汽车技术革命与汽车创新创业战略》主题讲座。市四套班子领导姜永华、陈晓东、李中林、司祝建等出席会议。

5日

△ 南通市委常委秦厚德一行就农业适度规模经营情况到如皋进行专题调研，先后走访如皋市柳绿稻麦种植农地股份合作社、晓耕农机服务专业合作社、君谊家庭农场等农业“全托管”典型，并与部分合作社、农场负责人开展座谈。市领导姜永华、司祝建、杜永红参加调研活动。

△ 市委书记姜永华主持召开市委常委会，研究讨论《如皋市国民经济和社会发展第十三个五年规划纲要（草案）》审议稿、《政府工作报告——2016年1月10日在如皋市第十六届人民代表大会第五次会议上》审议稿、《2016年政府为民办实事初定项目》、市政协2016年工作要点、《2015年度总结表彰大会方案》等议题。

△ 市委书记姜永华率队前往经济技术开发区（城北街道），就贯彻落实全委会精神情况开展督查，实地走访经济技术开发区（城北街道）惠民国际初中建设工地和金元亚麻、康迪电动汽车、陆地方舟、威格电机、英田集团、泽禾新能源等企业。市领导司祝建、马金华、陆雪松参加督查活动。

△ 第二届“Mlily 梦百合杯”世界围棋公开赛五番棋决赛决胜局在如皋锦都金鼎大酒店举行，中国棋手柯洁九段以总比分3比2战胜韩国棋手李世石九段，夺得公开赛冠军，成为世界棋坛首位90后“三冠王”，并获得180万元冠军奖金。

6日

△ “妈妈您最美——爱在365天”德育主题活动南通启动仪式在如皋市外国语学校举行，全国人大常委会原副委员长、中国关工委主任顾秀莲发来贺信，中国关工委常务副主任刘峰岩、副秘书长李启民，如皋市领导姜永华、缪小华参加活动。

△ 南通市副市长赵闻斌一行到如皋，实地视察位于九华镇204国道边的如皋市长寿养生园运行情况。如皋市委副书记司祝建陪同视察。养生园是如皋市政府2014年为民办实事工程，总计划投资5亿元，分两期建设，一期工程投资2亿元，建筑面积4万平方米，总床位1200余张，已建成并接纳35名老年人入住试运行。

△ 市委书记姜永华率队前往长江镇（如皋港区），督查该镇贯彻落实全委会精神情况，实地走访如皋钢铁、海螺水泥、华电如皋热电联产工程、东升（南通）国际石材产业园等处。市政协副主席郑振明参加督查活动。

△ 全市党员冬训工作动员会在如皋工业园区（如城街道）召开，市委常委、宣传部部长胡拥军出席会议并讲话。会议要求全市冬训工作即日起开始，至3月底结束，面上集中培训时间不少于5天。

△ 南通市经信委公布2015年度南通市特色工业园区名单，如皋市高新区软件和信息服务产业园、电子信息产业园，长江镇（如皋港区）东升南通石材产业园3个特色园区上榜。

7日

△ 市委书记姜永华率队前往如皋工业园区（如城街道），督查该区贯彻落实全委会精神情况，实地走访部分搬迁地块和良启金属、巨业杭萧新型建筑材料、斯密特森光电、安佑生物科技等企业。市领导刘向阳、陈万圣参加督查活动。

△ 如皋出入境检验检疫局对巴拿马籍“HIBISCUS”轮装载的37281吨俄罗斯进口煤炭进行水尺计重，检出该批货物实际较提单数短重1284吨，短重率高达34.4‰，刷新如皋口岸五年来最高短重记录。

8日

△ 市委书记姜永华就城区水系规划和生态旅游工作进行专题调研，先后前往如皋工业园区（如城街道）龙游河村，实地查看龙游河生态环境，并召开座谈会，听取《如皋长寿旅游度假区水利生态景观三位一体综合规划》《如皋市城中南片水环境综合整治暨水上旅游开发项目》《如皋市城区水系规划整治实施方案》相关汇报。市领导司祝建、胡拥军、蔡忠等参加调研活动。

△ 全市四大主功能区5个亿元重点项目集中开工，市领导姜永华、陈晓东、谢新民、李中林、司祝建等参加开工活动。集中开工项目涉及先进制造业、现代服务业等领域，总投资达10.8亿元，其中，落户长江镇（如皋港区）的海螺水泥项目为最大实体项目，计划总投资5亿元，全部建成达产后年销售可达6亿元；长江镇（如皋港区）华宇通信华灿铁塔项目、经济技术开发区（城北街道）华灿电讯同轴连接线项目同属通信设备制造业项目，计划总投资分别为2亿元、1.6亿元，建成达产后年销售可达6亿元；如皋申通快递服务有限公司电商快递物流园项目总投资约1亿元，由“三通一达”（申通、中通、圆通、韵达）共同投资建设，建成投运后预计将集聚快递物流企业10家，年收、派包裹8000万票。

9日

△ 市第十六届人民代表大会第五次会议在行政中心礼堂举行预备会议，明确大会指导思想和主要任务，听取关于代表变动情况的报告，表决通过大会议程，选举产生大会主席团和秘书长，并对市十六届人大四次会议优秀代表建议进行表彰。市人大常委会组成人员变动情况和市人民政府副市长变动情况向会议提交书面备案报告。

△ 市政协十三届五次会议在市行政中心礼堂举行预备会议，通过大会议程、日程，秘书长、副秘书长名单，提案审查委员会成员名单，提案受理截止时间。

△ 2016“新空间之春”新年音乐会在如皋大剧院上演。市委常委、宣传部部长胡拥军出席音乐会。活动由市委宣传部、江苏省演艺集团、江苏新空间集团、如皋文化广播电视传媒集团联合主办，江苏新空间民族管弦乐团、江苏省演艺集团民族乐团以及中央音乐学院、上海民族乐团、南京师范大学音乐学院等演出团体联袂献演。

9~11 日

△ 中国人民政治协商会议江苏省如皋市第十三届委员会第五次会议在市行政中心召开，市委书记姜永华出席会议并讲话。大会听取审议政协如皋市第十三届委员会常务委员会工作报告、政协如皋市第十三届委员会四次会议以来提案工作情况报告，并对 2015 年度政协活动先进集体、优秀政协委员、优秀提案、提案工作先进集体和先进个人进行了表彰。会议一致通过政协如皋市第十三届委员会四次会议以来提案审查报告和《中国人民政治协商会议如皋市第十三届委员会第五次会议决议》。

10 日

△ 零时起，全国铁路实行新的列车运行图，新长车务段如皋火车站的旅客列车运行有所调整，途经如皋火车站开行列车总数为 12 车次，原南通至重庆北 K662 次快速旅客列车提升等级为特快旅客列车，车次改为 T236/7 次，改经由汉丹、小厉、宁西、沪蓉、宁启线运行。

10~12 日

△ 市第十六届人民代表大会第五次会议在行政中心礼堂举行，审议并表决通过《关于设立法制和财政经济委员会的决定(草案)》，通过《关于市人民政府工作报告的决议》《关于如皋市 2015 年国民经济、社会发展计划执行情况和 2016 年国民经济、社会发展计划的决议》《关于如皋市 2015 年财政预算执行情况和 2016 年财政预算的决议》《关于〈如皋市国民经济和社会发展第十三个五年规划纲要〉的决议》《关于如皋市人大常委会工作报告的决议》《关于如皋市人民法院工作报告的决议》《关于如皋市人民检察院工作报告的决议》。

11 日

△ 2016 年全省公务员、大学生村官招录报名正式启动，如皋市计划招录 116 名公务员和参照管理单位工作人员、25 名大学生村官。

12 日

△ 南通海关党组书记、关长沈建明一行到如皋调研，探讨进一步深化关地合作。市领导姜永华、陈晓东、马金华、茅红宇参加调研活动。

△ 如皋市文明委召开全委会，总结 2015 年工作，审议相关表彰项目，并对 2016 年精神文明建设工作进行研究部署。市领导司祝建、胡拥军、张元健、缪爱诚、钱志刚出席会议。

13 日

△ 科技部农村司副司长侯立宏率队到如皋，专题调研科技创新、农业园区建设、科技镇长团工作，先后拜访国际花木盆景大师花汉民，走访中国·如皋国际园艺城、花木大世界、顾庄生态园、如皋绿园等处。市领导陈晓东、刘向阳、陆雪松、张辉、张亚鸾陪同调研。

△ 市委书记姜永华率队专题督查全市旅游工作，实地走访水绘园风景区、东大街历史文化街区、集贤里、顾庄生态园、中国长寿城等处，要求统筹景区规划、建设、管理三大环节，全力推动旅游业又好又快发展。市领导胡拥军、刘聪泉、陈万圣、缪爱诚参加督查活动。

△ 如皋市召开 2016 年第一次银政联席会议，要求广大金融机构以服务实体经济为中心，全力支持地方经济发展，为建设“强富美高”新如皋提供有力金融支撑。市领导姜永华、吴道健、张勇、陈万圣、陆雪松参加会议。

14日

△ 如皋市召开2016年市政府为民办实事项目“学前教育项目工程”协调推进会，要求确保列为市政府为民办实事项目的所有幼儿园改(扩)建工程9月1日全部完工并投入使用，促进学前教育办学条件进一步改善。副市长缪爱诚出席会议并讲话。

△ 如皋市首批普惠性民办幼儿园签约仪式在市行政中心举行，江安镇黄市幼儿园、搬经镇阳光幼儿园、搬经镇加力幼儿园、白蒲镇林梓幼儿园、白蒲镇奚斜幼儿园5所幼儿园成为如皋市首批普惠性民办幼儿园，受如皋市人民政府委托和资助提供学前教育服务，不以营利为目的，并执行同类公办幼儿园收费标准。副市长缪爱诚出席签约仪式。

15日

△ 市委副书记、市长陈晓东主持召开第十六届市政府第五十二次常务会议，传达习近平总书记在中央政治局常委会上关于安全生产工作的重要讲话和李克强总理重要批示精神，讨论2016年全市安全生产工作要点、《关于印发2016年重点工作目标任务、重点工程任务分解表的通知》《关于分解落实2016年十件为民办实事项目任务的通知》《如皋市相关领域相对集中行政处罚权试行办法(讨论稿)》《市政府关于划转相关管理领域行政处罚权的通知(讨论稿)》《如皋市城中片区防洪及水环境综合整治暨水上旅游项目规划建设方案》《中心城区水系畅通规划方案》等议题。

△ 第二届“如皋农产品进沪展示展销会”在上海宝山区江杨农产品批发市场开幕，市委副书记司祝建出席展销会新闻发布会，介绍如皋现代农业发展情况，如皋市中萃米业有限公司与“苏皋”长寿浦东大道菜市场店、如皋春华食品有限公司与“苏皋”长寿江杨市场店等签订合作协议。本届展销会为期3天，40多家如皋参展商携黑塌菜、白萝卜、香堂芋、白蒲黄酒、白蒲茶干、有机大米、各类禽蛋、肉制品等几百个品种参展。

△ 2016·如皋旅游推介会在如皋召开，来自上海50余家旅行社的负责人和本市主要旅游企业负责人参加推介活动，听取中华长寿文化谷景区旅游资源介绍，并参观市水绘园、红十四军纪念馆、定慧寺、中国长寿城、花木大世界、中华长寿文化谷等旅游景点。

16日

△ 全市领导干部大会召开，宣布干部任免调整决定，调整不适宜担任现职干部2人，延长试用期1人，提拔“五线五百”实践锻炼干部6人、村(社区)党组织书记4人、大学生村官2人。市四套班子领导姜永华、陈晓东、谢新民、司祝建等出席大会。

△ 市委书记姜永华主持召开市四套班子领导重点工作交流会，听取市四套班子领导汇报挂钩联系镇(区、街道)重点工作、分管条线工作推进情况以及春节前后信访维稳、安全生产工作安排，介绍实现一季度“开门红”具体思路和举措。市委副书记、市长陈晓东要求理性确定政府性投资，抓好项目建设，促进稳增长等工作。

17日

△ 国际著名刑侦专家李昌钰博士携夫人宋妙娟女士再次回到家乡如皋，参观江苏力星通用钢球股份有限公司、如皋师范学校附属小学等处，并就李昌钰博士刑侦鉴识科学中心建设等相关事宜进行商讨。市领导陈晓东、胡拥军、缪小华、刘向阳接待李昌钰一行。

18日

△ 如皋市召开2016年教育工作会议，全面总结2015年工作，表彰2015年度教育工作综合考核优秀单位，并对2016年教育工作目标、任务、举措进行部署。副市长缪爱诚出席会议并讲话。

19日

△ 市委书记姜永华主持召开市委常委会，研究讨论市委常委会2016年工作要点、科级领导干部谈心谈话活动方案等议题，确定2015年度“行政服务贡献奖”先进集体和个人名单。

△ 市委书记姜永华主持召开党政联席会议,研究讨论2016年安全生产工作要点、《市委、市政府关于2016年镇工作目标责任制考核的意见(讨论稿)》《市委、市政府关于2016年主功能区工作目标责任制考核的意见 (讨论稿)》、2016年经济工作主要指标分解、《关于2016年全市经济稳增长调结构促转型上台阶的激励意见》《关于开展2016年工业运行、项目建设和重点工业企业"排名升位"竞赛活动的通知》《关于对镇(区、街道)科技创新工程目标责任制考核的意见》等多项议题。

19~20日

△ 省住房和城乡建设厅副厅长陈浩东率领省人居环境奖考核组一行到如皋,对如皋市创建江苏人居环境奖工作进行考核验收,先后观看如皋人居环境专题片,听取全市人居环境建设情况汇报,查阅台账资料,并深入奥林匹克体育中心、城市文化广场、东方盆景园、龙游河生态公园等检查点开展现场检查,一致同意如皋高分通过江苏人居环境奖现场考核,并就进一步提高城市人居环境整体素质提出相关意见和建议。市领导蔡忠、刘聪泉、陈万圣、黄文斌、万维庆参加相关活动。

20日

20~24日

△ 受北方强冷空气影响,如皋迎来常年同期(据1981~2010年1月下旬资料)以来最冷气温。20日20时至23日8时,全市过程雨雪量达中等,雨雪量4~5毫米,积雪深度2~4厘米;24日全市最低气温达-10.3℃,并伴随陆上6~8级、沿江7~9级的西北大风。

22日

△ 如皋市召开经济工作会议,总结2015年经济工作,分析当前经济形势,对2016年经济发展进行部署,对先进集体和个人进行表彰。市委书记姜永华出席会议并讲话,市委副书记、市长陈晓东在会上作报告。市四套班子领导谢新民、李中林等出席会议。

△ 如皋市召开民政工作会议,部署全市民政事业发展改革工作。市领导陈晓东、司祝建、邵晓泉、杜永红、郑振明出席会议。

△ 如皋市召开安全生产工作会议,回顾总结2015年全市安全生产工作,宣布市安委会表彰决定,研究部署2016年安全生产任务,各镇(区、街道)、各部门主要负责人递交2016年安全生产目标管理责任书。市领导陈晓东、张勇、陆雪松、张亚鸾出席会议。

△ 如皋市举办2016年企业家代表新春联谊会,市委副书记、市长陈晓东主持联谊会,市委书记姜永华致辞,力星钢球、江中集团、农商行等单位负责人在会上发言。市四套班子领导谢新民、李中林、司祝建等参加联谊活动。

23日

△ 全市总结表彰大会召开,回顾总结2015年全市经济社会发展取得的成就和经验,并对2015年度先进集体和先进个人、2015年度人大政协工作先进单位、2015年度人民武装先进集体和先进个人等获奖单位和个人进行表彰。市四套班子领导姜永华、陈晓东、谢新民、李中林、司祝建等出席大会。

25日

△ 市委书记姜永华率队专题督查全市综合行政执法体制改革工作,实地走访长江镇综合执法局数字指挥中心、市综合检验检测中心和市场监管局综合指挥中心,详细了解人员配置和运行情况,强调横向整合执法资源,纵向下移执法重心,加快建立权责统一、权威高效的行政执法机制,使市场和社会既规范有序又充满活力。

△ 全市送温暖工作会议召开,要求大力开展送温暖和结对帮扶工作,确保走访慰问不漏户,帮扶救助不留白。市领导蒋建、张元健、缪爱诚、钱志刚参加会议。

26日 △ 全国综合行政执法工作座谈会在如皋召开，中央编办主任张纪南出席会议并讲话。中央编办副主任王峰、何建中，省编办主任俞军，南通市委常委黄爱军、副市长徐新民，如皋市委书记姜永华，市委副书记、市长陈晓东出席会议。与会人员听取了市委书记姜永华关于综合行政执法体制改革经验和做法的介绍，观看专题片《整合：跨越新高度》，走访长江镇综合执法数字指挥中心、市综合检验检测中心和市场监管局综合指挥中心，详细了解各中心运行情况，并随机抽取一组执法人员和一个执法对象，通过监控实时查看执法现场视频和检查结果。

△ 省地方海事局督查组督查如皋春运期间水上交通安全监管工作，实地检查焦港海事所和焦港船闸上游、下游远调站春运安全监管工作落实情况，要求全面加强隐患整改、预警预控、应急保障，确保春运期间水上交通运输安全。

△ 南通市文艺界"深入生活，扎根人民"新春慰问演出暨百名书法家万幅春联送百姓惠民活动在九华镇群众文化中心广场举行。100 多位文艺志愿者为当地群众送来精彩文艺演出，并现场书写春联 400 多副。

△ 省卫生计生委正式发文，确定如皋市人民医院为三级综合性医院。

27日 △ 市委书记姜永华一行调研江安镇重点工作，实地走访江苏汤臣汽配零部件有限公司和秀景名豪房地产项目等江安镇重点项目，听取江安镇重点工作推进情况汇报。市领导胡宏杰、成明参加活动。

△ 市委书记姜永华主持召开镇（区、街道）党（工）委书记抓基层党建工作、履行党风廉政建设主体责任述职评议会议，听取 14 位镇（区、街道）党（工）委"一把手"交流汇报并进行点评，要求认真履行党要管党从严治党的重要职责，把基层党建和党风廉政建设工作抓得更严更实。

△ 截至当日，针对广大农村居民公共服务均等化的迫切需求，全市通过市居保中心居保"四个不出村"（参保登记不出村、个人缴费不出村、待遇领取不出村、权益查询不出村）服务平台，累计办理参保登记 8.5 万人，个人缴费 39 万人次，待遇领取 25 万人次，权益查询 20.6 万人次。

28日 △ 国家海洋局战略规划与经济司司长张占海率队到如皋，对第一次全国海洋经济调查如皋试点工作组织验收。南通市副市长赵闻斌，如皋市副市长杜永红参加验收活动。

△ 由《香港商报》《大公报》《瞭望中国》《凤凰卫视》《澳门日报》《澳亚卫视》《联合报》等媒体组成的"港澳台媒体看江苏"采访团到如皋参访，先后在水绘园、东大街、如皋丝毯艺术博物馆、李昌钰刑侦技术博物馆、李渔博物馆、顾庄生态园、东方盆景园、文化广场等处进行参观采访。南通市委常委、宣传部部长章树山，如皋市委书记姜永华，市委常委、宣传部部长胡拥军参加相关活动。

△ 2016 年"情暖如皋"春节慈善慰问活动举行启动仪式，并向如皋工业园区（如城街道）慰问受助户代表现场发放慰问金。市领导司祝建、邵晓泉、郑振明出席活动。

29日 △ 市委书记姜永华率队前往高新区（城南街道），督查该区贯彻落实全委会精神情况，实地走访超达机械、海迪科光电、电商快递物流园、龙游湖欢乐世界、电子商务产业园等处。副市长茅红宇参加督查。

△ 市委书记姜永华率领市委办、市国土局、环保局、发改委、法制办、供电公司等部门和单位负责人一行，调研白蒲镇重点工作，实地走访如皋市苓美服装有限公司、南通润蒲酒业有限公司、华东油压科技有限公司、白蒲黄酒有限公司和部分城镇建设项目现场。

△ 如皋市召开"十三五"农村扶贫对象建档立卡工作会议，安排部署新一轮精准扶贫建档立卡工作。市委副书记司祝建，副市长杜永红出席会议。

△ 如皋市体育工作会议召开，回顾总结 2015 年体育工作，部署安排 2016 年各项任务，推动全市

体育工作在“十三五”新征程上开好局、起好步。市委常委、宣传部部长胡拥军，副市长缪爱诚出席会议。

△ 如皋市召开见义勇为集中表彰大会，对见义勇为先进分子、积极分子、联防保安队员、防诈骗有功银行员工、基金募捐工作先进集体和个人等进行表彰，弘扬社会正气，倡导文明新风。市领导缪小华、成明参加会议。

△ 如皋市建立应急广播建设推进工作组织机构，全面启动市、镇、村三级应急广播试点建设，计划10月份初步建成试运行，完成全省应急广播“村村响”建设试点。

30日

△ 市委常委、组织部部长蒋建前往丁堰镇，督查企业安全生产工作，先后走访明德塑胶、博客家纺、恒康家居、涤诺日化、丁堰纺织等企业，查看企业消防设施，了解企业生产经营情况。

31日

△ 第63届“世界防治麻风病日”，国内首部记录麻风病人状况的大型画册《渴望你的爱》由江苏人民出版社公开出版发行。画册共收录400余幅如皋市江滨医院麻风病患者和精神病人的治疗、生活图片，由南通市人大代表、如皋市无臂口书书法家石晓华题写书名，旅美作家赵美萍女士作序。

2016 年 2 月

1 日 △ 南通市委常委、宣传部部长章树山，南通市副市长孙建华到如皋开展春节慰问活动，实地走访慰问部分困难户、困难职工、优抚对象和养老机构老人。如皋市委书记姜永华，市委副书记、市长陈晓东参加慰问。

△ 南通市委常委、宣传部部长章树山，南通市副市长孙建华前往如皋市文峰大世界等人员密集场所检查安全生产工作，要求确保人民群众生命财产安全和社会稳定。如皋市委书记姜永华，市委副书记、市长陈晓东等陪同检查。

△ 市委书记姜永华主持召开市委常委会，传达中央纪委、省纪委六次全会，中央、省扶贫工作会议，中央、省农村工作会议精神，研究讨论中共如皋市人大常委会党组关于《如皋市人大常委会 2016 年工作要点》的请示、《全市作风效能建设大会方案》《2015 年现代农业奖补结果》《全市农业工作会议方案》《市领导春节慰问活动方案》《2016 年市委中心组学习计划》等议题。

△ 市委书记姜永华率领市委办、消防、安监、交通、环保、住建等部门和单位负责人，督查德源高科、隆昌化工、鹏鹞水务等企业和皋张汽渡等重点区域春节期间安全生产工作，并向生产一线职工送去节日问候。副市长陆雪松参加督查。

△ 全市"双联双助"工作会议召开，回顾总结 2015 年工作，研究部署 2016 年"双联双助"工作。市委常委、组织部部长蒋建出席会议。

△ 如皋市 2014 年度水土保持搬经镇平原沙土区小区域治理项目工程通过完工验收。该项目总投资 503.26 万元，2015 年 4 月开工，2016 年 1 月完工，共整治河道 12 条(总长 14.5 千米)，清淤土方 19.4 万立方米，拆建涵洞 12 座、滚水坝 1 座，河坡植树绿化 18700 株、坡面植被防护 47600 平方米，新建水土保持测试研究及水土保持监测点 1 处。

△ 在北京八一大楼举行的中国人民解放军战区成立大会上，如皋籍上将褚益民被任命为北部战区政治委员，与北部战区司令员共同接受中共中央总书记、国家主席、中央军委主席习近平授予军旗。

2 日 △ 中国足协联赛委员会专家组一行考察中乙主场如皋市奥体中心足球场，实地验收主场地天然草坪改造铺设等工作，先后查看场地草皮种植、主客场观众分隔、运动员通道设置、比赛安保区设施安装等情况和 120 急救车等位区、电视转播车安置区、双电源电路供电设施，教练员、运动员休息室、按摩室、新闻发布厅、综合会议室，运动员公寓、餐厅等具体部位改造情况。

△ 市第十六届人大常委会召开第三十八次会议，审议通过《如皋市人大常委会 2016 年工作要点(草案)》和相关人事任免事项，并根据全国人大常委会 2015 年 7 月 1 日表决通过实行的宪法宣誓制度，为新接受任命的市财政局局长等 8 人举行首次宪法宣誓仪式。

△ 全市党员干部警示教育大会在市行政中心礼堂召开，市委副书记、市长陈晓东主持会议，市委书记姜永华出席会议并讲话。市四套班子领导谢新民、李中林、司祝建等出席会议，并与与会人员共同观看警示教育片《纪律如铁，"破"者自歼》。

△ 市委副书记、市长陈晓东，市委副书记司祝建分别率队，前往如皋火车站、力星钢球、供电公司、水绘园、双钱轮胎、如高高压等处督查安全生产工作，确保人民群众度过平安祥和的春节。

△ 副市长缪爱诚率领督查组一行，深入市内主要旅游景区，实地查看各景区安全状况，督查旅游

安全生产工作。

△ 如皋市地方海事处联合市水务局、市公安局水上警察大队组成联合检查组，对碾砣港闸、如皋港闸、焦港闸等通江水闸开展安全专项检查，重点检查通江水闸管理艇证书及适航状况、机驾人员证书及适任状况、消防救生设备和靠泊设施情况以及闸管部门制定和执行安全操作规程的情况，对发现问题限期整改到位。

△ 如皋市举行《中华人民共和国种子法》培训暨春季种子工作会议，规范全市种子市场经营秩序，提升种子产品质量。副市长杜永红出席会议。

3日

△ 市委书记姜永华，市委副书记、市长陈晓东，市人大常委会主任谢新民、市政协主席李中林、市委副书记司祝建等分别率队，前往驻如皋空军部队、如皋边防检查站、市武警中队、消防大队、军队干休所、人武部、信访局、"12345"市长热线电话受理处和部分百岁老人、困难家庭、低保户、老党员、老干部以及优秀人才等群体家中，开展春节走访慰问活动，送去节日祝福和党委、政府的关怀。

△ 市委书记姜永华率领相关部门负责人一行，督查春节期间城乡环境整治工作，先后前往龙游湖风景区、东大街历史文化街区、蓝湾景天大桥等处，检查指导春节期间景观亮化工作，强调让全市人民过一个干净舒适、喜庆祥和的新春佳节。市领导蔡忠、陈万圣、万维庆参加督查。

△ 市委副书记、市长陈晓东主持召开第十六届市政府第五十三次常务会议，讨论城区水系整治推进机制及任务分解情况、《关于我市国有粮食购销企业与江苏永友粮油经营集团合资组建国有控股公司的工作方案》等议题。

△ 市政协主席李中林率队前往白蒲镇，就春节期间安全生产工作进行督查，实地走访华东油压科技有限公司、如皋市逸人服饰有限公司等企业，详细了解企业安全措施落实情况。

△ 市"扫黄打非"办针对春节期间文化市场活跃、违法经营行为多发等特点，牵头组织市文广新局、公安局、市场监管局、城管局等多部门联合执法，开展"扫黄打非"专项行动，集中对苏浙大市场、天平市场、亿圆购物中心等场所开展突击检查，共查处店铺、商场17家，收缴书籍93册、音像制品257张、非法地面卫星接收设施(俗称"小耳朵")23套、赌博游戏机12台。

4日

△ 市委常委、常务副市长吴道健率领市政府办、发改委、公安局、安监局等部门和单位负责人，就全市服务业春节安全生产工作进行督查，先后前往市行政中心、大润发超市、声屏影院等处，督查服务行业企业安全生产措施落实情况。

△ 南通荣威娱乐用品有限公司自2010年起连续第7年开通免费接送员工班车，在春节假期前后免费送接安徽、河南、湖北、贵州、江苏等地的600多名外来务工人员回家过年、回厂上班。

5日

△ 市委书记姜永华，市委副书记、市长陈晓东率队走访慰问一线干部职工，先后前往海阳路大润发路口，中山路、益寿路口，华地服饰路口，滨溪路垃圾中转站和市供电公司、十里墩水厂等处，看望慰问坚守一线的交巡警、环卫工人、城管、用电、供水等工作人员。

△ 市委书记姜永华主持召开市四套班子领导重点工作交流会，就春节前后的重点工作进行安排部署，听取市四套班子领导分别交流挂钩联系镇(区、街道)重点工作、分管条线工作推进情况，介绍冲刺一季度"开门红"的具体举措。

7日

△ 市委副书记、市长陈晓东在《如皋日报》向全市人民发表新春献辞。

11日

11~14日

△ 2016如皋第四届“MLILY梦百合”杯全国业余围棋精英赛在市奥体中心举行，来自辽宁、吉林、广东、福建、江西、安徽、浙江等全国19个省市的216名业余围棋选手(其中，业余7段棋手4人、业余6段棋手36人)报名参赛。大赛分设精英组、女子组、老年组，精英组前三名分别被上海的王星昊、吉林的白宝祥、江苏的杨霆轩获得；女子组前三名分别被江西的王梓莘、贵州的周昱杉和山东的彭乐怡获得；老年组分别被江苏的韩启宇、吴广明和杨金根获得。

12日

△ 农历正月初五，江中集团召开出征大会。市领导蔡忠、陈万圣，南通市建设局副局长、建工局局长沈卫星出席会议。

13日

△ 如皋检验检疫局从入境船舶中首次截获号称“小麦杀手”的印度腥黑粉病菌(Tilletiaindica)及多种植物香料种子(植物种子属我国明令禁止携带物)。检疫人员是在对入境的“ARDMORESEAWOLF”轮进行检疫查验时，从食品舱印度产面粉中截获“小麦杀手”，并在该轮发现数袋植物香料种子，分别为埃及茴香、危地马拉绿豆蔻、马达加斯加丁香料。经调查，该轮22名船员全系印度人，上述物品均是沿途采购。

14日

△ 春节假期后第一个工作日，市委、市政府召开全市作风效能建设大会，市委书记姜永华出席大会并讲话。大会采取电视电话会议形式召开，在各镇(区、街道)设立分会场，由市委副书记、市长陈晓东主持，市委副书记司祝建作工作报告，市委常委、纪委书记蔡忠通报2015年全市作风效能建设方面存在问题。会上，2015年度行政服务贡献奖先进集体、先进个人以及2015年度民主考评百名科长活动中的优秀科长受到表彰。

△ 如皋市召开重大项目推进领导组会议，通报2016年省、南通、如皋市级重大项目情况。市领导姜永华、陈晓东、司祝建等参加会议。2016年，全市共有中铟纳米电子陶瓷材料项目、长江国际交易中心、赛麟汽车整车厂等3个项目列入省级重大项目，康迪电动汽车制造、国际园艺花木产业园、如通快速通道等13个项目列入南通市级重大项目。

△ 市委副书记、市长陈晓东，市委常委、常务副市长吴道健前往市民服务中心服务窗口和公共人力资源市场等单位进行检查指导，勉励干部职工在新的一年里振奋精神，勇于创新，努力推动全市经济社会更好更快发展。

△ “春风送岗、温暖到家”迎新春大型专场招聘会在市公共人力资源市场举行，进场企业80家，提供岗位551个，招聘人数3754人，共吸引2700多人进场求职，现场达成就业意向526人，同期，网上市场达成就业意向400多人。

15日

△ 市委副书记、市长陈晓东率领市发改委、商务局、国土局、规划局、行政审批局、环保局等相关部门负责人，前往如皋工业园区(如城街道)调研企业节后复工复产情况，实地走访九鼎集团、力星钢球、天南电力、斯密特森光电、奇鹰电缆、图腾电力等企业。市委常委、如皋工业园区(如城街道)党工委书记刘向阳，副市长陈万圣参加调研。

16日

△ 南通市委书记陆志鹏，市委副书记、市长韩立明率领相关部门负责人，调研如通快速通道规划设计等前期工作。南通市委常委、秘书长黄巍东，市政府副市长沈雷，政协副主席顾诺之，如皋市委书记姜永华，市委副书记、市长陈晓东参加调研。

△ 市委书记姜永华前往长江镇(如皋港区)，实地调研瑞海船舶、海通海工、永友粮油、瑞晨化学、百川化工等企业复工复产情况和安全生产工作，研究落实支持企业稳岗稳员、增产增效等政策措施。

市政协副主席郑振明参加调研。

△ 市委副书记、市长陈晓东召集市政府办、国土局、财政局、住建局、教育局等部门相关负责人，就全市2016年政府性投资项目计划进行现场办公，听取长江镇(如皋港区)和市级机关各部门关于2016年政府性投资项目计划的汇报，并由相关部门对列出项目进行审核，提出相应意见和建议。市领导吴道健、张勇、陈万圣、张亚鸾参加活动。

△ 全市财经工作会议在市行政中心礼堂召开，市领导陈晓东、吴道健、张勇、张亚鸾出席会议。会议明确2016年全市财经工作目标任务，要求一般公共预算收入增长9.5%以上，新增贷款必成90亿元，期成100亿元，余额贷存比增加3个百分点，新增贷存比达到65%以上，企业职工“五险”各增加8000人，城乡居民养老保险实现动态全覆盖，城镇登记失业率控制在3.5%以内，新增被征地农民全部纳入社会保障。

△ 全市科技工作会议召开，全面总结2015年全市科技工作成就，对2016年科技工作任务进行部署，并通报2015年各项考核结果，表彰2015年度科技创新工作先进单位和先进个人。市领导缪小华、张元健、陆雪松、张辉、张亚鸾参加会议。

17日

△ 邳州市委书记王强率邳州市党政代表团到如皋考察，实地参观凌志软件、九鼎集团、康迪汽车等如皋经济社会发展亮点。市领导姜永华、吴道健、缪小华、陆雪松陪同考察。

△ 市委书记姜永华率队调研搬经镇重点工作推进情况，实地查看顺帆家庭用品、海泰科特、天一高德、如钰金属、华冠电器、非标轴承等企业节后复工复产情况，听取搬经镇2016年以来重点工作推进情况汇报。市领导缪小华、邵晓泉参加调研。

△ 如皋市召开2016年招商人员出征动员会，市委副书记、市长陈晓东出席会议并讲话，市委副书记司祝建作出征动员报告，渤海商品交易所长江国际交易中心副总裁王凯介绍渤商所电商平台相关情况。

△ 共青团如皋市委十六届五次全体(扩大)会议召开，全面总结2015年工作，谋划部署2016年及今后一个时期的工作。市委常委、组织部部长蒋建出席会议。

18日

△ 全市住房和城乡建设工作会议举行，回顾总结2015年及“十二五”期间主要工作成就，谋划确定“十三五”奋斗目标，研究部署2016年工作重点。市领导蔡忠、刘聪泉、陈万圣、黄文斌、万维庆出席会议。

△ 如皋市召开农机化工作暨农田排灌改制动员会，全面总结“十二五”期间农机工作，并对2015年度全市农机化工作先进单位和个人进行表彰。市领导司祝建、邵晓泉、杜永红、郑振明参加会议。

△ 如皋市召开2016年现代农业新春招商洽谈会，集中推介全市8个重点招商项目，会上共计53个项目集中签约，投资总额2.19亿元人民币、500万美元。市领导司祝建、邵晓泉、杜永红、郑振明出席会议。

△ 靖海门灯市开市。灯市从农历正月十一开放至正月十八，众多构思独特、造型新颖的花灯引起广大市民关注。

19日

△ 全市8个项目集中开工。市委书记姜永华，市委副书记、市长陈晓东分别出席永友粮油集团粮食仓储物流项目、江苏京典自动化科技有限公司环境检测设备生产项目开工仪式并讲话。

△ 市委书记姜永华率领市委办、发改委、财政局等部门负责人，调研港口物流业发展情况，实地察看如皋港保税物流中心(B型)项目现场和苏中国际集装箱码头等处，听取如皋港集团重点工作推进情况汇报及2016年工作打算。副市长茅红宇参加调研。

△ 市委副书记、市长陈晓东率队调研全市审计、统计工作，听取市审计局、统计局相关工作推进情况汇报和2016年工作思路举措介绍。市领导吴道健、张勇、张亚鸾参加调研。

△ 全市统战、民宗工作会议召开，回顾总结2015年工作成绩，研究部署2016年全市统战、民宗工作。市领导司祝建、缪爱诚、钱志刚出席会议。

△ 如皋市召开城市管理工作会议，要求围绕"建设宜居宜业生态城市、长三角养生目的地"的目标，统筹推进综合执法改革，站在城市转型的高度谋划城市管理，着力强化城管队伍建设，提升城市管理层次。市领导蔡忠、刘聪泉、陈万圣、黄文斌、万维庆参加会议。

20日

△ 市委书记姜永华调研下原、吴窑两镇重点工作推进情况，实地察看下原镇医疗器械同业商会总部和吴窑镇三强容器等企业，要求努力破解发展瓶颈，不断做大经济总量。市领导蔡忠、张元健参加调研。

△ 市委副书记、市长陈晓东率队前往市人民医院、市中医院、市精神病防治医院等医疗卫生机构，实地调研全市卫生计生工作，了解当前工作中存在的难题、转型过程中遇到的制约因素等。市领导胡拥军、张元健、陈万圣、缪爱诚、钱志刚参加调研。

△ 如皋市召开新春企业家联谊会，动员广大企业家携手推进全市经济社会持续又好又快发展。市领导姜永华、陈晓东、缪小华、蒋建、刘向阳、张亚鸾参加会议。

△ 全市建筑业工作会议召开，动员建筑企业进一步弘扬铁军精神，坚定发展信心，谋求新的突破。市领导陈晓东、蔡忠、刘聪泉、陈万圣、黄文斌、万维庆出席会议。

22日

△ 市委书记姜永华调研东陈、丁堰两镇重点工作推进情况，实地走访东陈镇的九号温泉项目、新核力机电综合大楼、盛嘉机电、凯晖科技，丁堰镇的恒康北厂技改项目、明德塑胶等处。市领导蒋建、张勇、黄文斌参加调研。

△ 市委副书记、市长陈晓东召集市财政局、国税局、地税局等部门负责人，专题调研财税工作。市领导吴道健、张勇、张亚鸾参加调研。

△ 市委副书记、市长陈晓东赴市环保局调研环保工作，听取2016年全市环保工作计划汇报，要求努力创造优质环境，让如皋天更蓝地更绿水更清。市领导万维庆参加调研。

△ 如皋市被江苏省政府授予"江苏人居环境奖"，成为长江以北县级市中唯一获此殊荣的城市。与此同时，东大街历史文化街区保护、龙游河生态公园、长青沙备用水源3个项目获"江苏人居环境范例奖"。

23日

△ 南通市委副书记、市长韩立明到如皋调研重大项目建设情况，实地查看中林如皋港务有限公司、东升国际石材产业城、华灿电讯、中国·如皋国际园艺城、康迪新能源汽车项目。南通市副市长徐新民，如皋委书记姜永华，市委副书记、市长陈晓东等陪同调研。

△ 市委书记姜永华调研九华、石庄两镇重点工作推进情况，实地走访九华镇的城威人防、不二环境、星球石墨等企业和石庄镇的恒成纸业、石北输变电工程、张黄小学、"阳光玫瑰"葡萄园、上海电气、天泽化工等处。市委常委、宣传部部长胡拥军参加调研。

△ 全市搬迁工作动员部署会议召开，动员全市上下扎实推进城市搬迁工作打造宜居宜业新如皋。市领导陈晓东、蔡忠、刘聪泉、陈万圣、黄文斌、万维庆出席会议。

△ 全市妇女工作会议召开，总结2015年工作成效，部署2016年全市妇女工作。副市长缪爱诚出席会议。

24日

△ 省水利厅党组成员、副厅长叶健率队到如皋，就全市农田水利重点工程项目建设情况进行视察，实地察看搬经镇水土保持项目、经济技术开发区(城北街道)平园池村拆坝建桥现场、中小河流治理重点县项目如城项目区等处。市委副书记司祝建、副市长杜永红陪同视察。

△ 徐州市考察团一行考察如皋城市管理工作，参观龙游河、背街小巷、迎新社区、中山路等处，并就城市基础设施配套建设、社区管理、城市管理长效机制、车辆停放等工作进行交流探讨。市领导陈晓东、万维庆参加活动。

△ 人民银行南通中心支行副行长赵美华一行到如皋，就农村土地承包经营权抵押贷款试点工作进行专题调研。市委副书记司祝建参加调研。

△ 省水利厅公布2015年度江苏省"水美乡村"建设名单，如皋工业园区(如城街道)、高新区(城南街道)入选"江苏省水美乡镇"，如皋工业园区(如城街道)贺洋社区、江安镇徐柴村、高新区(城南街道)宋家桥社区、搬经镇鞠桥社区、经济技术开发区(城北街道)平园池村、白蒲镇蒲西社区、吴窑镇何柳村、丁堰镇新堰社区、石庄镇永兴社区9个村(社区)被评为"江苏省水美村庄"。至此，如皋成功创建"江苏省水美乡镇"4个、"江苏省水美村庄"20个。

24~26日

△ 省供销合作总社理事会主任黄宝荣一行调研指导南通供销合作社工作，实地察看如皋寿都密码农产品有限公司、如皋中萃米业公司、如皋市滋生堂生物科技有限公司和启东、海门等处建设项目现场。

25日

△ 市委书记姜永华调研磨头镇重点工作，实地察看如皋泰雅特针织时装有限公司、如皋市同泰电力器材有限公司、南通联泰纺织科技有限公司选址现场、磨头小学教学楼建设现场等磨头镇经济社会发展亮点。市领导谢新民、钱志刚参加调研。

△ 如皋市在上海扬子江万丽大酒店举办投资环境说明会。市委副书记司祝建主持说明会，市委副书记、市长陈晓东致辞，副市长茅红宇作招商投资环境推介，副市长张辉作招才引智项目发布，嘉宾代表、中科院上海硅酸盐研究所能源中心主任王绍荣作交流发言。本次活动共签约项目65个，其中，高端人才引进及合作项目18个，产业合作项目47个。

△ 全市交通运输工作会议召开，总结"十二五"及2015年交通运输工作，对"十三五"及2016年重点工作进行安排部署，并表彰2015年度先进集体和先进个人。市领导蔡忠、刘聪泉、陈万圣、黄文斌、万维庆参加会议。

26日

△ 市委书记姜永华主持召开市委常委会，传达全省宣传部长会议和南通市宣传思想文化工作会议、中央和省政法工作会议精神，听取全市关心下一代工作专题汇报，研究讨论《市委办公室、市政府办公室关于开展"美丽乡村、幸福家园"建设行动的实施意见(讨论稿)》《全市政法工作会议方案及相关文件》《中共如皋市第十一届纪律检查委员会第七次全体会议工作报告和会议方案》《关于筹备召开共青团如皋市第十七次代表大会的请示》《"五线五百"实践锻炼干部选派的建议方案》等议题。

△ 市委副书记、市长陈晓东主持召开市长办公会，听取各镇(区、街道)重点工作推进情况汇报，并就各镇(区、街道)发展中遇到的问题及困难进行现场交办。市领导吴道健、杜永红、陈万圣、陆雪松、茅红宇参加会议。

△ 全市城乡规划和房地产管理工作会议召开，回顾总结"十二五"特别是2015年城乡规划和房地产管理工作成绩，科学谋划"十三五"和2016年工作。市领导陈晓东、蔡忠等出席会议。

27日 △ 中共如皋市第十一届纪律检查委员会第七次全体(扩大)会议召开,学习贯彻中央以及省和南通市纪委全会精神,回顾总结2015年全市纪律检查工作成绩,研究部署2016年重点工作任务。市委书记姜永华出席会议并讲话。市委常委、纪委书记蔡忠代表中共如皋市第十一届纪律检查委员会常务委员会作题为《坚持挺纪于前,忠诚履行职责,奋力把全市纪律检查工作不断推向深入》的工作报告。

29日 △ 市委副书记、市长陈晓东专题听取规划设计单位和市发改委、规划局、国土局、口岸办等部门相关负责人关于《如皋港口物流发展规划(中期)》《南通港如皋港区友谊沙作业区规划研究(中间成果)》相关汇报。市委常委、常务副市长吴道健,副市长茅红宇参加汇报会。

△ 市政协主席李中林率领部分政协委员视察全市供电工作,实地察看江苏天南电力有限公司生产车间及项目建设现场,听取国网如皋市供电公司工作情况汇报。市政协副主席黄文斌、张亚鸾、郑振明,秘书长殷高华参加活动。

△ 全市旅委会工作会议召开,听取全市"十三五"旅游业发展规划、"白雪线"乡村旅游发展规划、2016年旅游工作要点,并对"两个规划"、"一个要点"及《关于调整市旅游委员会成员名单及明确各成员单位职责的通知》进行讨论。市领导陈晓东、胡拥军、刘向阳、刘聪泉、缪爱诚、黄文斌出席会议。

△ 全市宣传思想文化工作会议召开。市领导司祝建、胡拥军、张元健、缪爱诚、钱志刚出席会议。会议表彰了市第八届爱心团队、爱心大使,2015年度党委(党组)理论学习中心组先进集体,"送理论到基层、送党课到支部"十佳先进个人,十佳优秀宣讲志愿者,十佳优秀宣传干部。

△ 全市粮食工作会议召开,总结回顾"十二五"期间粮食工作,研究分析当前形势,部署2016年工作任务,表彰先进个人。副市长杜永红参加会议。

2016 年 3 月

1日

△ 全省公安监管部门基础信息化工作现场推进会在如皋举行，与会人员集中参观如皋市看守所“智慧监所”建设情况。省公安厅党委委员、副厅长程建东，南通市公安局党委书记、局长陈旭，如皋市副市长、公安局局长成明出席会议。

△ 市委书记姜永华率领市委办、市委农工办、水务、农委、环保等部门负责人，现场调研农村环境“七位一体”长效管理及拆坝建桥、畜禽粪污综合治理等农村环境综合整治重点工作，先后实地查看如皋工业园区（如城街道）贺洋社区18组河道综合整治现场、高新区（城南街道）桃林社区居住河拆坝建桥建设现场和下原镇花园头村、野树社区畜禽粪污综合治理现场以及白蒲镇文著社区居住河河道疏浚现场等处。市领导司祝建、刘向阳、杜永红参加调研。

△ 市委副书记、市长陈晓东督查茅雉河综合整治工程前期准备工作，实地走访幸福河、宝塔河、拟新建茅雉河北闸站、拟新建五里港闸站、拟新开茅雉河口等处，详细了解工程拟实施方案，要求加快启动工程实施，提升城市防洪能力。副市长杜永红、陈万圣参加督查。

△ 如皋市召开卫生计生工作会议，总结“十二五”全市卫生计生工作成绩，研究部署2016年卫生计生重点任务，并对相关先进集体和先进个人进行表彰。市领导陈晓东、胡拥军、张元健、缪爱诚、钱志刚出席会议。

△ 如皋市召开财政工作会议，回顾总结2015年和“十二五”时期财政工作成绩，部署安排2016年工作，为建设“强富美高”新如皋提供坚实保障。市领导吴道健、张勇出席会议。

△ 江苏省名牌战略推进委员会公布2015年“江苏名牌”，如皋共有11家企业的11个产品荣获“江苏名牌”称号，其中复评7个、新增4个（南京华惠食品有限公司南通分公司的金陵人家牌南通脆饼、百川化工（如皋）有限公司的百川化学牌工业用偏苯三酸酐、南通中铁华宇电气有限公司的中铁华宇LED照明灯具、江苏城中园林股份有限公司的城中园林牌园林绿化工程），至此，全市共有“江苏名牌产品”35个。

△ 如皋彩民继2015年7月喜中体彩大乐透一等奖1000万元后，再次喜中特等奖500万元。中奖彩票店位于经济技术开发区庆余路。

2日

△ 全省公安出入境管理和国际合作工作会议暨深化改革试点现场会在如皋举行，与会人员实地参观如皋市出入境服务窗口等处，听取近年来改革创新出入境管理和国际合作工作的经验做法介绍。省公安厅党委委员、副厅长程建东，南通市公安局党委书记、局长陈旭，如皋市副市长、公安局局长成明出席会议。

△ 省民政厅党组成员、省老龄办主任夏春青率调研组一行到如皋，专题调研全市老龄工作，实地参观市博爱康复护理院、智慧养老服务中心等地，副市长杜永红陪同调研。

△ 市委书记姜永华率领市委办、口岸办、港口局等部门负责人一行调研口岸工作开展情况，先后前往如皋边防检查站、如皋海事局、如皋出入境检验检疫局、如皋海关四大联检部门，查看并详细了解四大联检部门窗口服务、业务受理、功能设置等有关情况。市领导司祝建、张勇、茅红宇、郑振明参加调研。

△ 市委副书记、市长陈晓东主持召开第十六届市政府第五十四次常务会议。传达2月17日召开的南通市政府全体（扩大）会议精神，讨论计划于4月上旬召开的市政府全体（扩大）会议暨项目建设

推进会会议方案、新施行的《中华人民共和国大气污染防治法》部门职责分工、城中片区防洪规划修编等议题。

△ 北外附属如皋龙游湖外国语学校签约仪式在如皋举行。市委副书记、市长陈晓东，市委常委、宣传部部长胡拥军，副市长缪爱诚等出席签约活动。学校位于如皋高新技术产业开发区龙游湖畔，规划用地330亩，计划总投资8亿元，2017年8月完工并投入使用。

3日

△ 市委书记姜永华召集市财政局、国税局、地税局、发改委、国土局等部门主要负责人，专题调研全市财税工作。市领导吴道健、张勇、张亚鸾参加调研。

△ 市委书记姜永华主持召开市委人才工作领导小组会议，听取2015年人才工作情况汇报和2016年人才工作要点介绍，讨论《关于加快推进顶尖人才创新创业的若干政策意见》《关于对孙智江进行相关补贴的建议方案》等议题。

△ 市委副书记、市长陈晓东率领市政府办、发改委、行政审批、交通等部门负责人，前往高新区(城南街道)，实地督查推进项目建设，先后查看落户于高新区电子信息科技创业园的南通世睿电力科技有限公司、位于龙游湖滚水坝南侧的龙游湖欢乐世界项目建设现场、软件和信息服务产业园内的凌志软件如皋有限公司。副市长陆雪松、茅红宇参加督查活动。

△ 市总工会举行庆"三八"暨女职工工作会议，集中表彰女职工先进集体和个人，部署新一届市总工会女职工委员会未来5年工作任务。市委常委、组织部部长蒋建出席会议。

△ 如皋市召开电力工作领导组(扩大)会议，提出"十三五"期间，市电力公司计划投入电网建设资金30亿元，结合负荷增长情况，加快35千伏变电站升压工程建设。副市长陆雪松参加会议。

△ 国家海外高层次人才引进工作专项办公室公布第十二批国家"千人计划"青年人才、创业人才入选人员名单，海迪科(南通)光电科技有限公司董事长兼总经理孙智江成功入围第十二批国家"千人计划"创业人才名单，成为如皋市本土培育的第一位国家"千人计划"专家。

4日

△ 市委书记姜永华主持召开市委常委会，传达全省组织部长会议、全省市县乡领导班子换届工作会议、南通市组织工作会议暨县乡领导班子换届工作会议、南通农村工作会议暨扶贫开发会议精神，研究讨论全市组织工作会议暨镇领导班子换届工作会议方案、2016年度现代农业发展激励办法等议题。

△ 全国食品机械安全卫生、智能化制革机械标准化工作组成立会议在如皋召开，宣布工作组成立批文，为全国食品机械安全卫生、智能化制革机械标准化工作组授牌，并向工作组委员颁发聘书。江苏省质量技术监督局副局长张前，南通市副市长徐新民，全国机械安全标准化技术委员会主任委员李勤，如皋市领导姜永华、陆雪松出席会议。

△ 全市新闻舆论战线召开专题会议，集中深入学习习近平总书记在党的新闻舆论工作座谈会上的重要讲话精神，对进一步加强和改进新闻舆论工作进行部署。市委常委、宣传部部长胡拥军出席会议并讲话。

5日

△ 全市组织工作暨镇领导班子换届工作会议召开，市委书记姜永华出席会议并讲话。会议表彰了2015年全面小康先进村(社区)、人才工作先进集体、优秀组工干部。市领导司祝建、胡拥军、蔡忠等出席会议，并为国家"千人计划"创业人才--海迪科(南通)光电科技有限公司董事长兼总经理孙智江、省"双创"团队——江苏隆昌化工有限公司郑南峰团队和2015年度"雉水英才"代表颁发资助资金。

△ 第53个"学雷锋纪念日"，市委书记姜永华，市委副书记、市长陈晓东，人大常委会主任谢新民，市政协主席李中林等市四套班子领导分别以普通志愿者的身份，前往挂钩联系的如皋工业园区(如

城街道)宏坝社区、孔庙社区、迎新社区、城西社区参加志愿服务,推动党员干部进社区志愿活动常态化开展,进一步推动全国文明城市创建,建设和谐家园。

△ 如皋市举行"学雷锋纪念日"志愿服务进社区活动启动暨"爱心如皋公益联盟"成立仪式。市领导司祝建、胡拥军、张元健、缪爱诚、钱志刚参加活动,并为新成立的如皋市环保志愿服务支队、如皋市消防志愿服务支队授旗,为"爱心如皋公益联盟"揭牌。

7日

△ 如皋市召开"三八"国际劳动妇女节106周年纪念大会,市委书记姜永华出席会议并讲话。大会表彰了妇女先进典型和先进群体,与会人员共同观看《锦绣如皋竞芳华》专题片,听取优秀创业女性下原镇陈子芬等先进典型事迹演讲。

△ 如皋市召开农村工作会议暨扶贫开发工作会议,通报2015年度小城镇建设和农业农村工作综合考核结果,分析2016年和"十三五"时期"三农"与扶贫工作面临的新形势,并对相关先进集体和先进个人进行表彰。市四套班子领导姜永华、陈晓东、谢新民、李中林、司祝建等出席会议。

8日

△ 市委副书记、市长陈晓东主持召开全市重点工作现场推进会,市委书记姜永华出席会议并讲话。会议点评分析2016年以来各项重点工作推进情况,动员全市上下牢牢把握发展、民生、稳定三大重点,确保实现一季度"开门红"。与会人员集中参观如皋工业园区(如城街道)的中国·如皋国际园艺城、尔昕木业,经济技术开发区(城北街道)的威格电气、康迪电动汽车,高新区(城南街道)的电子商务产业园、海迪科光电等项目建设亮点工程。

△ 全市一批重点项目集中开工。市领导谢新民、蔡忠、缪小华、陆雪松、钱志刚参加开工活动。项目主要涉及纺织、房地产开发等领域。其中,江苏联泰纺织有限公司项目总投资1.2亿元,占地面积35亩,项目建成后预计年产2500万米高档色织面料,年产值2亿元,利税1500万元;阳成商业综合体项目总投资3000万元,占地面积10亩,总建筑面积6000平方米,集商务酒店、宾馆、商场、娱乐等功能于一体,建成后预计年营业额1亿元,税收600万元。

△ 市人大常委会副主任邵晓泉率领市人大社会事业委员会成员一行,前往市第二人民医院调研精神病防治工作,实地察看该院各个病区,并听取"十二五"期间建设情况和2016年重点工作情况汇报,详细了解当前医院基本运行、精神病人就诊费用、目前救助政策等情况。

9日

△ 全市政法工作会议召开,分析形势,总结过去一年工作,表彰2015年政法工作先进集体和先进个人,部署安排2016年工作任务。市委书记姜永华出席会议并讲话,市委常委、政法委书记缪小华作工作报告。

△ 全市公安工作会议召开,强调深入推进"四项建设"和公安改革,全面加快警务优化升级攻坚,为建设"强富美高"新如皋提供更优保障。市委常委、政法委书记缪小华出席会议并讲话,副市长、市公安局局长成明作工作报告。

△ 全市司法行政系统召开专题会议,表彰先进集体和个人,部署2016年司法行政和大调解工作。市委常委、政法委书记缪小华出席会议。

△ 市全民科学素质工作总结表彰暨创建再动员大会举行。市领导蒋建、陆雪松、张亚鸾出席会议。

10日

△ 南通市委书记陆志鹏一行到如皋调研,先后视察龙游湖商务区、力星钢球、思源电气、康迪电动车等处。南通市委常委、秘书长黄巍东,如皋市委书记姜永华,市委副书记、市长陈晓东等参加调研。

△ 南通支云足球俱乐部启动仪式暨2016年赛季出征誓师大会在如皋举行。江苏省体育局副局

长刘彤,南通市委常委、宣传部部长章树山,南通市人大常委会副主任程静,南通市副市长朱晋,如皋市委书记姜永华,市委副书记、市长陈晓东等参加活动,为球队出征点亮启动球,章树山为即将出征的南通支云足球俱乐部的全体成员授旗。

△ 南通市统计局总统计师许德华率领调研组到如皋,就如皋经济形势和推进现代统计体系建设开展专题调研,听取相关统计工作情况汇报,与大润发、力威机械等企业和部门相关负责人座谈,并深入部分企业实地了解企业运行情况。市委常委、常务副市长吴道健参加调研。

△ 北京大学化学与分子工程学院院长高毅勤一行到如皋考察,实地察看百川化工(如皋)有限公司、江苏宝众宝达药业有限公司,并就开展产学研合作进行探讨。市领导陈晓东、陆雪松、张亚鸾参加活动。

△ 全市农经工作会议召开,表彰先进集体和个人,部署推进2016年农村经营管理重点工作。市委副书记司祝建、副市长杜永红出席会议。

11日

△ “2016年南通市保护母亲河集中行动月”启动仪式暨“绿动雉水·青春先行”植树活动在如皋举行,共青团南通市委书记葛志娟,如皋市委副书记、市长陈晓东与各镇(区、街道)团委书记以及志愿者一起投入植树活动,并共同为“共青林”揭牌,如皋市政协副主席钱志刚为青年节水志愿服务队代表授旗。

△ 市委副书记、市长陈晓东,市人大常委会主任谢新民,市政协主席李中林,市委副书记司祝建等市四套班子领导和“两院”院长、市绿化委员会成员单位负责人、青年志愿者、群众代表等一起,前往东陈镇南东陈社区东风桥西侧,参加义务植树活动。

△ 全市水务系统总结表彰会议召开,集中表彰2015年先进集体和个人,部署2016年重点工作。市委副书记司祝建、副市长杜永红出席会议。

△ 2016年全市卫计系统业务工作会议暨党风廉政建设工作会议召开,全面回顾总结2015年卫生计生工作,表彰第二届“德技双馨医务工作者”,接受各相关单位递交法治建设、安全生产、综治长安建设等责任书。副市长缪爱诚出席会议。

12日

△ 如皋市首届“电视+”发展论坛暨文广商贸购物平台“喵喵来了”上线仪式在市文广传媒集团演播大厅举行。市领导胡拥军、张元健、缪爱诚参加活动。

14日

△ 市委书记姜永华率队前往高新区(城南街道),督查一季度重点工作推进情况,实地查看南通世睿电力科技有限公司、南通佳宝机械有限公司、碧桂园房地产开发项目等处。市委副书记司祝建,副市长茅红宇、张辉参加活动。

△ 市委副书记、市长陈晓东一行视察长江镇(如皋港区)重点工作,先后走访查看港城高中、江苏海通海洋工程装备有限公司、江苏宝众宝达药业有限公司、百川化工(如皋)有限公司、东升石材城等处重点建设项目和重点企业,就项目建设和企业运行中遇到的问题进行现场交办。市委常委、常务副市长吴道健参加活动。

15日

△ 南通市副市长赵闻斌一行调研如皋市高标准农田建设工作,实地走访东陈镇高标准农田建设项目、江苏一品饲料科技发展有限公司、如皋国际园艺城等重点项目现场。市领导刘向阳、杜永红参加调研。

△ 市委副书记、市长陈晓东率领市政府办、国土局、财政局、市委农工办等部门负责人一行,调研推进耕地占补平衡和城乡建设用地增减挂钩“双整治”工作,先后前往搬经镇焦港村、严鲍社区、横埭社区和吴窑镇立新社区、大石社区、钱庄社区等处,走访了解工作进展情况,广泛听取镇村干部和当地

群众建议和意见。市委常委、常务副市长吴道健参加调研。

△ 如皋市召开创建国家节水型城市动员大会，宣布2015年度全市节水先进单位和先进个人表彰决定，动员号召全市上下确保2016年如期创成国家节水型城市。市委副书记、市长陈晓东出席大会并讲话。市领导刘聪泉、陈万圣、郑振明、万维庆出席会议。

△ 全市农业工作会议召开。市领导司祝建、邵晓泉、杜永红、郑振明参加会议。

△ 如皋市举行消费维权新闻发布会，为消费者解读"新消费我做主"年主题内容，发布消费维权热点公众评议结果，纪念3·15国际消费者权益保护日。副市长陆雪松出席活动。

16日

△ 南通市人大常委会副主任程静率队到如皋调研依法治市工作，先后走访江苏宝众宝达药业有限公司、江苏隆昌化工有限公司、江苏力星通用钢球股份有限公司、江苏九鼎集团，并召开座谈会，听取全市依法治市工作推进情况汇报。市领导缪小华、刘向阳、张元健、成明参加活动。

△ 江苏·如皋（深圳）投资环境说明会在深圳福田香格里拉大酒店举行，共有24个项目集中签约，其中，高端人才引进及合作项目6个、产业合作项目18个。说明会由市委副书记司祝建主持，深圳及周边地区世界500强、国内100强企业代表及创新创业领军人才代表参加活动。会上，市委书记姜永华致辞，市委常委、组织部部长蒋建发布顶尖人才创新创业项目、"雉水英才"引进计划创新创业项目、重点企业领军型人才（团队）需求、科技镇长团选派需求、紧缺型高学历党政后备人才等五大类招才引智项目，副市长茅红宇推介如皋投资环境、产业分布等情况，嘉宾代表、中国光大绿色环保有限公司总裁钱晓东，CIC公司董事、马来西亚拿督陈治年，深圳市启禾供应链有限公司总经理唐兵，深圳智创空间科技有限公司董事长谭贻国分享了在如皋创业、考察的经历和感受。

17日

△ 山东省编办副主任孙书恒率领考察组一行到如皋考察综合执法工作情况，先后参观市综合检验检测中心、市场监督管理局、长江镇综合执法局。市委常委、常务副市长吴道健参加考察活动。

△ 市政协主席李中林率领市政协委员一行视察农业保险工作，先后前往经济技术开发区（城北街道）德明家庭农场、畜禽无害化处理采集点和搬经镇设施农业园，实地了解农业保险情况。市政协副主席张亚鸾、郑振明、钱志刚，秘书长殷高华参加相关活动。

17~18日

△ 市委常委、组织部部长蒋建率队先后赴厦门大学、福州大学等高校，开展人才对接"高校行"系列活动，深化产学研对接合作，进一步加快全市"人才强市"战略实施。副市长张辉参加活动。

18日

△ 全国政协委员、中海集团原董事长李绍德，上海海事大学校长黄有方一行到如皋，考察长江镇（如皋港区）投资环境，先后参观苏中国际集装箱码头和保税物流中心。副市长茅红宇陪同考察。考察活动中，上海海事大学与如皋港集团签订如皋港集装箱业务发展规划合同。

△ 市委书记姜永华率领市委办、政府办、发改委、环保局、水务局等部门负责人一行专题调研生态文明建设工作，先后走访如泰河西区大桥段面、如泰河堰东大桥段面和市环境检测站环境空气监测点等处，实地查看水环境和大气环境情况，并召开座谈会，听取市环保局、市发改委关于环境保护、化工专项整治推进情况的专题汇报。市领导陈万圣、万维庆参加调研。

△ 市委书记姜永华率队前往如城、城南、城北三个街道督查城市规划、建设、管理工作，实地走访紫光路与惠政路交叉口、同源污水处理厂一二期提标改造和三期扩建、育贤路改造、通城桥生态停车

场、新生桥市场、志颐路北延、皋南河疏浚等项目建设现场，听取城市规划、建设、管理条线 2016 年以来工作完成情况和下一步工作打算相关汇报。市领导胡拥军、刘向阳、陈万圣参加督查活动。

21日

△ 中远船务集团与瑞泰船务合作的巴西 FPSO 支墩项目顺利开工，市委书记姜永华、副市长陆雪松和中远船务集团党委书记马智宏、上海中远船务总经理姜季江，巴西石油中国区代表 Mr.Ataliba、巴西 ECX 船厂项目经理 Mr.Alex 等来宾出席开工活动。

△ 市委副书记司祝建召集市农委、市委农工办、市财政局、市住建局等部门负责人一行，集中督查推进白蒲镇南通市级中心镇建设工作，先后查看白蒲镇优质稻米基地建设项目现场、白蒲镇水利服务站以及龙新九龙湾项目建设情况。副市长杜永红参加活动。

△ 市委副书记司祝建率领市商务局职能科室负责人，前往如皋工业园区（如城街道）督查推进相关工作，实地走访海力达机电、尔昕木业、泰尔佳制衣、明龙时装等外资外贸企业，详细了解一季度订单完成情况。市领导刘向阳、茅红宇参加督查。

22日

△ 南通市委常委秦厚德到如皋调研项目农业、中心镇建设工作，实地查看搬经镇万全村畜禽粪污综合治理现场、嘉禾润宝农业科技产业园、白蒲镇蒲西社区等处，详细了解农民集中居住区建设、土地整理、农村环境整治和特色产业园区规划等情况。市委副书记司祝建陪同调研。

△ 市委书记姜永华，市委副书记、市长陈晓东召集规划、住建、交通运输、旅游、城管、国土、公安、市场监管等部门负责人召开会议，专题讨论高新区（城南街道）《如皋龙游湖时尚文化街区建筑方案》《龙游湖湖中大岛概念设计方案》《如皋市高新区农贸市场地块规划设计方案》3 个规划设计方案。市领导蔡忠、刘聪泉、陈万圣、万维庆出席会议。

△ 市委书记姜永华率队前往经济技术开发区（城北街道），督查该区一季度重点工作推进情况，先后实地走访察看维尔斯机械、大唐热电联产、荣威国际、爱康太阳能、双钱集团、南通锻压等企业和在建项目。市领导司祝建、马金华、陆雪松参加督查活动。

△ 市委副书记、市长陈晓东率领市发改委、国土、住建、建工、公安、环保等部门负责人，对如皋工业园区（如城街道）重点项目进行调研，实地查看南通尔昕木业有限公司、巨业钢构新型钢构建材以及 CCA 板加工项目、如皋国际园艺城、元升太阳能迁建工程、奔驰 4S 店、新车管所等重点项目建设现场，了解项目建设进度和需要协调解决的问题。市领导刘向阳、陈万圣参加活动。

△ 市工会第十五届代表大会第二次会议召开，审议通过《关于认真学习贯彻党的十八届五中全会精神，组织动员广大职工为实现“十三五”规划、建设“强富美高”新如皋建功立业的决议》《如皋市工会第十五届代表大会第二次会议决议》。市领导蒋建、张元健、缪爱诚、钱志刚出席会议。

△ 如皋市举行 2016 年建议提案交办会议，集中交办 579 件建议提案（人大代表建议 279 件、政协委员提案 300 件），并分别明确 5 件建议、6 件提案为市领导领办件。市领导吴道健、张元健、钱志刚出席会议。会议表彰了 2015 年度优秀建议提案和办理工作先进集体和先进个人。

△ 如皋市召开统筹城乡发展领导小组、小城镇建设工作成员单位协调推进会，讨论《2016 年度全市小城镇建设工作计划和推进工作方案》，围绕 2016 年各项目标任务，动员市级机关各成员单位加大协调推进力度，促进小城镇建设提质增效。市领导蒋建、万维庆出席会议。

23日

△ 省文明办副主任葛莱率领专家组一行到如皋，对市文广传媒集团木偶艺术团原创木偶剧《穿越“无礼国”》进行审查，对其人偶同台演出的表现形式给予充分肯定。市委常委、宣传部部长胡拥军参加活动。

△ 市委书记姜永华主持召开市委常委会，研究部署全市 2016 年全面深化改革工作，先后听取市

委副书记司祝建对《中共如皋市委全面深化改革领导小组2016年工作要点》进行详细说明,6位改革专项小组组长、各改革试点部门负责人对2015年改革工作推进情况和2016年改革工作思路举措进行汇报。会议下发当前全市改革需要重点突破的部分课题,要求改革领导小组和主要责任部门要对改革重点进行深入思考,坚持问题导向,不断完善改革落实机制。

△ 市委副书记、市长陈晓东率领市委农工办、市农委、市民政局、市财政局、市交通运输局、市水务局等相关部门负责人一行,调研农业农村工作,听取磨头镇、丁堰镇、白蒲镇、九华镇农业农村工作开展情况汇报,实地走访江安镇、石庄镇、下原镇等农业农村领域重点项目。市委副书记司祝建、市人大常委会副主任邵晓泉参加调研活动。

△ 如皋市举行市级机关党建工作会议暨"党员干部进社区、志愿服务作表率"活动推进会,表彰2015年工作成绩突出的先进集体和个人,对2016年工作任务进行集中部署。市委常委、组织部部长蒋建出席会议。

24日

△ 内蒙古自治区巴彦淖尔市考察团一行到如皋,考察综合行政执法体制改革工作,实地走访长江镇综合执法局、综合检验检测中心、市场监管局综合指挥中心等处。市委常委、组织部部长蒋建陪同考察。

△ 市政协十三届十六次常委会召开,增补部分政协委员,协商通过政协文教卫体委主任任命。市政协主席李中林,副主席魏祝明、黄文斌、张亚鸾、郑振明、钱志刚,秘书长殷高华出席会议。

△ 全市安全生产警示教育暨企业安全生产主体责任落实专项行动动员大会召开,通报2016年以来全市安全生产工作情况。副市长陆雪松出席会议。

△ 省委、省政府召开全省教育工作会议,表彰江苏省促进义务教育均衡发展先进集体和先进个人,如皋市被省政府表彰为"江苏省促进义务教育均衡发展先进县(市、区)"。

25日

△ 台湾电机电子工业同业公会大陆首席代表颜素秋率队到如皋,考察如皋市投资环境,实地走访市水绘园风景区、高新区(城南街道)软件和信息服务产业园、龙游湖商务风景区等处。市领导姜永华、司祝建、钱志刚陪同考察。

△ 新疆伊宁县委副书记、县长卡米力江·玉苏甫江率考察团一行到如皋,就农业产业化和城市建设等方面工作进行考察,参观国际园艺城、顾庄生态园、文化广场、龙游河生态公园等处,并听取全市经济社会发展情况介绍。市领导姜永华、陈晓东、杜永红、万维庆陪同考察。

25~26日

△ 第九届国际残疾人职业技能竞赛在法国波尔多市举行。来自如皋市的申季学和杨海霞两名残疾人,分别代表中国参加棒针编织、钩针编织两个项目的角逐,双双夺得银牌。

26日

△ 北京外国语大学庆中教育基金捐赠协议暨合作办学协议签署仪式在北京举行,如皋市与北京外国语大学就联合创办北京外国语大学附属如皋龙游湖外国语学校达成合作协议。北京外国语大学校长彭龙,副校长闫国华、贾德忠,如皋市委副书记、市长陈晓东,市委常委、宣传部部长胡拥军,副市长缪爱诚等出席活动。

28日

△ 市委书记姜永华主持召开市委常委会,研究讨论《2016年法治工作要点》《关于开展2016年"爱心慈善宣传月暨一日捐"活动的通知及方案》和相关干部人事议题。

△ 到如皋江海技工学校交流学习的比利时那慕尔省社会促进教育学院的一批外国客人前往市水绘园观光,体验古城如皋生活方式。

29日

△ 山东省济宁市兖州区区委书记张玉华，区委副书记、区长王骁率队到如皋，专题考察新材料、高端装备制造、新能源汽车及零部件、软件和信息服务外包等主导产业、新兴产业、生产性服务业发展情况，先后走访如皋工业园区（如城街道）九鼎新材，经济技术开发区（城北街道）康迪电动汽车、陆地方舟、威格电气、思源赫兹，高新区（城南街道）软件和信息服务产业园凌志软件等企业。市领导陈晓东、吴道健、马金华陪同考察。

△ 市委副书记、市长陈晓东专题调研国土资源管理工作，听取市国土资源管理局工作情况汇报。市委常委、常务副市长吴道健参加调研。

△ 市交通运输综合执法大队正式揭牌成立。市委常委、市纪委书记蔡忠出席相关活动。

30日

△ 市委书记姜永华率领市委办、发改委、行政审批、供电、环保、国土等相关部门和单位负责人，前往长江镇（如皋港区）现场办公，实地走访宏茂重锻、九洲固废、德源高科等企业和项目现场，督查推进项目建设。市委常委、常务副市长吴道健，市政协副主席郑振明参加督查。

△ 市委书记姜永华前往下原镇张庄村和吴窑镇长西村、老庄村等相关经济薄弱村，检查村干部在岗情况，通过看、查、听、问，真实了解村级党组织建设、集体经济发展、扶贫帮困等工作开展情况，要求紧紧围绕“强富美高”要求，加快建设社会主义新农村。市委副书记司祝建、副市长杜永红参加检查。

△ 市委副书记、市长陈晓东主持召开第十六届市政府第五十五次常务会议，传达学习全国“两会”精神和李克强总理所作的《政府工作报告》，明确市政府2016年度督查工作要点，讨论并通过《2016年全市依法行政工作要点》《2016年行政执法监督工作计划》等议题，通报全市一季度安全生产工作情况，并接受各镇（区、街道）和相关部门负责人递交安全生产目标责任书。

△ 市政协主席李中林率市政协委员乘坐纯电动公交车，视察全市城市公交运营工作，体验城市公交发展状况。市政协副主席黄文斌、张亚鸾、郑振明、万维庆，市政协秘书长殷高华参加活动。

△ 市委副书记司祝建率领市商务局、招商局职能科室负责人前往高新区（城南街道），实地走访南通超达机械科技有限公司、如皋永兴肠衣有限公司等外资外贸企业，协调解决发展难题。副市长茅红宇参加活动。

△ 如皋市召开旅游工作会议，回顾总结“十二五”和2015年旅游业发展情况，谋划“十三五”，部署2016年旅游工作。市领导胡拥军、缪爱诚、黄文斌出席会议。

31日

△ 省交通运输厅党组书记刘广忠一行调研如皋交通基础设施建设情况，参观如皋市城市规划展示馆，实地走访龙游湖商务风景区、火车站新站等处。市委书记姜永华、副市长陈万圣陪同调研。

△ 全省机构编制工作会议暨综合行政执法改革工作现场会在如皋召开。与会人员听取如皋市委书记姜永所作题为《创新体制机制，提升执法效能，勇当综合行政执法体制改革的“探路石”》的交流发言，并参观考察如皋市行政审批局、市场监管局、综合检验检测中心、长江镇综合执法局、长江镇便民服务中心等处。省编办主任俞军，省交通厅党组书记刘广忠，南通市委副书记、市长韩立明，省编办巡视员周家新，省住建厅副厅长宋如亚，省农委副主任蔡恒，省文化厅副厅长方标军，省法制办副主任马太建，省编办副主任张学才、钱亚东，省编办副巡视员欧阳波出席会议。

△ 南通市级中心镇暨美丽乡村建设现场推进会在如皋举行，与会人员现场观摩白蒲镇多个产业、民生、新农村建设等领域项目现场。南通市委副书记、市长韩立明，市委常委秦厚德，副市长赵闻斌，如皋市委副书记、市长陈晓东，市委副书记司祝建，副市长杜永红参加活动。

2016 年 4 月

1 日 △ 市委副书记、市长陈晓东专题调研城市管理工作，要求以精细化、精致化的管理，不断提升城市附加值，进一步扮靓城市整体形象。市领导蔡忠、陈万圣参加调研。

△ 第四届“如皋新闻奖”评选结果揭晓，经由《南通日报》社、《江海晚报》社、南通电视台等单位专家学者组成的评审委员会复评，12 篇作品分获相应奖项。

5 日 △ 如皋市召开市大型体育赛事暨中乙联赛南通（如皋）赛区组委会全体会议，通报市大型体育赛事组委会和中乙联赛南通（如皋）赛区组织机构及职责分工，2016 年中乙联赛开幕式及揭幕战活动方案（草案）、相关准备工作安排，南通市体育局局长徐国祥，如皋市委副书记、市长陈晓东等出席会议。

△ 台湾知名作家、媒体人陈文茜到如皋参观考察。南通市副市长孙建华，如皋市委副书记、市长陈晓东，副市长茅红宇陪同考察。

6 日 △ 如皋市召开北外附属如皋龙游湖外国语学校设计方案座谈会。市领导姜永华、陈晓东、胡拥军、蔡忠、缪爱诚出席会议。学校位于市高新技术产业开发区龙游湖畔，项目计划总投资 8 亿元，2017 年 8 月完工并投入使用。

△ 市第十六届人大常委会第三十九次会议召开，听取市人大常委会执法检查组关于检查《中华人民共和国残疾人保障法》贯彻实施情况的报告，通过相关人事任免事项，并新任命人员举行宪法宣誓。

△ 如皋市举行“万名代表小康行”主题实践活动动员会，传达南通市“万名代表小康行”暨发挥代表作用会议精神，对如皋市组织各级人大代表迅速投身“万名代表小康行”主题实践活动进行动员和部署。市领导谢新民、张元健、邵晓泉、张勇、刘聪泉出席会议。

△ 如皋市举行申报省级海绵城市建设试点城市实施方案专家评审会，邀请中国城市规划设计研究院、上海市水务规划设计研究院、江苏省城市规划设计研究院、省住建厅等院所和单位的相关专家实地踏勘龙游河生态公园、内外城河等海绵城市建设现场，听取设计单位汇报，并进行充分质询。市领导蔡忠、陈万圣、万维庆参加活动。

△ 如皋市召开 2016 年全民阅读领导组会议，回顾总结 2015 年工作，布置 2016 年书香城市建设任务，讨论 2016 年书香城市建设要点、“百项行动”计划以及考评细则等事项。市委常委、宣传部部长胡拥军，副市长缪爱诚出席会议。

△ 江苏省经济和信息化委员会公布第五批江苏省特色产业集群，如皋市新能源汽车及零部件产业集群名列其中，成为如皋首个独立的、具有地域特色的、能够在省内外有影响力的产业集群。

△ 江苏省经济和信息化委员会下发 2016 年江苏省两化融合管理体系贯标试点企业名单，江苏省如高高压电器有限公司、双钱集团（江苏）轮胎有限公司被成功认定为 2016 年江苏省两化融合管理体系贯标试点企业。

7 日 △ 南通市政协副主席屈宝贤率队到如皋，围绕完善“大众创业、万众创新”生态环境课题进行专题调研，实地探访众创空间迈克吧、康净环保、莱奥电子、舟可医疗、博云物联、寿都密码等处。市领导李中林、陆雪松、张辉、张亚鸾参加活动。

△ 市人大常委会副主任张元健率检查组,就全市贯彻落实《中华人民共和国档案法》情况进行专项检查,实地查看市公安局、丁堰镇、高新区(城南街道)、市档案馆等部门和单位档案工作情况。副市长缪爱诚、成明参加活动。

8日 △ 如皋市在北京举行投资环境说明会,21个项目集中签约,其中,高端人才引进及合作项目6个,产业合作项目15个。说明会由市委副书记司祝建主持,市委副书记、市长陈晓东出席会议并推介如皋,市委常委、组织部部长蒋建发布招才引智项目,副市长茅红宇作投资环境推介。

△ 省委、省政府首次表彰江苏省先进开发区、优秀企业和优秀企业家,双钱集团(江苏)轮胎有限公司与华灿电讯股份有限公司董事长吴灿华分别被省委、省政府表彰为优秀企业和企业家。

11日 △ 省工商局局长王元慧一行到如皋开展"三解三促"活动,参观市综合检验检测中心、市场监管综合指挥中心等处,并召开综合执法改革座谈会,听取基层工作人员有关工作开展情况介绍。市领导姜永华、陆雪松参加活动。

△ 南通市委农村工作办公室调研组一行到如皋调研农民合作社综合社与"民宿"合作社建设情况,先后参观市超然果蔬农地股份合作社综合社和下原镇利马民房合作社。

△ 市委书记姜永华调研如皋工业园区(如城街道)重点工作推进情况,实地调研天南电力、万达轴承、力威机械、汽车城服务中心建设现场、图腾电力、安佑生物科技、杭萧巨业项目现场等处,要求聚焦产业项目,扩大有效投入,推动经济平稳较快增长。市领导刘向阳、陈万圣、成明参加调研。

△ 市委副书记司祝建率领市交通局、水务局、城管局等部门负责人,沿如港路、蒲黄线、G204线、S336省道、新王石线,对全市骨干道路和各镇(区、街道)主干道路环境综合整治工作进行专项检查,进一步完善农村环境"七位一体"长效管护机制。

12日 △ 省工商局局长王元慧率队到如皋市行政审批局,调研指导行政审批制度改革工作,参观市行政审批局综合服务大厅,详细了解市行政审批局结构功能布局、运行以来工作开展情况及如皋市推进行政审批制度改革各项创新举措。副市长陆雪松陪同调研。

△ 市委宣传部、市委组织部等7部门联合发文,建立如皋市理论宣讲志愿服务支队,下设领导干部、村党支部书记、大学生村官、教育工作者、社科工作者、新媒体工作者、法律工作者、商会秘书长、道德模范事迹宣讲者、群众名嘴10个小分队,姚呈明等100名志愿者成为首批队员。

13日 △ 省工商局"三解三促"非公党建如皋座谈会举行。省工商局局长王元慧,如皋市委常委、组织部部长蒋建,副市长陆雪松出席会议,听取万达特种轴承、九鼎集团、泰慕士服装等企业在转型升级、企业文化、非公党建等方面情况汇报,了解企业在生产经营过程中遇到的主要困难。

△ 市委书记姜永华主持召开市委常委会,传达全省推进供给侧结构性改革工作会议、南通市项目建设会议精神,通报2016年一季度国民经济运行情况,研究讨论《如皋市农村承包土地经营权抵押贷款实行办法》等多项议题。

△ 江苏恒康家居科技股份有限公司IPO首发申请通过中国证监会发行审核委员会审核,拟登陆上海证券交易所,成为全市首家A股主板上市企业。公司前身为南通恒康海绵制品有限公司,2003年5月30日成立,2012年11月15日改制为股份制企业,此次拟公开发行不超过6000万股,募集资金用于记忆绵床垫、枕头技改及扩产项目,研发中心建设项目,营销网络建设项目等。

△ 如皋市举行《世界法医学奠基人——宋慈》纪念邮票暨《古今神探》系列邮品首发仪式，市人大常委会党组成员刘聪泉出席仪式。

14日 △ 市委书记姜永华，市委副书记、市长陈晓东率领如皋市党政代表团赴武进、泰兴考察，学习转型升级、项目建设、城市建设等方面经验和做法，先后实地参观常州市武进区的武进高新区规划馆、南湖家苑、恒立液压股份有限公司、中国石墨烯科技产业展示馆、国家智慧旅游公共服务平台和泰州泰兴市的中全新能源、南极机械、人才科技广场、中智新能源、皇家水岸、扬子鑫福、虹桥新城、新浦化学、联成化学、济川药业等处，并就关注的项目建设、园区开发等议题，与相关负责人开展交流。

15日 △ 全市一季度重点工作推进点评会召开，传达全省供给侧结构性改革工作会议、南通市项目建设动员大会精神，通报一季度考核结果、交办事项，对相关先进单位进行表彰，并向有关单位发放一季度重点工作交办单。市委副书记、市长陈晓东主持会议，市委书记姜永华出席会议并讲话。

△ 市慈善（基金）会二届六次理事会召开，回顾总结2015年慈善工作，部署安排2016年工作任务，并对市慈善基金会、慈善会部分理事进行调整。市领导司祝建、邵晓泉、郑振明出席会议。

16日 △ 市委书记姜永华召集中乙联赛开幕式暨揭幕战筹备组委会"一办九组"及南通支云足球俱乐部负责人一行，现场督查推进市奥体中心各项活动筹备工作，实地查看配电间、消防控制室、球员休息室、安检门、球场等处，了解筹备工作进展情况。

△ 市委副书记、市长陈晓东召集相关部门负责人，专题听取新城吾悦广场项目推进情况汇报。项目选址于原雨润广场，位于海阳南路西侧、惠政路南侧，计划总投资15亿元，目标打造集休闲、娱乐、购物、餐饮于一体的城市综合体。

△ "美好江苏·享寿如皋"第五届如皋旅游文化节启动仪式在水绘园风景区举行，来自如皋周边主要客源地的旅行社负责人、本地旅游企业和相关部门负责人以及游客近千人参加活动。市领导陈晓东、胡拥军、刘聪泉、缪爱诚、黄文斌出席活动。

△ 市妇联牵头组织，丁堰镇开展"萍水相依 幸福相伴"周萍爱心基金助学助困活动，共资助20名贫困学子及10名贫困母亲，发放资助款3万元。市委常委、组织部部长蒋建参加活动。

△ 全国跳绳联赛桐庐站在浙江桐庐举行，来自江苏、浙江、上海、江西、广东、重庆等省市的400余名跳绳选手参赛，如皋市白蒲小学青蒲跳绳队获得14金11银5铜的成绩。

17日 △ 2016年中国足球协会乙级联赛开幕式和揭幕战在如皋奥林匹克体育中心举行。中国足球协会执委、省体育局副局长刘彤，南通市委常委、宣传部部长章树山，中国足球协会联赛理事会执行局局长马成全，南通市副市长朱晋，如皋市委书记姜永华，市委副书记、市长陈晓东等出席开幕式。开幕式后，南通职业足球队——支云队主场迎战上海聚运动队，以1比0的比分赢得联赛首秀胜利。中央电视台体育高清频道和江苏卫视体育休闲频道进行了现场直播。

18日 △ 市委副书记司祝建率领市发改委、国土局、环保局等部门负责人，前往磨头镇生物质直燃发电项目现场办公，实地了解光大生物能源（如皋）有限公司项目建设进展情况，协调解决建设过程中存在的问题和困难，力促项目快速推进。

19日 △ 市政府全体(扩大)会议暨项目建设推进会召开,对10家依法行政示范单位进行授牌,并表彰10个政府信息公开工作先进单位、10个政务信息先进单位。市委副书记、市长陈晓东出席会议并讲话。

△ 如皋市召开知识产权联席会议,传达省知识产权工作会议精神,部署"4·26"知识产权宣传日系列活动,要求加快发展知识产权经济,为打造如皋经济升级版提供坚强的智力支撑。市领导陆雪松、张辉、张亚鸾出席会议。

19~22日

△ 如皋市在浙江大学传媒与国际文化学院举办全市宣传干部培训班,促进全体宣传干部开阔视野、拓宽思路,推动工作不断创新突破。市委常委、宣传部部长胡拥军出席开班仪式并参加培训。

20日 △ 省关工委常务副主任张艳率队到如皋调研指导关心下一代工作,实地查看如皋工业园区(如城街道)十里社区校外教育辅导站电子阅览室和农家书屋。市委常委、组织部部长蒋建陪同调研。

△ 市政协主席会议专题协商工商联工作。市政协主席李中林,副主席魏祝明、黄文斌、张亚鸾、郑振明、钱志刚,秘书长殷高华出席会议。

21日 △ 省农业发展银行行长丁伟率队到如皋,对全市相关项目建设及经济社会发展情况进行考察,实地参观考察如皋国际园艺城、顾庄生态园等处,听取如皋市水系统综合整治项目及龙游湖整体城镇化一期工程建设项目的汇报。市领导陈晓东、吴道健、刘向阳陪同考察。

△ 南通市人大常委会党组副书记、常务副主任陈斌一行到如皋,专题视察《中华人民共和国环境保护法》贯彻执行情况,实地检查双钱轮胎、如皋智慧环保信息平台、环保信访接待中心等处,听取如皋市贯彻执行《中华人民共和国环境保护法》情况汇报。市领导陈晓东、谢新民、刘聪泉、陈万圣参加活动。

22日 △ 全市重大项目推进领导组会议召开,研究讨论《中共如皋市委、如皋市人民政府关于成立项目建设领导小组的通知(讨论稿)》《中共如皋市委、如皋市人民政府关于加快推进项目建设的意见(讨论稿)》《全市产业项目建设考评办法(试行)(讨论稿)》《市委办公室、市政府办公室关于2016年经济稳增长调结构促转型上台阶的激励意见(修订稿)》等议题。市领导姜永华、陈晓东、司祝建等出席会议。

23日 △ 南通市委副书记、市长韩立明率队到如皋检查安全生产和环保工作,先后对江苏宝众宝达药业有限公司、南通诚晖石油化工有限公司、长青沙备用水源、南通鹏鹞水务有限公司等处进行检查,并听取如皋市委书记姜永华汇报全市安全生产、环保工作情况。南通市副市长沈雷、徐新民参加检查活动。

△ 市委书记姜永华率领市国土、行政审批、环保、规划、人社等部门负责人深入丁堰镇重点项目建设现场办公,实地查看恒康家居北厂技改扩建项目、明德塑胶二期项目建设现场和涤诺日化生产现场,了解项目建设进展,为企业解决实际困难和问题。市领导蒋建、刘聪泉参加活动。

△ 如皋市举行"4·23全民阅读日"暨李渔读书节活动,对近年来读书先进典型进行表彰,并通过好书推荐、李渔书籍首发、"书香如皋"微信公众号发布等仪式,充分展示近几年来书香城市建设成果,营造全民阅读浓厚氛围。市委副书记、市长陈晓东,市委常委、宣传部部长胡拥军出席活动。

24日

△ 江苏文艺台“文艺旅行家”采风团到如皋，参观中国长寿城、定慧寺、水绘园风景区、红十四军纪念馆等处，探索如皋长寿秘诀，感受美丽如皋。市委常委、宣传部部长胡拥军出席采风团“世界长寿乡——如皋行”启动仪式，并向采风团一行介绍银色、古色、红色、绿色4张名片。

△ 市委书记姜永华主持召开市委中心组（扩大）学习会议，邀请国务院发展研究中心宏观经济研究部副部长、研究员魏加宁作“经济转型升级”辅导讲座。

25日

△ 市委书记姜永华专题调研经济技术开发区（城北街道）重点工作推进情况，实地察看南通市电站阀门有限公司、江苏祥源电气设备有限公司、南通泰慕士服装有限公司，要求一着不让抓项目，全力以赴促转型，同时做到安全生产警钟长鸣、常抓不懈。市领导司祝建、马金华参加调研。

△ 市委副书记司祝建率领市发改委、环保局、商务局等部门负责人一行前往长江镇（如皋港区），调研重点项目推进情况，实地察看粮油产业园项目、硅砂提纯项目、华东煤炭矿石交易服务中心等项目现场，听取相关情况汇报。副市长茅红宇参加调研。

△ 15万吨级大型海轮——中国香港籍船舶“中华富进(CHINA PROGRESS)”轮从中林如皋港务集团码头安全离泊。该轮在连云港减载后，载运8万吨铁矿石于稍早时间进靠如皋港，是2016年以来如皋港进靠的第13艘15万吨级大船。

26日

△ 市委书记姜永华专题督查长江镇（如皋港区）安全生产工作，实地检查阳鸿石化、上海电气、通宝船舶等企业安全生产管理情况，要求切实增强红线意识，以“零容忍”态度抓好安全生产工作。市委常委、常务副市长吴道健参加督查。

△ 如皋市足球协会正式成立，选举产生如皋市足球协会第一届理事会名誉主席、顾问、主席、副主席、秘书长、副秘书长、常务理事、理事组成员单位。副市长缪爱诚被推举为市足球协会名誉主席兼总顾问，宋小忠当选市足协主席。

27日

△ 南通出入境检验检疫局局长朱伟光率队到如皋调研，实地察看如皋港保税物流中心(B型)项目现场、苏中国际集装箱码头等处，并就如皋港集团货物查验手续、进出口资质等方面工作进行现场办公。市委常委、常务副市长吴道健参加调研。

△ 如皋市考察团前往上海凯德拉克工厂、赛麟城市展厅、威蒙（赛麟）集团上海办事处、华谊集团等处考察。南通市委常委黄爱军，如皋市委书记姜永华，市委副书记、市长陈晓东等参加考察活动。

△ 全市新型城镇化建设暨镇区绿化工作专题现场推进会召开，部署镇区绿化专题工作，促进小城镇建设品位再上新台阶，与会人员参观磨头镇明达世纪广场、龙栖湾国际花园、邓高西路绿化等处。市领导蒋建、万维庆出席会议。

28日

△ 市委十一届十三次全体会议召开，审议通过《中共如皋市第十一届委员会第十三次全体会议关于召开中共如皋市第十二次代表大会的决议》，定于2016年7月正式召开中国共产党如皋市第十二次代表大会。

△ 市委书记、市人武部党委第一书记姜永华主持召开市委常委议军会，传达军队各级党委扩大会议精神，通报2015年以来国防后备力量建设基本情况及下一步工作打算，并就《关于任免部分镇（区、街道）人武部政治教导员》《关于开展支持苏北革命老区建设活动》《关于市民兵训练基地建设事宜》等议题进行讨论。

△ 全市庆祝五一国际劳动节表彰大会召开，授予搬经镇初级中学等7个单位“如皋市五一劳动

奖状”荣誉称号、尤明华等 50 人“如皋市五一劳动奖章”荣誉称号、江苏万达特种轴承有限公司装配车间 1–2 区等 40 个车间(班组、科室)“如皋市五一先锋号”荣誉称号,并欢送 10 名省劳动模范前往南通参加表彰大会。市委常委、组织部部长蒋建,副市长缪爱诚出席会议。

△ 位于经济技术开发区(城北街道)的威格(江苏)电气设备有限公司正式开业投产。公司投资逾 1.2 亿美元,是巴西 WEG 集团在中国投资规模最大的全资子公司。项目一期占地面积达 16 万平方米,涵盖完整的生产线,如冲压、铸铝、机加工、电工、装配及全套测试设备,可年产 45 万台高、低压工业电机。项目二期建成后年产总量将达 80 万台。市领导陈晓东、司祝建、茅红宇对企业正式投产表示祝贺。

△ 市委副书记、市长陈晓东会见应邀出席威格(江苏)电气设备有限公司开业投产仪式的巴西驻沪领事馆总领事安娜女士一行。市领导司祝建、茅红宇参加会见。

△ 市政协主席会议专题协商港口建设管理工作,听取市港口管理局专项工作汇报。市政协主席李中林,副主席黄文斌、张亚鸾、郑振明、钱志刚,秘书长殷高华参加活动。

△ 全市创建全国文明城市推进会召开,通报全国文明城市创建 2015 年度测评情况及 2016 年一季度全市模拟测评情况。市领导司祝建、胡拥军、张元健、成明、钱志刚出席会议。

29 日

△ 全市人民武装工作会议召开,宣布《2015 年度武装工作先进单位、先进个人表彰通报》和部分镇(区、街道)人武部政治教导员任免命令。市委书记、市人武部党委第一书记姜永华,市委副书记、市长、市国动委主任陈晓东出席会议并讲话。

△ 如皋市举行“万名代表小康行”专题培训会。市人大常委会主任谢新民,副主任张元健、邵晓泉,市人大常委会党组成员刘聪泉出席会议。

30 日

△ 市委书记姜永华前往市国税局、锦都金鼎大酒店等单位检查,全面了解“营改增”试点前期筹备工作开展情况,就认真落实好“营改增”政策提出要求。

△ 1~4 月,如皋海关征收税款入库 6.05 亿元,同比增长 41.37%,如皋港进、出口货运量同比分别增长 89.81%、43.5%,尤其集装箱货物箱量大幅上升,同比增长 5.6 倍。

2016 年 5 月

1 日

△ 如皋市营改增税制实现成功转换,当日零时一分，锦都金鼎大酒店为退房客户开出金额为488元的全市首份生活服务业增值税普通发票。

2 日

△ 项目总投资超过10亿元、总规模达20万平方米的如皋万都广场开业。市领导蔡忠、刘向阳、刘聪泉等出席开业庆典。

3 日

△ 共青团如皋市第十七次代表大会召开。市委书记姜永华出席大会并讲话。会议选举产生共青团如皋市第十七届委员会委员29名、候补委员16名，审议通过《关于共青团如皋市第十六届委员会工作报告的决议》。

△ 如皋市召开项目建设领导组会议，传达南通市项目建设一季度点评会精神，介绍如皋市项目建设情况，讨论《关于成立市项目建设领导小组的通知》《项目建设“月点评、季考核”竞赛办法》《如皋市重大项目推进审批和建设会办制度》《关于加快推进项目建设的意见》等文件。市委书记姜永华出席会议，并将“南通市项目建设季度先进单位流动红旗”传递给领导组成员，要求精心组织推进，务求项目建设工作实效。

△ 如皋市召开南通市级中心镇建设推进会，总结回顾市级中心镇建设取得的成绩，研究部署2016年及今后一段时期市级中心镇建设工作。市领导陈晓东、司祝建、邵晓泉、杜永红、黄文斌参加会议。

4 日

△ 南通市人大常委会党组书记黄利金，南通市委常委黄爱军率领调研组到如皋，专题调研项目建设情况，实地察看华灿电讯、海螺水泥、东升石材、明德塑胶、尔昕木业等项目建设现场，了解项目实施情况，听取企业对政府服务的反馈意见。市领导姜永华、陈晓东、刘向阳、陆雪松参加活动。市委书记姜永华，市委副书记、市长陈晓东介绍了如皋市项目建设情况。

△ 如皋市召开“两学一做”学习教育工作座谈会，学习贯彻习近平总书记重要指示和中央、省、南通市座谈会精神，下发《关于在全市党员中开展“学党章党规、学系列讲话，做合格党员”学习教育的实施方案》，在全市范围内对“两学一做”学习教育进行动员部署。市委书记姜永华出席会议并讲话。南通市委组织部“两学一做”学习教育协调小组督导一组副组长王洪彬到会指导。

△ 市委副书记、市长陈晓东主持召开第十六届市政府第五十六次常务会议，听取北外附属如皋龙游湖外国语学校建设情况汇报，讨论《如皋市2016年度金融工作考核办法》等相关议题。

5 日

△ “视觉南通上线暨江海名镇行”启动仪式在在如皋工业园区（如城街道）顾庄生态园举行。活动由南通市委宣传部、南通报业传媒集团主办。南通市委常委、宣传部部长章树山，如皋市委副书记、市长陈晓东等参加活动。

△ 全市项目建设动员大会暨重点工作现场推进会召开，通报交办事项情况，与会人员参观长江镇（如皋港区）、江安镇、石庄镇、九华镇工作亮点。会议由市委副书记司祝建主持，市委书记姜永华出席会议并讲话，市委副书记、市长陈晓东点评全市重点工作，并就实现“双过半”提出要

求。高新区（城南街道）、丁堰镇负责人在会上交流发言。

△ 全市质量强市工作会议召开，总结2016年质量强市工作成效，研究部署2016年工作，并对2015年度荣获省市名牌企业、质量标兵和现场管理良好行为企业进行了表彰。副市长陆雪松参加会议。

6日

△ 市委副书记司祝建召集市纪委、市委宣传部、市委组织部、市委政法委、市发改委、市商务局、市环保局、市农委等部门负责人举行业务辅导暨协调会议，推动“四个全面”战略布局在如皋落地生根。市委常委、常务副市长吴道健为部门作业务辅导。

△ 如皋市召开城市周边永久基本农田划定动员培训会，研究部署城市周边永久基本农田划定工作，并作业务培训。市委常委、常务副市长吴道健出席会议并讲话。市相关部门以及如皋经济技术开发区（城北街道）、如皋工业园区（如城街道）、高新区（城南街道）、东陈镇负责人和业务人员参加会议。

△ 市委组织部“两学一做”学习教育协调小组第一次全体人员会议举行，明确协调小组和各工作组具体职责任务。推动协调小组各项工作全面迅速开展，充分发挥好参谋部、推进部的作用。市委常委、组织部部长蒋建出席会议。

7日

△ 市委副书记司祝建、副市长杜永红率领市水务局、交通运输局、农委、财政局等部门相关负责人，就全市环境整治工作进行督查，先后实地查看如皋工业园区（如城街道）大明转盘南侧路段和如港路磨头收费站南侧路段的垃圾清理及管护、如海运河薛窑大桥处网簖清理现场、长江镇（如皋港区）垃圾焚烧发电厂运转等情况。

7~8日

△ 市体育局、市体育总会、市乒乓球协会主办的“今世缘·典藏”杯2016年全市乒乓球单打比赛在市奥体中心举行，来自全市各条战线的133名乒乓球爱好者参赛，沙小建、陈华、张慧芝分获乒乓球甲组、乒乓球乙组、女子组第一名。市领导胡拥军、蔡忠、刘聪泉、陆雪松出席活动。

8日

△ 如皋市举行如皋博爱医院晋升二级甲等综合医院暨南通市第一人民医院—如皋博爱医院医联体揭牌仪式。市领导马金华、刘聪泉、钱志刚出席活动。

9日

△ 福建省政协党组成员、副主席杨根生一行到如皋考察强镇扩权试点改革工作，实地参观如皋港新城区建设、东升石材展示区、金东升、苏中国际集装箱码头、保税物流中心（B型）、中林如皋港务集团等处。南通市政协主席王德忠，如皋市委书记姜永华、市政协主席李中林等陪同考察。

△ 市委书记姜永华一行深入白蒲镇、丁堰镇、东陈镇，检查白蒲、林梓、丁堰、雪岸、东陈污水处理厂的日常运行、污水处理情况，要求各镇认真履行职能，努力为全市经济社会发展营造良好资源环境。

△ 市委副书记司祝建，市委常委、宣传部部长胡拥军，副市长缪爱诚一行前往江滨医院，就医院基础设施建设、精神病患者救治救助工作等进行调研，实地察看了医院住院部、食堂等处，了解了医院目前的住院生活环境、医护水平等情况，询问了精神病人住院费用补助和优惠政策，并慰问了值班医护人员。

△ 市委常委、常务副市长吴道健，副市长陆雪松召集市项目建设领导组成员，举行领导组成立以来首次重大项目审批和建设协调推进会，听取市发改委、行政审批局分别梳理本月以来全市亿元以上项目推进中存在问题，以及相关部门负责人对落户长江镇（如皋港区）的海螺水泥粉磨项目和落户东陈镇的

九号温泉旅游度假区项目相关问题原因分析,交流解决方案,推动重大项目建设驶入"快车道"。

△ 全市妇女儿童工作座谈会举行，总结"十二五"妇女儿童工作取得的成绩，谋划"十三五"妇女儿童工作。副市长缪爱诚出席活动。

10日

△ 全国政协常委、江苏省政协副主席周健民率领省政协医卫体育委员会委员到如皋，专题调研青少年体育活动开展情况，先后视察如皋市少年体育学校、如皋市外国语学校，并赴市奥体中心实地察看少年体育学校运动员竞技训练情况，听取相关汇报。南通市政协副主席杨展里，如皋市委书记姜永华、市政协主席李中林等参加活动。

△ 如皋市举行重大项目集中开工活动。市领导姜永华、司祝建、吴道健等出席活动。此次集中开工重大项目共6个，计划总投资超10亿元，分别是：南通超达装备股份有限公司大型复杂模具扩产项目；位于下原镇的展志电子科技（南通）有限公司ABS注塑卡技术改造项目；位于长江镇（如皋港区）的南通东恒新能源科技有限公司碳纳米管及导电浆料项目；位于如皋工业园区（如城街道）的江苏元升太阳能集团有限公司太阳能热水系统、厨电产品生产线迁建项目；位于经济技术开发区（城北街道）的南通水明楼酒业有限公司标准厂房项目；位于丁堰镇的南通明德塑胶有限公司研发中心项目。

△ 如皋港人民医院"助学奖教"专项基金签字仪式在长江镇（如皋港区）举行，如皋港人民医院向市慈善基金会捐赠100万元。主要用于长江镇（如皋港区）范围内"助学奖教"慈善活动，救助家庭贫困、品学兼优的学生，奖励立志学医从医的学生和为教育事业作出突出贡献的教师。市政协主席李中林参加活动。

△ 市纪委组织开展新提任领导干部《关于新形势下党内政治生活的若干准则》《中国共产党内监督条例》专项测试,2015年1月至2016年4月新提任的副科级领导干部共80人参加考试。

10~12日

△ 市委组织部、市人大、市政协机关先后举行"两学一做"专题党课暨学习教育工作座谈会。市委常委、组织部部长蒋建，市人大常委会主任谢新民，市政协主席李中林分别为党员干部上专题党课并作动员讲话。

11日

△ 原创儿童木偶剧《穿越"无礼国"》巡演启动仪式在市大剧院举行。南通市委宣传部副部长、文明办主任陈冬梅出席活动。《穿越"无礼国"》是如皋市继《大禹治水》、《红螺女》后创作的又一部大型木偶剧，被列入2016年省文明委文明礼仪教育工作重点推广巡演剧目。

△ 市委副书记司祝建召集市级机关相关部门负责人，部署开展全市第七个"爱心慈善宣传月暨一日捐"活动，促进慈善事业持续健康发展，为建设"强富美高"新如皋贡献力量。

12日

△ 国务院参事刘秀晨一行视察如皋市花木产业发展情况，实地察看城市规划展示馆、顾庄生态园、东方盆景园、中国·如皋国际园艺城等处。市委书记姜永华、副市长杜永红陪同视察。

△ 市委书记姜永华深入如皋火车站，检查宁启铁路动车开通前各项准备工作，先后实地察看如皋火车站站房、站台、站前广场及相关配套设施建设情况，了解动车开通运营准备情况，并听取了新长车务段、如皋火车站、市交通运输局等相关单位汇报。宁启铁路复线电气化工程沿长江东西贯穿江苏中部地区，全长约268.3公里，设南京、仪征、扬州、江都、泰州、南通等16个车站，其中扬州、江都、泰州、姜堰、海安、如皋、南通7个车站办理客运业务。如皋火车站从2014年下半年开始改扩建，新站房各项准备工作已基本就绪，15日宁启铁路动车开通之前，正式投入使用，旅

客候车环境以及购票便捷程度将有明显提升。

△ 全市农村承包土地经营权抵押贷款试点工作推进会举行。市委副书记司祝建出席会议。截至4月底，全市农村承包土地经营权抵押贷款余额5856万元，受益农户及新型农业经营主体达25户，为解决“三农”融资难、融资贵进行了有益尝试。

△ “5·15国际家庭日”即将到来之际，如皋市妇联组织开展主题为“传承好家风 学习好家训”的巾帼大讲堂活动，以观看专题片、听身边故事、诵读经典、交流家风等多种形式，共同学典型、话家训、传家风。市委常委、组织部部长蒋建参加活动。

13日

△ 第二届国际风景园林设计峰会在如皋开幕。国务院参事刘秀晨、南通市副市长赵闻斌、如皋市委副书记司祝建等出席活动。本次峰会由花木大世界网主办，以“园林让生活更健康”为主题，国内外优秀园林设计精英、杰出苗商代表、知名国际造型园艺大师、全国园林绿化行业50强企业负责人参加会议。开幕式上，荷兰NITA设计集团创意总监安东尼·托马斯·约翰逊作了题为《立体绿化让生活和城市更美好》的主题演讲，第二届“绿在中国，最美造型树”“2015年度全国城市园林绿化50强企业”“2015年度全国古建行业10强”评比结果揭晓，以如皋市为基地的“中国电子商务协会花木园艺分会”宣布成立。与会人员参观龙游湖商务风景区、顾庄生态园、江苏熙树园林景观工程有限公司等处，并现场观摩了中国·如皋国际园艺城及其举办的“花木大世界”杯花卉园艺师（盆景）职业技能大赛。

△ 如皋市举行“工会在身边”系列活动启动仪式暨“花木大世界”杯花卉园艺师（盆景）职业技能大赛开幕式。市领导蒋建、张元健、缪爱诚、钱志刚出席活动。

13~18日

△ 市委书记姜永华率领考察团，赴台湾开展为期6天的招商引资和经贸洽谈活动，先后考察电机电子工业同业工会、欣兴电子、台石合、炎洲国际、磐亚集团、三阳工业、成威集团等台湾知名企业，宣传推介如皋投资环境，加快推进在手在谈项目。市委常委、经济技术开发区党工委副书记、管委会常务副主任马金华，市委常委、如皋工业园区（如城街道）党工委书记刘向阳，部分镇（区、街道）和部门负责人参加考察活动。

14日

△ 2016年全国科技周暨如皋市第二十八届科普宣传周开幕式在安定广场举行。市领导蒋建、张元健、陆雪松出席开幕式。本届活动以“创新引领、共享发展”为主题，内容包括文艺演出、科普咨询、科普图书展以及疾病预防、食品安全等方面科普知识讲座。

15日

△ 如皋市正式跨入“动车时代”。上午8时26分，由南通开往南京的D5508次动车准点停靠如皋火车站，市委副书记、市长陈晓东率领相关部门负责人专程前往如皋火车站，欢送首批搭乘动车的旅客。

16日

△ 市委副书记、市长陈晓东，市委常委、常务副市长吴道健召集市项目建设领导组成员，举行第二次重大项目审批和建设协调推进会，听取部分镇（区、街道）相关负责人汇报重大项目建设中需协调解决的问题和市发改委、行政审批局等有关部门负责人提出的解决思路和对策。

△ 市委副书记司祝建，市委常委、宣传部部长胡拥军一行督查全国文明城市创建工作，先后实地察看顾庄生态园、龙游河生态公园、东皋市场、水绘园、东大街、中山路、锦绣苑二区等处。

△ 副市长缪爱诚率队视察市120急救指挥中心，了解全市院前急救工作开展情况，先后察看中心大楼布局和科室设置情况，通过系统操作平台和电子大屏，观看了120指挥调度系统派车流

程、车载视频、车辆定位和无线对讲等功能的运行状况。

17日

△ 市委副书记、市长陈晓东率队走访市国税局、地税局办税服务窗口以及中如建工集团等房地产开发企业、建工企业，了解全市营改增工作进展情况以及企业应对举措。市领导吴道健、张亚鸾参加活动。

18日

△ 全市生猪屠宰清理整顿工作会议召开，部署关闭未通过国家九部委生猪屠宰资格审核验收的屠宰企业相关工作。市委副书记司祝建、副市长杜永红出席会议。全市共有26家生猪屠宰企业，此次有18家被列入清理整顿范围，涉及如皋工业园区（如城街道）、经济技术开发区（城北街道）、高新区（城南街道）、江安镇、磨头镇、搬经镇、丁堰镇、石庄镇、东陈镇、下原镇10个镇（区、街道），6月30日前全部关闭。

△ 市政府党组召开“两学一做”学习教育工作座谈会，市委副书记、市长陈晓东为市政府党组成员、市政府办党总支全体党员上专题党课。

19日

△ 财政部预算司副司长陈新华、中央编办三司副司长马露萍率领经济发达镇行政管理体制改革调研组到如皋，就长江镇（如皋港区）行政体制改革工作进行调研，先后参观森松（江苏）重工、东升石材、长江镇便民服务中心、长江镇综合执法局等处。市委副书记、市长陈晓东参加调研。

△ 南通市政协主席王德忠前往白蒲镇，走访挂钩联系社区松杨社区，慰问结对困难户沈宝泉一家。市政协主席李中林，市人大常委会副主任张元健参加慰问活动。

△ 市委书记姜永华主持召开市委常委会，传达省委、南通市委统战工作会议精神，讨论交流学习毛泽东同志《党委会的工作方法》心得体会、贯彻落实相关举措，以及《中共如皋市委关于加强和改进党的群团工作的实施意见》等议题。

△ 如皋市首支企业消防队在丁堰镇成立。江苏恒康家居科技股份有限公司、南通明德塑胶有限公司两公司分别出资80万元、40万元购置消防车各1辆，成立20人的企业消防队，副市长陆雪松为“企业消防队”授牌，并现场观摩消防灭火演练。

△ 如皋市召开青年创业贴（低）息贷款工作座谈会，分享优秀青年代表创业故事，集中发放220万元青年创业贴息贷款和60万元青年创业贷款贴息，有效服务青年创新创业融资需求。

20日

△ 国家新闻出版广电总局电影局副局长梁戈一行到如皋，视察如皋市电影事业发展情况，实地察看江苏华夏电影胶片修复中心，听取相关情况介绍。市领导陈晓东、钱志刚参加活动。

△ 市委书记姜永华率队督查白蒲镇重点工作推进情况，实地查看江苏祥顺布业有限公司、南通茂鑫工艺品有限公司。市委常委吴瑕、副市长陆雪松参加活动。

△ 如皋市召开第二次全国地名普查动员部署暨业务培训会议，要求强化普查保障机制，确保普查质量标准、数据安全，抓好质量监理、进度监理、安全监理、验收监理、档案监理等各项工作。副市长杜永红出席会议。

△ 如皋市举行第25个全国城市节约用水宣传周启动仪式暨创建国家节水型城市走基层大型公益活动，市政协副主席黄文斌参加活动。

△ 江苏省经济和信息化委员会发布2016年度江苏省科技小巨人企业和专精特新产品名单，南通明德塑胶有限公司榜上有名。

21日 △ 市委书记姜永华主持召开亿元项目建设推进会，听取全市14个镇（区、街道）负责人分别交流2016年以来亿元以上项目特别是新开工项目建设和拟开工项目有关情况以及外资到账情况。市委副书记、市长陈晓东对全市1~4月份亿元项目建设和利用外资情况进行点评分析，并就做好下一步工作提出要求。

△ 反映2015年度如皋市情的综合参考资料《大事如皋（2015)》由方志出版社正式出版发行。该书由如皋市委、市政府主办，如皋市档案局（馆）编纂完成。全书共计40万字，其中，记录2015年度全市大事记条目968条11万余字，收存领导视察、热点聚集、新闻人物、成就展台、惠民实事、重点工程、专文选编、先进荣誉8个专题部类相关资料28万余字。

△ 如皋市在行政中心礼堂召开“爱心月”文艺演出暨捐赠动员大会，宣读中共如皋市委员会、如皋市人民政府表彰决定，对近年来为全市慈善事业作出突出贡献的江苏九鼎集团有限公司等69家慈善先进单位、顾清波等94名慈善先进个人进行表彰。大会现场，市四套班子领导和各镇（区、街道)、市级机关各部门主要领导带头捐款4.25万元，38家重点企业举牌捐赠720万元。

△ 如皋市召开夏季秸秆禁烧禁抛与综合利用工作会议，明确2016年夏季禁烧禁抛工作重点，动员各镇（区、街道)、各相关部门全面做好夏季秸秆禁烧禁抛与综合利用工作，并对2015年秋季秸秆禁烧禁抛与机械化还田工作先进单位、示范村进行表彰。市领导司祝建、蔡忠、邵晓泉、杜永红、陈万圣、郑振明出席会议。

△ 第47届江苏省县级市门球比赛在如皋举行。来自全省各地的27支代表队共300多名运动员参赛，队员平均年龄65岁。省门球运动协会会长吕卫东、如皋市副市长缪爱诚出席开幕式并致辞。

△ 如皋市积极稳妥推动家庭农场健康有序发展，全市共登记备案各类家庭农场668家（经工商注册的181家)，经营面积12.63万亩，总收入达2.266亿元。全市共有35个家庭农场被列入各级示范家庭农场名录，其中，省级9个，南通市级12个，如皋市级14个。

22日 △《沙元榘事略》首发式暨沙元榘教育思想研讨会在江苏省如皋中学举行。市领导姜永华、陈晓东、胡拥军、张元健、缪爱诚及来自市内外的相关专家、学者出席活动。

23日 △ 如皋市召开市项目建设领导组成立以来第三次重大项目审批和建设协调推进会，通报两次重大项目审批和建设协调推进会提出的有关问题解决落实情况，就项目建设过程中遇到的问题进行集中会办。市领导姜永华、陈晓东、吴道健、陆雪松出席会议。

△ 市委副书记司祝建率市水务局、环保局和相关镇（区、街道）负责人，调研沈海高速沿线环境整治和秸秆禁烧禁抛工作，实地查看高速两侧“空中广告”、水环境、绿化等环境整治情况和白蒲、东陈等镇秸秆禁烧禁抛工作情况。

△ 如皋市举办优秀妇女干部培训班开班仪式。市委副书记司祝建参加活动。培训班为期5天，由市委组织部、市委党校、市妇联联合举办，共有50名优秀妇女干部赴上海复旦大学参加此次培训。

△ 毛泽东同志在延安文艺座谈会上的讲话发表74周年纪念日，如皋市举行文艺工作会议，邀请文化部原驻外文化参赞张德生作专题讲座，并宣布如皋市第三届文学艺术奖作品名单，表彰一批优秀文艺工作者。创始于19世纪30年代的本土文学期刊《春泥》也于当日正式复刊。市领导胡拥军、缪爱诚参加活动。

24日 △ 市委副书记司祝建召集市招商局、商务局负责人，专题督查招商引资工作推进情况，并会见日本贸易振兴机构上海代表处工作人员芦田和也一行，推介如皋投资环境。市委常委吴瑕、副市长茅红宇参加活动。

△ 如皋市举行“万名代表小康行”调研活动交流会。市领导谢新民、张元健、邵晓泉、张勇、

刘聪泉出席会议，听取各镇（区、街道）负责人汇报推进“万名代表小康行”主题实践活动以及“人大代表集中调研周”活动情况。

25日 △ 中央文明办二局局长吴向东率领调研组，围绕制定进一步加强社会主义精神文明建设指导性意见、修订2015年版《全国文明城市测评体系》等到如皋进行专题调研，实地调研首届江苏最美乡村顾庄社区、国家级爱国主义教育基地红十四军公园、东大街历史文化街区、文化广场等处，听取如皋市推进全国文明城市创建工作介绍。江苏省委宣传部副部长、省文明办主任杨志纯，南通市委常委、宣传部部长章树山，如皋市委书记姜永华等参加活动。

△ 省委组织部远程教育中心主任郇成平一行到如皋，就全市党建宣传工作进行调研，实地参观市文广传媒集团“如皋党建”频道制播机房，观看频道采编播流程，详细了解频道运行情况。南通市委组织部副部长张辉，如皋市委常委、组织部部长蒋建陪同调研。

△ 致公党南通市委调研组到如皋考察，实地参观市水绘园风景区、东大街、红十四军纪念馆、顾庄生态园等地。副市长缪爱诚、市政协副主席黄文斌参加活动。

26日 △ 南通市人大常委会党组副书记、常务副主任陈斌一行到如皋，视察全市“万名代表小康行”主题实践活动开展情况，实地察看华灿电讯、二案社区，并看望慰问联系村的部分困难户。市领导姜永华、陈晓东、谢新民、张元健、邵晓泉、张勇参加活动。

△ 农工党南通市委副主委吴鸿飞一行到如皋，就“农村低收入农户增长机制”课题开展调研工作，与如皋市委组织部、市委农工办、市民政局、市财政局等7家扶贫领导小组成员单位以及搬经镇、九华镇、如皋工业园区（如城街道）、高新区（城南街道）相关分管负责人进行交流，并实地访谈2户建档立卡低收入农户。市人大常委会副主任邵晓泉陪同调研。

△ 市委书记姜永华就“学习贯彻《关于新形势下党内政治生活的若干准则》《中国共产党内监督条例》，切实担负起全面从严治党责任”接受南通广播电视台专访。

△ 市委副书记、市长陈晓东率领市环保局、交通局、物价局等部门以及部分镇（区、街道）相关负责人，走进南通广播电台“民心专列·政风行风热线”直播室，介绍如皋经济社会发展情况，并与群众互动交流，倾听百姓声音，回应相关诉求。

△ 如皋市举行群众依法逐级走访权益保障卡制度推进动员部署暨业务培训会。市委常委、政法委书记缪小华，副市长、市公安局局长成明出席会议。

△ 如皋市召开2016年普通高校招生、中等学校招生统考工作会议，市高招委相关成员单位负责人、领导小组下设办公室主任、考点主任、送考学校负责人参加会议并递交高考、中考工作责任状。副市长缪爱诚出席会议。

△ 长江镇（如皋港区）召开第十五次党代会，选举产生新一届镇党委、纪委班子和出席市第十二次党代会的党代表。市委常委、常务副市长吴道健出席会议。

27日 △ 市委副书记司祝建率领市财政局、民政局、人社局等部门负责人一行，深入如皋市蓝智慧居家养老服务中心，通过实地走访和听取汇报，调研居家智慧养老服务项目进展情况。

△ 市第十六届人大常委会召开第四十次会议，听取市政府关于全市建筑业发展情况的专项报告、市人大常委会执法检查组关于检查《中华人民共和国档案法》贯彻实施情况的报告、市文广新局和体育局关于落实市人大评议意见情况的报告，审议并通过《如皋市人大常委会预算审查咨询专家库管理暂行办法（草案）》。会议还通过了其他人事任免事项。

△ 市政府召集各镇（街道）分管农业工作相关负责人召开紧急会议，针对5月下旬以来持续

降水的灾害性天气，部署抗灾应变，突击组织全市“三夏”工作。副市长杜永红出席会议。

△ 市政协主席会议协商市侨联工作。市政协主席李中林，副主席郑振明、钱志刚，秘书长殷高华参加活动，先后走访明清外销瓷展览馆、华侨博爱康复养老中心、新空间集团。

△ 如皋市专题召开“两学一做”学习教育督导组工作例会，了解各镇（区、街道）、各部门各单位动员部署情况，研究下一阶段督导工作。市委常委、组织部部长蒋建出席会议。

28日

△ 全市生态文明建设大会召开。会议回顾总结“十二五”，研究部署“十三五”和2016年全市生态文明建设工作。市领导姜永华、陈晓东、司祝建、蔡忠、杜永红、陈万圣、黄文斌出席。会议下发了《中共如皋市委如皋市人民政府关于加快推进生态文明建设的实施意见》和《2016年如皋市生态文明建设与环境保护重点任务分解表》。市发改委、环保局、农委、长江镇（如皋港区）就下一步工作思路、打算交流发言。

△ “长寿知香杯”如皋市首届老将田径运动会召开，来自市级机关和镇（区、街道）8支代表队参加比赛，高新区（城南街道）、如皋工业园区（如城街道）、经济技术开发区（城北街道）三支代表队分别获得前三名。市领导胡拥军、缪爱诚、钱志刚参加活动。

△ 全市粮食系统第一家国有控股公司——如皋市通粮麦业有限公司正式成立，并选举明确董事会、监事会成员。副市长杜永红出席成立大会。公司由市粮食局和江苏永友粮油经营集团有限公司联合组建，与会人员参观通粮麦业如皋港库，听取了托市收购准备情况介绍。

△ 全市煤炉整治推进会议召开，要求综合运用淘汰或集中供热、清洁能源及可再生能源替代等措施，2016年年底前完成全市范围内所有10蒸吨/小时及以下燃煤锅炉的淘汰或清洁能源改造任务。副市长陈万圣出席会议。

29日

△ 中央军委原委员、解放军原总参谋长陈炳德上将到如皋，视察长江青少年素质教育实践基地，听取全市经济社会发展情况汇报。江苏省委巡视组组长陈照煌，南通市领导黄巍东、顾诺之，如皋市委书记姜永华等陪同视察。

△ 参加2016“海外知名侨商南通行”活动的部分知名侨商、侨领一行到如皋视察，先后参观龙游湖商务区、城市规划展示馆、凌志软件、康迪电动车、东升石材、苏中国际集装箱码头、中林如皋港务集团等地。市委常委吴瑕、副市长茅红宇参加活动。

30日

△ 南通市妇联副主席钮曦一行，对如皋“十二五”期间妇女儿童发展规划镇村级卫生工作的实施情况进行检查，实地走访如皋工业园区（如城街道）卫生所、城东社区卫生室等处，重点了解“十二五”期间卫生所、卫生室所承担的妇女儿童工作的完成情况。副市长缪爱诚陪同检查。

△ 市委书记姜永华专题督查四大主功能区开放型经济工作，听取四大主功能区工作完成情况和下一步工作打算汇报，并就下一步工作推进举措和思路提出要求。市领导司祝建、马金华、吴瑕、茅红宇参加活动。

△ 如皋市召开市项目建设领导组第四次重大项目审批和建设协调推进会，通报项目建设交办问题的最新推进情况，介绍外资到账情况，并就项目建设、外资到账过程中遇到的问题进行集中会办，提出解决意见。市领导陈晓东、吴道健、陆雪松、茅红宇出席会议。

31日

△ 市委书记姜永华率领市委办、市政府办、城管局、住建局、规划局、公安局、文明办、如皋工业园区（如城街道）等部门和单位负责人一行，调研城市管理工作，先后走访和谐家园、宏济苑、丰泽怡园、花市路、中央商务区等处，并听取了市城管、住

建、规划、公安以及如皋工业园区（如城街道）等部门和单位负责人对2016年以来各自开展的工作以及下一步工作打算汇报。市领导蔡忠、刘向阳、陈万圣、黄文斌、万维庆参加调研。

△ 市委副书记、市长陈晓东率领市商务局、发改委、行政审批局等部门负责人一行，调研高新区（城南街道）重点工作推进情况，先后走访国电阀门、电商快递物流园、世睿科技、佳宝机械、碧桂园、龙游湖欢乐世界、城开时代广场、天正信息等项目现场。市领导司祝建、吴瑕、茅红宇参加活动。

2016 年 6 月

1 日 △ 江苏省农机局、中石化江苏石油分公司在如皋举行“助‘三夏’·惠机手”活动，合作推出“农机加油双优卡”，向农机手提供“优先、优惠”油品供应，为夏粮丰产丰收保驾护航。市委常委吴瑕出席相关活动。

△ 南通市政协副主席杨展里率领调研组一行到如皋调研“非遗”(非物质文化遗产)工作，先后参观白蒲三香斋茶干厂、华星木业、苏中红木大世界、丝毯博物馆、文化馆非遗展厅等处。市政协副主席钱志刚陪同调研。

△ 如皋市召开 2016 年第二次银政联席会议，要求全市金融机构进一步加大对实体经济的支持力度，与经济发展同频共振，实现多方共赢。市领导姜永华、陈晓东、吴道健、张勇、陆雪松、张亚鸾出席会议。

△ 中组部党建读物出版社特约编审戴晓曙率队到如皋调研，实地走访搬经镇鞠桥社区，了解社区环境综合整治、高效设施农业等项目建设过程，听取周边群众对“第一书记”的评价。市委常委、组织部部长蒋建陪同调研。

△ 南通大学与南通超达装备股份有限公司在员工在职培训、毕业生输送、共建研究生工作站与工程技术中心等方面达成全面合作协议，并举行产学研基地挂牌仪式。南通大学副校长丁菲、如皋市副市长张辉出席仪式。

2 日 △ 山东省荣成市委副书记吕劭伟率领考察团一行到如皋，对如皋综合执法改革、行政管理体制改革工作进行专题考察，实地参观市市场监督管理局、综合检验检测中心等处，详细了解如皋部门整合后人员队伍建设、公车使用等方面情况，并听取如皋推动综合执法改革的创新举措。

△ 南通市政协副主席、市委统战部部长殷雄率领南通党的建设专题调研组到如皋，实地走访非公企业江苏恒康家居科技股份有限公司生产车间和产品展示厅，并与如皋部分非公经济人士、党外知识分子、党外干部、宗教界人士、少数民族人士座谈交流，就发挥统一战线各界人士示范引领作用征求意见和建议。如皋市委副书记司祝建，市政协副主席、市委统战部部长钱志刚参加活动。

△ 市委书记姜永华主持召开市委专题会议，听取市委组织部“两学一做”协调小组汇报全市学习教育推进情况，研究部署下一阶段具体推进举措。市领导司祝建、蒋建出席会议。

△ 市委副书记、市长陈晓东主持召开第十六届市政府第五十七次常务会议，听取 2016 中国(南通)如皋国际石材与装备展筹备工作情况汇报，讨论《关于做好 2016 年工矿废弃地复垦项目库建设工作的通知》等议题。

△ 如皋市作为国家实行最严格水资源管理制度考核点接受国家考核组检查。考核组一行对如皋长江饮用水水源保护区进行实地调研，并查阅了相关台帐资料。

3 日 △ 市委书记姜永华率领市委办、市环保局、市财政局、市农机局、市农委等部门负责人，调研秸秆机械化还田工作，先后走访白蒲镇合兴村夏季秸秆机械化还田现场和石庄、吴窑等镇。市委副书记司祝建参加调研。

△ 渤海商品交易所长江国际交易中心举行产业对接会，向如皋本土企业推介交易中心平台功能、合作方式。市领导司祝建、魏祝明参加活动。

3~4 日

△ 深圳华侨城股份有限公司副总裁、深圳华侨城文化旅游科技股份有限公司董事长陈跃华率领考察团一行到如皋实地考察旅游投资环境，先后参观水绘园、东大街、博爱康复护理院、龙游湖风景区、龙游河生态公园、长寿城、华夏胶片电影博物馆等处，并详细了解如皋经济技术开发区（城北街道）拟实施的“梨花春雨”（长寿慢城）主题景区项目情况。市领导姜永华、陈晓东、胡拥军陪同考察。

4 日

4~5 日

△ 新疆奎屯市副市长申德英率队到如皋考察教育工作，实地考察如皋中学、东方智能教育培训中心、韦博英语培训中心等地，详细了解如皋在民办教育、国有民办教育等方面的先进办学理念和教学管理经验。副市长缪爱诚陪同考察。

5 日

5~6 日

△ 省台办主任杨峰到如皋调研，走访南通斯密特森光电科技有限公司、南通安佑生物科技有限公司等重点台资企业，了解企业生产经营情况，听取意见建议，并到如皋长江青少年素质教育实践基地进行参观调研。南通市副市长孙建华，如皋市委书记姜永华，市委副书记、市长陈晓东等参加调研。

6 日

△ 全市重点工作现场推进会召开，与会人员实地参观东陈、丁堰、白蒲三镇工作亮点。市四套班子领导姜永华、陈晓东、谢新民、李中林、司祝建等参加会议。

△ 市领导陈晓东、胡拥军、缪爱诚率市政府办、教育局（政府教育督导室）、公安局、建工局、城管局、农委、环保局、交通运输局、卫计委、市场监督管理局、文广传媒集团、供电公司、电信公司、联通公司等部门和单位负责人，分别前往如皋中学、市一中、江安中学、白蒲中学等 5 个高考考点和 1 个高考食宿点，就高考准备情况进行拉网式检查。

△ 省住房和城乡建设厅发布《关于 2016 年地下综合管廊、海绵城市建设试点城市与示范项目的公示》，如皋入选 9 个江苏省海绵城市建设试点城市，是苏中苏北县级市（区）中惟一获此资格的城市。

7 日

△ 南通市委常委秦厚德率队到如皋调研“三夏”工作，先后视察九华镇南通地方粮食储备库，石庄镇洪港村整村推进秸秆机械化还田及商品化集中育秧基地、永兴社区阳光葡萄采摘园、张杨园村祥盛合作烘干中心，江安镇胜利社区中华寿桃休闲农庄，磨头镇小龙家庭农场等处。如皋市委书记姜永华、市委副书记司祝建、副市长杜永红参加调研。

△ 市委书记姜永华率队前往长江镇（如皋港区）及挂钩联系村蔡埠庄村，调研“两学一做”学习教育和全面小康建设推进情况，实地走访蔡埠庄村蔡可良、郭炳恒等困难家庭和村卫生服务室，市人大常委会副主任张元健参加调研。

△ 高考第一天。市领导姜永华、陈晓东、谢新民、李中林等分别率队视察如皋中学、职教中心、市一中、白蒲中学、江安中学 5 个高考考点，确保考试环境良好、考场各项工作正常。

△ 市委副书记、市长陈晓东率队专题督查沿江防汛工作，实地走访久隆闸、永平闸、新跃涵洞、长青沙西南侧堤坝等一批沿江防洪水利工程现场，听取相关部门防汛工作的情况汇报。市领导司祝建、杜永红、万维庆参加活动。

△ 市委副书记、市长陈晓东，副市长缪爱诚率领相关部门负责人，前往北外附属如皋龙游湖外国语学校项目建设现场，了解项目规划建设推进情况。

8日 △ 如皋举行项目集中开工仪式,6个重点项目开工建设,总投资近10亿元,分别是:位于东陈镇的江苏平易电气有限公司新建电网中性点接地成套装置制造项目、位于丁堰镇的江苏恒康家居科技股份有限公司的记忆棉制品扩建项目、位于白蒲镇的南通如通物流有限公司物流仓储项目、位于如皋工业园区(如城街道)的南通中铁华宇电气有限公司特种LED照明灯具项目、位于吴窑镇的南通市顺隆康复器材有限公司病床生产扩建项目、位于搬经镇的南通程恒汽车配件有限公司汽车车架冲压件项目。市领导李中林、蔡忠、缪小华等出席开工活动。

△ 市委副书记司祝建召集市委农工办、市行政审批局、市规划局等部门和单位有关负责人,就经济薄弱村标准厂房房产证办理举行专题协调会,听取与会各部门就13个村(社区)标准厂房办证办理提出整改意见和建议。副市长杜永红出席会议。

9日 △ 如皋春蚕收购全面开秤。2016年如皋春蚕发种4.8万张,与上年相比减少1.3万张,但生产喜获丰收,实现单产、质量、价格、收益“四增加”。据高井蚕茧站收购数据分析,2016年平均每张产茧46.5千克左右,最高达50千克,与上年相比,每张产量增加1.5至2千克;最高收购价达44元/千克,收购均价为42.77元/千克,比上年上涨7.03%。

12日 △ 市委书记姜永华召集市委办、如皋海关、商务局、招商局、人民银行以及四大主功能区负责人召开专题会议,督查推进“三外”工作,先后听取近期以来四大主功能区开放型经济工作情况汇报,分析开放型经济工作面临的严峻形势,研究实现“三外”工作“双过半”的有关举措。市领导司祝建、吴瑕、茅红宇参加会议。

13日 △ 市委书记姜永华率领相关部门负责人,调研经济技术开发区重点工作推进情况,先后走访陆地方舟、南通荣威、南通创源、金杯汽车等处。市委常委、经济技术开发区党工委副书记、管委会常务副主任马金华参加调研。

△ 如皋召开专题会议,全面部署和启动新一轮非公有制经济代表人士综合评价工作,为换届工作中非公有制经济代表人士政治安排做好基础性工作。市委副书记司祝建,市政协副主席、市委统战部部长钱志刚出席会议。

14日 △ 市委书记姜永华率队专题调研全市卫生计生工作,实地视察市疾控中心、市妇幼保健中心、市120急救指挥中心等处,要求以深化改革为动力,进一步提升服务人民群众水平。市领导胡拥军、张元健、缪爱诚、钱志刚参加调研。

△ 如皋市召开危险化学品安全专项整治工作会议,通报2016年以来周边地区发生的危险化学品事故情况,深入剖析事故原因,并对此次危险化学品安全专项整治工作进行具体部署,明确整治要求、整治内容、整治方法。副市长陆雪松出席会议。

15日 △ 省政府研究室副主任沈和率队到如皋,了解如皋“十二五”期间城市规划建设管理的有益探索以及“十三五”城市工作目标、思路、举措,并就完善相关政策征求意见和建议。市领导陈晓东、陈万圣、万维庆参加活动。

△ 江苏省对台交流基地——如皋长江青少年素质教育实践基地正式揭牌,成为南通市首家省级对台交流基地。省台办副主任张为,南通市台办主任蒋才茂、如皋市委副书记司祝建、市委常委吴瑕等出席揭牌仪式。

△ 市委副书记司祝建率队,先后前往经济技术开发区(城北街道)桥港村、磨头镇邓高村等处,对全市农作物秸秆禁烧工作进行随机突击督查。

16日

△ 省“两权”抵押贷款督查组到如皋，就农村承包土地经营权抵押贷款试点工作进行专项督查，实地查看如皋农村产权交易服务中心、农商行、华夏花卉等处，查阅如皋试点工作方案、试点工作机制等方面资料，并召开座谈会，详细了解相关政策推进落实情况。市领导司祝建、吴瑕、杜永红参加督查活动。

△ 南通市委宣传部常务副部长陈慧宇深入结对帮扶村——如皋九华镇龙舌村开展实地走访调研，看望慰问结对帮扶困难户，并查看九华镇伟越电器、长寿养生园、镇文体中心等经济社会发展亮点。并市领导胡拥军、张元健参加活动。

△ 南通市海洋与渔业局局长邵怀德到如皋，以南通市人大代表的身份看望慰问结对的贫困家庭，践行“万名代表小康行”活动。市人大常委会副主任邵晓泉参加活动。

△ 市委副书记、市长陈晓东主持召开第十六届市政府第五十八次常务会议，听取当前安全生产工作情况汇报，讨论《关于进一步推进教师队伍“县管校聘”管理改革的意见》《如皋市乡村教师支持计划实施方案》《关于进一步加强幼儿教师队伍建设的意见》等议题。

△ 如皋市在文峰大世界广场举行2016年安全生产综合咨询暨安全生产月活动启动仪式。市安监局、住建局、消防大队、旅游局等部门参加安全生产综合咨询活动，并向群众发放安全宣传手册。副市长陆雪松参加活动。

16~17日

△ 南通市规范信件办理现场推进会暨办信业务培训会在如皋召开，与会人员现场观摩经济技术开发区(城北街道)和市环保局办信工作。南通市委副秘书长、南通市信访局局长、党组书记顾晓明，如皋市委常委、政法委书记缪小华及南通各县(市、区)相关信访工作人员参加会议。

18日

△ 2016如皋国际石材与装备展在长江镇(如皋港区)举行，南通市、如皋市分别被授予“中国建筑装饰之乡”和“中国装饰石材采购基地”称号。十届全国政协委员、中华全国供销合作总社监事会原副主任林乃基，中国建筑装饰协会会长李秉仁，中国石材协会会长陈国庆，江苏省商务厅副厅长江桦，南通市副市长孙建华，如皋市委书记姜永华，市委副书记、市长陈晓东等出席开幕式。

△ 长江镇(如皋港区)三个石材产业项目集中开工建设。市领委书记陈晓东、市委副书记司祝建等出席开工仪式。

20日

△ 省安监局副局长喻鸿斌、省编办行政处处长郭为民一行到如皋，联合调研如皋乡镇(街道)安全生产综合执法机构建设工作。市委常委、常务副市长吴道健，副市长、市公安局局长成明参加调研。

△ 南通市副市长赵闻斌到如皋，就如皋夏收夏种、土地确权登记、夏粮收购工作推进情况进行检查，先后察看白蒲镇钱园社区、朱家桥村水稻集中育秧现场和顾岱村土地确权工作情况以及市粮食储备库夏粮收购情况。副市长杜永红陪同。

△ 如皋市召开市项目建设领导组第六次重大项目审批和建设协调推进会，听取相关镇（区、街道)有关负责人汇报亿元以上重大项目建设过程中需要协调解决的问题以及近期外资到账情况，就项目建设、外资到账过程中遇到的问题进行集中会办。市领导陈晓东、司祝建、吴道健、吴瑕、茅红宇出席会议。

21日

△ 市委书记姜永华前往长江镇(如皋港区)调研物流业发展情况，实地察看中林如皋港务集团、如皋港集团和如皋市长江高级中学(筹)等处，要求放大资源平台优势，拓市场、强管理、增效益。市委常委、常务副市长吴道健参加调研。

△ 市委书记姜永华深入长江镇(如皋港区)防台防汛一线,督查各项防御工作准备情况,实地查看新跃涵洞等重点防汛险段。市委常委、常务副市长吴道健参加督查。

△ 市委副书记司祝建率领多个职能部门负责人,前往江安、搬经两镇,实地查看江安镇的周庄社区、胜利社区和拟于9月份前建成的搬经文化展示馆,了解社区美丽乡村建设、镇级文化展示馆规划设计方案等有关情况,提出改进意见和建议。市领导胡拥军、吴瑕、刘聪泉参加活动。

△ 如皋市召开2016年科技金融对接洽谈会,促进科技资源与金融资源有效衔接,缓解科技型中小企业融资难题。市领导缪小华、张元健、缪爱诚、张辉、张亚鸾参加会议。

22日

△ 市委书记姜永华调研全市司法行政工作,实地走访如皋经济技术开发区(城北街道)司法所、江苏奔月律师事务所、江苏敏政律师事务所、市特殊人群管理服务中心等处,要求坚持高点定位,认真履职,勇于创先争优,奋力打造人民满意的服务型司法行政机关。市领导马金华、缪小华、成明参加调研。

23日

△ 市委书记姜永华率队前往如皋工业园区(如城街道),实地走访明申农业、京典自动化、藕园、城西新村、汽车城奔驰4S店等重点项目现场,就相关重点工作开展情况进行调研。市领导吴道健、刘向阳参加调研。

△ 环保部发布2016年第46号公告,授予吉林省通化县等10个县(市、区)“国家生态县(市、区)”称号,如皋市与南通市同批获得此项荣誉。

24日

△ 市委书记姜永华主持召开市委常委会,传达江苏省文明委在宿迁召开的深化文明城市创建工作推进会主要精神,研究讨论《关于中国共产党成立95周年纪念活动的通知(讨论稿)》、全市庆祝中国共产党成立95周年大会暨“七一”大党课建议方案以及“七一”表彰建议方案等议题。

25日

△ 如皋市举行“两学一做”学习教育专题讲座,邀请省委组织部副部长、省委党的建设工作领导小组办公室主任盛克勤作题为《核心支撑与根本保证——关于“全面从严治党”的学习理解》专题辅导报告。市委书记姜永华主持讲座。

△ 如皋党建频道开播5周年庆典在市文广传媒集团演播大厅举行。以党徽为主图、如皋党建频道开设的子栏目为副图的个性化邮票于当天揭幕。如皋中国共产党成立95周年纪念活动之十大“时代先锋”人物评选、“践行‘两学一做’共筑中国梦”征文征集、“建设新如皋 齐心奔小康”图片征集等活动的评选结果也于当天揭晓。中组部党员教育和干部测评中心二处处长徐宝林,省委组织部远程教育中心主任郎成平,市领导姜永华、陈晓东、司祝建、蒋建参加活动。

27日

△ 如皋市召开财政、审计整改工作专题交办会,部署财政财务检查、安置房审计发现问题的整改工作,确保财政管理规范化、国有资产不流失、使用效益最大化、廉政风险最低化,更好地促进全市经济社会持续健康发展。市领导陈晓东、吴道健、张勇、张亚鸾出席会议。

△ 如皋市召开市项目建设领导组第七次重大项目审批和建设协调推进会,就项目建设、外资到账过程中遇到的问题进行集中会办。市领导司祝建、吴道健、吴瑕、茅红宇出席会议。

△ 为期一个月的新疆伊宁县青年后备干部培训班在如皋开班。市委副书记司祝建出席开班典礼。培训班共有学员30名,采取模块化教学模式,通过现场参观、聆听讲座、研讨交流等形式,了解南通和如皋市情,开展党性锻炼,提升能力素质。

28日

28~30日

△ “七一”前夕，市领导陈晓东、何益军、谢新民、李中林、司祝建等分别前往高新区（城南街道）、下原镇、磨头镇、白蒲镇、东陈镇等镇（区、街道），看望并慰问中华人民共和国成立前老党员和生活困难党员，了解实际困难，征求意见建议，送上节日问候。

29日

△ 如皋市召开领导干部会议，宣布市委市政府主要领导调整决定。南通市委常委、组织部部长张兆江主持会议，南通市委书记、市人大常委会主任陆志鹏出席会议并作重要讲话。根据省委和南通市委关于如皋党政主要领导同志职务调整的决定：陈晓东同志任中共如皋市委书记，姜永华同志不再担任中共如皋市委书记、如皋经济技术开发区党工委书记职务；提名何益军同志为如皋市市长候选人，陈晓东同志不再担任如皋市市长职务，按有关法律规定办理；何益军同志任中共如皋市委委员、常委、副书记。

△ 南通市委常委、宣传部部长章树山到如皋，分别前往东陈镇洪桥社区、经济技术开发区（城北街道）万新村、如皋工业园区（如城街道）钱长村，走访慰问老党员和困难党员。如皋市委常委、宣传部部长胡拥军陪同慰问。

△ 省综改办、省财政厅、省农委联合下发《关于同意2016年扶持村级集体经济发展试点县（市、区）实施方案的批复》，同意如皋市等12个财政部扶持村极集体经济发展试点县（市、区）上报实施方案。如皋作为南通唯一试点市，确定30个村作为省级试点（其中，土地股份合作项目10个，其他扶持项目20个），省核定补助额为3200万元，为全省8个获得补助资金最多的县（市、区）之一。

30日

△ 中国友好和平发展基金会秘书长贾伶率队到如皋，考察2016“三星杯”中国国际友城青少年足球邀请赛及配套活动筹备情况。考察团一行前往市奥体中心和光华国际大酒店，实地察看男子专业组比赛场地和住宿场地，并详细了解基础设施、场地安全等情况。副市长缪爱诚陪同考察。

△ 如皋举行不动产权证首发仪式，市委常委、常务副市长吴道健出席仪式，并为首批获颁不动产权证的产权人颁发证书。

△ 如皋市在焦港船闸上游远调站待闸区举行内河水上搜救综合演习。演习由地方海事处牵头实施，航道管理站、公安水警大队、焦港船闸管理所和有关企业共同参与，分为水上救生、船舶消防灭火、水上防污染3个科目，共动用船艇12艘，参演人员达80多人。副市长陈万圣现场观摩演练。

△ 上半年，据江苏如皋出入境检验检疫局统计，如皋口岸靠泊各类船舶221艘次，同比增长70%，业务增长速度超过预期。

2016 年 7 月

1 日 △ 南通市委常委、副市长单晓鸣率队到如皋专题视察港口建设管理工作，实地察看阳鸿石化、诚晖石化、东方石化、如皋港务集团、如皋港苏中国际集装箱码头等处，了解沿江危化品港口企业安全生产和非法码头整治情况。市领导陈晓东、何益军、茅红宇陪同视察。

△ 如皋市举行庆祝中国共产党成立 95 周年大会暨“七一”大党课，市委书记、市长陈晓东出席大会，为广大党员干部上专题党课。大会通报如皋市被评为南通市先进基层党组织、南通市优秀共产党员、南通市优秀党务工作者名单，宣布《中共如皋市委关于表彰先进基层党组织、优秀共产党员、优秀党务工作者、十佳党员企业家和“双强”型村（社区）党组织书记标兵的决定》，对相关先进集体和先进个人进行表彰。

△ 即日起至 2017 年 6 月 30 日，市政府调整社会保障对象生活救助（补助）标准：城市、农村低保标准分别提至 590 元/人·月、480 元/人·月；城市“三无”供养对象和农村五保集中供养、分散供养标准分别为 15550 元/人·年、7700 元/人·年、7250 元/人·年；机构供养、分散供养孤儿救助标准分别为 1817 元/人·月、1100 元/人·月；城乡 60 年代精简退职老职工生活补助标准为 590 元/人·月；老复员军人遗属生活补助标准为 590 元/人·月；江滨医院内麻风病人、精神病人生活补助标准为 480 元/人·月。

2 日 △ 市委书记、市长陈晓东主持召开市委常委会，研究讨论南通市党代表候选人初步人选建议名单、《关于如皋市村（社区）党组织换届工作的意见》等议题，并召开市委全委会，讨论和表决通过《关于中国共产党如皋市第十二届委员会、纪律检查委员会组成原则的建议》。

△ 渤海商品交易所董事长助理、高级物流师何忠付博士率领部分高层人员专程到如皋，考察渤商所在如皋投资项目运行及推进情况，协商推进既定项目进程，进一步深化合作。市领导陈晓东、吴道健、刘向阳出席活动。

3 日 △ 市委副书记、市长人选何益军召集市水务局、住建局、气象局、城管局等部门负责人，召开全市防汛工作紧急会议，听取雨情、水情汇报，部署防汛抢险工作，应对强降雨天气。市领导杜永红、陈万圣、万维庆出席会议。

△ 据气象部门统计，如皋市自 1 日起普降暴雨（局部大暴雨），截至 3 日下午 14 时 30 分，最大降雨量 244.9 毫米，24 小时内降雨量测点最大为 131.7 毫米。全市内河水位猛涨，沿江各闸全力排水 7309 万立方米，控制内河水位。

4 日 △ 如皋市召开第八次重大项目审批和建设协调推进会，就项目建设、外资到账过程中遇到的问题进行集中会办。市领导陈晓东、何益军、吴道健、吴瑕出席会议。

△ 如皋市召开主城区水系贯通及生态景观提升规划论证会，听取相关设计单位关于如皋市《主城区生态景观总体规划》《茅雉河综合整治工程规划》等方面的汇报，谋划实施城区茅雉河南延工程，目标打造水系畅通、生态友好、水清景美的百亿级水系生态功能区。市领导陈晓东、何益

军等出席论证会。

5日 △ 森松(江苏)重工有限公司TOYO RAPID项目两台千吨级大直径塔器——汽油分馏塔、急冷塔完成制造,正式向客户发货。市委书记陈晓东、副市长茅红宇出席设备发货仪式。作为森松(江苏)重工有限公司制作的直径最大、重量最重的设备,汽油分馏塔直径达12.9米,总长66米,运输总重1200吨;急冷塔上段直径12.5米,下段直径18米,总长59米,运输总重1500吨。当前,直径18米的大型炼油设备整体制作发货尚为国内首例。

△ 市委副书记、市长人选何益军召集市财政局、国税局、地税局等部门负责人,专题调研财税工作,先后前往市国税局办税大厅,实地了解"营改增"工作运行、税收征管信息系统运转,"营改增""绿色通道"办理效率等情况并听取市国税局、地税局、财政局负责人相关工作情况汇报。市领导吴道健、张勇、张亚鸾参加调研。

△ 市政协主席李中林以市人大代表身份前往白蒲镇松杨社区,走访慰问结对的贫困家庭,践行"万名代表小康行"活动,并开展"夏送清凉"活动,为高龄老人送去慰问金和慰问品。市政协秘书长殷高华参加活动。

△ 市委副书记、市长人选何益军率队前往市行政审批局和市场监管局,专题调研相对集中行政许可权改革试点和市场监管体制改革工作,先后走访市行政审批服务大厅、综合检验检测中心和市场监管局综合指挥中心,了解审批项目办理流程,查看行政审批窗口和各中心运行情况。市领导吴道健、张勇、郑振明参加调研。

6日 △ 市第十六届人大常委会召开第四十一次会议,审议并接受陈晓东、陆雪松分别辞去市人民政府市长、副市长职务,任命何益军为市人民政府副市长并代理市长职务。

△ 市委书记陈晓东率领市委办、市发改委、市商务局、市行政审批局、市国土局等部门负责人调研如皋工业园区(如城街道)项目建设,实地察看如皋火车站、南通尔昕木业有限公司东部家具产业园二期、如皋国际园艺城、海力达、元升太阳能迁建项目、渤商所长江国际交易中心等重点项目建设现场,了解项目建设进度和需要协调解决的问题。市委常委、如皋工业园区(如城街道)党工委书记刘向阳陪同调研。

△ 市政协召开主席会议协商律师工作,实地参观江苏奔月律师事务所、江苏敏政律师事务所。市政协主席李中林,副主席黄文斌、张亚鸾、郑振明、钱志刚,秘书长殷高华出席会议。

△ 晚22时20分左右,东陈镇8个村(社区)遭受雷暴大风袭击,受灾严重,800多间房屋不同程度受损。

7日 △ 市委副书记、代市长何益军率队调研审计工作,听取审计工作情况汇报,了解上半年审计工作开展情况和当前审计工作中存在的难题。市领导吴道健、张勇、张亚鸾参加活动。

△ 市委副书记、代市长何益军赶赴因雷暴大风影响受灾较为严重的东陈镇北庄村察看灾情,现场指导抢险救灾工作。市领导张勇、杜永红、黄文斌参加活动。

△ 副市长杜永红前往市气象局视察汛期气象服务工作,详细了解入梅以来降雨量、台风"尼伯特"动态及未来天气趋势。

△ "万名代表小康行"如皋市推进会举行,对活动进行再动员,推动"万名代表小康行"主题实践活动向纵深方向发展,确保取得实实在在的效果。市领导谢新民、吴道健、张元健、邵晓泉、张勇出席会议。

△ 市委常委、宣传部部长胡拥军前往长江高级中学,实地察看一期工程建设情况,并对开学准备

工作进行专题调研。计划2017年竣工的长江高级中学总投资超过3亿元，按照江苏省四星级普通高中标准建设，一期工程已竣工，共有2幢教学楼、1幢实验楼、1幢学生公寓楼、1幢师生餐厅，可以满足40个班级学生学习、生活。二期工程包括1幢教学楼、1幢实验楼、2幢宿舍楼、1幢办公楼、1座体育馆和1个报告厅。

△ 2016年江苏省“七彩的夏日”未成年人活动启动仪式暨《穿越“无礼国”》首演活动在南京文化馆举行。省委宣传部副部长、省文明办主任杨志纯，省教育厅副厅长朱卫国，省文明办副主任葛莱，团省委党组成员、省少先队总辅导员姜东，省妇联副主席李玉娟，如皋市委常委、宣传部部长胡拥军参加活动。

△ 2016年老小区改造二期工程在惠隆苑小匹正式开工。工程总建筑面积129171平方米，涉及1996年开发的4个小区(宏济苑、惠隆苑、健康东村601-608幢、蒲行苑一二区)、36栋楼、806户居民，计划11月底前完工。自2013年以来，市城管局分批次完成海宁苑、健康花苑、花港小区、东皋新村等20个老小区进行项目改造。2016年继续实施老小区改造，涉及89幢住宅楼、住户2600多户，改造总面积34万多平方米，总概算投资1000万元。

8日

△ 南通市副市长朱晋前往结对帮扶村——白蒲镇新陆村开展实地调研，并看望慰问结对帮扶困难户。如皋市领导何益军、张元健参加活动。

△ 如皋市组织收听收看全省防御第1号台风“尼伯特”异地视频会议、南通贯彻落实全省视频会议精神动员会议，并组织召开专题会议研究贯彻落实具体措施，部署防御工作。市委副书记、代市长何益军，副市长杜永红，市防汛防旱指挥部成员单位负责人参加会议。

△ 市政协主席会议协商农村土地流转工作，视察东陈镇松香树果蔬农地股份合作社、经济技术开发区(城北街道)张贤平种粮大户的种植基地和本田家庭农场，听取全市农村土地流转工作开展情况汇报。市政协主席李中林，副主席黄文斌、张亚鸾、郑振明、钱志刚，秘书长殷高华参加活动。

△ 市委常委、宣传部部长胡拥军，副市长缪爱诚率市政府办、旅游局、公安局、交通局等部门相关负责人实地查勘“白雪线”乡村旅游养生带标识选址方案。该旅游养生带位于如皋市东部，主要涉及白蒲、丁堰、东陈3镇和如城街道东部4村，共计72个行政村，面积约为347平方公里。

9日

△ 如皋市召开专题会议，回顾总结2015~2016学年度全市高中教育工作，明确下一阶段高中教育的发展目标、重点任务和工作要求。市领导胡拥军、张元健、缪爱诚、钱志刚出席会议。

11日

△ 如皋港保税物流中心(B型)正式开关运行，江苏恒运国际货运代理有限公司第一单业务通关。南通市政府党组成员陈翔，南通海关党组书记、关长沈建明，如皋市领导何益军、谢新民、李中林、张勇、茅红宇、张亚鸾出席开关运行仪式。

△ 市委书记陈晓东在市社会矛盾纠纷调处中心接访4批信访群众，倾听诉求，现场协调解决问题。市领导缪小华、史有根、缪爱诚参加接访。

△ 市委书记陈晓东，市委副书记、代市长何益军一行调研扶贫及民生保障工作，先后走访慰问磨头镇兴韩村赵长海、倪福如等贫困户，参观磨头镇天阳社区公共服务中心、市120急救指挥中心、市人才市场和市人社局政务中心窗口，听取相关工作情况汇报。市领导司祝建、杜永红、缪爱诚参加调研。

12日

△ “江苏省华人华侨文化交流基地”揭牌仪式在位于如皋经济技术开发区的华夏胶片电影博物馆举行。省侨联副主席宫琳、市委常委吴瑕出席仪式。

△ 南通市、如皋市在焦港河张黄港粮库码头联合举办淡水渔业资源增殖放流活动，

放流包括草鱼、鲫鱼、河鳗、白鲢在内的各类淡水鱼苗500余万尾。南通市委常委秦厚德，如皋市领导陈晓东、邵晓泉、杜永红、郑振明参加活动。

△ 市委书记陈晓东前往市人民检察院调研，查看市人民检察院院史陈列室、办案工作区、为民服务中心等处，详细了解检察院功能设置及相关业务开展情况，对进一步做好检察工作提出要求，并对检察工作助推发展寄予殷切希望。市领导缪小华、缪爱诚参加调研。

△ 市委副书记、代市长何益军率队前往长江镇(如皋港区)督查防汛防洪工作，实地察看沿江防汛堤和涵闸在建工程，详细了解防汛排查、抢险应急队伍建设、应急物资准备及防汛工程建设情况。副市长杜永红参加督查。

△ 市委副书记、代市长何益军督查如通快速通道工程实施前期工作，实地察看沿线主要结合点，对照规划设计图详细了解相关情况，并听取设计单位和交通、规划部门以及高新区(城南街道)、下原镇、九华镇意见和建议。该快速通道全长28公里，如皋市境内逾22公里，总体设计路线呈南北走向，采用城市快速路双向6车道建设标准。

△ "中韩合作，相约江海"中韩师生文化交流活动在如皋举办，韩国大洸发明科学高等学校校长裴东润率师生代表团20余人到如皋，参观水绘园、城市规划馆、江苏神马科技股份有限公司、如皋市江海技工学校，并与江海技校师生开展丰富多彩的文化交流活动。

12~13日

△ 南通市重大产业项目核查组到如皋，对如皋市上半年重大产业项目进行核查，先后前往南通明德塑胶有限公司高档塑料玩具生产技改扩建项目、南通绿润置业有限公司绿润商业广场项目等建设现场实地核查，并听取企业负责人关于项目进展情况的介绍。市委常委、常务副市长吴道健，副市长茅红宇参加活动。

13日

△ 南通市委常委、副市长王剑锋一行调研如皋经济技术开发区重点工作，实地走访如皋经济技术开发区的江南大学食品研究所、百应能源、双钱轮胎、康迪电动车、陆地方舟、思源电气等项目。市领导陈晓东、何益军、马金华、茅红宇参加活动。

△ 南京海关党组成员、纪检组组长栗晋斌，南通国检局局长朱伟光一行到如皋开展"百企帮促"调研活动，走访百川化工(如皋)有限公司，了解企业生产经营情况，并就强化一般认证企业资格申报业务指导、进一步提高通关效率等企业期望解决的问题进行现场交办。市领导陈晓东、何益军、司祝建、吴瑕参加调研。

△ 江苏省原副省长、两岸企业家峰会成长型和中小企业合作推进小组副召集人李全林率队到如皋调研，先后前往南通斯密特森光电科技有限公司、顾庄生态园等处，深入了解全市经济社会发展情况。市领导何益军、刘向阳、茅红宇陪同调研。

△ 晚，2016亚特拉斯四国(中国国奥、罗马尼亚、波兰、格鲁吉亚)篮球邀请赛移师市奥体中心篮球馆举行，中国国奥与波兰队展开此次系列赛的第三次交手，最终以77对87不敌波兰，遭遇两连败。

14日

△ 南通市人大常委会党组成员周剑浩率队到如皋，就调动保护企业家积极性和推进重大产业项目建设情况进行视察，实地察看东升石材、明德塑胶等项目现场，了解项目建设进展情况、企业发展面临的困难问题，以及对政府服务企业发展的意见建议。市领导张勇、茅红宇陪同视察。

15日

△ 省委组织部副部长陆永辉一行检查如皋市"两学一做"学习教育、市镇村党组织换届工作，听取如皋市"两学一做"学习教育和市镇村党组织换届工作开展情况汇报，并走访双钱集团(江苏)轮胎有限公司，了解企业"两学一做"学习教育开展情况，市领导陈晓

东、司祝建、马金华、缪爱诚参加活动。

△ 市第十六届人大常委会召开第四十二次会议，同意任命陈晓彬为如皋市人民政府副市长、公安局局长，高峰为如皋市人民政府副市长，并颁发任命书。会议听取关于如皋市自来水价格调整及改革的报告，表决通过关于任命章智敏为如皋市人民法院副院长、代院长以及孙亚为如皋市人民检察院副检察长、代检察长的议案，审议并依法接受成明辞去市人民政府副市长、公安局局长职务的申请。

△ 市委副书记、代市长何益军率领市交通局、规划局、住建局等部门负责人，对如皋市高速公路道口沿线环境整治及绿化工作进行调研，实地查看沈海高速丁堰道口、东陈道口以及延伸段公路沿线环境整治情况，分析研究道口沿线建设进程中存在的问题和困难，并从净化、绿化、建设等方面提出具体要求。

16日

△ 如皋新城吾悦广场奠基开工。市领导陈晓东、刘向阳、张勇、陈万圣、黄文斌、万维庆参加开工活动。

18日

△ 南通市委政法委书记姜永华一行到如皋，听取如皋市政法维稳工作情况汇报，就如皋市政法维稳工作进行调研。市领导陈晓东、缪小华、陈晓彬参加调研。

△ 市委书记陈晓东主持召开市委常委(扩大)会议，就经济建设工作进行专题调研，听取各分管领导关于联系条线工作的“十三五”目标、思路和举措，以及2016年上半年工作成绩及推动全年目标任务完成有关措施的汇报。会上，主功能区及部分产业研究课题组以书面形式介绍了下一步发展思路。

△ 市委副书记、代市长何益军前往市发改委，就部门上半年工作完成情况及存在问题、下半年工作思路和举措进行调研。市领导张勇、茅红宇、高峰、张亚鸾参加活动。

19日

△ 市委书记陈晓东主持召开市委常委会，研究讨论《中国共产党如皋市第十二次代表大会工作方案》等议题。

△ 市委书记陈晓东主持召开市委常委(扩大)会议，研究全市社会事业发展、社会治理、民主政治、宣传思想、纪检监察及组织、统战、群团等工作，听取各分管领导分别汇报联系条线的上半年工作成绩、下半年及“十三五”目标定位、思路举措。

20日

△ 市委书记陈晓东主持召开工作务虚会，集中交流、深入思考研究如皋市未来五年发展大计和“十三五”规划的实现路径。市四套班子领导分别从各自分管工作的实际出发，深入剖析当前形势和未来走势。

△ 如皋市召开创建全国文明城市暨诚信建设制度化现场推进会，通报二季度模拟测评情况和一季度模拟测评反馈问题整改情况，并为市第三届“诚信之星”颁奖。与会人员实地参观高新区(城南街道)宋家桥社区、如皋工业园区(如城街道)城南社区御龙湾小区、经济技术开发区东风社区金鹰小区、中山路等处，听取相关负责人关于农民安置小区文明创建、新小区文明创建、文明诚信经营示范市场创建等方面的介绍。市领导司祝建、胡拥军、缪爱诚、钱志刚出席会议。

21日

△ 市委副书记、代市长何益军率队对科技创新工作进行专题调研，实地调研如皋市科技创业园和园内南通莱奥电子科技有限公司等多家在孵企业，详细了解企业技术创新、科技研发平台以及人才队伍建设等情况。市领导高峰、张辉、张亚鸾参加活动。

△ 如皋市组织部分部门、村(社区)、镇(区、街道)、商会负责人及企业家进行座谈，就中国共产党如皋市第十二次代表大会报告(征求意见稿)征求意见和建议。市委副书记司祝建参加座谈。

△ 如皋市召开环境督察汇报交流会，听取市环保局通报全市环境问题整改情况和下一步工作安排部署，各镇（区、街道）汇报环境问题整改落实情况，进一步落实责任，强化措施。市领导何益军、陈万圣、万维庆出席会议。

22日 △ 省农开局副巡视员张学平一行到如皋视察2015年度国家农业综合开发项目建设、验收等情况，实地察看2015年度丁堰镇高标准农田项目区、2015年度如皋工业园区（如城街道）高标准农田项目区，并听取如皋市项目实施情况汇报。副市长杜永红参加视察活动。

23日 △ 市委副书记、代市长何益军主持召开第十六届市政府第五十九次常务会议，学习习近平总书记“七一”重要讲话精神，传达习近平总书记、李克强总理在中央政治局常委会议上关于安全生产工作的重要讲话精神，研究讨论关于提高城乡低保五保等困难群体求助标准的请示、如皋市创建国家食品安全城市工作实施方案等议题。

△ 第六届“小亭志愿服务月”活动在市奥体中心篮球馆启动，10个重点志愿服务项目集中发布，2015至2016年度如皋市“十佳优秀志愿服务组织”和“十佳优秀志愿者”受到表彰。市领导司祝建、胡拥军、张元健出席启动仪式。本届“小亭志愿服务月”全市集中开展各类志愿服务活动100多项。启动仪式上，中国人寿如皋支公司向全市注册志愿者赠送了保险。

23~24日

△ 新疆伊宁县党政代表团在县委书记杨新平率领下到如皋考察，就促进两地区域经济共同发展进行交流，先后参观高新区软件和信息服务产业园、龙游湖商务风景区、文化广场、顾庄生态园、水绘园、华夏胶片电影博物馆等处。市领导胡拥军、刘向阳陪同考察。

25日 △ 市委邀请部分市四套班子老领导举行中国共产党如皋市第十二次代表大会报告征求意见座谈会，听取老领导们对市第十二次党代会报告（讨论稿）的意见和建议。市领导陈晓东、司祝建、缪爱诚参加会议。

△ 如皋市召开2016年市政府重点工程暨为民办实事项目督查推进会，听取各相关部门汇报为民办实事项目推进情况。与会人员实地查看纪庄社区卫生服务室、中央商务区居住河、翡翠城、同源污水处理厂、火车站站前广场、华夏紫竹园、新生桥市场等项目现场。部分人大代表、政协委员对进一步做好市政府重点工程、为民办实事项目提出建议。市领导何益军、谢新民、李中林等参加活动。

△ 当日21点25分，全市电网调度最大负荷达到97.3万千瓦，同比增长7.67%，再创历史新高。

26日 △ 市委书记陈晓东主持召开市委全委会，审议《中国共产党如皋市第十二次代表大会报告（讨论稿）》和如皋市纪委工作报告，听取下一届市委委员、候补委员、纪委委员候选人建议名单说明，并以无记名投票方式产生如皋市出席南通市党代会代表预备人选名单。

△ 市委书记陈晓东主持召开市委常委会，听取中国共产党如皋市第十二次代表大会筹备工作情况汇报、全市信访工作情况汇报，讨论市第十二次党代会主席团、常务委员会、执行主席、秘书长、副秘书长、代表资格审查委员会、秘书处机构设置及工作人员建议名单等议题。

△ 市委副书记、代市长何益军在市国土资源局调研，要求坚持绿色发展，开源节流，持续推进节约集约利用资源，保障满足如皋市经济社会发展对建设用地的需求。市委常委、常务副市长吴道健参加调研。

27日

△ 南通市委常委、副市长王剑锋一行到如皋，对环保设施运行等相关环保工作进行督查，实地查看南通九州环保科技有限公司、上海电气南通水处理有限公司等项目现场，并听取如皋市环保工作情况汇报。市领导陈晓东、何益军、陈万圣、万维庆参加督查。

△ 市委书记陈晓东，市委副书记、代市长何益军一行专题调研全市重大项目建设情况，实地走访中国·如皋国际园艺城、荣威娱乐用品、陆地方舟等项目现场。市领导马金华、刘向阳、茅红宇、高峰参加调研。

△ 副市长缪爱诚、陈晓彬率领市总工会等部门相关人员前往九鼎集团、锦绣派出所，送去防暑降温慰问品，慰问奋战在高温一线的工作人员，开展“夏送清凉”活动。

△ 市政协主席会议协商金融业支持地方经济发展工作。市政协主席李中林，副主席魏祝明、黄文斌、张亚鸾、郑振明、钱志刚，秘书长殷高华出席会议。

△ 如皋市在收听收看全省和南通市征兵工作电视电话会议完毕后召开征兵工作会议，总结2015年征兵工作，通报表彰2015年度征兵工作先进单位和个人，部署2016年全市征兵工作。市领导何益军、司祝建、杜永红、陈晓彬出席会议。

28日

△ 市委副书记、代市长何益军在市人社局调研，要求市人社局把人力资源和社会保障工作置于发展大局和中心工作下思考、谋划，统筹推进各项工作，不断提升服务保障水平。市领导吴道健、张勇、张亚鸾参加调研。

△ 为期9天的2016海外华裔青少年“中国寻根之旅”夏令营——南通营开营仪式在长江青少年素质教育实践基地举行。市委常委吴瑕出席开营仪式。

29日

△ 市委书记陈晓东率队督查推进全市项目建设，实地查看东升南通国际石材城、尔昕木业园区等重点项目一线建设情况，刘向阳、茅红宇参加督查活动。

29~30日

△ 中国共产党如皋市第十二次代表大会在市行政中心礼堂举行。大会听取审议陈晓东代表中国共产党如皋市第十一届委员会所作的工作报告《抢抓发展机遇期，提升综合竞争力，为争当苏中新一轮发展排头兵而努力奋斗》、史有根代表中国共产党如皋市纪律检查委员会所作纪委工作报告，经过充分酝酿和民主选举，产生了中国共产党如皋市第十二届委员会、中国共产党如皋市纪律检查委员会和出席中国共产党南通市第十二次代表大会代表，通过了《中国共产党如皋市第十二次代表大会关于中国共产党如皋市第十一届委员会报告的决议》和《中国共产党如皋市第十二次代表大会关于中国共产党如皋市纪律检查委员会工作报告的决议》。

30日

△ 中国共产党如皋市第十二届委员会举行第一次全体会议，选举陈晓东为市委书记，何益军、司祝建为市委副书记，陈晓东、何益军、司祝建、胡拥军、马金华、缪小华、刘向阳、史有根、缪爱诚、茅红宇、祝国庆为市委常务委员会委员。

△ 中国共产党如皋市纪律检查委员会召开第一次全体会议，选举市纪委书记、副书记、常委，史有根当选为纪委书记。

2016 年 8 月

1日

△ 南通市委常委、常务副市长单晓鸣,市政府副秘书长张建华率领相关部门负责人到如皋协调推进重大项目建设,先后听取全市项目建设情况汇报,并就重大项目、重要事项有关问题进行现场交办。如皋市委书记陈晓东等参加活动。

△ 中国人民解放军建军 89 周年纪念日,市委书记陈晓东率队前往驻如皋空军部队和如皋边防检查站,向部队和边防官兵致以节日祝贺和亲切慰问。市领导司祝建、祝国庆、邵晓泉参加慰问活动。

△ 市领导杜永红、陈晓彬、郑振明率队前往市人民武装部、消防中队、武装警察部队如皋市中队和市军队干休所,走访慰问广大官兵,致以节日问候。

2日

△ 市委书记陈晓东率队前往如皋火车站、长途汽车站、新文峰路口、十里墩水厂、如城供电所、西皋市场、市人民医院,看望慰问高温天气下坚守岗位的公安交巡警、城管队员、环卫工人和供电供水、医护人员等一线职工。市领导张勇、陈晓彬、高峰、黄文斌参加慰问。

△ 南通市农村青年电商创业培训示范班暨如皋市青年电商菁英培训班在江海技工学校开班,共青团如皋市委联合江海技工学校成立的"如皋市青年电商学院"正式揭牌。如皋市委副书记司祝建等出席开班仪式。

3日

△ 国家行政学院公共管理教研部公共部门人力资源教研室主任宋世明教授率领课题调研组到如皋,就全市简政放权、放管结合、优化服务的探索和实践开展专题调研,实地走访市行政审批局、市场监管局等处,并举行座谈会。副市长高峰陪同调研。

△ 省民政厅副厅长刘亚军一行调研如皋民政信息化建设情况,走访如皋工业园区(如城街道)新民社区,听取全市有关工作情况汇报。市领导司祝建、刘向阳参加活动。

△ 中国检验认证集团江苏有限公司如皋中心在经济技术开发区时代大厦揭牌成立。市委书记陈晓东,南通出入境检验检疫局党组书记、局长朱伟光为中心揭牌,副市长高峰和中国检验认证集团江苏有限公司总经理何贤伟签订供给侧质量提升合作协议。

△ 市委副书记、代市长何益军一行督查全市重大项目建设,实地走访东升石材产业园、尔昕木业、荣威娱乐用品等项目现场。市领导刘向阳、茅红宇参加督查。

△ 如皋市召开高新技术企业认定管理培训会,贯彻落实科技部、财政部、国家税务总局出台的新版《高新技术企业认定管理工作办法》《高新技术企业管理工作指引》,对企业申报工作进行指导与培训。市政协副主席、科技局局长张亚鸾出席会议。

△ 2016 海外华裔青少年"中国寻根之旅"夏令营(南通营)在如皋闭营。省侨办副主任杜伟,市领导胡拥军、吴瑕等出席在长江青少年素质教育实践基地举行的结营仪式暨汇报演出活动。本次夏令营为期 9 天,共有来自比利时、意大利、加拿大等国家和地区的 51 名华裔青少年参加。

4日

△ 南通市委书记陆志鹏,市委副书记、市长韩立明率领出席南通市委全委会暨项目建设现场观摩会人员一行,参观东升国际石材产业城、中国·如皋国际园艺城、尔昕木业、南通荣威娱乐用品等如皋市重点项目建设情况和如皋城市建设情况。市领导陈晓东、何益

军等参加活动。

△ 全市村卫生室(社区卫生服务站)公有化建设现场推进会议在长江镇(如皋港区)举行,与会人员集中参观平南社区、永丰社区和二百亩社区卫生室,听取部分镇(区、街道)交流发言。市委常委、组织部部长、统战部部长缪爱诚出席会议。

5日

△《如皋历史文化名城保护规划(2013~2030)》获得省政府批准通过,成为如皋历史文化资源保护“总纲”。根据《省政府关于如皋历史文化名城保护规划的批复》(苏政复〔2016〕88号),如皋历史城区保护范围为外城河围合成的区域,面积172.68公顷;东大街和武庙2个历史文化街区保护范围面积分别为4.11公顷和3.2公顷。

△ 由以色列特拉维夫大学、南京大学、南通开放大学学生组成的联合考察团到如皋就古城文化进行考察,先后参观如皋博物馆,并观赏如皋香袋制作、剪纸、蟠扎等传统手工艺。

△ 通宝船舶建造的2250DWT双相不锈钢化学品船成功下水,副市长高峰出席命名暨下水仪式。作为通宝船舶公司为鼎衡船务建造的系列不锈钢化学品首制船,该船全长83.5米,型宽12.2米,设计吃水4.6米,货舱采用S32101双相不锈钢,配备电动深井泵,液货舱容积2814立方米,满足PSPC规范,入CCS船级社,被命名为“鼎衡16”。

△ 市政协召开十三届十七次常委会,听取市政协第一、二、三调研组关于发展长寿文化及旅游产业、开发长寿生态农产品、发展长寿健康养老产业的调查报告,并就“放大长寿品牌效应,发展长寿产业”议题进行协商讨论。

6日

△ 市委副书记、代市长何益军主持召开市委中心组(扩大)学习会暨“两学一做”讲座,南京航空航天大学能源与动力学院党委副书记徐川教授应邀作专题辅导报告。

△ 由市体育局牵头、市夜跑俱乐部组织的第一期环湖健康晨跑活动在高新区(城南街道)龙游湖畔举行。活动围绕龙游湖进行4.7公里慢跑,宣传健康生活、全民健身,倡导市民每天1万步、慢跑三公里,约230名市民报名参加。

8日

△ 来自法国专家咨询协会(ECTI)、以色列可持续农业咨询组织(SACOG)和日本花甲志愿者协会(JSV)的多位知名专家到如皋,就相关需求项目,与江苏九鼎新材料股份有限公司、南通超达装备股份有限公司、江苏长寿集团股份有限公司等企业开展交流对接。

8~9日

△ 市第十六届人大常委会召开第四十三次会议,听取审议关于2016年上半年国民经济和社会发展计划执行情况的报告、关于全市“六五”普法规划实施情况的报告及“七五”普法规划(草案)的说明、《如皋市政府关于2015年决算、2016年上半年财政预算执行情况及调整预算报告》《如皋市政府关于2015年度市本级财政预算执行和其他财政收支情况的审计工作报告》《如皋市人民检察院关于反贪污贿赂和反渎职侵权工作情况报告》《如皋市人民政府关于落实〈老年人权益保障法执法检查报告的审议意见〉的情况汇报》,表决通过《如皋市人大常委会关于批准2015年市级财政决算的决议(草案)》《如皋市人大常委会关于批准2016年市本级预算调整方案的决议(草案)》《如皋市人大常委会关于开展第七个五年法治宣传教育的决议(草案)》。会议审议并依法接受吴道健、缪爱诚、茅红宇辞去市人民政府副市长职务的申请,决定任命胡拥军为市人民政府副市长。

9日

△ 市委书记陈晓东,市委副书记、代市长何益军一行视察征兵工作,看望慰问广大应征青年和医务工作者。

△ 市委副书记、代市长何益军听取全市城市综合交通规划编制情况汇报,要求相关

部门与规划编制单位加强联动,携手做好城市综合交通规划,使规划更具科学性和可实施性。市领导陈万圣、万维庆参加相关活动。

10日

△ 2016年“雉水之夜”首场演出在龙游河生态公园举行,市委书记陈晓东,市委副书记、代市长何益军,市政协主席李中林出席活动,并为“雉水之夜”广场文艺演出揭幕。2016年“雉水之夜”广场文艺演出共安排38场,其中,龙游河生态公园专场14场,“六进”系列活动10场(社区行2场、企业行2场、军营行2场、乡村行2场、爱心行1场、校园行1场),镇区行系列活动14个镇(区、街道)各1场。

△ 市委副书记、代市长何益军率领市国土局、规划局等部门负责人一行前往经济技术开发区调研重点工作推进情况,实地走访江苏大唐国际如皋热电联产、江苏英田集团、威格(江苏)电气设备有限公司、南通创源电化学科技有限公司、如皋市宏润金属表面处理有限公司、南通泰慕士服装有限公司等项目现场。市领导马金华、张亚鸾参加调研。

△ 市领导司祝建、吴瑕率队调研全市农村土地承包经营权确权登记颁证和农村承包土地经营权抵押贷款试点工作。截至目前,按照确权登记颁证“前期准备、入户调查、测量制图、审核公示、登记发证、建档入库”六步走工作法,各镇(区、街道)已全面完成入户调查工作,外业测绘工作已基本完成,审核公示完成率达87.2%。

△ 如皋市收藏家协会和古洋斋成立10周年庆祝会在市博物馆举行。市委书记陈晓东出席庆祝会,并寄语协会和广大收藏爱好者,努力寻找散落的文化珍宝,助力区域核心竞争力提升。

11日

△ 最高人民法院审判委员会专职委员、第二巡回法庭庭长胡云腾率领第二巡回法庭和省高级人民法院工作人员到如皋,就基层法庭审判权运行机制改革试点工作开展专题调研,听取市人民法院开发区法庭推进改革试点情况汇报,并针对“文书送达难”等问题,勉励法官们积极探索,想方设法提升司法权威。市领导陈晓东、缪小华陪同调研。

△ 南通大学党委书记成长春一行到如皋考察,实地观摩如皋港规划馆、如皋港集团、中林如皋港务集团、天南电力、如皋城市规划展示馆等处,并召开座谈会开展交流,进一步加强校地合作共建。市领导陈晓东、高峰、张亚鸾陪同考察。

△ 如皋市召开村(社区)党组织换届工作会议,组织与会各镇(区、街道)分管负责人和村(社区)党组织书记代表观看专题片《白蒲镇蒲西社区党总支“两推一选”工作纪实》,观摩换届选举现场。市委书记陈晓东出席会议并讲话。本次村(社区)党组织换届选举工作9月20日前结束,采取试点先行再面上推开的方法进行。

12日

△ 全市又一批重点项目集中开工,总投资达4.642亿元。市领导李中林、司祝建、茅红宇、吴瑕、陈晓彬、高峰、郑振明参加开工活动。该批项目涉及纺织、制造、医疗等多个领域,其中:位于高新区(城南街道)的南通德力克矿山机械设备有限公司新上二期互感器项目计划总投资1.5亿元;位于白蒲镇的南通宇鑫服饰有限公司的高档时装技改扩建项目投资1亿元,达产后预计每年新增销售额2.5亿元,新增就业岗位300个;位于长江镇(如皋港区)、由东升南通国际石材产业城有限公司投资的宝藏石展示中心项目目标收集世界上独特珍贵的石材珍品5000余种,计划建成集自然科普、艺术陈列、宝石品鉴等多功能于一身的宝藏石展示中心;江安医院康复中心大楼总建筑面积14689.85平方米,床位数可达360张。

△ 中汽中心汽车试验研究所、国家轿车质量监督检验中心、天津汽车检测中心3家汽车质量检测服务专业机构如皋办事处落户经济技术开发区,市委常委、经济技术开发区党工委副书记马金华等出席在开发区时代大厦举行的揭牌仪式。

△ 南通汽运实业集团有限公司如皋分公司投入运营的首批学生专用校车——12辆崭新的41座宇通“大鼻子”校车停靠市汽车客运站停车场。该批车辆根据国家规定校车标准配置,计划9月新学期投入江安镇运行,可满足千余名学生乘车需求。

15日

△ 如皋市召开第九次亿元以上产业项目招引审批建设会办会议，通报上半年南通市项目建设考核情况,对亿元以上项目存在问题进行会办,并研究招商引资项目信息以及外资到账情况。市领导陈晓东、何益军、司祝建等出席会议,并进行点评分析。

△ 如皋市举行大学生村官工作会议。市委常委、组织部部长、统战部部长缪爱诚出席会议,并为大学生村干部上“两学一做”学习教育专题党课。会上,团市委负责人就青年创业小额贷款贴息扶持政策进行解读,5家大学生村干部工作先进集体和20名实践“五心工作法”先进个人受到表彰,4名优秀大学生村官分享了个人强村富民的真实故事和成长过程中的收获、体会。

16日

△ 如皋市巾帼联盟电子商务能力提升班开班,副市长杜永红出席开班仪式。培训时间4天,围绕电子商务发展现状、电子商务企业运营等内容展开,采取理论讲解和上机操作相结合、课堂教学与典型现场观摩相结合的方式进行。

17日

△ 南通市人大常委会党组副书记、副主任曹斌一行调研如皋市“万名代表小康行”主题活动开展情况,实地走访搬经镇湖刘社区,与部分镇(区、街道)负责人进行交谈,听取“万名代表小康行”主题活动开展情况汇报。市人大常委会领导谢新民、吴道健、张元健、张勇参加活动。

△ 如皋市举行高端人才招引“百日竞赛”动员会议,听取14个镇(区、街道)主要负责人、人才工作分管负责人交流汇报2016年以来工作成果和下一步工作打算,动员全市上下全面掀起高端人才招引热潮,确保全年高端人才招引目标任务全面完成或超额完成。市委常委、组织部部长、统战部部长缪爱诚参加活动。

△ 如皋市举行关心下一代宣传工作暨党史国史教育经验交流会,回顾总结一年来全市关心下一代宣传工作和党史国史教育工作成绩,对先进典型进行表彰,进一步加强关工委宣传工作。市委常委、组织部部长、统战部部长缪爱诚出席会议。

18日

△ 南通市委宣传部副部长黄正平率队到如皋,就东陈镇“党的理论创新成果传播基地”创建工作进行专项调研。市委常委、宣传部部长茅红宇陪同调研。

△ 市委书记陈晓东主持召开市委常委会,学习贯彻省委十二届十二次全会、南通市委十一届十二次全会以及南通城市工作会议精神,研究讨论市委十二届二次全体(扩大)会议方案、法治如皋建设重要举措实施规划(2016年~2020年)、市委常委分工方案、市委常委会议事决策规则等多项议题。

△ 光大生物能源(如皋)有限公司如皋生物质发电项目在磨头镇开工建设。市领导陈晓东、谢新民、杜永红、钱志刚参加开工仪式。

△ 如皋市举行2016年新任公务员、紧缺型高学历人才初任培训班结业典礼,经过为期11天的培训,127名来自各地的新任公务员、紧缺型高学历人才正式与各用人单位对接到任。市委常委、组织部部长、统战部部长缪爱诚出席典礼。

19日

△ 大唐国际(如皋)热电联产项目正式开工建设,2x12MW工程第一罐混凝土开始浇筑。市委副书记、代市长何益军,市委常委、经济技术开发区党工委副书记马金华出席开工仪式。该项目供热能力为242万吉焦/年,本期建设3台75吨高温高压循环流化床锅炉和

2台12兆瓦抽背式汽轮发电供热机组,同步建设配套供热管网和码头工程,建成后将替代现有的开源热电厂,全面完成对老旧热电厂的更新换代。

△ 南通市驻村(社区)第一书记工作现场推进会时隔4年再次在如皋召开,与会人员观看如皋市驻村(社区)第一书记工作专题片和部分驻村第一书记工作纪实微视频,如皋市选拔、培养、管理驻村(社区)第一书记的工作经验和部分优秀第一书记富民强村的有益做法在全南通推广。南通市委组织部副部长、南通市委"两新"工委书记张辉,如皋市委副书记司祝建,市委常委、组织部部长、统战部部长缪爱诚出席会议。

△ 市老建会、市扶贫开发协会举行2016年扶贫助学资金发放仪式,为35名困难学子(18名高中生、16名大学生、1名研究生)发放73000元助学金(高中生每人获得1000元资助,大学生每人获得3000元资助)。市政协副主席郑振明出席发放仪式。

20日

△ 市委副书记、代市长何益军主持召开第十六届市政府第六十次常务会议，传达南通市城市工作会议精神，讨论市政府全体（扩大）会议方案、近期拟开展2016年度重点课题调研活动、《关于在全市公民中开展法治宣传教育的第七个五年规划（草案）》等议题。

21日

△ 为期5天的市管企事业单位领导干部暨事业单位法人能力提升培训班在东南大学开班。市委常委、组织部部长、统战部部长缪爱诚出席开班仪式。

22日

△ 如皋市召开第十次亿元以上产业项目招引审批建设会办会议，听取项目招引推进情况汇报,研究《关于进一步加强招商引资工作的建议方案》《全市招商引资项目引荐共享管理办法》《如皋市招商项目评估办法》等有关政策文件。市领导陈晓东、何益军、司祝建、胡拥军、吴瑕、高峰出席会议。

△ 2016年慈善"圆梦助学"首批助学金发放仪式举行,首批共88名符合资助条件的学生获得每人3000元的资助。市领导司祝建、邵晓泉、杜永红、郑振明出席活动。

23日

△ 市委十二届二次全体(扩大)会议在市行政中心礼堂召开,听取市委书记陈晓东代表市委常委会作题为《开拓创新、攻坚克难,为实现"十三五"首战告捷而不懈奋斗》的工作报告,市委副书记司祝建宣读上半年重点经济工作综合考核结果及表彰决定,通报1~7月份经济工作考核结果,公布有关交办、督办事项,并为季度重点经济工作综合考核先进单位颁发季度综合考核流动奖杯。与会市委委员经过认真酝酿、讨论,以举手表决的方式,一致通过《中国共产党如皋市第十二届委员会第二次全体(扩大)会议决议》。

24日

△ 副省长张雷一行调研如皋市海绵城市建设、历史文化街区保护、传统村落保护等有关工作,实地走访东大街、龙游河生态公园、顾庄生态园等处,并听取全市海绵城市建设情况汇报。市领导陈晓东、刘向阳、史有根、陈万圣陪同调研。

△ 南通市卫计委在龙游河生态公园举行南通市"关爱女孩携手行"暨"雉水之夜"卫计委专场文艺演出,表彰如皋市"十佳幸福家庭",并向如皋市2016年新考取高校的20名女大学生和10名女高中生发放助学金。市领导钱志刚、万维庆参加活动。

△ 市人大常委会副主任邵晓泉率队调研全市畜禽粪污治理工作,实地察看江安镇胜利社区畜禽粪污综合处理中心、磨头镇丁冒村金地果蔬种植园等处,听取市农委、环保局、政府办等相关部门及部分镇(区、街道)相关工作汇报。副市长杜永红参加活动。

24~25 日

△ 世界著名刑侦鉴识专家李昌钰博士携夫人宋妙娟再度回到家乡如皋，应邀做客东皋大讲堂，在市行政中心礼堂举行报告会，畅谈如何“使不可能成为可能”，并前往市文广传媒集团，录制“李昌钰刑侦科学博物馆”宣传视频（中文、英文版本），为博物馆建设出谋划策。市领导刘向阳、茅红宇、陈晓彬参加相关活动。

25日

△ 市委书记陈晓东主持召开党政联席会，研究讨论如通快速通道建设、五大指挥部工作推进等议题，先后听取如通快速通道设计单位汇报新修订设计方案、主城区至如皋港快速路初步方案及高铁新城建设、城市水系建设、大健康产业发展、新能源汽车产业基地建设等五大指挥部初步工作推进情况汇报。

26日

△ 市企业联合会、市企业家协会联合召开“提振信心、共谋发展”座谈会，共同分析经济形势，互动企业情况，探讨稳增长、调结构、促转型良策，提振应对挑战、持续发展的信心。市委书记陈晓东出席会议并讲话。

△ 市委书记陈晓东主持召开市委中心组“两学一做”学习教育专题学习会，传达中央、省委上半年贯彻执行“八项规定”情况的报告，围绕“学习系列讲话，增强‘四个意识’”主题进行集中学习，并与各位常委分别交流学习体会。

△ 市委副书记司祝建召集市财政局、商务局、国土局、行政审批局、如皋工业园区（如城街道）、长江镇（如皋港区）、如皋港集团等部门和单位负责人，专题协调推进渤商所长江国际交易中心建设。市领导刘向阳、吴瑕、高峰参加活动。

27日

△ 联合国开发计划署在中国的首个“氢经济示范城市”项目在江苏如皋正式启动。该项目是联合国开发计划署以“中国燃料电池公共汽车商业化示范项目”为基础的拓展项目，旨在推动包含燃料电池汽车在内的氢能产品的全方位示范应用。商务部国际经济技术交流中心副主任肖凤怀，联合国开发计划署驻华代表处助理国别主任戈门，广东省佛山市委常委、对口帮扶云浮指挥部总指挥，云浮市委常委、副市长许国，南通市委常委、副市长王剑锋，上海市科学技术委员会副主任马兴发，如皋市领导马金华、高峰、张亚鸾出席揭牌仪式。

△ 南通市委书记陆志鹏在如皋市行政中心会见出席中国氢能产业发展·如皋峰会活动的核试验技术、分析化学专家、中国工程院院士杨裕生，大连化物所研究员、中国工程院院士衣宝廉，中国科学院院士、南京大学教授邹志刚，以及国内汽车行业方面的部分专家，就加强合作进行深入交流。南通市委副书记黄巍东，市委常委、秘书长、副市长沈雷，如皋市委书记导陈晓东，市委副书记、代市长何益军参加会见。

△ 如皋市举行新型农业经营主体“阳光信贷”动员会暨农业农村重点工作推进会，加快构建多层次、广覆盖、可持续的农村金融服务体系。市领导司祝建、杜永红出席会议，听取市农商行负责人就“阳光信贷”工作作详细介绍。

28日

△ 中国氢能产业发展如皋峰会举行院士讲堂，邀请核试验技术、分析化学专家、中国工程院院士杨裕生，大连化物所研究员、中国工程院院士衣宝廉等专家把脉氢能产业，交流探讨最前沿的科技思维与技术。市领导马金华、张亚鸾出席活动。

△ 江苏省首个标准加氢站——上海氢枫能源技术有限公司如皋加氢站项目开工建设。中国工程院院士杨裕生，商务部国际经济技术交流中心副主任肖凤怀，联合国开发计划署驻华代表处助理国别主任戈门，广东省佛山市委常委、对口帮扶云浮指挥部总指挥，云浮市委常委、副市长许国，如皋市领

导何益军、马金华、高峰、张亚鸾参加开工仪式。加氢站位于如城街道益寿北路惠民西路交叉口，项目总投资2473.91万元，建成投产后可实现氢气储存量980千克，日加氢能力2000千克。

△ 青年汽车集团有限公司在如皋召开以“发展立体交通 构建智慧城市”为主题的研讨会，推出立体交通模式，为氢能源汽车推广提供系统的解决方案。

29日

△ 省安监局局长陈正邦一行调研南通市危险化学品安全专项整治工作情况。南通市副市长徐新民，如皋市委书记陈晓东，市委副书记、代市长何益军等参加调研活动。

△ 全市政法机关启动以“争做模范标兵党员，争当平安法治先锋，评选十佳和谐卫士，评选人民满意政法单位”为主题的“双争双评”活动。市委书记陈晓东出席动员会并讲话。市领导缪小华、陈晓彬、黄文斌参加会议。

△ 如皋市召开第十一次亿元以上产业项目招引审批建设会办会议，对亿元以上项目存在问题进行会办，并研究招商引资项目信息。市领导陈晓东、何益军、司祝建、胡拥军、茅红宇、吴瑕、高峰参加会议。

30日

△ 农业部科教司副司长江文胜率调研组一行到如皋，就农技推广和职业农民培训等情况进行专题调研，实地参观国家农业信息工程技术中心如皋试验示范基地、丁堰镇农业服务中心、高新区(城南街道)农业服务中心、农技推广中心和东陈镇华日农民田间培训学校。市委副书记司祝建、市委常委吴瑕陪同调研。

△ 南通供电公司总经理许志龙率队到如皋，主动对接全市经济社会发展，上门服务推进重大项目建设。市领导陈晓东、茅红宇、高峰接待许志龙一行。

△ 南通市交通运输局局长周建飞率队到如皋开展“三解三促”活动，前往结对帮扶的长江镇(如皋港区)杨洲社区与部分困难家庭“一对一”结成帮扶对子。市领导何益军、万维庆参加活动。

△ 市委书记陈晓东率队前往经济技术开发区，实地走访挂钩联系村平园池村，察看村容村貌，慰问困难农户家庭，并与思源电气等挂钩联系企业座谈交流。

△ 市委副书记司祝建率领市粮食局相关负责人前往如皋工业园区(如城街道)，走访慰问贫困学子和高龄老人。

31日

△ 南通扶贫开发现场推进会在如皋举行。南通市委常委秦厚德、市政府副市长赵闻斌出席会议。

△ 如皋市举行专题会议，动员部署国家食品安全城市创建工作。市领导茅红宇、高峰出席会议。

31日~9月1日

△ 福建省柘荣县政协主席王鼎秦率队到如皋，就城市建设工作开展专题考察，实地走访东大街历史文化街区、中国·如皋国际园艺城、顾庄生态园、如港新城、龙游湖商务风景区等处。市政协主席李中林、副主席黄文斌、秘书长殷高华陪同考察。

2016 年 9 月

1日 △ 市委副书记、代市长何益军召集市规划局、住建局、财政局、水务局等相关部门负责人，专题听取新城建设、城市水系建设、大健康产业发展三大指挥部工作推进情况汇报和相关部门就进一步做好指挥部工作提出的意见、建议，要求各指挥部提高效率，加强会办，高效推进相关重点工程、重大项目。

1~2 日

△ 省水利厅在如皋举行利用连申线（通榆河南延）结合送水工程焦港闸工程竣工验收会，先后查看工程现场，查阅工程档案，听取工程建设、设计、施工、监理、运管等工作报告，并详细了解工程质量监督、安全监督等有关情况后，一致同意工程通过竣工验收。迁建后的焦港闸增加了引江、排涝能力，提高了向海安、如东供水的保证率，工程总投资 7292.26 万元，2011 年 11 月 25 日开工，2012 年 10 月 31 日通过完工验收，11 月 1 日投入初运行，有效解决了以往河大闸小的矛盾，社会效益和经济效益显著。

2日 △ 市委书记陈晓东率队调研江安镇企业运行、农业农村、城镇建设等重点工作，实地走访江安镇胜利社区现代农业园区、英诺威汽配、玉兔集团等处。市领导缪小华、祝国庆、陈晓彬参加调研。

△ 市委副书记、代市长何益军率队调研如皋工业园区（如城街道）重点工作推进情况，实地走访力星钢球、九鼎集团、宏坝社区、龙游河村。市领导刘向阳、陈万圣参加调研。

△ 如皋市举行定兵会，集体研究确定 2016 年应征入伍的新兵去向。南通军分区政治部主任万春琳，如皋市领导何益军、祝国庆、杜永红出席会议。

△ 市“两学一做”学习教育协调小组举行第二次全体人员会议，总结经验，分析问题，研究部署下一阶段工作。市委常委，组织部部长、统战部部长缪爱诚出席会议。

△ 全市平安法治志愿者联盟成立揭牌暨社会保安联动联勤联防开巡仪式在市奥体中心举行，区域联动、城乡互动、整体覆盖的如皋保安联动联勤联防网络初步形成。市领导何益军、缪小华、张元健、陈晓彬、黄文斌参加活动。

△ 全市基层综合性文化服务中心建设现场推进会举行，研究部署 2016 年基层综合性文化服务中心建设，与会人员实地参观搬经镇湖刘社区、经济技术开发区综合文化站、高新区（城南街道）桃北村等处。市领导茅红宇、万维庆出席会议。

3日 △ 市委副书记、代市长何益军率领市水务局、住建局、规划局等部门负责人，就主城区水系贯通、生态景观提升议题开展实地踏勘，先后踏勘主城区内的外城河、龙游河、茅雉河，以及水生态圈内的五里港、八里港等处。副市长杜永红、陈万圣参加活动。

5日 △ 如皋市召开第十二次亿元以上产业项目招引审批建设会办会议，对亿元以上项目存在问题进行会办，并研究招商引资项目信息。市领导陈晓东、何益军、司祝建、胡拥军、茅红宇、吴瑕出席会议。

△ 市慈善基金会理事长石耀一行前往下原镇、吴窑镇、江安镇等处，发放贫困家庭儿童重大

疾病慈善救助款。其中，急性淋巴白血病患儿石淑桢获得 19.13 万元慈善救助款，为市慈善基金会开展儿童大病救助项目以来单笔发放的最大数额救助款项。

△ 全国首个“中华慈善日”，如皋定慧寺举行爱心助困活动，为 10 户贫困学生家庭送上爱心善款。

6日

△ 市委书记陈晓东率队调研丁堰镇重点工作，实地查看明德塑胶、恒康家居、涤诺集团、丁纺、丁西小镇白领精装公寓等丁堰镇重点项目建设现场，了解项目建设进展，解决实际困难和问题。市领导万维庆参加调研。

7日

△ 市政协召开座谈会，专题协商全市开放型经济发展情况。市政协主席李中林，副主席魏祝明、张亚鸾，秘书长殷高华出席会议。

8日

△ 全国第 32 个教师节来临之际，南通市人大常委会党组书记、常务副主任陈斌，南通市政协副主席杨展里一行到如皋，走访白蒲镇阳光初级中学、白蒲小学、白蒲中学等处，慰问部分教师代表，向全市广大教育工作者致以节日的问候和崇高的敬意。市领导何益军、谢新民、李中林陪同慰问。

△ 全市 3 个亿元以上项目集中开工，涉及房地产开发、化工新材料、抽纱刺绣工艺品领域，总投资达 5.3 亿元。其中，计划投资 3 亿元的石庄镇鸿悦府邸项目是投资规模最大的新开工项目；计划投资 1.2 亿元的百川化工（如皋）有限公司绝缘树脂及配套公用工程项目，建成后年产量可达 5 万吨，每年新增销售 5.57 亿元；投资 1.1 亿元的南通利和工艺品有限公司纱线编织品加工项目位于如皋工业园区（如城街道），建成投产后可年产抽纱刺绣工艺品 100 万件、编织玩具 80 万件、编织服装 60 万件，实现年销售 2 亿元。市领导吴道健、胡拥军、刘向阳、郑振明参加开工仪式。

△ 市人大常委会召开会议，专题听取设计单位汇报新修订的如通快速通道设计方案，提出意见和建议。市领导何益军、谢新民、吴道健、张元健、邵晓泉、张勇、陈万圣出席会议。

9日

△ 南通市农村土地承包经营权确权登记颁证推进会在如皋召开，与会人员观看如皋市确权登记颁证工作专题片。南通市副市长赵闻斌、如皋市副市长杜永红出席会议。

△ 教师节到来前夕，市委书记陈晓东，市委副书记、代市长何益军一行先后前往安定小学、东皋幼儿园、如皋初级中学、如师附小、如师附小幼儿园、如皋市第一中学等处，亲切慰问广大教职员工，致以节日的问候和良好的祝愿。市领导缪爱诚、张元健、万维庆参加慰问活动。

△ 如皋市召开新城建设、城市水系建设、大健康产业发展、如皋港深度开发、新能源汽车产业基地建设五大指挥部工作推进汇报会，听取各指挥部相关工作汇报。市领导陈晓东、何益军出席会议并讲话。

△ 中国证监会核准 14 家企业首发申请，其中，上海证券交易所 7 家，江苏恒康家居科技股份有限公司位居其中。公司前身为南通恒康海绵制品有限公司，2003 年 5 月成立，2012 年 11 月改制为股份制企业，2016 年 4 月 13 日通过中国证监会发行审核委员会审核，现为国内最大规模的记忆绵产品生产企业，拟登陆上海证券交易所，成为如皋首家 A 股主板上市企业。

10日

△ 中国花卉协会副秘书长陈建武到如皋考察，实地参观中国如皋国际园艺城，督查“2016 全国盆景交易大会暨如皋市第九届花木盆景艺术节”活动筹备情况。副市长杜永红，中花协盆景分会执行会长、如皋绿园总经理施勇如，中花协盆景分会秘书长郝继锋，中花协盆景分会副秘书长、如皋市农业委员会副主任耿超等陪同考察。

10~12 日

△ 市领导陈晓东、司祝建、马金华、吴瑕、高峰率队赴深圳，开展如皋（深圳）投资促进周招商洽谈活动，先后拜访深圳市纳诺科技发展有限公司、深圳光启高等理工研究院、深圳华侨城文化旅游科技股份有限公司、深圳中加韩国际创客园等深圳知名企业和创新型企业。

12 日

△ 国家电网公司总经理助理喻新强一行到江苏神马电力股份有限公司考察企业产能，实地察看企业生产现场，了解产品研发、实验、生产等环节效率把控情况。市领导陈晓东、刘向阳陪同考察。

△ 市委副书记司祝建主持召开第十三次亿元以上产业项目招引审批建设会办会议，对亿元以上项目存在问题进行会办和点评分析，并研究招商引资项目信息。市领导陈晓东、何益军、司祝建等出席会议。

△ 市政协专题听取“如通”（通皋）快速路规划建设情况汇报，并就路网贯通、搬迁安置等提出建设性的意见和建议。市委副书记、代市长何益军，市政协主席李中林，副市长陈万圣，市政协副主席黄文斌、张亚鸾、郑振明、钱志刚，市政协秘书长殷高华出席会议。

△ 市“人社杯”船舶焊工职业技能大赛在市技工学校举行，来自全市各大企业共 61 名选手参赛。市委常委、常务副市长胡拥军出席开幕式。

△ 全市消防工作暨中秋、国庆大检查部署会召开，通报 1~9 月份火灾形势分析，点评部门、各地消防工作开展情况，并对相关专项行动进行部署。副市长、公安局局长陈晓彬出席会议。

13 日

△ 省人大常委会常务副主任、党组副书记蒋宏坤率队到如皋，视察全市养老产业项目和水环境整治工作，实地察看博爱康复护理院、吴窑镇福康老年康复护理中心、恒发污水处理厂提标改造工程等处，并听取龙游河整治工程和龙游湖商务风景区工程相关情况汇报。市领导陈晓东、谢新民、邵晓泉、张勇、陈万圣陪同视察。

△ 南通市文明办、南通市妇联在如皋龙游河生态公园举办南通市“我们的节日”系列之中秋主题晚会。市委常委、如皋工业园区（如城街道）党工委书记刘向阳，市委常委、宣传部部长茅红宇与道德模范代表、公益组织代表、在如皋港澳台客商代表以及数千名市民一起观看演出，并为如皋工业园区 (如城街道) “你好，邻居”系列活动揭幕。

△ 市委副书记、代市长何益军率领市政府办、安监局、消防大队等部门和单位负责人督查节前安全生产工作，深入超达科技、大润发、新城吾悦广场项目建设现场等处开展安全检查，要求确保中秋、国庆长假期间全市安全生产形势稳定好转。市领导陈万圣、高峰参加督查。

△ 市政协主席会议协商全市经侦工作。市政协主席李中林，副主席黄文斌、张亚鸾、郑振明、钱志刚，秘书长殷高华出席会议。

△ 市台胞台属联谊会第七届会员代表大会召开，审议通过第六届理事会工作报告和修改后的《如皋市台胞台属联谊会章程》，选举产生新一届理事会会长、常务副会长、副会长、理事。市委常委，组织部部长、统战部部长缪爱诚出席会议。

14 日

△ 住建部城市建设司副司长张悦考察指导家乡如皋水环境整治工作，察看内外城河、城市文化广场、龙游河生态公园等处。市委副书记、代市长何益军，副市长陈万圣陪同考察。

△ 市委书记陈晓东主持召开党政联席会，研究讨论“一会两节”筹备工作方案。根据方案讨论稿：第十三届中国·如皋沿江经济洽谈会拟举办 8 场专题活动及签约仪式，包括如皋港集装箱港铁联运首航暨如皋港至广州港集装箱直达精品航线开通仪式、第五届海峡两岸软件与信息服务业年

度峰会、节能与新能源汽车产业链招商发布会、中国港口产业供应链高峰论坛、如皋籍高端人才“凤还巢”返乡恳谈会、市第二届“梦想之星”创业大赛、李昌钰刑侦技术博物馆开馆仪式、中国菱镁行业协会成立25周年庆典暨新型墙体材料发展论坛；第八届如皋·中国长寿文化节拟联合《人民日报》江苏分社，围绕“大健康、大产业、大品牌、大未来”主题，举办首届健康中国如皋论坛；第九届中国（如皋）花木盆景艺术节策划了全国盆景交易大会、扬州大学（如皋）花木产业研究院揭牌和首届理事会会议等子活动；此外，节会期间还有一批重大项目集中开工。

△ 全市“一会两节”工作部署动员会召开，要求进一步统一思想、深化认识、聚焦精力，全力以赴做好“一会两节”各项筹备工作，彰显区域优势。市四套班子全体领导，市法院院长、检察院检察长，各镇（区、街道）党（工）委书记、分管工业和招商工作负责人，市级机关各部门主要负责人等参加会议。

△ 全市环保“三整治一化解（环境保护违法违规建设项目清理整治、2016年突出环境问题整治、10蒸吨/小时及以下燃煤锅炉大气污染整治、突出环境信访集中化解）”工作推进会召开，会议提出进一步加强环保违法违规建设项目清理整治，确保11月15日前完成环保违法违规建设项目清理任务。市领导何益军、胡拥军、史有根、陈万圣出席会议。

△ 如皋市正式成立科技担保基金，并与南通市科技创新担保有限公司举行托管和合作签约仪式。市领导胡拥军、高峰、张亚鸾出席仪式。该基金由如皋市财政出资1000万元成立，委托南通市科技创新担保有限公司进行管理，可为如皋科技型中小企业提供1亿元的担保贷款。

17日

△ 如皋市在红十四军纪念馆举行2016年新兵欢送仪式，鼓励新兵奔赴军营，为军队和国防建设多做贡献。市领导祝国庆、杜永红参加活动。

18日

△ 市委副书记、代市长何益军主持召开第十六届市政府第六十一次常务会议，讨论《2017年市级部门预算编制方案》和全市危险化学品安全生产攻坚工作方案等议题。市领导胡拥军、杜永红、陈万圣、陈晓彬、高峰、万维庆出席会议。

△ 市委副书记司祝建率队走访文昌阁、靖海门、颐园、石合泰民居等历史文化遗迹，了解相关使用和运行情况，并就旅游产业规划征求相关人员意见和建议。市委常委吴瑕参加活动。

△ 为期4天的全市人才工作者培训班开班。市委常委、组织部部长、统战部部长缪爱诚出席开班仪式。

19日

△ 市委副书记、代市长何益军前往市住建局，就住房和城乡建设工作进行专题调研。市领导陈万圣、万维庆参加调研活动。

△ 为期4天的如皋市第二期农业部实用人才培训基地大学生村官示范培训班在山西省汾阳市贾家庄正式开班，来自如皋的44名大学生村官参加培训。市委常委、组织部部长、统战部部长缪爱诚出席开班仪式。

20日

△ 云南省澄江县县委书记李朝伟，县委常委、组织部部长张绍东率考察团一行到如皋，实地考察如皋国际园艺城和顾庄社区花木产业，并开展相关项目推介。市领导司祝建、缪爱诚陪同考察。

△ 中天宏信集团有限公司总裁何俊杰一行到如皋考察投资，成功签约光伏电站项目和港口深度开发与清洁能源应用投资合作项目。市领导何益军、司祝建、吴瑕、高峰参加相关活动。

△ “Mlily梦百合”杯第16届全国老将田径锦标赛开幕式在如皋市奥体中心举行。亚老联主席维瓦·维格特塔纳利斯、秘书长西瓦帕罗格萨姆·西瓦萨博，国家体育总局田径运动管理中心市场开

发办公室主任李秀华、竞赛部副部长付维波，市领导陈晓东、何益军、谢新民、茅红宇、万维庆出席开幕式。本届锦标赛是如皋第二次承办全国老将田径锦标赛，也是历届规模最大、项目最多、参赛人数最多的综合性老年体育运动会，共有来自全国各地的46支代表队、957名运动员参加。

△ 南通市政协主席王德忠率领调研组到如皋，就"用好两孩政策，改善人口结构"主题与相关部门开展座谈交流，了解政策实施过程中需研究破解的难题，听取意见和建议。市领导何益军、钱志刚、万维庆参加调研活动。

△ 市政府召开全体（扩大）会议，贯彻落实市第十二次党代会、市委十二届二次全体（扩大）会议精神，回顾总结2016年以来工作，动员全市政府系统确保"十三五"首战告捷。市领导何益军、胡拥军、杜永红、陈万圣、陈晓彬、高峰出席会议。市发改委、住建局、交通运输局、水务局、招商局、如皋工业园区（如城街道）、白蒲镇等部门、单位负责人交流发言。

△ 第十四个全国"公民道德宣传日"到来之际，如皋市举办江苏省道德模范与身边好人（南通如皋）现场交流活动。江苏省美德基金会理事长、省委宣传部原副部长、《群众》杂志总编辑周毅之，省美德基金会秘书长张仕冲，南通市委宣传部副部长、文明办主任陈冬梅，如皋市委副书记、代市长何益军等出席活动。活动中，如皋市道德模范姜峰，江苏好人杨敏、缪元林获评助人为乐典型；如皋市道德模范提名奖获得者石学兵、如皋市第八届爱心大使田茂娥获评诚实守信典型；2016年2月份敬业奉献中国好人吴红芳、4月份敬业奉献中国好人李百战获评敬业奉献典型；第四届全国道德模范提名奖获得者谢国江，见义勇为中国好人王飞、杜小林获评见义勇为典型；首届最美南通人、第七届如皋爱心大使闵福全，爱心邮路乡邮员代表、中国好人赵颖东，第二届江苏省美德少年、首届如皋市道德模范黄周获评孝老爱亲典型。市慈善基金会分别向闵福全家庭和黄周家庭赠款5000元，中国人寿如皋支公司向全市28位中国好人、江苏好人、如皋市道德模范每人赠送一份总保障金额为12万元的人生意外伤害和重大疾病保险。

21日

△ 市委书记陈晓东主持召开市委中心组（扩大）学习会，邀请全国政协社会法制委副主任、中共中央政策研究室原副主任施芝鸿深度解读2016版《习近平总书记系列重要讲话读本》和"七一"重要讲话相关精神。

△ 市人大常委会副主任张元健专题调研全市学前教育，实地走访搬经镇搬经幼儿园、如师附小幼儿园、经济技术开发区实验幼儿园、白蒲镇中心幼儿园等处。市领导万维庆参加调研。

△ 全市知识产权重点工作推进会举行，部署落实新的专利工作任务目标，进一步促进专利申请，提升专利质量。市领导高峰、张亚鸾出席会议。

22日

△ 北京金交信息通信导航设计院与如皋市人民政府、如皋工业园区管委会正式签约，联合共建"国家北斗应用技术公共服务平台（交通通信技术如皋研究院）"，国家北斗应用技术公共服务平台成功落户如皋。

△ 市政府举行重点调研课题汇报交流会，检阅产业发展、要素保障两大类9个课题调研组的初步调研成果。市领导何益军、杜永红、陈晓彬、高峰、万维庆参加活动。

△ 由中国社会科学院财经战略研究院县域经济课题组完成的《中国县域经济发展报告(2016)》在北京发布，如皋市跻身"全国县域经济综合竞争力100强"，位列24名。

24日

△ 台湾工业总会理事长许胜雄一行到如皋考察，实地感受古城魅力和现代风采，南通市副市长孙建华，如皋市委书记陈晓东、副市长高峰陪同考察。

△ 国际盆景赏石协会(简称BCI)"交流中心"在如皋盆景博物馆正式揭牌。国际盆景赏石协会荣誉理事长苏义吉、第一副理事长郑慧莹，市领导司祝建、刘向阳、杜永红出席活动。

26日 △ 如皋港内贸集装箱广州直航暨水铁联运首航仪式在苏中国际集装箱码头举行，如皋港至广州港内贸集装箱直达精品航线、如皋港集装箱水铁联运正式开通。市领导胡拥军、张勇、杜永红、高峰，南通引航站、南京铁路货运中心、中铁集装箱运输上海分公司、广州港、南京港，各镇区、市各相关部门以及重点货源企业的相关负责人等出席活动。

△ 市领导万维庆率领市旅游局、安监局、文广新局等部门相关负责人，对国庆节前全市社会事业条线安全生产工作进行督查，先后查看奥体中心、安定小学、水绘园、阳光网吧、市中医院等处。

27日 △ 市委常委、常务副市长胡拥军率领市政府办、发改委、机关事务管理局、安监局、市场监督管理局、消防大队、供电公司等部门和单位工作人员，督查全市服务业安全生产工作，先后前往市行政服务中心配电室、监控室、餐厅以及主城区文峰大世界、经济技术开发区城北市场、高新区（城南街道）龙游湖欢乐世界等处，查看各服务单位领导带班、值班制度和安全操作制度执行，重大安全隐患排查整改，人员密集场所应急救援预案制订、演练及特种设备运行情况。

△ 全市安委（扩大）会暨危险化学品安全生产攻坚工作动员会召开，回顾总结2016年以来安全生产工作，通报全市安全生产事故情况，并对第四季度安全生产工作，特别是危险化学品安全生产攻坚工作进行动员部署，全力确保全市安全生产形势稳定。副市长高峰出席会议。

28日 △ 昆山市委常委、常务副市长管凤良率队到如皋考察行政审批制度改革工作，实地深入市行政审批大厅，查看如皋行政审批工作开展现场，听取相关工作情况介绍，详细了解市场准入和项目投资建设领域的审批授权、办事流程及服务质量等情况。市委常委、常务副市长胡拥军陪同考察。

△ 市慈善基金会收到阜宁县委、县政府发来的感谢信，感谢如皋市在第一时间伸出援助之手，汇去慈善捐款20万元，支持遭受龙卷风冰雹严重灾害地区抗灾救灾。

29日 △ 市委书记陈晓东主持召开市委常委会，传达学习南通市第十二次党代会精神，研究讨论市人大常委会党组提请的关于市、镇两级人大换届选举的相关议题和《全市农业现代化工程建设现场推进会议暨新任村（社区）党组织书记履职培训班方案》《关于做好全市第十一届村民委员会暨第六届居民委员会换届选举工作的通知》《关于进一步推进村（居）民小组自治工作的实施方案》《关于建立如皋市改革创新容错免责机制的实施办法（试行）》《市政府关于调整2016年财政收入目标的通知》《关于进一步加强和改进新时期信访和群众工作的意见》等议题。

△ 市政协主席会议协商党史工作，与会人员实地参观丁堰苏中战役遗址、吴庄烈士陵园西部地区革命斗争史展览馆、如皋第一独立支部遗址等处。市政协主席李中林，副主席魏祝明、黄文斌、张亚鸾、郑振明、钱志刚，秘书长殷高华出席会议。

29日~10月4日

△ 为期6天的国庆房产展销会在主城区海阳路与福寿路交汇处开幕，19家房地产开发企业的21个精品楼盘、1万多套产品参展，总面积近150万平方米。市领导何益军、史有根等出席开幕式。

30日 △ 全国第三个烈士公祭日，如皋市在烈士陵园举行公祭活动，深切缅怀革命烈士，告慰先烈英灵。市四套班子全体领导和烈属代表、老战士代表、驻如皋部队官兵代表、少先队员代表，以及社会各界代表650多人冒雨参加活动。

△ 市第十六届人大常委会召开第四十四次会议，听取审议市政府关于畜禽粪便污染治理及综

合利用情况的报告、关于幼儿教育发展情况的报告，对市政府落实市人大常委会对全市社会保险工作审议意见情况进行满意度测评，表决通过《如皋市人大常务会关于如皋市市、镇两级人民代表大会换届选题问题的决定（草案)》《如皋市第十七届人民代表大会代表名额分配方案（草案)》《如皋市选举委员会组成人员任命名单（草案)》和相关人事任免事项。

△ 市、镇两级人民代表大会换届选举工作会议召开，市人大常委会主任谢新民就市、镇两级人大换届选举工作包括换届时间、选区划分、选民登记、选举程序等进行具体布置，市委常委、组织部部长、统战部部长缪爱诚，市委常委、宣传部部长茅红宇分别对选举组织工作和宣传工作进行部署。市领导陈晓东、司祝建、吴道健等出席会议。

△ 如皋市举行信访工作会议，通报全市信访维稳基本情况，就信访积案集中化解攻坚月活动进行集中部署，并下发《市委办公室、市政府办公室关于进一步加强和改进新时期信访和群众工作的意见》。市领导陈晓东、何益军、胡拥军等出席会议。

△ 副市长陈万圣、陈晓彬、高峰等分别率领相关部门负责人督查全市国庆节日期间安全生产工作，先后实地督查吾悦广场、火车站站前广场施工现场和市汽车客运站、力星钢球、雷成制衣、泰慕士服装、南通锻压等处安全生产情况，确保人民群众欢度国庆。

2016年10月

8日

△ 如皋市技工学校、苏中红木大世界同时跻身省级创业示范基地行列，分别被省人社厅命名为“江苏省创业培训实训示范基地”和“江苏省创业孵化示范基地”。如皋尚学堂教育培训、“花卉电商”平台建设、家庭农场生态养殖种植3项目获评“江苏优秀大学生创业项目”。

8~9日

△ 市委书记陈晓东，市委副书记、代市长何益军，市委副书记司祝建分别率队前往经济技术开发区、如皋工业园区（如城街道）、高新区（城南街道），走访慰问全市部分百岁老人，代表市委、市政府送去殷切关怀。

9日

△ 市委副书记、代市长何益军率领相关部门负责人前往丁堰镇调研重点工作推进情况，实地走访明德塑胶、恒康家居、宝贝幼儿园、长寿星养老服务中心、上海制皂、新堰社区公共服务中心等处。市领导万维庆参加活动。

△ 市委副书记、代市长何益军率领市政府办、交通运输局、商务局等部门负责人调研九华镇重点工作，实地走访如皋市长寿养生园、郑甸莲藕园、南通星球石墨设备有限公司、南通伟越电器有限公司、南通三荣实业有限公司等企业。市政协副主席张亚骞参加调研。

△ 市委副书记司祝建率队督查美丽乡村建设推进情况，先后前往李昌钰刑侦科学博物馆，如皋工业园区（如城街道）顾庄社区和江安、搬经两镇，了解展馆建设、社区美丽乡村建设、镇级文化展示馆规划设计等有关情况，提出改进意见和建议。市委常委、宣传部部长茅红宇参加督查。

△ 如皋市党外干部培训班在全国干部教育培训基地——浙江大学开班，培训为期5天，35名学员参加培训。市委常委、组织部部长、统战部部长缪爱诚出席开班仪式。

△ “十载敬老情 再聚水明楼”九九敬老联谊活动在南通水明楼酒业有限公司举行。市领导司祝建、邵晓泉、杜永红、郑振明出席联谊活动。

10日

△ 江苏省党史办主任张亚青到如皋调研，实地参观如皋市红十军纪念馆。市领导万维庆陪同调研。

△ 如皋市召开第十四次亿元以上产业项目招引审批建设会办会议，听取吴窑镇、磨头镇负责人汇报需要协调解决的亿元以上项目相关问题，市发改委负责人汇报第三季度申报亿元以上项目推进情况、南通市考核情况、需要完善手续的项目推进情况和“一会两节”项目包装、集中开工情况，以及相关部门围绕解决项目建设问题提出的思路、办法和意见。市领导陈晓东、何益军、司祝建等出席会议。

11日

△ 湖北省石首市市委副书记、市长石必成，市委常委、宣传部部长李平率考察组到如皋考察体育事业发展情况，实地参观市奥体中心主体育场、篮球馆、羽毛球馆、游泳馆和市文化馆、图书馆、博物馆。市领导万维庆陪同考察。

△ 市委书记陈晓东率领市规划局、国土局等部门负责人，调研东陈镇重点工作，实地走访东陈镇的双群工业园区、九号温泉、顺洋文化传媒中心、盛嘉机电、山河美丽乡村等项目现场，听取

相关重点工作推进情况汇报。

△ 市委副书记司祝建率队督查如皋市农业现代化工程建设推进情况，先后深入中国·如皋国际园艺城、金旺家庭农场、台莲现代农业园区、祥盛烘干中心、嘉禾润宝农业园区、平园池村“七位一体”等项目现场，实地察看现代农业园区建设、城乡统筹发展等情况。

△ 如皋市举行市、镇两级人大换届选举工作培训会，就划分选区、选民登记、提名推荐代表候选人程序、协商确定正式代表候选人、全面准确介绍代表候选人情况、投票选举、代表资格审查等选举工作各阶段的法律程序和工作要求进行讲解。市领导谢新民、吴道健、张元健、邵晓泉出席会议。

△ 市人大常委会副主任邵晓泉一行视察对台经贸工作，实地查看南通安佑生物科技有限公司、南通斯密特森光电科技有限公司、江苏景升印刷有限公司、南通神马线业有限公司生产情况。

12日

△ 日本名古屋银行股份有限公司南通分行行长渡井久友率团到如皋考察，实地参观陆地方舟、康迪电动汽车、城市规划展示馆等处，并与如皋市就氢能源产业发展、城市配套设施建设等议题开展交流，进一步加强经贸合作。市委常委吴瑕陪同考察。

△ 市委书记陈晓东率领市农委、财政局、编办等部门负责人，实地察看江苏盆景博物馆布馆情况，了解博物馆运营工作情况。市领导司祝建、刘向阳、杜永红参加活动。

13日

△ 台湾致公党主席陈柏光、台湾源浦集团董事长刘文筑到如皋考察，并就打造农业电商产业园项目进行洽谈对接。国资委中国商业发展中心副主任宋国宏、上海鼎瑞公司总经理汤宏陪同考察。市领导陈晓东、司祝建参加相关活动。

△ 浦东干部学院“中西部地区中青年干部培训班——深入贯彻‘四个全面’战略布局专题(第三期)”调研组到如皋开展社会调研活动，实地参观考察力星钢球、如皋软件园、陆地方舟、康迪电动汽车、东大街历史文化街区、斯密特森光电、神马电力、顾庄生态园、龙游湖商务区等处。市委副书记司祝建、市委常委吴瑕陪同调研。

△ 宿迁市沭阳县政协副主席唐军玉一行前往如皋经济技术开发区考察工业经济、项目建设、特色文化建设工作，先后参观开发区综合文化站、政协委员之家、康迪电动汽车江苏有限公司、华夏胶片电影博物馆、南通百应能源有限公司，详细了解经济技术开发区经济社会发展、企业生产经营、特色文化建设等情况。市政协副主席郑振明陪同考察。

△ 江苏恒康家居科技股份有限公司首次公开发行股票上市仪式在上海证券交易所举行。上海证券交易所副总经理徐毅林、广发证券股份有限公司副总裁欧阳西，如皋市领导陈晓东、李中林、吴道健、司祝建、胡拥军等出席上市仪式。作为如皋市首家A股主板上市企业，恒康家居发行价15.41元/股，首日挂牌开盘价为22.19元/股，飙升44%，直接登陆涨停板，取得开门红。

△ 市委副书记、代市长何益军率领市政府办、发改委、建工局、法院、检察院等部门和单位负责人一行，调研吴窑镇重点工作开展情况，实地走访吴窑镇污水处理厂、顺隆康复器材、台莲现代农业园区、三强压力容器、基信家居、江中集团等项目。市领导史有根、张元健参加活动。

△ 如皋市举行纪念苏中七战七捷战役胜利70周年座谈会，市委常委吴瑕出席会议并致辞，沈阳军区空军后勤部原政委许映泉将军，上海警备区原副政委阮武昌，上海市委政策研究室原副主任、《大江南北》杂志社原社长陈扬等结合自身经历在会上发言。

14日

△ 市委书记陈晓东主持召开市委常委会，就《关于进一步推进全市高标准农田建设工作的意见》等议题进行研究讨论。

15日 △ 省委组织部副部长胡金波视察长江青少年素质教育实践基地建设情况，实地走访基地八大室内主题场馆、科普体验馆等处。市领导陈晓东、何益军、缪爱诚陪同视察。

△ 如皋市召开农业现代化工程建设现场推进会，市委书记陈晓东出席会议，就做好当前和今后一段时期“三农”工作，以及村（居）委会换届选举工作发表讲话。与会人员听取市委副书记、代市长何益军作工作报告，并参观了全市现代农业发展亮点。

△ “一会两节”第三方发布机构与全市部分镇（区、街道）及部门负责人进行座谈。市委常委吴瑕参加座谈。

16日 △ 为期3天的如皋市村（社区）党组织书记履职培训班开班，市委副书记司祝建主持开班仪式，市委书记陈晓东出席并讲话。

17日 △ 南通市委常委、政法委书记姜永华率队到如皋，对镇村两级政法综治中心平台建设进行调研，先后前往江安镇胜利社区、六团村和石庄镇砖桥社区、石庄社区，查看各村（社区）政法综治工作中心服务大厅、警务室、综治办等办公区域，了解综治中心建设情况。如皋市委副书记司祝建，市委常委、政法委书记缪小华陪同调研。

△ 如皋市召开第十五次亿元以上产业项目招引审批建设会办会议，听取各镇（区、街道）负责人汇报新增项目信息情况，吴窑镇、高新区（城南街道）等镇（区、街道）负责人汇报需要协调解决的亿元以上项目推进难题，以及相关部门提出的思路、办法和意见，并就“一会两节”签约项目推进等议题进行讨论。市领导胡拥军、吴瑕、高峰出席会议。

△ 搭载神舟十一号载人飞船的长征二号F遥十一运载火箭在酒泉卫星发射中心点火升空，火箭所用航空航天特种玻璃纤维布来自江苏九鼎集团新材料股份有限公司。从20世纪90年代的“神一”到如今的“神十一”近20年时间，作为全球最大的玻璃纤维制砂轮增强片供应商、国家航空航天特种玻璃纤维布定点生产企业，九鼎新材一直承担为运载火箭和航天飞船提供特种玻璃纤维布的任务。

18日 △ 德国沃根集团副总裁克里斯蒂安一行考察如皋市体育及康复基础设施建设情况，实地考察奥体中心、如云科技、外国语学校、李昌钰刑侦科学博物馆、长江药用植物园、金岛生态园等处，并拜访部分百岁老人。市领导何益军、刘向阳、茅红宇、万维庆参加活动。

△ 如皋市选举委员会召开第一次会议，专题讨论市、镇两级人大换届选举工作，通过《如皋市第十七届人民代表大会代表选区划分和名额分配到选区的具体方案（草案）》《如皋市市镇人民代表大会换届选举选民登记办法（草案）》《如皋市如城街道选举工作领导小组组成人员名单（草案）》《如皋市城北街道选举工作领导小组组成人员名单（草案）》《如皋市城南街道选举工作领导小组组成人员名单（草案）》《如皋市市级机关选举工作领导小组组成人员名单（草案）》《如皋市各市人大代表选区选举工作小组组成人员名单（草案）》等相关事项。

△ 市委书记陈晓东分别走进人民网、新浪网演播室，与广大网友分享如皋市“两学一做”经验做法，并介绍如皋经济社会发展情况，对即将召开的“一会两节”进行宣传推介。市委常委，组织部部长、统战部部长缪爱诚参加活动。

19日 △ 市委副书记、代市长何益军召集相关部门负责人，专题听取新城建设、城市水系建设、大健康产业发展等指挥部负责人分别汇报当前工作推进情况以及遇到的问题和矛盾，听取市规划局、住建局、财政局、水务局、教育局等相关部门负责人就配合做好指挥部工作提出相关意见和建议。市领导刘向阳、缪爱诚、张元健、陈万圣、黄文斌参加会议。

△ 全市驻沪招商人员工作座谈会在上海召开。副市长高峰出席会议，听取全体驻沪招商工作人员汇报在手在谈招商项目情况，交流驻点招商工作体会。

20日

△ 南京海关副关长叶建一行调研如皋市港口物流业发展及海关工作，实地走访如皋港保税物流中心（B型）、苏中国际码头等处，并参观如皋海关办事大厅，听取如皋海关工作情况汇报。市领导陈晓东、何益军、高峰参加活动。

△ 伟越电器沙特战略合作伙伴 Omar 一行到如皋考察。市领导陈晓东、茅红宇参加考察活动。

△ 如皋市召开人武部党委第一书记任职大会，市委书记陈晓东就任如皋市人武部党委第一书记。南通市委常委、南通军分区政委苏西群出席会议并讲话。市领导陈晓东、何益军、谢新民、李中林、刘向阳、祝国庆出席会议。

△ 如皋市召开电力工作会议，表彰全市平安电力创建先进单位、“电力保平安”春季专项活动先进集体和个人，下发《市政府办公室关于调整市电力工作领导组成员的通知》，要求进一步统一思想、凝心聚力，充分发挥电力要素服务在项目建设中的先行保障作用。市领导何益军、张勇、高峰出席会议。

21日

△ 云南省德宏州编办主任徐丽华率队到如皋，就行政审批制度改革工作进行专题考察，详细了解全市行政审批制度改革创新模式，听取相关工作情况介绍，并仔细询问市场准入和项目投资建设领域审批授权、办事流程、服务质量等情况。市人大常委会党组书记吴道健陪同考察。

△ 省委原副书记顾浩一行到如皋调研，参观曾经工作过的白蒲镇文峰社区，并勉励“离退休干部牵手大学生村官”活动中结对帮扶的白蒲镇大学生村干部张琦浩扎实工作，市政协主席李中林、秘书长殷高华参加调研。

△ 市委副书记、代市长何益军主持召开第十六届市政府第六十二次常务会议，传达《省政府办公厅关于改革工业用地供应方式促进产业转型升级企业提质增效的指导意见》，听取全市盆景产业发展相关问题汇报，讨论《如皋市职工医疗保险实施办法》《如皋市城镇居民基本医疗保险实施办法》《如皋市职工住院自费补充保险暂行办法》《如皋市国家公务员医疗补助办法》《关于做好2017年度耕地占补平衡和城乡建设用地增减挂钩工作的通知》等议题。

△ 国家旅游局公布第二批国家全域旅游示范区创建单位名单，如皋市成功入选，成为南通地区唯一一家入选的县级市。

21~25日

△ 2016世界机器人大会在北京亦创国际会展中心开幕，由江苏木爷机器人技术股份有限公司研发的智能机器人 Cooky（酷奇）和多个行业解决方案在大会上亮相。参展期间，中共中央政治局委员、国务院副总理刘延东莅临木爷机器人展台参观，并与公司董事长蒋化冰亲切交谈。

22日

△ 台湾中华经济文化发展促进会主席许水树一行到如皋考察，实地参观中国·如皋国际园艺城、顾庄生态园、万禾生态园、无锡明申黄金枸骨种植区等处，并听取全市经济社会发展情况介绍。市领导司祝建、刘向阳参加活动。

23日

△ 香港南通同乡会会长杨耀忠一行到如皋考察，参观水绘园风景区，并详细了解全市经济社会发展情况。市委常委、组织部部长、统战部部长缪爱诚，副市长高峰陪同考察。

23~24 日

△ 如皋红楼梦研究会2016年年会暨冒辟疆著作《红楼梦》学术研究高峰论坛举行。省委原副书记顾浩、省政府原副省长凌启鸿，如皋市领导陈晓东、李中林、司祝建出席论坛。

24日

△ 如皋市召开第十六次亿元以上产业项目招引审批建设会办会议。会办会采取现场办公和集中开会形式举行，市领导陈晓东、何益军、司祝建、刘向阳、吴瑕、高峰参加活动，首先察看尔昕木业二期、恒康海绵发泡生产线、顺隆二期等亿元项目建设现场，随后集中对亿元以上项目推进中存在的问题进行会办，并研究讨论"一会两节"相关工作。

25日

△ 上海新工联（集团）有限公司董事长吴文、上海同臣环保股份有限公司董事长张文标一行到如皋，就企业投资、黑臭水体治理、河道清淤等进行洽谈。市委常委吴瑕、副市长杜永红参加活动。

△ 市委书记陈晓东，市委副书记、代市长何益军一行调研全市国税工作，要求依法加强税收征管，积极挖掘税收潜力，确保应收尽收。市领导胡拥军、张勇、张亚鸾参加调研。

△ 市委书记陈晓东率领相关部门和单位负责人，调研白蒲镇重点工作，实地走访逸人服饰、力源金河、华东油压、蒲西社区、白蒲黄酒、印池商业古街及茂鑫工艺品等处。

△ 市委副书记、代市长何益军率领市水务局、住建局、规划局、旅游局等部门负责人，就主城区水系贯通及生态景观提升进行实地踏勘，实地察看龙游河、茅雉河等地。市领导刘向阳、邵晓泉、杜永红参加活动。

△ 如皋市召开建议提案办理工作集中督查会议，重点检查2015年B类建议、提案，2016年重点建议、提案和不满意件办理落实情况。市领导胡拥军、张元健、钱志刚出席会议。

26日

△ 德国沃根集团总裁沃根一行到如皋考察体育及康复基础设施建设情况，参观全国足球特色学校——如皋外国语学校，听取全市体育事业和足球产业发展情况介绍，并与市领导何益军、茅红宇等开展座谈交流。

△ 法国国际文化中心协会副主席布里吉特·克兰凯尔等法国友人前往市文广传媒集团，观赏如皋杖头木偶表演，开展文化交流。市委常委吴瑕参加交流活动。

△ 如皋港至上海港直达航线（皋申快航）项目推介会在如皋港集团举行。市委常委、常务副市长胡拥军主持会议，市委书记陈晓东致辞，来自上海国际港务集团、14家国内外知名船务公司、重点货主企业、代理公司的相关负责人参加会议。

△ 市委书记陈晓东率领市委办、市国土局、市规划局等部门负责人一行，调研石庄镇重点工作推进情况，实地走访雷圣特种电机、鸿悦花苑、远邦石油、上海电气、天泽化工等项目现场，协调解决该镇发展难题。

△ 市委副书记、代市长何益军召集市住建局、国土局、公安局、规划局、城管局等部门和各主功能区负责人举行专题会议，听取全市2017年中心城区城建计划相关专题汇报。

△ 市委副书记、代市长何益军召集市规划局、住建局、交通局等部门负责人举行会议，专题听取《如皋城市综合交通规划》《如皋商务区控制性详细规划》《如皋商务区城市设计》相关专题汇报。

27日

△ 十届全国政协副主席张怀西到如皋视察经济社会发展情况，实地察看市文化广场、华夏胶片电影博物馆、李昌钰刑侦科学博物馆等处。南通市政协副主席殷雄，如皋市政协主席李中林等陪同视察。

△ 省发改委在如皋组织召开《如皋港现代物流园区发展规划》评审会，由江苏省交通物流协会、东南大学、江苏省工程咨询中心、中国物流股份有限公司等单位专家组成的专家组一行实地参观考察苏中国际集装箱码头、如皋港保税物流中心、如皋华东煤炭交易中心有限公司、中林如皋港务有限公司、鑫鼎鑫现代物流园、总部物流基地、四大联检中心，听取规划编制单位介绍、审阅规划文本后，审核通过《如皋港现代物流园区发展规划》。市委常委、常务副市长胡拥军出席评审会。

△ 南通市人大常委会党组副书记庄中秋一行调研如皋市现代公共文化服务体系建设工作，实地走访高新区（城南街道）建设社区和丁堰镇文体中心。市领导陈晓东、何益军、谢新民等参加调研。

△ 首届“智能KY蓝宝石晶体生长专家论坛”在如皋举行，重点聚焦智能KY长晶技术，研讨交流智能蓝宝石从生长到晶片的切、磨、抛以及质量监控全过程的最新技术。论坛吸引60多位行业顶尖专家和领先企业负责人、科研人员参加，市领导何益军、史有根、黄文斌出席论坛。

△ 新能源汽车产业链招商发布会在市民服务中心报告厅举行，中国机械工业第四设计研究院重点从外部环境、地方概况、产业现状、发展展望及地方优势等方面，对如皋市新能源汽车产业链项目进行发布，江苏赛麟汽车科技有限公司进行了汽车零部件需求发布，会上18个新能源汽车产业链项目集中签约。市四套班子领导陈晓东、何益军、谢新民、吴道健、司祝建等出席活动。

△ 如皋市举行中国港口产业供应链高峰论坛，对如皋港投资发展环境进行推介。市委书记陈晓东出席论坛并致辞。辽宁营口融舱物流信息科技有限公司董事长丁治永、苏州智慧精融供应链科技有限公司董事长于汇、杭州高达软件系统股份有限公司总经理胡斌、安徽驿盟物流科技有限公司董事长孔庆广分别作专题演讲，渤海商品交易所董事长助理何忠付、中林金海岸港口控股集团副总裁邢忠分别就渤商所大宗商品华东交割总枢纽仓项目、华东煤炭交易中心项目进行发布和推介，部分合作项目在活动中签约。

△ 上海向阳公益基金会理事长汪致重到如皋洽谈大健康产业项目合作事宜。市领导陈晓东、马金华出席洽谈活动。

△ 苏州市物流协会会长、苏州天天供应链管理有限公司董事长祁絮杨考察如皋物流产业发展情况。市领导陈晓东、司祝建、高峰陪同考察。

28日 △ 第十三届中国·如皋沿江经济洽谈会、第八届如皋·中国长寿文化节、第九届中国（如皋）花木盆景艺术节在市行政中心礼堂开幕。市委副书记、代市长何益军主持开幕式，市委书记陈晓东致辞，并与十届全国政协副主席张怀西，中国花卉协会副会长张延华，南通市委副书记、宣传部部长张兆江共同启动“一会两节”开幕式水晶球。开幕式上，原外经贸部副部长、第十届全国政协外事委员会副主任周可仁，南通市副市长赵闻斌、市政协副主席殷雄，农业部农村社会事业发展中心副主任詹慧龙，中国花卉报社社长周金田，工业和信息化部软件与集成电路促进中心总工程师王建平，上海应用技术大学党委书记刘宇陆等与会领导和嘉宾观看了如皋市城市形象宣传片《如皋好》；上海社会科学院副院长何建华围绕“如皋如歌如愿拥抱发展腾飞新机遇——千年古城迈入世界级都市圈同城新时代”主题，对如皋未来发展战略、机遇和前景进行了第三方信息发布；清华大学汽车产业与技术战略研究院、渤海商品交易所、工业和信息化部软件与集成电路促进中心（CSIP）有关专家分别就新能源汽车产业发展、如皋港大宗商品交易综合服务平台建设、如皋软件园运营作了推介；国际自然医学会会长、世界长寿乡调查团团长、世界长寿乡科学认证委员会主席、医学和长寿学博士森下敬一为如皋市颁授了“国际健康养生胜地”荣誉牌匾；CSIP如皋创新创业基地、渤商所长江国际交易中心、南通大学软件学院成功揭牌；25个重点项目集中签约，计划总投资135.8亿元，其中，内资130.3亿元，外资8750万美元。

△ 2016全国盆景交易大会开幕暨中国·如皋国际园艺城开业仪式在中国·如皋国际园艺城举行。十届全国政协副主席张怀西，中国花卉协会副会长张延华，南通市委副书记、宣传部部长张兆江，

省农委副主任、林业局局长夏春胜，南通市副市长赵闻斌、政协副主席殷雄，农业部农村社会事业发展中心副主任詹慧龙，如皋市四套班子领导陈晓东、何益军、谢新民、李中林、吴道健、司祝建等参加活动。

△ 中国花木盆景产业发展论坛在江苏盆景博物馆（如皋绿园）举行，与会专家围绕盆景生产周期和市场预期、中国盆景产业发展的机遇挑战与对策研究、盆景出口为产业化发展创造良机、中国盆景产业化的得与失等议题开展交流。中国花卉协会副秘书长陈建武，副市长杜永红出席活动。

△ 如皋市召开高端人才“凤还巢”恳谈会，邀请来自全国各行业的专家、教授为如皋市经济社会发展特别是科技人才工作思路、举措建言献策。市领导陈晓东、何益军、缪爱诚、张元健、陈杰、张亚鸾出席恳谈会。

△ 南通市委副书记、宣传部部长张兆江，市政府副市长赵闻斌前往经济技术开发区民实村和朱夏村，视察如皋市2016年度国家农业综合开发高标准农田建设项目。如皋市委副书记司祝建陪同视察。

△ 继8、9两月“圆梦助学”两批资助120名特困大学新生每人3000元后，市慈善基金会再次在全市高、初中学校中开展2016年度“扶孤济困”助学活动，将24.45万元“扶孤济困”助学金分发至全市14个镇（区、街道）民政办公室，资助全市高、初中学校163名特困生每人1500元。

29日

△ 全市21个重点项目举行集中开工仪式，投资总额超132亿元。市四套班子领导陈晓东、何益军、谢新民、李中林、吴道健等出席开工活动。此次集中开工，20个项目为投资超亿元重大项目，其中：位于长江镇（如皋港区）的渤商所华东交割总枢纽一期项目总投资达50亿元，是单体投资规模最大的项目，一期工程主要用于建设物流交割中心、办公大楼等，建成后可实现年交易额1000亿元，实现综合税收10亿元；位于如皋工业园区（如城街道）的江苏巨业杭萧建筑新材料有限公司新型钢构建材、PC板加工项目总投资超10亿元，建成达产后预计年新增销售收入15亿元；位于高新区（城南街道）的龙游河壹号项目为生态型高端养生社区，投资12亿元，全面建成后大大加快如皋打造宜居宜业新城区步伐；位于经济技术开发区的南通荣威娱乐用品有限公司实施出口型PVC娱乐用品项目，投资1.56亿美元，建成后可年产充气水池600万只。

△ 如皋市举办2016健康中国如皋论坛，讨论通过《健康中国如皋论坛·如皋宣言》。论坛围绕“大健康、大产业、大品牌、大未来”主题开展探讨，十届全国政协副主席张怀西出席论坛并讲话，市委书记陈晓东为论坛致辞，市委副书记、代市长何益军推介如皋市大健康产业发展规划，并发布“苏·皋长寿”农产品开发、白蒲古街特色小镇、古龙游河生态旅游度假区、健康创客中心等15个项目信息。省民政厅党组成员、省老龄办主任夏春青，国际自然医学会会长、世界长寿乡调查团团长、世界长寿乡科学认证委员会主席、医学和长寿学博士森下敬一，中国工程院院士顾晓松等分别分享相关研究成果。《人民日报》江苏分社社长贺广华、省卫计委副主任徐东红和各界专家学者、企业界人士等400余人参加论坛。

△ 中国花卉协会盆景分会主办的精品盆景拍卖会在中国·如皋国际园艺城举行，现场拍卖的58盆有底价精品盆景和20盆无底价小型盆景均为全国盆景交易大会参展作品，落槌总价325.7万元，成交率47%，其中，如皋盆景“岁月蹉跎”拍出最高价49万元。

△ 如皋市第二届“梦想之星”创业大赛落幕，经来自高校、创投机构和企业的9位专家组成的评审团队逐一评审，鼎莱电子材料科技有限公司的“车用片式加热型氧传感器”项目摘得桂冠。市领导何益军、缪爱诚、张元健、陈杰、张亚鸾出席相关活动。

△ 2016长江旅游文化节开幕。来自全国各地的游客参观金岛生态园、长江药用植物园、苏中国际集装箱码头等处，实地感受长江镇淳朴风土人情，了解港区经济发展亮点。市委副书记司祝

建，市委常委、常务副市长胡拥军出席开幕活动。

30日 △ 中国·如皋第五届软件与信息服务业年度推进会召开，与会人员参观高新区重点项目，见证中国信息安全技术产业联盟授牌，12个项目集中签约。推进会由市委副书记、代市长何益军主持，市委书记陈晓东致辞，并与市委副书记司祝建、工业和信息化部软件与集成电路促进中心主任卢山、CSIP赛普信科总经理王维杨共同启动如皋“开源空间”项目，中国工程院院士沈昌祥、赛迪集团电子信息产业研究所所长安晖、东软熙康健康科技有限公司副总裁郭颂、北京爱狄特信息科技有限公司董事长李鸿进等分别发表主题演讲。中国电子信息行业联合会副会长兼秘书长、工业和信息化部原总经济师、中芯国际董事长周子学，工业和信息化部电子信息司巡视员胡燕，中国电子信息行业联合会执行秘书长高素梅等嘉宾出席会议。

31日 △ 原外经贸部副部长、第十届全国政协外事委员会副主任周可仁到如皋考察，实地察看如皋工业园区（如城街道）新民社区居民活动中心、莲藕基地等处，听取社区负责人情况介绍。市领导李中林、吴道健陪同考察。

△ 南通市副市长赵闻斌率队督查如皋抢收抢种工作，实地察看白蒲镇松杨村、合兴村水稻收割、烘干现场，走访了解农户2016年水稻生产和当前抢收抢种情况。副市长杜永红陪同督查。

△ 如皋市召开2016年第三次银政联席会议，听取人民银行如皋支行等各家银行关于全市金融运行情况、金融业务开展情况的汇报，市发改委关于全市经济运行情况的介绍，市金融办负责人对全市前三季度金融工作进行点评。市领导陈晓东、胡拥军、张勇、高峰、张亚鸾出席会议。

2016 年 11 月

2 日 △ 省农发行副行长钱德辉一行到如皋考察，实地察看白蒲镇新开发小区、白蒲老街、南通润蒲酒业有限公司、顾庄生态园、中国·如皋国际园艺城等处。市领导陈晓东、何益军陪同考察。

△ 如皋港集团与江苏圣果葡萄酒业有限公司合作的如皋港进口红酒集散中心项目正式签约。该项目依托如皋港保税物流中心打造进口红酒展示中心，建成后年红酒进口量可达 500 万瓶以上。市委常委、常务副市长胡拥军，副市长高峰出席签约仪式。

△ 如皋市举行创建全国文明城市冲刺动员会。市四套班子领导陈晓东、何益军、谢新民、李中林、吴道健、司祝建等分两路走进居民小区、城中村、农贸市场、火车站、建筑工地等处开展实地督查。

3 日 △ 团省委副书记司勇率队到如皋，就团市委新媒体运营工作进行调研，实地参观市青年创业梦想援助计划工作站、华夏花卉产业园青年之声线下组织“华夏青年汇”、市新媒体运营中心等处，并为雉水青年志愿服务联盟揭牌。市委常委、如皋工业园区（如城街道）党工委书记刘向阳，市委常委，组织部部长、统战部部长缪爱诚陪同调研。

△ 由南通市环保局、财政局以及相关专家组成的联合复核组对如皋市 2013~2014 年度覆盖拉网式农村环境综合整治试点工作进行复核验收，听取如皋市关于整治项目实施的情况汇报，审查相关材料，并随机抽查东陈、磨头、搬经、江安等镇污水处理设施及配套管网项目工程的实施情况，对整治工作给予较高评价，要求年内争取通过省级验收考核。市领导万维庆参加验收。

△ 市政协主席李中林率领部分市政协委员，专题视察校园安全工作，实地走访市外国语学校附属幼儿园、市实验初中、市第一中学、安定小学、高新区实验小学等学校，了解构建人防、物防、技防、心防、自防于一体的校方防控体系方面的有效举措，对提升校园常态安全管理水平提出意见和建议。市政协副主席黄文斌、张亚鸾、钱志刚，秘书长殷高华参加活动。

△ 如皋市召开国土资源管理工作会议，通报全市国土资源管理工作情况，并对 2016 年度“双整治”工作先进集体进行表彰。市委副书记、代市长何益军出席会议并讲话。

4 日 △ 省级机关工委书记王立平率队到如皋开展访贫问苦活动，并调研如皋市机关党建工作，先后前往长江镇（如皋港区）富圩村、磨头镇兴韩村，了解村级经济发展情况和党建工作开展情况，并参观市行政审批大厅，了解如皋市行政审批制度改革的创新模式，包括市场准入和项目投资建设领域的审批授权、办事流程及服务质量等情况。市领导陈晓东、缪爱诚陪同考察。

△ 省民宗局局长李国华率队到如皋，就如皋定慧禅寺星级宗教场所创建工作现场办公，实地探访寺院大殿、应急指挥中心、档案室、吉祥殿、斋堂、静养院等处。市委书记陈晓东，市委常委，组织部部长、统战部部长缪爱诚参加活动。

△ 市委副书记、代市长何益军率领市创建办、住建局、城管局、如皋工业园区（如城街道）等部门和单位负责人督查全国文明城市创建工作，实地察看沿街路面、建设工地、市场、河道整治、老小区改造等领域的重点城市地段，并就遇到的实际问题进行现场交办。市领导茅红宇、万维庆参加督查。

△ 市委副书记司祝建、副市长杜永红召集市国土局、财政局、发改委、农业资源开发局等部门和经济技术开发区、长江镇（如皋港区）、下原镇等镇（区、街道）相关负责人，听取各镇（区、街道）相关负责人关于耕地占补平衡、增减挂钩工作的汇报，就全市高标准农田建设工作进行调研。

△ 如皋市举行社会信用体系建设推进会，下发《市政府关于贯彻落实国务院〈社会信用体系建设规划纲要〉（2014~2020）实施意见》，明确社会信用体系建设的重点领域，推进信用信息和信用产品的应用。市领导胡拥军、高峰出席会议。

5日

△ 全球首家刑侦科学类博物馆——李昌钰刑侦科学博物馆在如皋正式开馆，国务院侨务办公室副主任谭天星、市委书记陈晓东与李昌钰夫妇共同为博物馆揭牌，李昌钰博士发表演讲，并捐赠相关物品。广东省人大常委会副主任罗娟，最高人民检察院检察技术信息研究中心主任赵志刚，江苏省委宣传部副部长、外宣办主任司锦泉，省侨务办公室主任王华，省人民检察院党组成员、副检察长游巳春，省公安厅党委副书记、省委维稳办主任陈逸中，省公安厅党委委员、副厅长吴跃章、裴军，省人社厅党组成员、副厅长朱从明，省纪委案件管理室主任葛夕芳，杭州市人民政府副市长谢双成，浙江警察学院党委书记、院长傅国良，南通市委常委、政法委书记姜永华，副市长、公安局局长陈旭，如皋市四套班子领导，美国、台湾专家学者代表团、国内政法类高校专家学者等参加开馆活动。

△ 市委副书记、代市长何益军一行前往市文广传媒集团，走访电视新闻部、新媒体部、日报要闻部、广播部等部门，看望慰问新闻工作者，并出席纪念第十七个中国记者节暨如皋广播建成60周年活动，为从业30年的新闻工作者和市文广传媒集团首届十佳新闻工作者颁奖。

6日

6~12日

△ 市委副书记、代市长何益军率领市科技局、招商局和长江镇（如皋港区）、高新区（城南街道）等部门、单位负责人，赴台湾开展经贸交流活动，先后拜访台湾纳诺新材料科技有限公司、炎洲股份有限公司、台湾星崴国际能源股份有限公司、万隆科技有限公司、台湾国泰金控集团、台湾慕求生技股份有限公司、南港软件育成中心、香港商壹动画工作室有限公司、大中华农业科技公司、台湾长庚养生文化村、桃园市农会等企业和机构，介绍如皋近年来经济社会发展情况，推介如皋投资环境和重点产业项目，并与台湾企业家在新材料、生物科技、健康养生、文旅开发、高科技农业等产业和领域开展交流，达成相关投资合作意向。

7日

△ 如皋市举行第十七次亿元以上产业项目招引审批建设会办会议，对亿元以上项目存在问题进行会办，就招商引资项目信息进行交流，并对全市外资外贸完成情况进行点评。市领导司祝建、吴瑕、高峰出席会议。

△ 由如皋市总工会与如皋市长江镇人民政府共同兴建的江苏省首家工会劳动保护教育馆——如皋工会劳动保护教育馆在长江镇（如皋港区）如皋第一中等专业学校正式开馆。省总工会副主席张海涛，省安监局副巡视员、安全生产执法总队总队长单昕光为教育馆揭牌，南通市总工会主席葛玉琴、如皋市委书记陈晓东为“南通市职工劳动保护教育基地”揭牌。

7~8日

△ 首届“国际燃料电池汽车大会”在北京召开。市委常委、经济技术开发区党工委副书记马金华参加会议并作为地方政府代表发言。

8日

△ 全省职工劳动安全卫生知识普及教育现场推进会在如皋召开，省总工会副主席张海涛，省安全生产监督管理局副巡视员、省安全生产执法监察总队总队长单昕光，南通市副市长徐新民，如皋市领导陈晓东、万维庆出席会议，并和与会人员一起考察双钱

集团（如皋）轮胎有限公司，实地参观企业视频监控中心、HSSE 文化馆、生产车间等处。

△ 如皋市与上海市工商联房地产商会在上海月星环球港共同举办如皋（上海）城市推介活动，市委书记陈晓东出席活动并致辞，市委常委、常务副市长胡拥军作城市推介，副市长陈万圣介绍如皋城市总体规划、如皋城市定位，并对 13 个拟出让房地产项目和 8 个热销房产项目作重点推介。新城控股集团董事长、总裁、上海市工商联房地产商会会长王振华，全国工商联常委、全国工商联家居装饰业商会会长、月星集团董事局主席丁佐宏等近 100 家知名企业代表参加活动，两个地块举行签约仪式。

△ 市委副书记司祝建，市委常委、宣传部部长茅红宇率领市相关部门负责人对全国文明城市创建工作进行督查，实地查看火车站周边卫生环境、候车秩序管理、公益广告刊播等情况和中山路道路两旁车辆停放、沿街道路环境卫生、公共设施破损等情况，就热点难点问题进行现场对接、协调处理。副市长陈晓彬参加督查。

9日

△ 省文物局局长刘谨胜到如皋视察文化展馆建设和历史文化名镇创建工作，实地走访李昌钰刑侦科学博物馆、石庄镇北大街、市博物馆等处，听取白蒲、石庄两镇历史文化名镇创建情况汇报。市领导刘向阳、钱志刚、万维庆陪同视察。

△ 省扶贫“三会”理事长、省人大常委会原副主任丁解民率队到如皋调研老建会和扶贫开发协会工作情况，实地察看长江镇金诚肉鸽专业合作社、九华镇郑甸社区茂盛果蔬农地股份合作社、中国·如皋国际园艺城等处。市领导吴道健、刘向阳、缪爱诚陪同调研。

△ 市委副书记司祝建召开座谈会，听取市土地储备中心、旅游局、文广新局、卫计委、市场监管局、城管局、交通局、公安局、规划局、金融办等创建重点责任部门和三个街道分管负责人汇报交流近阶段文明城市创建工作举措和进展情况，就相关难点问题协调落实具体责任单位和时间节点。市委常委、宣传部部长茅红宇参加活动。

10日

△ 南通市政协党组书记黄巍东、副主席屈宝贤一行到如皋，就政协工作开展调研，实地参观经济技术开发区政协工委“委员之家”、康迪汽车、荣威娱乐、中国·如皋国际园艺城、李昌钰刑侦技术博物馆等处。市政协主席李中林，市委常委、如皋工业园区（如城街道）党工委书记刘向阳等陪同调研。

11日

△ 贵州省德江县委副书记、县长秦智坤率队到如皋考察，就两地合作事宜开展初步洽谈，并参观市城市规划展示馆、龙游河生态公园，走访市电子商务产业园内的 QST 青软实训如皋基地、中国·如皋国际园艺城等处。市领导陈晓东、缪爱诚、杜永红参加活动。

△ 省信用再担保有限公司董事长张乐夫一行到如皋调研，实地察看江苏再保南通信用担保有限公司组建情况。市领导陈晓东、缪爱诚、高峰陪同调研。

12日

△ 深化“江苏最美乡村”创建工作座谈会在如皋召开，与会人员实地考察如皋工业园区（如城街道）顾庄社区、磨头镇新港村、江安镇周庄社区、搬经镇综合文化服务中心等处。省委宣传部副部长、省文明办主任杨志纯，市领导陈晓东、刘向阳、茅红宇参加活动。

△ 市委书记陈晓东会见中国菱镁行业协会会长吕泽群一行，对中国菱镁行业协会选择在如皋举办论坛表示欢迎，并就建材领域相关合作进行座谈交流。市委常委、如皋工业园区（如城街道）党工委书记刘向阳参加活动。

13日 △ 国家旅游局党组书记、局长李金早一行到如皋视察，实地走访中国·如皋国际园艺城、李昌钰刑侦科学博物馆、水绘园风景区等处，要求如皋市进一步塑造特色，快速推动旅游发展模式从“景点旅游”向“全域旅游”转变。南通市副市长朱晋，如皋市领导陈晓东、何益军、刘向阳、万维庆陪同视察。

14日 △ 市委书记陈晓东主持召开市委常委会，传达省委十二届十三次全会和南通市深化法治建设、“七五”普法动员暨政法队伍建设工作会议精神，并就相关议题进行研究。

15日 △ 省财政厅副厅长李建平率队到如皋，就全市高标准农田建设情况进行调研，实地参观经济技术开发区平园池村高标准农田项目区。南通市委副书记、宣传部部长张兆江，市政府副市长赵闻斌，如皋市领导何益军、司祝建、吴瑕、杜永红陪同调研。

△ 市政协召开十三届十八次常委会议，听取市政协第一、第二调研组赴江苏常熟、连云港以及浙江临安和山东日照、青岛黄岛等地考察调研后撰写的《关于如皋市外向型经济的调研报告》，讨论促进如皋市外向型经济健康平稳发展。

16日 △ 如皋市召开领导干部大会，宣布干部任免调整决定，引导广大干部增进共识，努力营造风清气正、心齐气顺、干事创业的良好氛围，推动如皋经济社会持续健康发展。

16~17日

△ 住建部城建司副司长朴凤兰率领考核组及有关专家，听取如皋市工作汇报，分生活组、工业组两组对如皋创建国家节水型城市进行现场考核，一致认为如皋市城市节水工作符合国家节水型城市标准，通过现场考核。市领导何益军、刘向阳、史有根等参加相关活动。

17日 △ 国家质检总局法规司司长许新建、全国人大财经委法案室副主任钟真真率队到如皋，开展“质量促进法”立法调研。实地探访民营企业江苏力星通用钢球股份有限公司生产车间、产品质量检测中心等处。市委副书记、代市长何益军，市委常委、宣传部部长茅红宇，市人大常委会副主任张勇，副市长高峰参加调研。

△ 省质量技术监督局副局长李景辉率队到如皋，就如皋市“全国特高压输变电装备知名品牌创建示范区”建设工作开展业务指导。副市长高峰参加活动。如皋市2016年以如皋工业园区（如城街道）为主体，申报启动“全国特高压输变电装备知名品牌创建示范区”建设工作，计划用3年时间打造全国超高压、特高压输变电装备及核心件生产基地，到2020年实现总产值400亿元。

△ 市人大常委会副主任、市选举委员会主任张元健通过调阅资料、实地察看、座谈等多种形式，督查长江镇（如皋港区）、吴窑镇的人大换届选举工作推进情况。

△ 市委常委、纪委书记史有根，市委常委、宣传部部长茅红宇召集市住建局、规划局、建工局、城管局、土地储备中心和如城、城南、城北三个街道文明创建工作负责人，专题对建筑工地、搬迁地块文明创建工作开展实地督查，逐一走访问题较为突出的10余处工地、地块，分析问题根源，现场落实整改责任主体和解决方案。

18日 △ 市委副书记、代市长何益军率领市财政局、人社局、行政审批局、规划局等相关部门负责人调研全市公安工作，对当前发展存在的难题进行会办。副市长、公安局长陈晓彬参加活动。

△ 市委副书记、代市长何益军深入白蒲镇，专题调研特色小镇建设，先后实地察看白蒲三香

斋茶干厂、南通白蒲黄酒有限公司、白蒲镇印池商业古街施工现场等处。

21日 △ 市委常委、组织部部长、统战部部长缪爱诚召集市教育局、卫计委、如皋工业园区（如城街道）等部门和单位相关负责人，开展文明城市创建督查活动，实地察看如皋中等专业学校、安定小学、如皋中学、外国语学校、市中医院、市人民医院等主城区学校、医院和挂钩联系的如皋工业园区（如城街道）长巷社区等处。

△ 如皋市召开第十八次亿元以上产业项目招引审批建设会办会议，对部分镇（区、街道）亿元以上工业项目及服务业项目存在问题进行会办，就招商引资项目信息进行交流。市领导何益军、胡拥军、高峰出席会议。

22日 △ 由经济技术开发区与深圳中兴网信科技有限公司、南通卓见新媒体技术有限公司共同投资合作兴建的中兴众企云项目成功落户如皋经济技术开发区。市委常委、经济技术开发区党工委副书记马金华出席三方合作签约仪式。

23日 △ 省“两学一做”学习教育互学互查督查组到如皋，就“两学一做”学习教育工作开展督查指导。市委常委、如皋工业园区（如城街道）党工委书记刘向阳，市委常委、组织部部长、统战部部长缪爱诚参加相关活动。

△ 市第十六届人大常委会第四十五次会议召开，听取市政府关于市十六届人大五次会议代表建议办理情况的报告、市政府为民办实事项目实施情况的报告、市政府关于行政审批改革工作情况的报告，审议并通过《如皋市人大常委会关于召开如皋市第十七届人民代表大会第一次会议的决定(草案)》和相关人事任免事项，任命陈杰、程瑞琴为市人民政府副市长。

△ 市委副书记、代市长何益军主持召开第十六届市政府第六十三次常务会议，传达十八届六中全会精神，学习南通市生态文明建设工程考核办法和实施细则，研究相关贯彻落实意见，并就《关于推进现代公共文化服务体系建设的实施意见》《关于加快推进基层综合性文化服务中心建设的实施意见》等议题进行讨论。

24日 △ 南通市中级人民法院党组书记、院长陈荣庆一行到如皋，就法院司法体制改革工作进行调研，实地察看高新区人民法庭、搬经人民法庭、市法院等处，了解队伍建设、审判工作等开展情况。市委书记陈晓东，市委常委、政法委书记缪小华陪同调研。

△ 正道集团有限公司总裁徐建国一行到如皋考察，并与市委书记陈晓东等举行座谈。市领导刘向阳、高峰参加活动。

△ 市委副书记、代市长何益军率领市规划局、住建局等部门和市妇联、港口局、国税局、工商银行如皋支行等社区共建单位负责人一行，前往如皋工业园区（如城街道）宏坝社区督查推进文明城市创建工作，先后对宏坝河、东皋农贸市场及周边进行察看，并听取社区创建工作情况汇报。市领导刘向阳、张勇参加活动。

△ 市委副书记、代市长何益军召集市规划局、住建局、水务局、如皋工业园区（如城街道）等单位负责人，专题听取最新修编的城区水系整治规划实施方案，对方案可行性进行再度论证。副市长陈万圣参加活动。

25日 △ 中科院院士、华大基因主席、华大基因学院院长杨焕明率队到如皋考察，实地考察顾庄生态园、东大街历史文化街区、李昌钰刑侦科学博物馆等如皋经济社会发展亮点。市领导陈晓东、刘向阳、高峰陪同考察。

△ 市委书记陈晓东会见天津渤海商品交易所董事长助理、渤海现代物流股份有限公司总经理何忠付一行，并就联仓科技平台建设、如皋港区铁路专用线建设等议题进行座谈。市委常委、常务副市长胡拥军参加座谈。

△ 市委书记陈晓东会见易大宗控股有限公司王兴春一行，介绍如皋市经济社会发展情况，并就焦煤、石化产业经营等方面合作进行深入交流。副市长高峰参加活动。

△ 市委书记陈晓东召集市四套班子其他领导和法检两院院长，重点听取近期督查推进全国文明城市创建情况，梳理薄弱环节，共商解决对策。

△ 市领导陈晓东、程瑞琴召集相关部门负责人，听取中国科学院生态环境研究中心研究员范彬《统筹县域卫生环境综合治理，打造健康中国的如皋模式》方案汇报。

△ 如皋市举行2016年金融支持制造业发展推进会，加大对制造业企业金融支持力度。市委常委、常务副市长胡拥军，副市长高峰出席会议。

26日

△ 深圳中加韩国际创客园董事长、加拿大中华总商会执行会长李浩缘率队到如皋考察交流，实地参观如皋经济技术开发区科创园、软件园千人计划创业中心等处，并表示期待与如皋开展共建绿色低碳特色小镇等更深层次的合作。市领导陈晓东、何益军、高峰、张亚鸾陪同考察。

△ 市委副书记、代市长何益军率队到如皋工业园区（如城街道）长港村，开展“三解三促”活动，先后慰问长港村三户贫困家庭，走访春华食品有限公司等企业，并与村两委会班子成员就如何促进居民增收、加快村级经济发展等进行探讨。市委常委、如皋工业园区（如城街道）党工委书记刘向阳参加活动。

27日

△ 省委常委、副省长杨岳率队到如皋调研“三农”工作，先后查看位于经济技术开发区平园池村的2014年农业综合开发高标准农田项目和诚阳农业、中国·如皋国际园艺城、顾庄生态园等处，并听取如皋市“三农”工作情况汇报。南通市委书记、市人大常委会主任陆志鹏，市委副书记、宣传部部长、党校校长张兆江等陪同调研。

△ 全省农业“走出去”工作座谈会在如皋举行。省农委主任吴沛良召集15家农业龙头企业负责人，专题听取企业“走出去”的经验教训以及遇到的难题、对政府扶持政策的建议。副市长杜永红、程瑞琴出席会议。

28日

△ 南通市委统战部副部长王虎一行到如皋，就统战工作进行调研，实地考察如皋浙江商会、李昌钰刑侦科学博物馆等处，听取相关情况工作汇报。市委常委、组织部部长、统战部部长缪爱诚陪同调研。

△ 木爷机器人生产基地正式投产暨第100台产品下线仪式在经济技术开发区科创园举行。市领导陈晓东、马金华、张亚鸾以及江苏木爷机器人技术股份有限公司董事长蒋化冰、总经理孙斌等出席活动。

△ 如皋市召开第十九次亿元以上产业项目招引审批建设会办会议，对部分镇（区、街道）亿元以上项目存在问题进行会办，就招商引资项目信息进行交流，并梳理2016年以来亿元以上工业项目和服务业项目完成情况，要求即日起各镇（区、街道）外资到账情况实行日报告制度。市领导何益军、司祝建、胡拥军、高峰出席会议。

△ 市政协主席会议专题协商规划和房地产市场管理工作，听取市规划局2016年工作举措和下一年工作打算汇报。市政协主席李中林，副主席魏祝明、黄文斌、张亚鸾，秘书长殷高华参加活动。

29日

△ 市委副书记司祝建督查如皋市全国文明城市创建工作，实地察看惠政新村、皋南居住河许庄段、光华酒店、东风社区等处，要求进一步提高群众参与率、满意率，努力提高创建成效。市委常委、宣传部部长茅红宇参加督查。

△ 如皋市召开“四个全面”考核分析部署会，总结成绩，分析差距，查找产生问题的原因，确保完成“四个全面”考核各项任务目标。市领导司祝建、胡拥军参加会议。

△ 如皋市举行2017年度重点党报党刊发行工作会议。市委常委、宣传部部长茅红宇出席会议。2017年度发行的重点党报党刊主要是《人民日报》《新华日报》《南通日报》《求是》《群众》“三报两刊”和《光明日报》《经济日报》。

30日

△ 应伦敦市政厅邀请，市委书记陈晓东率队赴英国参加2016世界零碳公交研讨会，并应邀在开幕式进行主旨发言。市领导马金华和经济技术开发区相关负责人参加活动，并参观伦敦市氢燃料公交站点和运营线路。

△ 南通大学党委常委、总会计师姜佩剑率队到如皋，考察长江青少年素质教育实践基地，并洽谈合作办学相关事宜。市委常委吴瑕陪同考察。

2016年12月

1日 △ 市委书记陈晓东参加英国伦敦2016世界零碳公交研讨会期间，应英美资源集团总裁Andrew Hinkley邀请，率队考察总部位于伦敦的英美资源集团。市委常委、经济技术开发区党工委副书记马金华参加考察活动。

△ 市委副书记、代市长何益军率队督查下原镇重点工作推进情况，实地走访江苏卓远机器人科技有限公司和部分医疗器械经营型、生产型企业，指导企业做好产业转型升级工作。

△ 市委常委、纪委书记史有根率领市发改委、环保局、科技局等部门负责人，对全市新材料产业发展情况进行调研，实地走访天泽化工、宝众宝达、百川化工、德源高科、涤诺日化、九鼎新材、威世药业等多家化工、医学、复合新材料类生产企业。

△ 市人大常委会副主任张勇前往丁堰镇、东陈镇，听取两镇人大负责人有关选举工作的情况汇报，实地督查丁堰镇新堰社区、鞠庄社区，东陈镇南东陈社区、山河社区选举工作推进情况。

△ 全市烟花爆竹专项整治领导小组会议召开，总结2016年工作，部署2017年春节前后烟花爆竹销售旺季安全监管工作。副市长高峰出席会议。

2日 △ 如皋市在上海西郊国际农产品交易中心举办苏·皋长寿如皋特色农产品推介会，市委副书记司祝建出席会议并致辞，副市长杜永红对如皋特色农产品作重点推介。经过前期对接，江安果蔬种植基地项目、硒蔬源长寿蔬菜种植项目等15个项目在会上集中签约，投资总额达1.09亿元。

3日 △ 市委书记陈晓东应德国沃根集团和SAP公司邀请，赴德国斯图加特考察访问，并会见德国SAP公司总裁。市委常委、经济技术开发区党工委副书记马金华陪同考察。

△ 第三届江苏省“丝路青年行”如皋站正式开启，来自南京大学、东南大学、南京理工大学、南京林业大学四所高校的“一带一路”沿线21个国家的51名留学生走进如皋，实地探访水绘园、金岛生态园，欣赏并体验如皋杖头木偶戏表演和板鹞风筝组装，感受古城如皋的长寿文化和独特魅力。市委常委吴瑕参加活动。

△ 全省小记者“欢聚美丽如城 感受如歌魅力”大型采风活动启动，来自扬州、南通等各城市的近200名小记者实地参观李昌钰刑侦科学博物馆、顾庄生态园等处，感受如皋博物馆人文之美、生态园林自然之美。市委常委、如皋工业园区（如城街道）党工委书记刘向阳出席活动。

4日 △ 云南省委党校第三十八期中青年领导干部培训班到如皋开展现场教学活动，实地参观东大街、李昌钰刑侦科学博物馆、中国·如皋国际园艺城等处，并听取历史街区保护、城乡统筹、新农村建设等方面工作经验介绍。市领导司祝建、缪爱诚、程瑞琴参加活动。

5日 △ 当地时间5日，如皋市汽车零部件项目招商推介会在德国慕尼黑举行，市委书记陈晓东，市委常委、经济技术开发区党工委副书记马金华等出席活动，介绍如皋悠久历史文化、区位交通优势和经济社会发展情况，特别是如皋新能源汽车产业发展现状和未来规划，并与与会的德国Paragou公司、Voltabox公司，就在如皋设立工厂、投资新建动力电池生产基地、共谋发展等议题进行友好交流磋商。

△ 台湾纳诺新材料科技有限公司董事长吕鸿图率队到如皋，就公司与长江镇（如皋港区）合作项目开展对接洽谈。市委副书记、代市长何益军参加洽谈。

△ 市人民检察院举行首批42名遴选入额检察官宪法宣誓仪式。市人大常委会主任谢新民、副主任张元健出席宣誓活动。

6日

△ 南通市人大常委会原党组书记黄利金率领南通市重大产业项目调研组到如皋调研，实地走访明德塑胶、光大生物质发电、元升太阳能、大唐热电、赛麟汽车、新城吾悦广场等项目，并召开项目建设调研会，听取如皋市相关项目建设情况汇报。如皋市委副书记司祝建，市委常委、常务副市长胡拥军，副市长高峰参加调研。

△ 市委副书记、代市长何益军率队前往东陈镇，实地走访双群社区观赏鱼养殖基地、新空间集团、凯晖科技等处，督查重点工作推进情况，要求该镇抢抓交通区位优势加快发展。

△ 市委副书记司祝建率队前往如皋工业园区（如城街道）迎新社区、搬经镇万全村、磨头镇天阳社区，对市、镇人大代表换届选举和村（居）委会换届选举工作开展实地督查。市领导张元健、程瑞琴参加督查。

△ 市委常委、纪委书记史有根一行前往市文广传媒集团，专题调研《政风行风热线》栏目，了解受理问题投诉、部门上线直播、跟踪督办报道等具体运作情况，要求努力利用多媒体平台，充分发挥监督作用，推动政府和部门改进工作。

△ 如皋市召开新型农村合作医疗工作会议，分析总结2016年新农合工作运行情况，安排部署2017年新农合资金筹集工作。市领导缪爱诚、万维庆参加会议。按照省、南通市工作要求，2017年如皋市合作医疗基金筹资标准由人均585元提高到650元，其中，各级财政补助由435元提高到470元，农民个人自缴部分从150元提高到180元。

6~7日

△ 省住建厅在如皋召开东大街、武庙历史文化街区保护规划论证会，邀请省内古建筑研究专家和省相关部门代表组成专家组，对现场进行实地踏勘，审阅相关文件资料，对两个规划的完善提出意见和建议。省住建厅副厅长张鑑，市领导陈晓东、何益军、陈万圣、万维庆参加活动。

7日

△ 市委书记陈晓东主持召开市委常委会，听取讨论《关于认真学习宣传党的十八届六中全会精神的通知》、市委常委（扩大）会议方案、《市政府关于调整2016年财政收入目标的通知》《关于市政协换届人事安排工作的意见》《关于工商联（总商会）换届工作的实施意见》等议题。

△ 如皋市举行"海外专家如皋行"活动，7位来自西班牙的专家学者就博物馆虚拟技术、高科技数字化平面镜、高科技影音处理技术、Bloostar小型卫星发射技术等多个高新技术产业项目，现场进行路演和推介。市领导缪爱诚、陈杰出席活动。

△ 如皋市金融IC卡智慧菜场闪付工程正式启动，新生桥市场首批50个商户安装开通银行卡收单闪付设备，为广大市民提供免密免签快捷支付。副市长高峰出席启动仪式。

△ 长江引航中心南通引航站与如皋港集团有限公司签订合作协议，增强双方工作交流，保障辖区港航经济安全高效增长。副市长高峰出席活动。

8日

△ 南通深化相对集中行政许可权改革推进会在如皋召开，与会人员参观如皋市行政审批局服务大厅，听取相关经验介绍，观看《简政之道 活力之源》专题片。南通市委常委、副市长王剑锋，如皋市委书记陈晓东，市委副书记、代市长何益军出席活动。

△ 南通市副市长孙建华调研如皋外贸企业发展情况，实地查看东升南通国际石材产业城、顺帆家庭用品（南通）有限公司两家企业生产现场，听取经营情况介绍，并就企业在生产经营发展中遇到的难题提出指导性意见。如皋市领导司祝建、吴瑕、高峰参加调研。

△ 如皋市档案馆创建省 AAAA 级数字档案馆工作通过省档案局评估，成为南通市综合档案馆中首家 AAAA 级数字档案馆。

8~12 日

△ 市领导陈晓东、何益军、司祝建等分别以市人大代表正式候选人身份深入各自选区，与选民代表进行面对面交流互动，听取选民代表关于经济转型、生态保护、城市建设等方面的意见和建议。

9 日

△ 住建部村镇建设司处长卫琳率队到如皋检查验收以船为家渔民上岸安居工程，实地察看磨头镇渔民安置和住处修建在建工作，详细了解渔户安居后户籍落户、子女上学、就业等方面情况。市领导万维庆参加验收活动。

△ 市四套班子领导陈晓东、何益军、司祝建等在如皋分会场集中收看全省“两减六治三提升”专项行动动员会和南通专题部署会议，并就贯彻全省和南通会议精神，落实“两减六治三提升”专项行动进行部署。

△ 经过 4 天试航航行，如皋口岸建造出口的首艘海洋平台供应船到达舟山。该船总造价约 3000 万美元，长 83.4 米，总吨位 3840 吨，不依赖传统汽轮机驱动，而采用新型电力推进系统航行，一次可装载 6000 余吨物资，最终驶向目的地为新加坡。

10 日

△ “推动企业双创，助力产业发展”江苏企业发展论坛暨表彰大会在南京举行，如皋软件园在会上被授予“江苏省双创示范园区”荣誉称号。

10~11 日

△ 市委书记陈晓东先后主持召开市委常委（扩大）会议，听取各相关部门工作汇报，对国民经济运行、财经、开放型经济、服务业、工业经济、科技创新、“三农”、旅游业、小城镇建设、城建交通、生态环保、建筑产业、民生事业、民主政治、社会治理、党的建设等工作和六大指挥部建设进展、十大产业调查报告及四大主功能区重点工作完成情况进行专题调研，分析研判当前形势，谋划下一步工作思路和举措。

11 日

11~12 日

△ 青海省贵德县县委书记兰生峰率领县四套班子领导到如皋考察，实地参观市城市规划展示馆、国际园艺城、顾庄生态园、龙游湖商务区、东大街历史街区等如皋经济社会发展亮点，并就建立友好市县关系、加强双方交往等进行交流。市委书记陈晓东，市委副书记、代市长何益军接待兰生峰一行。

12 日

△ 台湾财团法人农渔会联合信息中心执行长徐嘉鸿率领台湾客商一行到如皋考察洽谈项目合作事宜，先后参观长寿集团、玉兔集团等全市农产品加工龙头企业，并在特色农业及旅游业等方面寻求开展合作。市领导何益军、刘向阳、杜永红、程瑞琴参加活动。

13 日

△ 江苏南通建筑企业职称（职业资格）改革工作座谈会在如皋召开，来自南通各地的特级资质建筑企业就建筑企业职称现状进行汇报并提出各自建议。省人社厅副厅长朱从明、市委书记陈晓东出席座谈会。

△ 市委书记陈晓东率领市委办、市发改委、市国土局、市商务局、市招商局等部门负责人前往经济技术开发区，督查重点工作完成情况，先后实地走访大唐国际（如皋）热电联产、赛麟汽车、双钱轮胎、金元亚麻等在建项目和重点企业，了解项目建设进展、企业运行情况，协调解决项目建设难题，征求企业负责人对政府服务的意见和建议。市委常委、经济技术开发区党工委副书记马金华参加督查。

13~15日

△ 市委副书记、代市长何益军率队深入全市14个镇（区、街道），就工业园区规划、配套设施及镇区总体规划进行专题调研，详细了解工业园区规划、配套设施建设、项目落户等情况，并就部分园区建设过程中遇到的难题进行现场会办。市领导胡拥军、刘向阳、茅红宇、高峰参加活动。

14日

△ 国家发改委调研组到如皋调研基础设施投融资体制改革情况，对相关工作给予肯定，希望如皋进一步创新基础设施市场化融资渠道、基础设施体制和运营机制等工作，推动基础设施投融资体制改革工作取得新突破。副市长陈杰陪同调研。

△ 全省高校教师职称制度改革座谈会在如皋召开，市委书记陈晓东在会上重点介绍如皋教育发展现状。省人社厅副厅长朱从明出席会议。

△ 南通市冬春水利建设现场推进会在如皋召开，与会人员参观长江镇（如皋港区）永平闸排涝站、新跃河疏浚及其支港整治工程、新建成的杨洲东灌溉泵站和高新区（城南街道）桃北中心居住河整治工程等施工现场，了解如皋水利条线高效推进水利工程建设的经验做法。南通市副市长赵闻斌，如皋市委副书记、代市长何益军，副市长杜永红、程瑞琴出席会议。

△ 市委书记陈晓东率领市委办、市发改委、市国土局、市规划局、市商务局、市招商局等部门负责人，前往高新区（城南街道）、如皋工业园区（如城街道），督查重点工作推进落实情况，先后实地走访高新区（城南街道）的凌志软件、青软实训、御锦馨河城、天正信息、携程信息等企业，工业园区（如城街道）的一品酥食品、明申农业、华阜食品、万禾生态园、春华食品等企业。

△ 市委书记陈晓东主持召开市委常委会，听取讨论市委十二届三次全体（扩大）会议方案、《南通市第十五届人大代表候选人预备人选建议方案》《市工商联换届人事安排建议方案》、安全生产工作情况汇报等议题。

△ 市委副书记、代市长何益军主持召开十六届市政府第六十四次常务会议，讨论2017年部门预算方案、《如皋市市区生活垃圾分类管理试点方案》《如皋市市区餐厨废弃物规范管理工作试点实施方案》《关于加快特色产业发展的意见》、“十三五”相关重大专项规划等议题。

△ 如皋市举行第十四届市政协委员提名推荐工作会议，安排部署市政协委员提名推荐工作，对政协换届人事工作政策要点、政协委员提名推荐工作进行解读和辅导。市政协主席李中林，市委常委、组织部部长、统战部部长缪爱诚出席会议。

△ 如皋市举行全民阅读专项行动推进会，研究部署全民阅读宣传推广工作，为争创全国文明城市夯实基础。市委副书记司祝建，市委常委、宣传部部长茅红宇出席会议。

15日

△ 省委宣讲团成员、省委宣传部副部长、省文明办主任杨志纯在如皋举行报告会，宣讲省第十三次党代会精神，并前往如皋工业园区（如城街道）迎新社区开展调研，与基层群众面对面交流。南通市委宣传部副部长、市文明办主任陈冬梅，如皋市委书记陈晓东，市委副书记、代市长何益军等参加相关活动。

△ 如皋籍导演夏骏任总编导的大型电视系列片《长江》在如皋市行政中心礼堂举行展映式，市四套班子领导陈晓东、谢新民、李中林、吴道健、司祝建等出席展映活动。该片分为《江河接力》《领跑千年》《现代脊梁》《中部使命》《地久天长》《任重道远》6集，第5集《地久天长》中讲

述如皋市与长江的渊源，全方位、多视角呈现了如皋长寿文化和自然风貌。

△ 上海普陀区永昌集团副总经理李立华率队到如皋，对全市特色农产品进行考察，实地察看市龙杰家庭农场百亩黑塌菜种植基地。副市长杜永红、程瑞琴陪同考察。

15~16 日

△ 全市各选区选民依法投票选举如皋市人大代表，市委书记陈晓东，市委副书记、代市长何益军分别以普通选民身份，前往所在选区城北街道第十四选区、第十一选区投票点，和广大选民一起参加投票，选举如皋市第十七届人大代表。

16 日

△ 总投资 8 亿元的北外附属如皋龙游湖外国语学校正式破土动工，北京外国语大学校长彭龙、副校长贾德忠，市领导陈晓东、何益军、吴道健、缪爱诚等为项目培土奠基。学校位于高新区（城南街道）城东路南侧、凰台路东侧、双龙路北侧，总用地面积 22 万平方米，涵盖幼儿园、小学、初中、普通高中和国际高中，办学规模暂定 2550 人，建成后可填补如皋民办国际学校空白，助推城市功能配套和教育架构体系的完善。

△ 全国县域经济专门研究机构——社会智库中郡研究所发布第十六届县域经济与县域基本竞争力监测评价结果，如皋市列全国县域经济与县域基本竞争力百强县第 23 位，较上年上升 3 个名次。

17 日

△ 位于市行政中心正南方的新城吾悦广场购物中心封顶，副市长陈万圣出席相关活动。新城吾悦广场作为新城控股开发建设的城市综合体项目，总投资 15 亿元，总建筑面积达 15 万平方米，涵盖购物中心等多种业态及配套，目标打造集购物、餐饮、娱乐、休闲于一体的商业综合体。

△ 市委副书记、代市长何益军率领市水务局、住建局、规划局等部门负责人，就主城区水系改造及生态景观提升开展实地踏勘，先后勘察五里港、大明河等河段，并就水系疏通、河道扩建等问题进行现场探讨、论证。市领导刘向阳、杜永红、程瑞琴参加踏勘活动。

18 日

△ 现代传播集团携旗下《生活月刊》发起的第九届“国家精神造就者”荣誉大奖在上海西岸艺术中心揭晓，本届大奖以“戏梦人生”为主题，来自如皋的刘建因其打造的华夏胶片电影博物馆，与刘嘉玲、杨丽萍、胡雪桦、刘伟强等不同领域的精英同台领奖。

19 日

△ 市委副书记、代市长何益军率领市规划局、住建局、城管局、交通运输局等部门主要负责人，对相关城建项目进行专项调研，实地查看吾悦广场、新生桥市场、万寿路等处。市领导陈万圣、万维庆参加调研。

20 日

△ 如皋市召开第二十次亿元以上产业项目招引审批建设会办会议，听取各镇（区、街道）负责人汇报和规划、国土、住建、供电等相关部门负责人从各自职能出发提出的相应方案和计划，分析研究全市工业集中区规划建设情况。市领导何益军、司祝建、胡拥军、吴瑕、高峰出席会议。

△ 市基督教三自（自治、自养、自传）爱国运动委员会举行第二次代表会议，推进基督教事业发展。

21 日

△ 南通市公安局副局长徐静率领南通市安全生产第一考核组到如皋，通过听取汇报、查看台账，实地抽查部分镇、企业、人员密集场所等方式，检查考核全市安全生产工作。市领导茅红宇、高峰参加活动。

△ 市委邀请部分市四套班子老领导举行全委会报告征求意见座谈会，听取对《市委十二届三次全体（扩大）会议（征求意见稿）》的意见和建议。市领导陈晓东、缪爱诚参加座谈。

△ 市委书记陈晓东召集部分企业家、行业商会负责人，就《在市委十二届三次全体（扩大）会议上的讲话（征求意见稿）》征求意见和建议。市委副书记司祝建出席会议。

21~22 日

△ 全国节能与新能源汽车产教联盟专家委员会成立大会暨新能源汽车产教融合方案研讨会在如皋召开。来自全国性行业学会、协会，全国高等院校、职业院校，国内知名汽车生产企业、教育装备企业、新能源汽车产业园区的专家、教授、高管、领导共计 100 余人出席会议。

22 日

△ 柬埔寨王国副首相索安兼内阁事务部部长助理、中国校友会会长钱明光一行到如皋考察，实地参观益有管道燃气有限公司、定慧寺、东大街、水绘园、李昌钰刑侦技术博物馆、龙游河生态公园等处。市领导陈晓东、陈万圣陪同考察。

△ 市卫计委举行“情系群众·关爱健康”义诊服务暨卫计委及驻公共卫生中心相关单位挂牌仪式，市卫计委机关与市卫生监督所、疾控中心、妇幼计生中心、红十字血站、120 急救指挥中心等市级卫生计生单位正式入驻市公共卫生中心大楼办公，为广大市民提供一站式公共卫生计生服务。市领导刘向阳、史有根、缪爱诚、张元健等出席挂牌活动。

△ 市工商联（总商会）第十一次会员代表大会召开，听取并审议通过市工商联（总商会）第十届执委会工作报告，通过《如皋市工商业联合会（总商会）第十一次会员代表大会决议》。大会协商推选了出席南通市工商联（总商会）第十三次会员代表大会代表，选举产生市工商联（总商会）新一届主席（会长）、副主席、副会长、秘书长。副市长杜永红当选市十一届工商联主席、总商会会长。

23 日

△ 2016 年南通市突发环境事件应急演练、南通市集中式饮用水源地突发环境事件应急演练在长江镇（如皋港区）举行，如皋市饮用水源污染事件应急处置指挥中心、环保局、公安局、住建局、水务局、卫生局、安监局、如皋海事局、长江镇人民政府、南通阳鸿石化储运有限公司、南通鹏鹞水务有限公司等部门和单位参加演练。

△ 市委组织部分市级机关部门、镇（区、街道）、村（社区）负责人及党代表、人大代表、政协委员进行座谈，就《市委十二届三次全体（扩大）会议（征求意见稿）》征求意见和建议。市领导司祝建、吴瑕参加座谈。

24 日

△ 市委副书记、代市长何益军邀请部分市四套班子老领导，对市政府《在如皋市第十七届人民代表大会第一次会议上的工作报告（征求意见稿）》提出意见和建议。市领导胡拥军、杜永红、陈万圣等参加活动。

△ 如皋长寿农产品上海市场巡回展在上海市虹口区水电菜市场拉开帷幕。此次巡回展由如皋市政府主办、如皋市供销合作总社承办，本着“宣传推介、提升品牌、展销订货、挖掘市场”的思路，全面展示如皋丰富的农业资源和名优特农产品，借助对接服务上海契机，提升如皋特色农产品市场影响力。

△ 由振兴苏米产业联盟、天下粮商共同主办的“寻找江苏最好吃的大米”首届江苏百姓品米节在南京举行，如皋市 5 家米业企业参加“全省最好吃大米”角逐，中萃米业、福欣家庭农场获得一等奖，广兴米业获二等奖，土优优生态农业、呱呱叫生态家庭农场获三等奖。

25 日

△ 市委副书记、代市长何益军召集市级机关部门、14 个镇（区、街道）负责人和部分市人大代表、政协委员，对市政府《在如皋市第十七届人民代表大会第一次会议上的工作报告（征求意见稿）》提出意见和建议。市领导胡拥军、陈万圣、陈晓彬、程瑞

琴、陈杰、万维庆参加活动。

26日 △ 南通市委常委、常务副市长单晓鸣率领南通市第六检查考核组到如皋，对2016年以来协调推进“四个全面”战略布局、抓基层党建工作、干部选拔任用工作、落实党风廉政建设责任制情况进行检查考核，同时对市管领导班子和领导干部进行年度考核。如皋市四套班子领导陈晓东、何益军、谢新民、李中林、吴道健、司祝建等参加考核活动。

△ 市委书记陈晓东主持召开市委常委会，研究市委十二届三次全体（扩大）会议全委会报告、《新能源汽车产业基地建设工作推进体系（征求意见稿）》和《中共如皋市委、如皋市人民政府关于新能源汽车产业基地建设的意见（征求意见稿）》，讨论通过《关于明确各类享受生活补贴人员待遇及增长机制的请示》、部分镇（区、街道）人武部政治教导员任免名单、市十七届人大一次会议的有关事项、《关于召开政协如皋市十四届全委会的请示报告》等议题。

△ 市委书记陈晓东，市委副书记、代市长何益军分别率队督查全市重大项目建设工作，实地查看明德塑胶、凌志软件等企业和赛麟汽车项目建设情况。市领导胡拥军、高峰参加督查。

△ 中国慈善联合会在北京发布第四届“中国城市公益慈善指数”，揭晓“中国城市公益慈善百强榜”，如皋榜上有名，名列第66位。这是继2012年、2014年连续两届荣获“中国百强公益慈善城市”称号之后，如皋市第3次获此荣誉。

27日 △ 南通市委十二届二次全体会议第一阶段，南通市委副书记、市长韩立明率队到如皋开展产业项目建设现场观摩，实地察看南通明德塑胶有限公司、凌志软件如皋有限公司和江苏赛麟汽车零部件项目建设现场。如皋市领导何益军、茅红宇、高峰参加活动。

28日 △ 市第十六届人大常委会第四十六次会议召开，听取审议《如皋市人大常委会主任会议关于提请人事任免的议案》《如皋市人民政府关于卢志敏等同志职务任免的议案》《关于如皋市第十七届人民代表大会代表资格的审查报告》、关于《如皋市人大常委会工作报告（草案）》、如皋市第十七届人民代表大会第一次会议有关事项的说明、关于《如皋市人大常委会表彰市十六届人大五次会议优秀代表建议的决定（草案）》的说明、关于《2016年市级财政预算调整方案（草案）的报告》的说明、拟任命人员供职发言，表决通过市人大常委会主任会议和市政府提请的人事任免事项，通过《市十六届人大常委会工作报告》《2016年市级财政预算调整方案的报告》。会上，市人大常委会主任谢新民为新任命人员颁发任命书，新任命人员进行了宪法宣誓。

△ 中国盆景艺术家协会江苏（如皋花木大世界）会员活动中心正式揭牌成立。中国盆景艺术家协会名誉会长鲍世骐、会长苏放，市领导李中林、司祝建、刘向阳、吴瑕、杜永红出席揭牌仪式。

△ 如皋出入境检验检疫局正式进驻如皋港保税物流中心，前移检验检疫服务至一线，深度服务港口物流发展。副市长高峰参加相关进驻活动。

△ 如皋港至上海港直达航线“皋申快航”正式首航，副市长高峰出席首航仪式。由如皋港集团执行开通的“皋申快航”是如皋港至上海外港、洋山港的直达航线，每周五个班次往返上海外港及洋山港区，中途不挂靠任何港口，相比原先的公路运输可大幅降低外贸企业运营成本，增强企业综合竞争力。

29日 △ 农业部财务司副司长秦维明率调研组到如皋，专题调研现代农业发展工作，实地查看江安镇周庄社区新型农业经营主体。副市长杜永红、市政协副主席郑振明陪同调研。

△ 市委副书记、代市长何益军率队督查“突出环境问题整治”工作，实地走访白

蒲镇、长江镇（如皋港区）、磨头镇等镇（区、街道），详细了解“突出环境问题整治”进展情况。市领导胡拥军、高峰参加督查。

△ 经过半年多的洽谈，高新区与SAP、上海蚁城网络科技有限公司达成合作意向，三方就共建中小企业电商服务平台项目签订合作协议。市领导陈晓东、何益军、司祝建、吴瑕出席签约仪式。中小企业电商服务平台具备助推企业实现数字化转型的功能，目标3年内帮助全市本土100家中小企业发展C2M（顾客对工厂）模式，让用户以超低价格购买到超高品质的产品，打造SAP中小企业解决方案样板。该平台还计划每年为如皋培养近2000名电商专业人才，依托如皋软件园建设电商展示中心。

△ 副市长陈万圣率领市交通运输局、安监局、公安局、消防大队等部门负责人，对市火车站站前广场施工进度和安全工作进行督查。站前广场占地50130平方米，是市政府惠民工程建设项目，2015年6月开工建设，总投资8000余万元，目前主体施工已接近尾声，正进行土方回填、雨污排水施工、地下消防设施安装等。

30日

△ 市委十二届三次全体（扩大）会议在市行政中心礼堂召开。市委副书记、代市长何益军主持会议，市委书记陈晓东代表市委常委会作题为《创新转型、聚焦富民，努力走在南通全面建成小康社会前列》的工作报告。会议一致通过《中国共产党如皋市第十二届委员会第三次全体（扩大）会议决议》。

△ 经济技术开发区与上海延锋江森座椅有限公司正式签署投资协议书，总投资1.3亿元汽车座椅项目成功落户开发区新能源汽车产业园区。市委书记陈晓东，市委常委、经济技术开发区党工委副书记马金华出席签约活动。

31日

△ 由市委宣传部、市文广传媒集团、市文化广电新闻出版局、江苏新空间集团主办的2017“新空间之春”新年音乐会在如皋大剧院上演。市领导胡拥军、茅红宇与千余名观众共同观看演出。

成就展台

ChengJiu ZhanTai

2016年如皋市经济社会发展主要成就

新型农业

成就一:经济运行稳中有进

全市实现地区生产总值900亿元、增长10.1%,增幅南通领先。全面实施"营改增",实现一般公共预算收入71.2亿元。现代农业持续发展。粮食生产保持稳定。项目农业投入46.5亿元。新增高效设施农业2.2万亩、家庭农场经营面积9.5万亩。新增"三品"31个,"香堂芋"获国家地理标志商标。农产品出口增长35%。获评国家农村产业融合发展试点示范市。花木大世界获批"国家林业重点龙头企业"。工业运行平稳向好。完成全部工业应税销售940亿元、增长10.8%。净增规模工业企业36家、亿元企业9家。建筑业实现施工总产值958亿元,企业重组取得进展,市场开拓难中求进,在手合同额增长298%。现代服务业提速增效。实现服务业应税销售(不含房地产)760亿元,总量、增量、增速均居南通第一。"四大贸易平台" 交易总额326亿元。预计全社会消费品零售总额341.1亿元、增长10.9%,各项存款余额1148亿元,贷款余额715亿元。完成旅游综合收入118.2亿元、增长15.4%,被列入"国家全域旅游示范区"创建单位。

成就二:转型升级成效显现

现代物流

创新能力稳步增强。预计全社会研发投入占GDP比重达2.52%,新兴产业、高新技术产业产值占规模工业比重分别提高1.6、1.3个百分点。万人发明专利拥有量达15.3件。新增省级各类企业技术创新平台7个,科技立项188项,获扶持资金5100万元。新引进国家级人才10名,新入选省"双创"人才6名,人才综合竞争力居全省县(市)第八。标准化工作再上新台阶,成立全国食品机械安全卫生、智能化制革机械2个标准化工作组,力星钢球获批筹建全国滚动轴承标委会滚动体分委会。恒康家居成为全市首家主板上市企业。特色产业快速集聚。新增软件和信息服务、电子信息、东升石材等3个南通市级特色产业园区。如皋港现代综合物流园被认定为首批省级生产性服务业集聚示范区。开发区获评国家国际科技合作基地。新能源汽车及零部件产业集群获批省特色产业集群。联合国开发计划署"氢经济示范城市"项目落户如皋市。项目投入加快推进。完成固定资产投资574亿元、增长 14%,其中规模工业投入 327 亿元、增长 12.5%。新开工亿元以上产业项目 76 个。完成技改投入 215 亿元,占规模工业投入的 65.6%。新增国家级两化融合管理贯标试点企业、省两化融合示范区各 1 家。恒康家居模塑车间获批省智能车间。节能减排取得成效。组织实施 17 个节能和工业循环经济重点项目。23 家污染企业被依法关停并转,11 家企业通过清洁生产审核,万元 GDP 能耗降幅、主要污染物减排完成省下达目标任务。PM2.5 平均浓度下降 18.2%,空气质量优良率达 74.3%,提高 5.4 个百分点。

成就三:改革开放纵深推进

重点改革有序实施。供给侧结构性改革取得初步成效,淘汰落后产能企业 25 家,房地产去库存周期降至 18 个月,工业企业直接融资 16.9 亿元,通过减税降费等措施降低企业成本 10.8 亿元。深入推进“三证合一”“一照一码”登记制度,新登记企业增长超 20%。启动不动产统一登记工作。获国家基础设施投融资创新特色镇项目 1 个。获批全国农村土地承包经营权抵押贷款试点市,累计发放贷款 1.3 亿元。对外开放更加深入。新批外资项目 35 个,实现到账外资 3.2 亿美元。外贸进出口 25.2 亿美元,其中出口 20.1 亿美元。新增服务外包企业 110 家,完成服务外包执行额 18 亿元,分别增长 162%、33.3%。境外投资 1.3 亿美元。外经营业额 3.6 亿美元、增长 14.3%。载体功能加速提升。高新区与 CSIP 开展全面合作,“开源空间”创新创业平台、国家北斗应用技术公共服务平台成功落户。如皋港保税物流中心(B 型)开关运行,如皋港至广州港水铁联运、皋申快航成功开通。港口吞吐量突破 5000 万吨、增长 42%,完成集装箱吞吐量 6.5 万标箱、增长 124%。海事、海关、国检、边检等口岸查验单位高效运转。

繁忙港口

成就四:城乡面貌持续改善

交通建设进程加快。完成交通投入 8.2 亿元。启动通皋大道规划建设,完成项目选址和工程方案。355 省道改造工程基本竣工。高铁站房投入使用,站前广场基本建成。城市建设不断加快。中心城区完成基础设施投入 7 亿元,修建育贤路、新民路等 6 条市政道路,新增绿化面积 56 公顷。新城吾悦广场等城建项目加快建设。商品房开工建设 118.6 万平方米,完成销售 120.2 万平方米、增长 39.8%。完成搬迁 55.2 万平方米,货币化安置率达 43.6%。城市管理常态长效机制进一步健全,完成城市环境综合整治“931”工程,福寿路创成省级城市管理示范路。小城镇建设稳步推进。10 个镇累计完成投入 4413 万元,白蒲获批省特色景观旅游名镇,2 个自然村被列入省级传统村落。城乡环境持续改善。通过国家节水型城市考核验收,成为省海绵城市

海绵城市

建设试点。推进城区水系清洁畅通工程,茅雉河综合整治启动实施。加大农村面源污染整治力度,完成畜禽养殖禁养区、限养区、适养区规划。“七位一体”长效管护机制高效运行,南通考核持续领先。秸秆机械化还田率达 73.5%。新增成片造林绿化 1.38 万亩。

成就五:民生事业保障有力

人民生活得到改善。新增城镇创业 2237 人、就业 7682 人,农村劳动力转移 4398 人,获评省创业型示范城市。成为省扶持村级集体经济发展试点市。城乡居民人均可支配收入分别增长 8.3%、9%,增幅南通领先。社会保障不断加强。超额完成社保扩面任务,职工“五险”覆盖率达 98%。城乡居民基本医疗、基本养老保险动态全覆盖,城乡低保、农村五保实现应保尽保,新增被征地农民保障做到即征即保。机关事业单位养老保险制度改革稳步推进。社会事业蓬勃发展。教育现代化示范区综合监测得分全省领先。普通高考本二以上上线率达 79.7%。职教对口高考本科上线人数占全省 1/7。建成长江高级中学,北外附属如皋龙游湖外国语学校开工建设。被表彰为省促进义务教育均衡发展先进市。村卫生室(社区卫生服务站)公有化率达 81.2%,市 120 急救指挥中心投入运行。居家智慧养老提供免费上门服务 2.6 万人次。文化事业持续发展,建成标准基层综合性文化服务中心 67 个,李昌钰刑侦科学博物馆建成开馆, 成功承办中乙足球联赛开幕式和全国老将田径锦标赛。文化产业增加值占 GDP 比重达 5%,保持南通领先。被国际自然医学会授予 “国际健康养生胜地”称号。巩固提升“五道”医疗保障水平等 10 件为民办实事项目有序推进。

和谐社区

成就六:和谐社会加快构建

精神文明建设扎实推进。深入开展系列文明创建活动,爱心城市品牌效应持续放大,书香如皋建设成效显著。民主法制建设不断完善。“七五” 普法扎实开展,法惠民生“十百千万”工程被评为南通市法治惠民实事项目。依法组织新一届村(居)委会选举。获评省级和谐社区建设示范市。社会治理水平有效提升。立体化治安防控体系不断完善,社会大局保持平安稳定,公众安全感达 96.5%。“阳光信访”扎实推进,公众诉求渠道进一步畅通,市长公开电话办结率达 97%。严格落实安全生产“两个主体”责任,安全生产形势总体稳定。政府自身建设全面加强。深入开展“两学一做”学习教育,全面落实党风廉政建设责任制,严格履行“一岗双责”,政风行风进一步好转。自觉接受市人大及其常委会的法律监督、工作监督和市政协的民主监督,强化政府监察工作,加强审计监督。被评为省公众参与行政程序建设示范单位。统计、物价、公共资源管理、机关事务管理、电子政务、信息公开、人防、应急、科协、档案、史志等工作不断加强。国防动员、征兵、双拥工作成绩显著。外事侨务、对台事务、民族宗教和妇女儿童、青少年、关心下一代、老龄、残疾人、红十字会、慈善等事业健康发展。

惠民实事

HuiMin ShiShi

实事一:启动通皋大道(原如通快速通道)建设工程

如皋段已完成项目立项和规划选址、用地红线划定、土地预审、稳评、工可报告编制,正在进一步深化设计,充实环评报批材料。通州段方面,已与通州区政府、南通市建设局、南通市城建集团深入对接,正进一步完善设计方案,协调委托搬迁和代建事宜。

实事二:继续实施农村公路提档、农村危桥改造工程

新建通居公路 200 公里,完成提档升级公路 100 公里,新建、改造桥梁 200 座(含危桥 20 座)。

新建成的农村桥梁

实事三:实施学前教育项目工程

九华镇营防园、下原镇花园园主体已竣工,如城街道城东园主体已封顶,磨头镇场南园扩建工程已开工,城北街道第三实验园已确定施工、监理单位,东陈镇东陈园教学楼工程、丁堰镇刘海园已挂网招标,所有工程 2017 年暑期投入使用。

实事四:巩固提升"五道"医疗保障水平

出台《如皋市职工医疗保险实施办法》,相关政策与南通接轨。全市共有 91.1 万人参加新型农村合作医疗,参合率继续保持 100%。列入重大疾病保障范围的病种达 25 个,补偿率达 70%。市镇两级政策范围内住院补偿比分别达 70%和 75%,基金使用率达 99%以上。困难群众医疗救助资金总额达 4373.9 万元,救助 2.4 万人次,超额完成全年任务。慈善救助、帮扶 8250 人次,发放善款 816.2 万元。

实事五:继续实施老小区改造工程

累计投入 1000 万元,对华夏紫竹园、百花苑一二区、健康西村(散居楼)、靖海花园、幸福新村、健康东村 601-608、蒲行苑一二区、宏济苑、惠隆苑等老小区进行改造提升,完成改造面积 32 万平方米,惠及 2277 户群众。

实事六:实施农村河道综合整治工程

累计投入 3750 万元,完成 1 条县级河道(龙游河磨头段)疏浚任务;整治镇级河道 4 条(12.7 公里),疏浚土方 26.4 万立方米;整治村庄河道(含家沟家塘)404 条(342.2 公里),疏浚土方 497 万立方米,超额完成全年任务。茅雉河南延工程正进行招投标准备工作,2017 年 2 月开工。

整治后的农村河道

实事七:实施畜禽粪污综合利用工程

累计投入 1000 万元,改造户用蓄粪池 731 个、1.6 万立方米;建设田头调节池 767 个、4.1 万立方米。累计开展畜禽粪污综合利用村(居)达 264 个,占比 82.8%,超额完成目标任务。

实事八：实施城区水系清洁畅通工程

完成幸福河(外国语停车场至益寿路段)、城南中心河(志颐路至花市路段、宣化路桥西至海阳路段)、中央商务区河(宣化路至龙游河段)河道整治，共2600米。大司马河(圃园新路至中央大道段)整治工程已确定施工单位，圃园新路至城南中心河段待搬迁后实施。宏坝河、龙游河北段、宝塔河等工程正在完善规划方案。

实事九：实施脱贫致富奔小康工程

新增脱贫家庭4970户，低收入人口脱贫率达28%，完成序时任务。农村低保保障标准提高至480元/人·月，全市9098户19781人应保尽保。退还全市建档立卡低收入人口新农合个人筹资部分，计9474人、141.7万元；对未参加的进行补缴，计714人、10.7万元。免除一事一议筹资筹劳81.8万元。发放扶贫小额贷款977户、1640.7万元，农户享受财政贴息45万元。划拨上年度省级补助资金利息100.8万元，壮大村级集体经济。

实事十：启动中医院三期改扩建工程

项目建议书已经市政府批复，投资估算通过财政评审。完成地质灾害评估、项目选址意见书、能评、稳评、环评等相关手续。完成污水处理改造方案设计。搬迁居民35户。项目进度达序时要求。

待扩建的市中医医院

专文选编

ZhuanWen XuanBian

专 题 报 告

抢抓发展机遇期 提升综合竞争力
为争当苏中新一轮发展排头兵而努力奋斗

——在中国共产党如皋市第十二次代表大会上的报告

（2016 年 7 月 29 日）

陈 晓 东

同志们：

这次大会的主要任务是，回顾市第十一次党代会以来的主要工作，进一步明确今后五年全市的目标任务，选举产生中共如皋市第十二届委员会和纪律检查委员会，动员全市各级党组织和广大党员干部团结带领全市人民，落实五大发展理念，抢抓发展机遇期，提升综合竞争力，为争当苏中新一轮发展排头兵而努力奋斗！

现在，我代表中国共产党如皋市第十一届委员会向大会作报告，请予审议。

一、过去五年的工作回顾

市第十一次党代会以来的五年，是应对挑战、经受多种考验的五年，是开拓创新、持续健康发展的五年。五年来，市委以习总书记系列重要讲话为指导，团结带领全市人民，紧紧围绕“四个全面”战略布局，主动适应经济发展新常态，努力破解发展中的难题，统筹做好稳增长、调结构、促改革、惠民生、防风险等各项工作，全力推动经济社会平稳较快发展，完成了“十二五”规划确定的目标任务，为全面建成小康社会奠定了坚实基础。

（一）稳增长调结构，着力加快转型升级，综合实力稳步提升。我们始终坚持发展第一要务，狠抓稳定增长与转型升级不动摇，先后出台了一系列稳增长、调结构的政策文件，有效实现了预期工作目标，经济在结构调整中保持了平稳较快增长。五年来，全市地区生产总值、一般公共预算收入、全部工业应税销售年均分别增长 13.5%、18%、7.9%，产业结构不断优化，高新技术产业、新兴产业产值占规模工业比重大幅提高，科技进步贡献率突破 60%，先后跻身国家科技百强县（市）、国家科技进步先进县（市）。

（二）抓改革促开放，不断健全体制机制，发展活力显著增强。我们坚持在改革中激发市场活力，在创新中培育内生动力，把改革创新精神贯彻到工作各个方面。扎实推进行政审批、行政执法体制改革等 5 项国家级和土地征使用制度改革等 12 项省级改革试点，相对集中行政许可权、综合行政执法两项改革全国领先，实现了“一枚印章管审批”“一支队伍管执法”。国家农村承包土地经营权抵押贷款试点工作稳步推进。经济开发区升格为国家级经济技术开发区，省级高新技术产业开发区正式挂牌，如皋港保税物流中心通过国家验收并封关运行。

（三）重统筹优生态，更加注重协调发展，城乡面貌日益改观。我们坚持在统筹兼顾中推进城乡协调发展，积极探索城镇化和城乡发展一体化路径。城乡面貌发生可喜变化，城镇化率、林木覆盖率、城市绿化覆盖率逐年提升，城乡公交、区域供水等实现一体化。白蒲、搬经入选全国重点镇。

成功获批国家级农业科技园区核心区、国家农业产业化示范基地。获评全国粮食生产先进县（市）、全国花木之乡、全国休闲农业与乡村旅游示范市、中国最佳休闲小城。建成国家卫生城市、国家园林城市、国家生态市，成为第一次全国海洋经济调查试点城市。

（四）惠民生强保障，全面推动成果共享，小康进程明显加快。我们始终注重提高全面小康建设的质量和水平，大力实施民生幸福工程，不断加大民生投入，切实办好民生实事，百姓的获得感和满意度持续提高。五年来，公共财政用于民生支出占比均达78%以上，城乡居民可支配收入增幅均超过11%。城乡一体的就业、社保、教育、医疗、文化等公共服务体系进一步健全完善，“五道医疗保障线”的作用得到充分发挥。获评全国义务教育基本均衡县（市）、全国文化先进县（市）、全国群众体育先进单位，成功入选中国最具幸福感县级城市十强。全面小康指标达标数居苏中苏北县（市）第一。

（五）善治理促和谐，持续强化民主法治，发展环境更趋优化。平安如皋建设持续推进，矛盾纠纷多元化解机制不断完善，公众诉求渠道进一步畅通，社会治安防控体系和基层基础建设进一步加强，公众安全感持续提升，信访维稳工作成效明显。法治如皋建设深入推进，执法、司法公信力日益提高，被评为全国法治县（市）创建工作先进单位。深入开展文明系列创建，爱心城市效应持续放大，公民道德素质和社会文明程度不断提高，成为全国文明城市提名城市。

（六）强队伍转作风，全面加强党的建设，执政能力大幅提升。不断加强常委会自身建设，认真开展党的群众路线教育实践活动、“三严三实”专题教育、“两学一做”学习教育，党员干部队伍作风建设得到加强，服务发展、服务百姓的能力得到提升。大力推进基层服务型党组织建设，制定《干部任用条例》“1+9”制度，严格选好用好管好人。全面落实党风廉政建设责任制，认真履行“一岗双责”，认真执行中央八项规定和省委、南通市委十项规定，坚决支持执纪执法机关严肃查处违纪违法案件，管党治党更加严格，党风政风明显好转。

回顾过去的五年，我们深刻感受到：

五年来的发展，得益于我们始终坚持以加快发展为主题。新常态下，发展仍是解决一切问题的关键。五年来，面对宏观环境复杂多变、困难挑战日趋增多的形势，我们始终坚持又好又快发展主题不动摇，紧紧围绕“勇当苏中全面小康领头雁”“建设强富美高新如皋”发展目标，始终把“两增加两提升”作为工作衡量标准，扎实推进以工强市、招商引资、项目建设、环境打造、民生改善、维护稳定六大重点工作，攻坚克难，真抓实干，经济社会呈现出良好的发展态势。

五年来的发展，得益于我们始终坚持以转型升级为抓手。五年来，我们始终坚持以提高经济发展质量和效益为中心，大力实施转型升级工程，注重抓存量促升级、抓增量调结构，不断优化产业结构，努力构建现代产业体系，形成了“4+4+4”的产业发展格局。大力实施科技创新工程，推动发展方式从投资驱动向创新驱动转变，从资源依赖向人才支撑转变，一批符合我市产业发展方向的新增长点加快形成，一批中小企业正成长为行业小巨人，我市经济在加快转型升级中实现了平稳健康发展。

五年来的发展，得益于我们始终坚持以改革开放为动力。五年来，我们始终坚持改革出动力、开放促活力理念，积极推进现代政府治理体系建设，探索商事制度、行政审批、行政执法等改革试点工作，建立健全高效的组织推进机制，率先探索项目容缺审批机制，形成了如皋特色的改革创新模式。我们注重打造各类载体平台，放大国家一类开放口岸、国家级经济技术开发区、保税物流中心等优势，主动对接上海自贸区、苏南现代化示范区，对外开放水平不断提高。

五年来的发展，得益于我们始终坚持以民生优先为根本。五年来，我们始终坚持以增进民生福祉为出发点和落脚点，持续增加公共产品和公共服务的供给，围绕“七个更”的目标，按照民生建设“补短、补缺、补软”要求，深入实施“六大体系”建设，切实帮助群众解决困难，努力使改革发展的成果更多更实在地惠及百姓。实践证明，民生连着民心，民心凝聚民力，只有坚持以人为本，持续为百姓谋利益，才能汇聚各方力量，形成干群同心共创全面小康大业的生动局面。

五年来的发展，得益于我们始终坚持以从严治党为保证。五年来，我们始终坚持党要管党、从严治党，切实加强党的思想、组织、作风、制度和反腐倡廉建设，形成了心齐气顺、风正劲足的良好氛围。我们注重发挥人大、政府、政协和社会方方面面在决策中的重要作用，各级基层党组织的战斗堡垒作用，广大党员的先锋模范作用，打造了一支敢闯敢试、勇于担当的干部队伍，为一心一意谋发展、和衷共济干事业提供了坚强的政治保障。

五年来，我们取得的成绩来之不易，积累的经验弥足珍贵，全市上下都为之付出了艰辛努力，作出了积极贡献。在此，我谨代表中共如皋市委向全市各级党员干部和广大人民群众表示衷心的感谢并致以崇高的敬意！

同时我们也清醒认识到，我们的工作还面临不少问题，主要体现在：一是经济总量还不大，提升均量的任务依然繁重。我市区域面积、常住人口在南通的占比与我们的总量占比还不很匹配，人均 GDP 与每平方公里 GDP 还低于南通平均水平，我们占有的资源禀赋与发展的贡献度还存在一定差距。二是质量效益还不高，转型发展的压力仍然很大。支撑发展的重大产业项目还不多，三产增加值占比还不高，全社会自主创新能力还不强，产业层次提升与产业结构调整还有很大空间，城市化水平还不高、带动能力还不明显。三是资源环境约束日益趋紧，优化要素配置、促进集聚发展迫在眉睫。要素供给与环境保护的刚性约束对发展的影响日益加深，全市节约集约意识有待进一步增强，资产资源资金的使用效益有待进一步提高，环境保护和污染治理的措施有待进一步落实。四是新常态对发展提出新要求，落实发展新理念、提升发展新动力任重道远。推进工作的体制机制有待进一步完善，发挥共性考核与差异化考核的作用有待进一步研究，培养一支懂经济善管理干部队伍的力度有待进一步加大，调动各级领导干部干事创业积极性的氛围有待进一步营造，全面从严治党有待进一步加强。对此，我们必须高度重视，坚持问题导向，采取有效措施，切实加以解决。

二、今后五年的奋斗目标

站在新的历史起点上，我们必须认识到：今后五年，如皋有责任发展得更好更快一些。从南通对如皋发展的要求看，南通市委要求我们多作贡献、走在南通全面建成小康的前列，而且发展速度要明显快于南通，快于周边地区，到“十三五”期末实现“GDP1500 亿元、一般公共预算收入 130 亿元”的发展目标，这是南通对如皋的发展期望，更是如皋自身的发展要求，全市上下必须咬定目标不动摇，众志成城攻难关。从全面建成小康社会看，我们还有不少短板，全面小康指标中人均地区生产总值、城镇居民人均可支配收入、农村居民人均纯收入、城乡居民收入达标人口比例、城市万人公交车拥有量、地表水好于 III 类水质的比例等 6 个指标实现程度不到 80%，部分指标差距较大。只有发展得更好更快一些，才能解决短板问题，才能推动如皋走在南通全面建成小康社会的前列，如期建成一个不含水分、群众得实惠、老百姓认可的全面小康社会。今后五年，如皋有必要发展得更好更快一些。2015 年我市 GDP、一般公共预算收入在苏中 16 个县（市、区）中分别位列第四和第三，但人均 GDP、地均 GDP 还有很大差距。同时，省政府批复我市的城市总规中明确要求我们到 2030 年建成“75 平方公里 68 万人口”规模的中等城市，加快城市建设，提升城市化水平，任务重责任大。因此，要实现争当苏中新一轮发展的排头兵，我们必须坚持加快发展不动摇，奋力爬增长之坡，过转型之坎，进一步做大总量、提高均量、提升质量，必须高度重视城市工作，进一步优化布局、提高品位、完善功能、集聚要素，实现经济社会更好更快发展。今后五年，如皋有信心发展得更好更快一些。沪通铁路公路大桥的加快建设和长江深水航道的改造提升，推动如皋成为中国东部沿海大通道和长江黄金水道的交汇节点，这个节点正是中国生产力布局的交汇点。未来五年中，如皋外部交通格局的悄然巨变，全国众多生产要素的交汇流动，国家五大发展战略的政策叠加，长三角北翼综合交通枢纽的辐射带动，真正让如皋步入高铁时代，成为节点城市，融入上海核心圈，如皋迎来了一个前所未有的战略黄金机遇期。抓住并用好这难得的发展窗口期，我们有条件更有信心发展得更好更快一些。我们2500年的历史文化底蕴、闻名全国的花木盆景、世界著名的长寿之乡，这些资源禀赋在南通乃至长三角都十分稀缺，深入挖掘和持续擦靓这三张名片，必将进一步提升如皋对外知名度和影响力。我们的长青沙岛35平方公里，长江岸线48公里，其中规划岸线21.5公里、深水岸线10.15公里，深度开发如皋港，必将对区域经济产生重要的拉动作用。我们的国家一类开放口岸、国家级经济技术开发区、农业科技园区核心区、保税物流中心、科技孵化器、特色产业基地和省级高新技术开发区等载体平台，必将为推动产业集聚发展、提升产业竞争力提供有力支撑。因此，只要我们抢抓机遇、顺势而为，解放思想、埋头苦干，就一定能发展得更好更快一些，一定能争当苏中新一轮发展排头兵！

今后五年工作的指导思想是：全面贯彻党的十八大和十八届三中、四中、五中全会精神，深入学习习近平总书记系列重要讲话特别是视察江苏重要讲话，紧紧围绕“四个全面”的战略布局，以“五大发展理念”为引领，以提高发展质量和效益为中心，突出科学发展第一要务，大力实施产业高端化、经济国际化、城乡一体化、生态文明化四大发展战略，致力推动先进制造业与现代服务业“双轮驱动”，统筹推进经济建设、政治建设、文化建设、社会建设、生态文明建设和党的建设，抢抓发展机遇期，彰显区域新优势，探索发展新路径，提升综合竞争力，全力建设经济强、百姓富、环境美、社会文明程度高的魅力如皋，争当苏中新一轮发展的排头兵、转型发展的先行区、生态宜居的示范区，努力走在南通全面建成小康社会的前列！

今后五年的主要奋斗目标是：到“十三五”期末，实现经济强，地区生产总值达到1500亿元，一般公共预算收入达到130亿元。服务业应税销售年递增20%以上，全部工业应税销售年递增15%以上，社会消费品零售总额年递增10%以上，实际利用外资、外贸进出口年递增5%以上，全社会研发经费投入占GDP比重达2.75%以上，第三产业增加值占GDP比重达47.5%以上。实现百姓富，城乡居民收入提前实现比2010年翻一番。社会就业更加充分，创业氛围更加浓厚，劳动关系更加和谐，社会保障制度更加公平可持续。全面实现教育现代化。现代医疗服务体系不断完善。实现环境美，万元GDP能耗下降率、单位地区生产总值二氧化碳排放和主要污染物减排完成上级下达任务，林木覆盖率、城市绿化覆盖率分别达25%、45%以上，全市环境质量明显改善，建成国家生态文明示范市、中国人居环境奖城市。实现社会文明程度高，“中国梦”和社会主义核心价值观更加深入人心，公民素质高、社会风尚好、文化软实力强，公平正义得到保障，尊法守法成为习惯，诚信友善蔚然成风，社会大局和谐稳定，成为国家历史文化名城、全国文明城市，全面建成小康社会。

三、今后五年经济社会发展的主要任务

今后五年，我们要以创新发展、协调发展、绿色发展、开放发展、共享发展理念为引领，抢抓发展机遇期，提升综合竞争力，走出一条彰显如皋区域优势的特色发展之路，为全面建成小康社会，争当苏中新一轮发展排头兵，建设“强富美高”的魅力如皋提供坚强支撑。

（一）牢牢把握创新是引领发展的第一动力，切实提高发展质量和效益。抓创新就是抓发展，谋创新就是谋未来。我们必须把创新摆在发展全局的核心位置，大力推进经济社会各领域改革创新，推动新技术、新产业、新业态蓬勃发展。

1.打造创新驱动新引擎。牵住了科技创新这个牛鼻子，走好了科技创新这步先手棋，就能占领先机、赢得优势。强化企业主体地位。企业是市场竞争的主体，是实施创新驱动战略的主力军。要加快实施创新型企业培育行动计划，鼓励并引导企业加大研发投入，支持规模以上企业建设企业技术中心、工程（技术）研究中心、重点实验室等研发机构。要充分发挥国家级、省级创业中心的作用，推动科技企业孵化器、加速器、服务器建设取得新进展。加快汇聚优势人才。人才是经济社会发展的第一资源，要择天下英才而用之。深入实施“雉水英才”“1222”人才引进计划，大力推进“人才安居”“人才安心”工程建设，重点吸引科技领军人才、拔尖人才、紧缺人才和创新团队，加快培育一批懂管理、善经营、会创新、敢竞争的新型企业家人才，注重培养契合产业发展的技术技能型人才。创新分配机制、人才资本及科研成果的有偿转移制度，撬动更多人力物力财力投向创新创业人才。完善创新服务机制。要围绕大众创业、万众创新，加快出台配套鼓励支持自主创新的财政税收、产业技术、人才引进等政策，强化科技同经济、创新成果同产业、创新项目同现实生产力、研发人员创新劳动同利益收入“四个对接”，通过创新体制机制提升发展的核心竞争力。

2.厚植现代产业新优势。创新的最终落脚点在推动产业的发展上，要以“调高调优调强调绿”为导向，大力实施先进制造业与现代服务业的双轮驱动战略，努力构建符合如皋实际的现代产业体系。奋力推进大智造产业高端化发展。认真落实中国制造2025如皋实施纲要，推动业已形成的“南船北车”产业向高技术、高配套、高附加值方向发展。顺应国家支持船舶产业转型升级要求，推动现有船舶修造、配套企业进行有效资源整合，提升产业竞争力。大力推动青年赛麟、陆地方舟、吉利康迪、金杯、亚曼、英田等六个汽车及零部件产业项目加快建设，快速抢占产业制高点，确保建成全国最具竞争力的新能源汽车产业基地。同时积极运用高新技术、先进适用技术和现代信息技术改造提升新材料、纺织服装、高压输变电设备、液压装备、新能源等特色产业，促进产业链向高附加值、高技术含量环节延伸，不断提高市场竞争力。奋力推进大物流产业国际化发展。持续放大公铁水、江海河多式联运综合节点优势，充分发挥一类开放口岸和保税物流中心作用，着力发展港口物流、电商物流及第三方、第四方物流，全力推进渤商所长江国际交易中心、华东煤炭矿石交易中心、长三角石油化学品交易中心、东升国际石材交易中心等四大交易平台建设，努力打响“如皋物流通天下”的国际化品牌。奋力推进大数据产业集聚化发展。围绕打造“智慧城市”目标，抢抓南通建设互联网国际通信专用通道的契机，加快我市信息高速公路基础设施建设，最大限度满足我市大数据产业发展需求。在注重招引大数据企业、互联网企业和数据存储、分析、应用企业的同时，积极探索招引具有软件与信息服务产业背景的运营商加盟合作，不断提升大数据产业集群化发展水平。奋力推进大健康产业品牌化发展。持续放大长寿之乡的品牌优势，深入挖掘我市一、二、三产中的特色资源，高度聚焦生态农业、特色渔业、长寿食品、生物医药、医疗器械、养生服务、养老房产、健康咨询等领域，整合资源，借势发力，抢占市场，做精做优，打造长三角大健康产业集聚区，探索都市型健康养生产业品牌发展模式。奋力推进大旅游产业特色化发展。持续放大我市“三张名片”及旅游资源丰富的优势，大力引进社会资本整合现有旅游资源，加大“吃住行游购娱”的产品开发力度，注重提升古城游、长寿游、红色游、乡村游的深度和广度，确保拿得出特色、记得住亮点、留得住旅客，努力打造长三角长寿养生旅游目的地。奋力推进大农业产业现代化发展。抢抓我市被列为全国农村一二三产业融合试点示范市机遇，积极培育家庭农场、“全托管”服务组织、农业龙头企业等新型经营主体，创新经营体制，激发内生活力。调高调优“234”农业产业结构，鼓励引导工商资本加快发展农产品精深加工、农产品电商和休闲观光农业等产业，延伸产业链条，创造新的发展业态。

3.力促项目建设新突破。区域竞争，产业是基础，项目是关键。要抓增量提升。牢固树立围绕产业发展抓项目的理念，重点引进一批具有引领性的龙头型、带动型产业项目，招引一批为主导产业和龙头企业提供专业化生产和服务的配套型项目，推动产业结构调整。要抓存量拓展。注重发挥现有产业体系中一批“专精特新”的存量企业支撑作用，鼓励并扶持各类企业加快转型升级，加大投入力度，提升装备水平，开发新的产品，不断做大做强。要抓项目服务。以板块为主体，通过区域内各类土地资源的高效整合，保障园区项目落户需求。要进一步完善项目会办、交办机制，让项目从立项到许可建设的50天周期常态化、品牌化。要抓产业融合。突出服务业在转型升级中的作用，加快推进制造业向两端延伸，大力发展总部经济、工业设计、金融保险、商贸会展等生产性服务业，注重发展管理咨询、财会法律等新兴服务业，改造提升传统服务业，引导餐饮产业创新经营模式，做靓本土品牌，通过“中央厨房”等方式推广如皋特色产品。

4.开创深化改革新局面。改革是发展的必然要求，也是加快发展的最强动力。要统筹推进既有阶段特点又利于长远制度安排的改革举措，真正让改革有力度、有深度、有温度，最大限度释放改革推动发展的红利效应。深化市场经济体制改革。深入贯彻落实上级决策部署，坚决打好供给侧结构性改革攻坚战，切实抓好去产能、去库存、去杠杆、降成本、补短板五大重点任务，真正把经济发展的重心和资源、空间转移到发展新技术、新产业、新模式、新要素上来，实现经济的转型升级、凤凰涅槃。深化财税管理体制改革，建立政府产业引导基金，发挥国有资本的杠杆效应，引导社会资本投向，推动优势产业做大做强。积极探索投融资体制改革，认真做好农村承包土地经营权抵押贷款试点工作，推动金融机构提高服务质量，降低融资成本，支持实体经济发展。鼓励企业直接融资，提升企业知名度，破解企业融资难题。深入推进行政管理体制改革。把政府自身改革摆在最突出位置，加快简政放权、放管结合、优化服务，巩固提升相对集中行政许可权改革和综合行政执法体制改革试点工作，让改革成为推动我市经济社会发展的有力支撑。严格执行“效能六制”，确保“清单之外无权力、清单之内必须为”，让群众监督和评价。积极推进其他改革试点试验。继续做好国家和省级相关改革试点工作，进一步形成改革叠加效应。

（二）牢牢把握协调是城乡一体化的内在要求，加快建设宜居宜业的现代化城市。城市建设是现代化建设的重要引擎。要紧紧围绕中等城市发展定位，坚持以人为核心，以提高城市化水平为重点，高起点规划、高标准建设、高效能管理，诠释城市让生活更美好的深刻内涵。

1.始终坚持规划引领。规划是城市建设的灵魂和纲领。要坚持规划先行的理念，发挥好规划的战略引领和刚性控制作用。优化城市空间布局。坚持“先规划后建设、先地下后地上、先配套后招商、先生态后生产”理念，构建“城乡一体、布局科学、层次分明、各具特色”的规划体系，大力推进“多规合一”，优化“中心城市、高铁新城、如港新城、中心镇、特色镇”的发展格局，科学绘制未来城市发展路线图。着力提高设计水平。充分挖掘如皋历史文化内涵，按照适用、经济、绿色、美观的方针，统筹建筑布局，协调景观风貌，着力打造具有历史记忆、地域特色和时代特征的精致城市。严格依法执行规划。强化规划的法治力和执行力，严肃查处各类违反规划的行为，维护规划的严肃性和稳定性，真正让规划硬起来、严起来，真正做到一张蓝图绘到底、一任接着一任干。

2.全面提升建设品位。把以人为本、尊重自然、传承历史、绿色低碳的理念融入城市建设，补齐城市短板，努力实现生产空间集约高效、生活空间宜居适度、生态空间清新怡人。强化城市现代功能。城市的基本功能是集聚要素、通达物流、发展产业、传播文化、改善人居。要高度重视人口导入，提高城市基础设施和公共服务水平，加大城市低效用地和地下空间开发力度，使住宅、商业、办公、文化等不同功能相互交织、有机组合，让城市的宜居功能发挥出来，增强城市对高端要素的集聚能力，更大力度吸引外地人才、本地在外人才回如创业就业。彰显城市文化特色。文化是城市的生命和灵魂。要高度重视历史文化的传承，继续加大对水绘园、东大街、集贤里等历史古迹的保护性开发力度，更加注重在新城建设中融入传统文化元素，注重彰显城市文化内涵，塑造城市文化符号，传承城市文化记忆，使城市真正成为人们的生活家园和精神家园。优化城市生态环境。充分发挥花木之乡的优势，积极开展植树造林，完善沿河沿路绿带、城市绿肺、城市绿地和农田林网，构建城乡一体的绿色生态系统。最大限度节约集约利用土地资源，建设“紧凑城市”。

3.扎实推进城镇建设。从外延拓展型向内涵提升型、功能型向生态型转变。提高中心城市首位度。抢抓沪通、盐通高铁建设机遇，科学编制发展规划，把握序时开发进度，全力打造高铁新城，建设城市东南新门户。按照建设海绵城市、生态城市的要求，大力推进主城区生态水系工程建设，实现内外城河与龙游河水系的互联互通。加强市政基础建设。完善快速路、主次干路和支路搭配合理的城市道路系统。扎实推进老旧小区环境改善和有机更新，持续加大危旧房、城中村改造力度，不断焕发老旧小区的生机和活力。提升镇村建设品质。白蒲、磨头、江安、搬经等中心镇要强化核心区开发建设，加快形成带动和辐射周边发展的现代新型小城市和片区中心。东陈、丁堰、下原、吴窑、九华、石庄等特色镇要推动优势产业与特色城镇互动并进，打造特色产业名镇、生态宜居美镇。各自然村要更加注重地方特色传承和乡土风貌塑造，完善“七位一体”的农村环境长效管护机制，重点打造具有本土特色的美丽乡村。

4.不断提高管理水平。推进城市治理体系和治理能力现代化，加快由管理型向服务型转变。强化基层管理。探索新型社区建设，推动管理重心下移，推进网格化管理，重视城市“基层细胞”，促进邻里居民、邻里社区、邻里单位等各建设单位之间的相互协调，提高社区治理和服务能力，提升城市管理效率。创新治理方式。加强城市管理和服务体系智能化建设，以数字化推动精细化标准化，推动信息技术与城市管理服务融合，不断提升城市管理水平。倡导共建共管。强化城市管理人人有责的理念，完善市民行为规范，以市民素质提升推进城市治理水平提高。

5.持续优化交通格局。统筹推进公路、铁路、水运一体化建设，着力构建“外通内联、畅通高效、安全环保”的现代综合交通运输体系。推进铁路建设，支持配合好盐通高铁、北沿江城际铁路规划建设工作，跟踪落实好高铁如皋南站的选址布局工作，加快推动如皋港区疏港铁路支线早日开工建设，完善港口集疏运体系，提高公铁水联运能力。推进公路建设，大力实施区域道路联网工程，加快推进如通快速等干线公路的快速化改造，继续推进农村公路提档升级工程，形成便捷快速、衔接顺畅的公路网络。推进水运建设，服务保障好通扬运河等级提升工程，推进内河支线航道疏浚工程，加快内河枢纽港区建设，形成江海河联通的现代化水运体系。

（三）牢牢把握绿色是永续发展的必要条件，切实打造天蓝地绿水净的美好家园。坚持绿色发展理念，坚守生态底线思维，下更大的决心、想更多的办法、用更严的措施，打赢环境保护和污染治理的总体战。

1.节约集约利用资源。坚持依法节约集约用地，严格保护基本农田，用足用好陆海统筹、城乡建设用地增减挂钩、工矿废弃地复垦利用、同一乡镇范围内村庄建设用地布局调整等政策，充分挖掘存量土地潜力，创新用地管理机制，不断提高亩均投资强度和产出水平。推广节能降耗、节水节材新技术，努力降低单位 GDP 能耗和水耗。大力发展循环经济，推行清洁生产，形成低投入、低消耗、低排放、高效率的节约型增长方式。倡导绿色低碳生活，鼓励使用清洁能源，让绿色低碳理念体现在社会方方面面。

2.持续推进污染防治。牢固确立绿水青山就是金山银山的理念，以最严格的标准、最严格的监管、最严格的问责，加强环境保护和污染治理。大力实施“碧水”工程。严格落实水资源保护制度，全面实施城乡水体清单式保护，深化五小行业整治，加大化工园区整治力度，抓好畜禽养殖污染、秸秆乱抛乱扔和农业面源污染的整治。大力实施“蓝天”工程。认真落实控煤、降尘、治企、管车、禁烧、联防治理方针，持续抓好燃煤锅炉淘汰、工地道路扬尘、汽车尾气及企业烟尘排放工作，确保全年空气优良天数持续增多。大力实施“绿地”工程。推进城乡绿化建设，强化土壤污染防治工作，切实改善土壤环境质量，强化饮用水源保护，保障饮用水安全。

3.严格落实各项制度。健全生态文明制度体系，严格执行环评、稳评、安评等项目实施规范程序和环保“三同时”制度，坚决杜绝不符合环保要求的项目落地。按照“党政同责、齐抓共管，属地管理”原则，加大环境督查执法力度，严厉打击环境违法行为。加强重点行业安全治理，提高环境安全监管、风险预警和应急处理能力。认真落实经济社会发展绿色评价和领导干部任期环境治理考核制度，倒逼领导干部牢固树立绿色政绩观。

（四）牢牢把握开放是繁荣发展的必由之路，切实提升发展活力。主动顺应世界经济深度融合的大趋势，坚持对内对外开放并举、引进来走出去并重，在扩大开放中拓展发展新空间。

1.以更开阔的视野推进开放发展。新时期推进对外开放，要站位更高、视野更广、发力更准。要精准“引进来”。紧扣产业链关键环节、缺失环节和薄弱环节，纵向延伸、横向配套，招引一批补链、育链、强链项目，提高产业聚集度，把产业做大做强做出优势。瞄准世界 500 强、跨国公司、大型央企，紧盯北上广深和日韩港台等重点区域，聚焦新产业、新技术、新业态，大力招引一批符合我市产业特点的投资额度高、产出效益高、科技含量高、产业关联度高的“四高”项目。积极探索“飞地招商”，通过税收分成等方式，推动产业项目向园区集聚。创新招商体制机制，构建专业化、市场化、精准化招商格局，努力在与基金公司、猎头公司、中介机构合作上取得更大突破。要加快“走出去”。鼓励本土企业积极对接“一带一路”，主动参与双边合作、区域合作，在全球范围内集聚要素、布局产业、开拓市场，打造国家、省级境外产业集聚区梯队。支持建筑企业借助中国-东盟建筑行业合作平台，广泛拓展国际市场，促进企业转型发展、多元化发展，通过收购、兼并、重组，培育壮大建筑企业航母。要借力“交汇点”。立足中国沿海大通道和长江黄金水道交汇节点，主动对接上海自贸区，积极融入苏南板块，推进国际合作园区、跨江合作园区建设，探索产业合作、园区开发、港口共建等模式，努力培育区域经济新的增长点。

2.以更高端的平台支撑开放发展。开放平台决定开放格局。港口建设水平再提高。如皋港要强化“南通主力港”的定位，锁定“百万标箱、亿吨大港”目标，大力整合岸线资源，发挥-12.5米深水航道和疏港铁路比较优势，构建公铁水一体交通格局，努力建设辐射长江全线、承接大江南北、支撑转型发展的深水直挂港、江海直达港、物流枢纽港。园区开发能级再提升。主功能区要坚持抓主业、攻产业，最大限度发挥好项目“主阵地”作用。经济开发区要围绕打造“千亿级产业园”目标，聚焦发展汽车及零部件产业，注重完善功能平台、集聚产业人才，确保在国家级开发区考核中争先进位。如皋港区要大力发展港口经济，统筹抓好深度开发与生态保护，坚持功能、生态、产业、建设并举，不断增强城镇承载力和人口集聚力，打造好如皋桥头堡。如皋工业园区要坚持走都市型经济发展之路，一手抓商务商贸、健康养老、金融服务、总部经济等现代服务业发展，一手抓国家级农业科技园区建设，打造绿色生态、充满活力的示范区。高新区要围绕省级高新区第一方阵的目标，做精做强软件和信息服务、节能环保、电子信息等新兴产业，努力成为全市创新型经济发展的领军板块。各镇工业园区要立足特色化、差异化发展，既明晰主题鲜明的产业定位，又融入互补互联的产业体系。保税平台功能再拓展。保税物流中心要完善货物保税仓储、口岸退税、国际物流配送等功能，积极寻求国际国内合作伙伴，进一步拓展辐射空间，力争早日建成综合保税区。

3.以更优质的环境促进开放发展。全力打造一流服务环境，推动如皋成为资本聚集的优选之地。优化商务环境。对接国际先进理念和通行规则，建立与国际投资和贸易方式相适应的管理体系，持续简化审批流程、提升涉企服务水平，促进投资便利化，打造符合国际惯例、接轨国际规则的开放环境。优化通关环境。抢抓国务院推进“大通关”建设机遇，按照信息互换、监管互认、执法互助要求，积极参与跨部门、跨地区通关协作，推动口岸作业环节前推后移，不断提升通关效率。优化生活环境。结合智慧城市、低碳城市、精致城市建设，注重在商业中心、历史街区、城市出入口、旅游景点等地块注入国际元素，积极引进外商熟悉的医疗、教育、文化、地产等国际化品牌，努力打造在如外商的“第二故乡”。

（五）牢牢把握共享是全面建成小康社会的客观要求，切实增强民生福祉。要始终坚持发展经济与改善民生的有机统一，加强普惠性、基础性、兜底性民生建设，织密民生“保障网”，让人民群众拥有更多的获得感。

1.突出扩面提质，健全社会保障体系。加快完善与经济社会发展水平相适应、覆盖城乡、制度健全、服务优质的社会保障体系，努力实现人人享有基本社会保障的目标。完善基本保障服务体系，稳步提高社会保障标准，推进社会保障制度城乡一体化建设。强化社会救助托底功能，完善“五道医疗保障线”救助联动机制，加大重大疾病等救助力度，发挥好慈善等社会力量的作用，实现以社会救助为重点的兜底性保障全覆盖。

2.突出持续普惠，推动居民收入增长。群众增收致富是最大的民生实事。要扩大创业就业促增收，统筹城乡就业，实现既有数量又有质量的就业，稳步提高群众工资性收入。鼓励下岗职工等群体“初始创业”，激励外来人才等群体“外来创业”，扶持在外能人“返乡创业”，支持企业家“扩张创业”。要发挥政策效应稳增收，落实惠农政策促进农民增收。要实施精准扶贫保增收，全面落实各项扶贫政策措施，及时有效解决返贫问题，深入推进社会扶贫，确保做到“一个不少、一户不落”，实现动态消除贫困。

3.突出优质均衡，增强公共产品供给。围绕教育、医疗、养老等重点领域，创新公共服务提供方式，推动公共服务优质均衡发展。深化教育领域综合改革，深入实施素质教育，不断提高办学层次和水平，建成教育现代化示范区，办好人民满意教育。优化医疗资源配置，强化公立医院功能，鼓励社会资本兴办高端化、特色化的医疗服务机构，建成更高水平覆盖城乡居民的公共卫生、医疗服务体系。持续开展全民健身运动，确保人民体质持续增强。积极构建现代公共文化服务体系，深化“文化+X”融合，大力发展新兴文化业态企业。健全养老服务体系，推进医养融合发展，积极引导社会资本参与养老服务体系建设。

4.突出德法并重，加强社会治理创新。法治与德治如鸟之双翼、车之双轮，相辅相成，相互促进。全面加强道德建设，深入践行社会主义核心价值观，形成道德高尚、生活文明的良好社会风气。深化爱心城市建设，大力推进诚信如皋建设。巩固和深化全国文明城市创建成果，力求2017年建成全国文明城市。全面推进依法治市，加快建设法治政府，促进司法公平正义。加强基层民主法治建设，全面提升全民法制意识和法治素养。全面维护社会稳定，持续完善社会治理体系，推动政府治理和社会调节、群众自治的互动发展。改进和加强信访工作，健全维稳机制，妥善处置各类矛盾。完善公共安全体系，深化“平安如皋”建设，加强安全监管，实行党政同责、一岗双责、失职追责，坚决遏制较大以上事故的发生，努力让人民群众生活得更加安全、更有尊严、更为幸福。

四、全面落实从严治党要求

实现今后五年发展目标，核心在党，关键在人。全市各级党组织要牢固树立党要管党、从严治党的意识，全面提升党的建设科学化水平，为建设“强富美高”的魅力如皋提供坚强保障。

（一）坚定理想信念。持续加强学习。深入开展“两学一做”学习教育，引导广大党员尊崇党章、遵守党规，用习近平总书记系列重要讲话精神武装头脑、指导实践、推动工作，不断增强政治意识、大局意识、核心意识、看齐意识。坚守价值追求。今后五年的发展定位、发展目标已经明确，全市广大党员干部要始终站在党和人民的立场想问题、作决策、办事情，以“进京赶考”的心态、“功成不必在我”的境界，集思广益，抓住“麻筋”，推动发展。强化舆论引导。用今后五年发展的美好前景鼓舞人心，真正把永不满足、干事创业的激情释放出来，把迎接挑战、持续跨越的信心树立起来，使目标任务、思路举措转化为广大干部群众的共同意志和自觉行动。

（二）打造优质队伍。优化干部选拔任用。从严选人用人，重点培养在推动发展上善于谋划、狠抓落实的干部，招引项目上敢于担当、勇于突破的干部，信访维稳上敢于负责、善于协调的干部，树立担当有位的选人用人导向。提升干部能力素质。广大党员干部要有本领恐慌意识，不断提高把握和运用市场经济规律、自然规律、社会发展规律的能力，努力成为领导经济工作的行家里手。要在思想上尊重群众、感情上贴近群众、工作上依靠群众，努力成为人民的好公仆、群众的贴心人。健全完善工作机制。进一步完善考核机制，不断提升考核的科学性、针对性、指向性。进一步完善工作推进机制、督查机制、容错机制，充分激发党员干部干事创业积极性、创造性。

（三）夯实基层基础。强化基层党组织建设。积极探索融合式党建新模式，着力把党的建设融入到全市中心工作和其他工作中去，一起谋划，整体推进。统筹抓好农村基层、城市社区、非公企业等重点领域党建工作，不断扩大党的组织和党建工作的覆盖面。抓好基层队伍建设。要坚持选优配强基层党组织带头人，拓展基层干部发展空间，激发基层争先进位工作潜能，着力打造“双强型”基层队伍。发挥党员先锋作用。广大党员要切实把市委的决策部署贯彻落实到具体行动中，带头解放思想、高点定位，锐意创新、破解难题，带头吃苦奉献、争创一流，服务群众、促进和谐，在建设魅力如皋的实践中发挥示范引领作用。

（四）锤炼过硬作风。要攻坚克难勇开拓。用开阔的眼界拓宽发展思路，用改革的举措破解发展难题，努力使各项工作出精品、上台阶、创一流。要只争朝夕出实效。切实增强等不起、坐不住的紧迫意识，紧扣目标，瞄准差距，快节奏、满负荷，对既定的目标坚决执行、布置的任务快速推进、协调的事项抓紧落实，确保抓早、抓实、抓出成效。要敢于担当守好责。大兴敢于担当之风，保持昂扬向上、奋发进取的状态，以高度负责的精神抓好每项工作。

（五）狠抓正风肃纪。担起廉政建设之责。党组织书记作为第一责任人，要真抓真管、敢于亮剑、敢于碰硬。纪检监察机关要认真履行监督责任，把纪律和规矩挺在前面，对管党治党重视不到位、履职不尽责、造成不良影响的要追责问责到底。紧握廉洁从政之盾。引导党员干部筑牢道德“高线”、守住纪律“底线”，自觉接受各方面监督，带头抓好家风建设，真正做到心有所畏、言有所戒、行有所止，始终保持为民务实清廉本色。高举惩腐肃纪之剑。认真落实中央八项规定和省市十项规定，既要严肃查处领导干部违纪违法案件，又要加大对发生在群众身边的“四风”和腐败问题的查处力度，发现一起、严办一起，对重大腐败案件和不正之风实施“一案双查”，真正以严惩腐败的实际成效取信于民。

同志们，今后五年的工作中，市委将充分发挥总揽全局、协调各方的领导核心作用，支持人大及其常委会依法履职，支持政府依法行政，支持人民政协发挥政治协商、民主监督、参政议政作用，支持法院、检察院依法独立行使职权，充分发挥统一战线的人才优势，充分发挥群团社团的桥梁纽带作用，充分发挥离退休老干部、老同志的宝贵作用，加强党管武装，巩固发展军政军民团结的良好局面，努力把全社会各方面的力量凝聚起来，形成建设“强富美高”魅力如皋的强大合力。

同志们，美好蓝图催人奋进，加快发展时不我待。让我们紧密团结在以习近平同志为总书记的党中央周围，高举中国特色社会主义伟大旗帜，在省委和南通市委的坚强领导下，进一步解放思想、攻坚克难、开拓进取、扎实工作，为全面建成小康社会、争当苏中新一轮发展排头兵、开创如皋更加美好的未来而努力奋斗！

创新转型 聚焦富民
努力走在南通全面建成小康社会前列

——在市委十二届三次全体（扩大）会议上的讲话

（2016年12月30日）

陈晓东

同志们：

这次会议的主要任务是深入贯彻落实党的十八大和十八届三中、四中、五中、六中全会，中央、省经济工作会议，省、南通、如皋市党代会和省委、南通市委全会精神，回顾总结2016年，研究部署2017年，动员全市上下继续坚持稳中求进工作总基调，着力创新转型，加快富民进程，努力走在南通全面建成小康社会前列。下面，根据市委常委会讨论的意见，我讲四个方面的问题。

一、2016年工作回顾

今年以来，市委团结带领全市人民，学习贯彻党的十八届六中全会和习近平总书记系列重要讲话精神，深入开展“两学一做”学习教育，主动适应经济发展新常态，自觉践行新发展理念，全力推动“强富美高”魅力如皋建设，经济社会保持平稳健康发展，实现了“十三五”良好开局。

（一）抓转型提质效，经济运行稳中趋好。预计全年地区生产总值增长10.1%，名列全国县域经济基本竞争力百强县（市）第23位，比去年前进3位。实体经济得到强化。始终突出项目“第一抓手”，持续加大有效投入，创新推进项目“一周一会办”工作机制，全年新开工亿元以上产业项目76个，总投资85亿元。完成规模工业投入327亿元、增长12.5%，实现固定资产抵扣税3.4亿元、增长31.8%。预计完成增值税33亿元、增长22.6%，完成工业应税销售940亿元、增长10.8%。预计净增规模工业企业36家，主导产业实现应税销售532.1亿元、增长16.3%。转型升级步伐加快。大力实施先进制造业和现代服务业双轮驱动战略，预计三次产业结构优化为7:48:45，实现服务业应税销售（不含房地产）750亿元、增长53%，总量、增速、增量均居南通五县（市）第一。高度重视科技创新，预计全年全社会研发投入占GDP比重达2.52%，新兴产业、高新技术产业产值占比分别提高1.6、1.3个百分点。致力推进产业集聚化发展，新能源汽车及零部件产业被认定为示范型国家级国际科技合作基地，如皋港现代综合物流园被认定为首批省级生产性服务业集聚示范区，联合国开发计划署“氢经济示范城市”项目落户我市。注重人才引进培养，全年新引进国家级人才10名，新入选省“双创”人才6名，均创历史新高。加快提升农业现代化水平，国家现代化农业示范区建设深入推进，高标准农田建设、新型经营主体培育、农产品产销体系建设、农产品出口、粮食生产全程机械化等工作保持南通领先，获评国家农村产业融合发展试点示范市和农村承包土地经营权抵押贷款试点市，农业农村发展优势进一步凸显。开发开放继续深化。四大主功能区主阵地作用进一步发挥，产业承载能力进一步增强，国家一类开放口岸、保税物流中心（B型）功能优势持续放大，四大贸易平台完成交易总额326亿元，上海、广州集装箱航线正式开通运行，货物、集装箱吞吐量突破5000万吨和6万标箱。全年预计实现到账外资3.2亿美元，完成外贸进出口总额25亿美元，新增服务外包企业110家，实现外包执行额18亿元，外经营业额、境外投资额分别达3.56、1.29亿美元。

（二）谋改革求突破，发展动能加速形成。自觉增强全面深化改革责任担当，承接的6项国家级和8项省级改革试点工作扎实推进，改革红利得到释放。供给侧结构性改革成效初显。运用市场、行政、法治等手段落实“三去一降一补”重点任务，推动企业降本增效，加快淘汰落后产能，彻底整治“地条钢”，房地产去库存周期降至18个月。指挥部工作有序推进。创新成立了如皋港深度开发、高铁新城建设、城市水系建设和大健康产业发展、渤商所长江国际交易中心建设、新能源汽车产业基地建设、软件园开发建设“六大指挥部”，通过明确工作定位，创新工作机制，找准工作着力点，打造经济发展新的增长极。行政管理体制改革成效显著。“放管服”改革持续深化，“三证合一”“一照一码”改革全面实施，相对集中行政许可权和综合行政执法体制改革深入推进，“一枚印章管审批”“一个领域一支队伍管执法”的如皋模式得到了中央、省有关部门的认可和推广。投融资体制改革探索推进。获批省级以上PPP项目11个，撬动社会资本67亿元。鼓励企业直接融资，新增主板上市公司1家、新三板挂牌企业5家，上市（挂牌）企业实现股权融资16.9亿元。

（三）重协调优生态，城乡建设步伐加快。积极探索城镇化和城乡一体化发展新路径，和谐宜居、富有活力、彰显特色现代化城市的建设进程加快。城市品位稳步提升。中心城市完成投入7亿元，城市功能配套不断完善，成功跻身省海绵城市试点城市，国家节水型城市顺利通过考评。交通转型升级加快。宁启复线动车开通，争取设立高铁南站进展显著，通皋大道正式立项，355省道东段竣工，城乡道路客运一体化水平进一步提升。生态环境持续优化。生态治理深入推进，空气质量优良率达74.3%，新增绿化面积56万平方米，全国文明城市创建测评全省领先，国家生态镇实现全覆盖，建成国家生态市，入选南通唯一的国家全域旅游示范区。城乡环境不断改善。小城镇建设加快推进，村庄环境整治提档升级，“七位一体”长效管护工作南通领先，建成国家级生态村1个，新增省级水美乡镇1个、传统村落2个、美丽乡村4个。

（四）强保障惠民生，群众生活持续改善。坚持像抓经济建设一样抓民生保障，民生支出在一般公共预算收入中占比达到81.8%。城乡居民增收加快。积极促进就业、鼓励创业，千方百计拓宽群众增收渠道，城乡居民可支配收入分别增长8.3%和9%，增幅分居南通第二、第一，我市被评为省创业型示范城市。大力实施脱贫致富奔小康工程，完成低收入农户建档立卡工作。公共服务得到提升。省教育现代化示范区建设取得重要进展，获评省促进义务教育均衡发展先进市，高考本二上线率连续三年居全省第一，北外附属龙游湖外国语学校开工建设；医疗、养老产业发展态势迅猛，医养融合、公建民营等创新模式赢得市场认可；市档案馆创成南通首家省4A级数字档案馆。社会保障日益增强。保障体系进一步健全，社保、医保覆盖面不断拓宽，保障水平不断提高。文化事业蓬勃发展。民间文艺百花齐放，多项国际性赛事在我市成功举办，文化整体实力和竞争力持续增强。

（五）善治理促和谐，发展环境更趋优化。着力构建现代治理体系，切实加强民主法治建设，社会大局保持和谐稳定。法治如皋深入推进。依法行政持续加强，执法、司法公信力日益提高，法治建设满意度达96%，持续保持省法治建设示范县（市、区）称号。平安如皋持续推进。公众安全感持续提升，连续九年获省平安县（市、区）称号；信访联席会商机制和信访维稳三级工作机制建立完善，实现了重大活动期间群众进京、去省“零”登记。安全生产责任全面落实，全市安全生产形势保持平稳。民主政治扎实推进。党委总揽全局、协调各方的核心作用充分发挥，新一届人大代表、政协委员推荐选举工作顺利完成。积极支持人大依法履职，注重发挥政协参政议政作用，在重大决策上广泛听取人大、政协的意见，在工作推动中注重发挥工青妇等群团桥梁纽带作用，国防动员、双拥共建扎实开展，统战、老干部工作等取得新成效，全市上下形成了团结协作、和衷共济的良好发展局面。

（六）转作风强队伍，党的建设全面加强。认真贯彻党要管党、从严治党要求，把管党治党的责任牢牢扛在肩上，坚持真抓真管、敢管敢严、长管长严。“两学一做”学习教育扎实推进。常委同志带头学习研讨、带头讲党课、带头走基层。宣传思想政治工作得到加强。始终突出党员干部理想信念教育，严明党的政治纪律和政治规矩，引导广大党员干部切实增强“四个意识”。成功召开市党代会，顺利完成市镇村集中换届。基层党组织建设不断强化。全面开展“基层服务型党组织建设深化提升年”活动，村（社区）干部能力水平显著提升，基层党组织的战斗堡垒作用明显加强。党风廉政建设和反腐败斗争深入开展。切实加强和规范党内政治生活，严格执行中央八项规定和省委、市委十项规定，严肃查处违纪违法案件473件。

一年来，市委常委会着眼新形势、新要求和新任务，以市十二次党代会召开为契机，注重发挥集体智慧，注重加强对重大问题的前瞻性谋划，注重探索既抓住发展机遇、增创发展优势，又兼顾当前发展、实现平稳运行的工作思路和方法，进一步强化求真务实的鲜明导向，明确责任担当的工作要求，营造开拓创新的浓厚氛围，推动全市上下凝聚共识、齐心协力，形成了争当苏中新一轮发展排头兵的强大合力。同时，市委常委会高度重视自身建设，始终坚持民主集中制，严格按规则议事决策，开展市委中心组集中学习14次。各位常委同志认真履行“一岗双责”，在模范遵守党章、贯彻上级要求、带头廉洁自律、改进工作作风方面做出了表率。

在看到成绩的同时，我们也清醒地认识到工作中存在的问题和不足，主要表现在：产业集聚度还不够高，企业转型升级的步伐还需加快，新招引、新开工的重大项目不多，创新型、旗舰型项目偏少；财政收入增速放缓，刚性支出持续增大，收支矛盾仍然突出；百姓富裕程度、公共服务供给水平、生态环境质量、社会矛盾化解等方面与群众的期待仍有较大差距；党要管党、从严治党需要进一步强化，“四风”和腐败问题仍有发生，少数干部勇于担当、主动作为不够，庸政懒政现象依然存在。对此，我们必须坚持问题导向，统一思想行动，采取更加有力的措施切实加以解决，保持好来之不易的发展势头。

二、2017年工作目标思路

2017年是党的十九大召开之年，是供给侧结构性改革的深化之年，也是全面落实省市党代会部署的开局之年。工作中，要着眼大局，以优异成绩迎接党的十九大胜利召开；要抓好开局，落实好省、南通和我市党代会精神。总体要求是，按照中央和省市决策部署，深入贯彻习近平总书记系列重要讲话精神，坚持稳中求进工作总基调，牢固树立和贯彻落实新发展理念，适应把握引领经济发展新常态，以提高发展质量和效益为中心，以推进供给侧结构性改革为主线，以六大指挥部为抓手，致力推动先进制造业与现代服务业“双轮驱动”，创新转型、聚焦富民，推动各项事业发展和全面从严治党迈上新台阶，努力走在南通全面建成小康社会的前列。

2017年，全市经济社会发展的主要预期目标是：地区生产总值突破1000亿元、增长10%以上，全部工业应税销售1000亿元以上、增长10%以上，服务业应税销售力争达到1000亿元、增长35%以上，建筑业总产值1000亿元以上、增长10%以上，一般公共预算收入保持增长，社会消费品零售总额增长10%以上，实际利用外资3.35亿美元，外贸进出口总额保持适度增长，全社会研发投入占GDP比重2.55%以上，城乡居民人均可支配收入分别增长8.3%、9%以上，万元GDP能耗降幅和主要污染物减排完成上级下达指标。

做好明年工作，要着重把握好以下四点：

一是把握发展窗口期。我市十二次党代会明确提出，今后五年，如皋有责任、有必要、有信心发展得更好更快一些。为此，我们把经济增长预期目标定为保持10%以上、农民人均可支配收入增幅9%以上、力争在4个指标上均突破1000亿元，主要是为如期实现“十三五”发展目标、高水平全面建成小康社会目标确定的，这是市委市政府勇于挑战、高点定位的一种体现，更是主动作为、开拓进取的一份责任和担当。作出这样的判断，正是基于我们面临着一个前所未有的战略黄金机遇期。机遇是有窗口期的，机遇往往稍纵即逝。能否抓住并用好这个难得的机遇期，是我们必须答好的一份答卷。因此，我们必须牢牢把握稳中求进的工作总基调，在把握好度的前提下奋发有为，在稳的基础上保持和发展好进的势头。更加突出工作重点，明确主攻方向，抢抓发展机遇，加快发展步伐，努力让发展水平更高、群众获得感更强。

二是主攻发展转型。当前，我市的发展转型正处在爬坡过坎的关键时期，已到了不转型创新不行、转型创新慢了也不行的重要关口。综观大势，全球新一轮科技革命和产业变革蓄势待发，中央坚持供给侧结构性改革、深化创新驱动的政策导向愈发鲜明，创新转型正成为发展的基点。2017年，我市发展迎来了一个转折期，要实现经济社会的“转型出关”，取决于我们能否发挥好陆海江战略枢纽作用，对接服务好上海，撬动发展“风口”上的新动能；能否进一步解放思想，创新机制体制，营造有利于创新转型的氛围；能否实现六大指挥部工作的新突破，点燃支撑全局工作的引擎。因此，我们要深入实施“双轮驱动”战略，紧紧扭住项目建设这个牛鼻子，主攻改革创新，狠抓结构调整，推动产业升级，为发展注入新活力、提供新动力。

三是主抓增收富民。高水平全面建成小康社会，最直接、最根本的是提高广大老百姓的富裕程度和生活质量，让老百姓的口袋鼓起来，扩大人民群众获得感。从我市小康指标实现程度看，三个“人均”和城乡居民收入达标人口比例等4项指标实现程度还不到80%，其中人均GDP、城乡居民人均可支配收入等3项核心指标均处在南通末位，地表水好于Ⅲ类水质比例还不高，这与我市的经济总量和发展态势很不相称。因此，我们要在加快富民进程、优化生态环境方面集中发力，恪守为民之责，善谋富民之策，以保持经济的较快增长来补齐短板、补强弱项，在共建共享中打赢高水平全面小康攻坚战，共创全市人民幸福生活。

四是落实担当责任。完成党代会确定的目标任务，关键在于开好局、起好步。明年的工作极具挑战性，没有开拓进取、创新创造的劲头就没有出路，只有解放思想、勇于探索的精神才能闯出新路。做好明年的工作，关键在人，核心在干部。因此，我们各级干部特别是领导干部必须要善担当，敢负责，重落实。工作中，我们必须要进一步完善政绩考核评价体系，强化能者上、庸者下、劣者汰的用人导向，切实改变干得越多问题越多、少干不干反而没有麻烦的逆向激励。必须要沉下心来、扑下身子，到经济社会发展一线，到招商引资、项目建设、矛盾化解一线，落实责任，靠前指挥，组织攻坚。必须要抓好落实，对确定下来的事情，要不折不扣抓落实，决不能走样，决不能变通，做到抓铁有痕，抓出成效。

三、2017年主要工作举措

目标的实现，是干出来的。全市上下要紧扣重点，抓住关键，全力做好稳增长、促改革、调结构、优生态、惠民生、防风险各项工作，推动经济平稳健康发展、社会大局和谐稳定。

（一）聚力转型升级，提升经济增长新质效。要始终坚持项目建设不动摇，处理好招商与选资、总量与质量的关系，推动经济保持中高速增长、产业迈向中高端水平。

1.加快产业结构调整。积极推进信息化与工业化融合发展、制造业与服务业双轮驱动，构建“3+3+4”现代产业体系，打造全市经济增长新引擎。推进先进智造业高端化发展。加强政策扶持，提供精准服务，推动优化组合，提升产业竞争优势。巩固提升船舶海工、新材料、高端纺织三大支柱产业，加快船舶修造、配套产业重组步伐，有效整合资源，重点研发高端海工装备及配套产品；推动新材料产业向规模化、绿色化方向发展；促进纺织服装产业向产业链、价值链高端攀升。发展壮大新能源汽车、智能装备、新一代信息技术三大新兴产业，加快建设青年赛麟、吉利康迪等六个汽车及龙能锂电池零部件产业项目，抢抓联合国开发计划署“氢经济示范城市”建设机遇，推进氢能源汽车规模化，打造全国最具竞争力的新能源汽车产业基地；推动智能装备规模化发展，提升数字与装备融合，积极扶持研发智能机器人新产品，加强品牌建设，增强产品和服务竞争力；抢抓4G、5G网络机遇，推动电子商务产业深度发展，电子信息产业向新一代物联网、智慧城市延伸。

推进服务业集聚化发展。重点发展大物流、大旅游、大数据、大健康四大服务业。充分发挥一类开放口岸和保税物流中心作用，以大贸易带动大物流，全力推进四大交易平台建设，力争实现港口吞吐量5500万吨、集装箱10万标箱。不断放大我市“国家全域旅游示范区”影响力，深度挖掘“三张名片”内涵，着力打造长三角长寿养生旅游目的地，实现旅游综合收入增长15%以上。加快信息高速公路及云数据中心建设，推动实施“智慧如皋”建设，服务外包执行额增长30%以上。放大“世界长寿乡”品牌效应，高度聚焦长寿食品、生物医药、医疗器械、养生服务、养老地产等领域，借势发力、做精做优，打造长三角大健康产业集聚区。统筹发展其他生产性生活性服务业，推动制造业向服务业两端延伸，大力发展总部经济、工业设计、商贸会展等生产性服务业，注重发展互联网金融、文化创意等新兴服务业，引导餐饮、百货等传统服务业创新经营模式，进一步做靓品牌，提升知名度。推进现代农业品牌化发展。不断放大长寿农产品品牌效应，巩固扩大在上海市场的份额，做大做实上海“菜篮子”基地。以国家级农业科技园区建设为契机，在优化“234”现代农业产业布局基础上，以加工业、互联网带动农业“接二连三”，加快农村产业融合发展步伐。大力推进高标准农田建设，不断提升农业机械化水平，着力培育懂技术、善经营、会创业的新型经营主体和职业农民，注入农业发展新动力。推进建筑业现代化发展。持续加强建筑企业管理，大力推进收购、兼并、重组，提升市政路桥、交通水利、智能建筑等高附加值市场份额，着力培育壮大建企航母，确保明年施工产值超1000亿元。

2.加大项目建设力度。项目建设是引领经济新常态、推动发展上台阶最有效的抓手。要始终突出“项目第一抓手”理念，一着不让抓招引、抓投入、抓会办、抓服务。突出招商选项目。要有“选”的思维，重点瞄准世界500强、跨国公司、大型央企，聚焦北上广深和日韩港台等重点区域，主攻一批补链、育链、强链的产业链项目。要有“引”的路径，坚持以商引商、以企引企，发挥企业家信息、人脉、品牌等优势，引进上下游配套企业，形成“葡萄串”效应。要有“新”的突破，在引进各类猎头公司、投资基金、风投创投平台委托招商，形成突破；在谋划一批龙头型、基地型项目，引进专业配套型、创新创业型、科技成长型企业上有突破。要有“评”的标准，进一步完善招商考核办法，确保引进项目环保标准、产业标准、技术标准“三个不降低”，数量质量“两个不掺水”。优化服务推项目。要进一步完善重大项目绿色通道机制，全面推进联合预审、容缺审批、容缺建设和容错机制，加快推行负面清单制度，实现从立项到许可建设50天内办结常态化。要进一步深化重大项目日巡访、周会办、月点评、季考核推进机制，为项目建设提供零距离、保姆式服务，确保明年新开工亿元以上项目100个，结转项目竣工率70%、达产率60%以上，当年开工项目竣工率40%以上。破解瓶颈促项目。推动土地、资金、用工等生产要素向产业项目集聚，打通“要素链”。破解用地难题，突出对内挖潜，通过增减挂钩、“腾笼换凤”等途径，最大限度预留用地空间；注重向上争取，促进更多改革政策在我市先行先试，争取更多项目列入省级以上统筹推进目录。破解资金难题，积极推动信贷资金更多地向实体经济倾斜；通过融资租赁、债务融资、股票增发等途径，满足产业项目资金需求；推广PPP合作模式，发挥财政资金、产业基金杠杆作用撬动社会资本。破解用工难题，切实抓好订单培养、订单招工、订单服务，为企业提供高技能人才。同时支持企业装备改造升级，实现“机器换人”。

3.加强规模企业培育。以龙头企业为引领、产业链条为纽带，鼓励优势企业兼并重组，加快技改，做大做强，培育一批行业龙头型、基地型企业，构建产业特色鲜明、集聚效应明显的现代产业集群。实施一企一策的个性化培育目标，发展“专精特新”企业、“小巨人”企业和产品市场“单打冠军”，打造更为合理的企业梯队，力争明年净增规上企业50家以上、亿元企业30家以上。围绕企业上市过会1家、报会1家、入轨3家、新三板挂牌5家以上的目标，加大后备梯队的培育力度，逐步形成“培育一批、股改一批、辅导一批、申报一批”的良性发展局面，打造如皋上市（挂牌）企业板块。

(二) 聚力改革创新，增强转型发展新动能。改革创新是引领经济发展新常态的开路先锋，要牢牢把握供给侧结构性改革这条主线，进一步扩大对外开放，不断增强发展的动力源泉。

1.着力全面深化改革。坚持问题导向，蹄疾步稳推动改革向纵深，向重点领域聚焦，真正让老百姓感受到改革带来的实实在在成效。深化供给侧结构性改革这个重点。坚持从供给和需求两端发力，按照去产能以“优”为方向、去库存以“稳”为要务、去杠杆以“撬”为手段、降成本以“实”为宗旨、补短板以“增”为动能的思路，不折不扣落实好“三去一降一补”五大任务，提高经济发展质量和效益。抓好经济体制改革这个主轴。紧贴基层和企业需求，紧盯“痛点”“难点”和“堵点”，不断优化审批制度，探索推进帮办代办服务，深入实施“互联网+政务服务”，打造主动、高效、低成本的投资环境。积极推进国有资产改革，注重加强国有资本运行，建立现代企业制度和完善的法人治理结构，确保国有资产做大做强。夯实民生领域改革这个基础。持续推进省部共建的首批教育现代化县级示范区建设，深入推进教育综合改革，促进教育公平发展和质量提升，加快推进省公共体育服务体系示范区建设，不断深化医药卫生体制改革，努力提供更加优质、便捷、廉价的医疗服务。推动农村土地“三权分置”并行，力争建成省级示范县（市）。推进重大改革试点这个关键。持续推进具有标志性、引领性、支柱性作用的国家、省级改革试点，确保明年完成县城深化基础设施投融资体制改革试点、省教育现代化县级示范区、陆海统筹土地综合整治等3项改革，创出具有如皋特色的改革经验，发挥对面上改革的示范带动效应。

2.推进创新驱动发展。抢抓长三角城市群发展的窗口期，善谋创新之举，争当全省“聚力创新”的快跑者。注重载体打造。把六大建设指挥部作为转型创新的内生动力和支撑全局工作的重要引擎，发挥好扁平化管理优势，打破行政区划界限，统筹考虑生产生活生态空间架构和江海河联动，按照政府引导、专业管理、市场化运作要求，做到“一个产业、一个规划、一位分管领导、一个专业团队、一支产业基金”，引领和推动资源集约、功能集成、产业集聚。注重平台建设。主动对接科研院所，加大新型研发机构、公共技术服务平台引进建设力度，大力推进开源空间等一批创新平台建设；重点推动科创中心建设，打造展示如皋创新活力和城市魅力的创新地标；抓好平台运行，力促每一个创新平台都成为推动创新发展的强引擎。实施创新型企业培育行动计划，新增企业研发平台2个、省级企业技术中心5家，力争新认定高新技术企业20家。注重人才集聚。充分发挥长寿之乡、教育之乡、最佳休闲小城等品牌优势，充分展示得天独厚的区位优势和富有特色的产业优势，充分放大政策激励作用，既放眼全球，又着眼本土，吸引海内外各类精英来如创业生活。

3.加快对外开放步伐。深入挖掘并有效发挥我市的开放基因，着力打造开放发展升级版。主动对接服务上海。把融入苏南、接轨上海作为开放发展的战略基点，成立对接服务上海的工作机构，充分利用上海金融中心、科创中心建设以及上海自贸区溢出效应，确保在创新资源互动、园区平台合作、高端人才引进等方面取得新突破。创新提升开放平台。经济技术开发区要充分发挥“国字号”和对外开放主平台的优势，加快完善功能平台、集聚资源要素、培育千亿级新兴产业集群，不断提升对全市经济发展的贡献度，努力在全省国家级开发区中争先进位。如皋港区要强化“南通主力港”定位，加快港工贸一体化、港产城一体化、城乡一体化步伐，推进深度开发，全面提升如皋经济发展“发动机”地位。高新区要围绕“经营城市典范区、科技创新先行区、城市活力展示区”目标，充分利用好CSIP如皋创新创业基地和开源空间两个平台，推动软件和信息服务业与其他产业融合发展，打造创新创业创意新高地。如皋工业园区要以“打造健康长寿养生福地，建设宜居宜业宜游新城”为引领，高度聚焦城市经济、生态旅游、健康养老等现代产业发展，加快推进碧水环绕、生态宜居的现代都市示范区建设进程。做优园区功能配套。

统筹抓好园区功能升级、港口功能提升、城市功能完善，推出一批“集中连片、规模适中、设施配套、特色鲜明”的工业园区，努力形成“拿得出手、落得了地、招得了商”的开放载体。要放大一类口岸、保税中心效应，力争在综保区、保税物流A区及港口汽车滚装专用码头申报建设取得突破。积极鼓励企业“走出去”。进一步放大涤诺、恒康等企业“走出去”的示范效应，继续发挥六建集团境外承包工程的支柱作用，鼓励和引导我市有条件的企业，通过投资建厂、跨国并购、承包境外工程等多种形式，在参与“一带一路”建设中增强国际化经营能力和竞争力。

（三）聚力统筹协调，构筑城乡发展新格局。围绕“城市让生活更美好”的要求，提升城乡规划建设品位，完善基础设施功能配套，全面提升新型城镇化和城乡一体化水平。

1.合理优化城乡规划。规划是城市建设的灵魂。要完善规划体系。统筹城市生产、创新、便民三大服务，坚持特色、绿色、集约三大发展，认真做好各类空间规划，重点做好城市总规的修缮、控规的提升和城市水系等专项规划的编制，坚持规划“一张图”“一盘棋”。加快促进城市总规与产业发展规划、土地利用规划“三规合一”，形成定位清晰、功能互补的规划衔接体系。要注重差异区分。摒弃千镇一面、高大全的定式思维，按照精致、标致、雅致要求，充分挖掘历史文化内涵，培育个性化城区，以个性化规划新城区，以差异化规划新镇村，做到用特色规划引领特色建设，真正体现“看得见碧水、望得见绿树、记得住乡愁”。要严格规划监管。强化规划刚性约束，加大动态监督和跟踪管理，严格依法执行规划，实现更可持续的发展。

2.稳步提高建管水平。突出以人为核心的城镇化理念，借力新城开发，推动城市精明增长、紧凑发展。加快中心城市建设。围绕建设中等城市定位，着眼人口、产业两个集聚，加快推进吾悦广场等特色商业区、大型商贸综合体、高等级医院和学校建设，完善功能配套，做好老小区改造，提升城市人气指数。以龙游河北沿与内城河贯通为重点，大力推进主城区生态水系景观工程建设，不断畅通城市水系。积极实施城市地下空间、地下管廊开发改造，高标准建设“海绵城市”“智慧城市”，力争创成中国人居环境奖。坚持规划招商、精准选商，按照市场要求，有序出让土地，建设一批品位高、市场前景好的居住小区，满足市民需求。注重城市精细管理。实施城市绿化美化亮化工程，重点加大城乡结合部、老镇区、背街小巷的环境整治力度，深化城市管理综合执法体制改革，推动城市管理重心下移，逐步实现网格化、科学化、智能化。积极推进主干道绿化景观带、精品小游园规划建设，积极开展国家生态园林城市创建。推进特色镇村建设。按照产业特而强、功能聚而合、形态精而美、制度活而新的要求，进一步明确产业定位、文化内涵、旅游功能、社区特征等空间载体，加快特色小镇建设步伐。积极发展生态循环农业，稳步提升“七位一体”长效管护质态，提高市场化管理覆盖率，全面巩固提升农村环境。大力实施农村土地整治，探索推广村庄有机更新模式，打造一批美丽乡村休闲度假基地。

3.大力推进互联互通。加快交通转型步伐，构建起“多样高效、内外联通”的大交通体系。推进对外通道互联互通。积极参与扬子江城市群建设，加快融入以沪苏通经济圈为重点的长三角城市群发展，积极争取高铁、高速公路、高等级航道等更多纳入国家通道、区域通道，重点做好盐通高铁服务保障，密切跟踪北沿江城际铁路布线布站规划，及时做好对接服务，争取早日开工建设。推进区域组团互联互通。优化县际、镇区之间的快速交通网络，加快城外路网与城市路网的有机衔接，促进内外交通一体化发展。统筹推进市镇村三级道路建设，重点加快推进通皋大道、S226等一批干道建设。调优城区公交线路，合理规划设置微公交和自行车站点，让群众出行更加便捷。推进多种运输方式互联互通。加快建设多网合一的综合交通运输体系，补齐多式联运短板。重点规划建设如皋站、如皋港、经济开发区三大物流园，全力推进渤商所等四大交易平台建设，加强物流体系与产业布局的协调互动。

（四）聚力绿色发展，彰显生态宜居新形象。生态文明是全面小康的重要标杆，是提升人民生活质量的重要内涵。要狠抓生态环境保护，力促环境质量更优，提升绿色发展综合指数。

1.拓展绿色发展空间。突出抓好生态红线管控与保护，规范空间开发活动、控制空间开发强度，确保全市生态红线区域面积不低于22.3%，生态功能区得到有效保护。大力推进环境基础设施建设，加快镇区污水管网建设，推动250吨污水处理厂污泥处置项目、一期1.5万吨/年危险废弃物焚烧处置项目上半年投入运行，加快推进垃圾飞灰填埋项目，确保全市单位GDP能耗降幅、主要污染物排放量达到硬性约束指标要求。积极倡导生活方式绿色化，引导低碳生活。

2.强化环境发展治理。以省开展“两减六治三提升”专项行动计划为契机，按照集中发力、狠抓源头、精准治污、保护优先、从紧从严、创新引领的要求，打好治气、治水、治土三大攻坚战。深入推动降煤、控排、禁烧，着力减少污染源，推动煤炭清洁使用，优化能源结构，全面推行“绿色建造”“绿色施工”，努力实现“天更蓝”。采取最严格的保护制度和手段，对良好水体实行清单式保护，促进城市水系健康发展，加大饮用水源地保护力度，积极防治地下水污染，努力实现“水更净”。加快编制土壤污染防治规划，强化重金属污染防控和企业污染场地治理与修复，大力推进以农村畜禽粪污综合治理为重点的农业面源污染整治，实施化肥农药零增长行动，推动秸秆科学还田和综合利用，提升农业废弃物综合利用水平，努力实现“地更绿”。

3.构建生态文明制度体系。要以最严格的标准、最严格的监管、最严格的问责，构建完整的生态文明制度体系，扎紧制度的笼子。严把入口关，认真落实环保“三同时”制度，坚决把不符合产业政策、环保要求的项目拒之门外，从源头上杜绝环境污染。突出环节控制，加强重点行业安全治理，提高环境安全监管、风险预警和应急处理能力，建立镇区间交界断面水质补偿机制。强化长效机制，按照“党政同责、齐抓共管、属地管理”原则，加大环境督查执法力度，严厉打击环境违法行为。认真落实经济社会发展绿色评价、领导干部任期环境治理考核和责任终身追究制度，树立绿色政绩观。

（五）聚力共享富民，谱写民生幸福新篇章。让人民群众过上美好生活，是我们一切工作的出发点和落脚点。要不断加大保障和改善民生力度，努力让群众有更多的获得感、更高的满意度。

1.持续增加群众收入。百姓富，是全面小康的直接体现。稳步提高群众工资性收入。深入实施城乡居民增收计划，用供给侧思维统筹城乡就业，发挥就业“直通车”作用，实现更加充分更高质量的就业，适时调整最低工资标准，逐步提高劳动报酬在初次分配中的比重。切实提高群众经营性收入。大力推进大众创业、万众创新，鼓励下岗职工“初始创业”，激励外来人才“来如创业”，扶持在外能人“返乡创业”。努力提高群众财产性收入。围绕所有村集体经济收入超过30万元的目标，加大村集体资金、资产、资源的盘活和开发力度，落实财税、用地等扶持政策，做强集体经济带民致富；壮大股份合作经济，大力发展物业经济，挖掘建筑富民新动能。不断提高群众转移性收入。进一步加大财政在养老、医疗、就业、最低生活保障等方面的支出补助。坚决打好精准扶贫攻坚战，坚持综合施策与分类扶持相结合，推进精准扶贫、精准脱贫，确保明年半数以上新一轮建档立卡低收入农户人均收入达到7000元。

2.不断完善公共服务。公共服务水平的高低，是衡量民生福祉的重要标志。持续健全便民体系。坚持以标准化推动均等化，深化“市镇村”三级服务体系建设，推动公共服务向基层下沉、向农村覆盖，不断增强公共服务的普惠性和均衡性。大力发展社会事业。深入实施素质教育，鼓励民间资本参与教育事业，优化学校布局，加快北外附属龙游湖外国语学校建设，建成一批满足群众需求的现代化学校。优化医疗资源配置，加快推进中医院三期开工建设，引进医疗资源、社会资本注入医疗卫生领域，进一步完善医疗服务体系网络。加强市镇村三级公共文化设施建设，大力开展社区文化、农民艺术节和全民健身活动，推动东大街历史文化街区、胶片电影主题园等园区建设。稳步提高保障水平。强化社会救助托底功能，完善“五道医疗保障线”救助联动机制，着力扩大社会救助范围，稳步提高救助标准。推动社会力量参与养老服务业，建立新型社会化养老服务体系，让发展更有温度。切实加强精神文明建设。坚持核心价值引领。以建成全国文明城市为统领，大力培育和践行社会主义核心价值观，优化“镇村好人”“最美如皋人”等评选，扎实推进志愿者服务常态化和诚信建设制度化，让正能量传递到每个角落。

3.提高社会治理水平。加快构建现代治理体系，切实提升现代治理能力。加强平安如皋建设。

进一步擦亮省平安县（市、区）品牌，推动立体化、信息化社会治安防控体系创新升级，坚决依法打击各类违法犯罪活动，不断提升群众的安全感和满意度。深化法治如皋建设。围绕让法治成为如皋发展核心竞争力的重要标志这一主线，坚持规范公权、依法行政，全面推进法治政府建设。高度关注信访工作，健全群众诉求的表达机制、解决机制、反馈机制，使群众问题能反映、矛盾能解决、权益有保障，确保社会大局和谐稳定。有效防范各类风险。高度重视安全生产，时刻绷紧安全生产这根弦，切实加强食品药品安全监管，全面落实党政同责、一岗双责、失职追责要求，有效防范和坚决遏制较大以上事故发生，切实保障人民群众生命财产安全。

四、坚定不移推进全面从严治党

实现明年各项目标任务，核心在党，关键在干部。必须认真落实全面从严治党要求，加强党的思想、组织、作风和反腐倡廉建设，巩固凝聚力、提高创造力、增强战斗力。

1.*要把加强思想建设作为管党之首*。思想是行动的先导，抓实思想建设是从严治党的首要任务。强化理论武装。注重强化换届后领导班子思想政治建设，牢记总书记“不忘初心、继续前进”的殷切嘱托，进一步增强“四个意识”特别是核心意识、看齐意识，更加自觉地在思想上、政治上、行动上，同以习近平同志为核心的党中央保持高度一致。坚持以学习型党组织建设为抓手，切实提高党员干部政治素养和业务能力。注重思想解放。经济发展进入新常态，发展的重点任务、工作要求、模式路径，都与过去不大相同，要善于闯出新路，凡是有利于转型创新的、凡是能加快富民强市的、凡是在国家法律法规范围内的，都要乘势推进。现在摆在我们面前的，既有新的发展阶段出现的新问题，也有一些长期难以破解的老问题、必须鼓励和支持基层敢想、敢试、敢闯。坚持制度约束。坚持思想建党与制度治党紧密结合，一手抓制度完善、一手抓制度执行，做到相互贯通、相互促进，真正用制度管人管事管权。

2.*要把严肃党内政治生活作为治党之基*。严肃党内政治生活是全面从严治党的基础。充分发扬民主。按照党委总揽全局、协调各方的原则，统筹做好明年1月的市人大、政府、政协以及镇人大、政府换届工作。完善人大法律监督、政协民主监督，支持人大、政府、政协开展工作，支持法院、检察院独立行使审判权和检察权，持续巩固最广泛的爱国统一战线，发挥群团社团组织的积极性、主动性和创造性，加强老干部、人武、双拥、统战、对台等各项工作。严格执行《准则》。认真落实基层党组织“三会一课”、警示教育等制度，完善党员定期评议基层党组织领导班子、党员定期分析和民主评议等制度，经常性开展批评和自我批评，真正让党内生活成为加强党性锻炼、提高党性修养的大熔炉。树立正确用人导向。认真落实“20字”好干部标准，严格执行干部任用条例及配套制度，切实把好干部选出来、用起来。坚持民主集中制。坚持集体领导制度，严格执行领导班子议事规则，“三重一大”等事项必须由领导班子集体讨论决定，重大建设项目严格实施环评、稳评和安评。提高组织生活质量。广大党员干部特别是主要负责同志要以身作则，模范遵守党章党规，严守党的政治纪律和政治规矩。建立健全保证民主生活会质量的长效机制，全面净化党内政治生态。

3.*要把建强基层组织作为兴党之道*。建强党的基层战斗堡垒是爱党护党兴党的使命所在。加强基层组织带头人建设。大力实施村（社区）党组织书记“1336”工程，全面推行“三单双评”制度，着力推动人向基层走、钱向基层投、政策向基层倾斜，提升基层班子战斗力。加强服务型党组织建设。更加突出政治功能和服务功能的有机统一，坚持村（社区）党组织和“两新”党组织两手齐抓，巩固完善“1+X”服务体系，在优化服务中彰显党的政治优势，提升基层组织凝聚力。加强基层党员队伍建设。坚持严把入口与畅通出口两端发力，严格按照“控制总量、优化结构、提高质量、发挥作用”要求发展党员，加强对党员的日常教育管理，落实党员积分制管理星级化考评制度，提升基层党员引领力。

4.*要把严抓反腐倡廉作为护党之本*。坚定不移地惩治腐败是党心、民心所向。落实“两个责任”。牢固树立不抓党风廉政建设就是严重失职的意识，压紧压实党委主体责任、纪委监督责任，加大“一案双查”“责任倒查”力度，既严肃追究当事人责任，又要倒查追究相关领导责任。强化作风效能。毫不松懈抓好中央八项规定和省市十项规定精神的落实，大力弘扬求真务实作风，认真落实密切联系服务群众要求，切实加强党员干部家风建设，推动作风建设不断深化、党风政风持续好转。严格监督执纪。认真执行党的廉洁自律准则、纪律处分条例和问责条例等法规制度，探索践行“四种形态”的工作机制，把监督执纪问责做深做细，真正体现对党员干部既严格要求又关心爱护。持续擦亮“政风行风热线”品牌，加强权力运行监督制约，从源头上预防和减少腐败。坚定惩腐肃贪。坚持有腐必反、有贪必肃，坚持无禁区、全覆盖、零容忍，继续保持严惩腐败的高压态势，严肃查处违反党的纪律行为和腐败问题，着力查纠侵害群众利益的不正之风。

同志们，实现贯彻落实省市党代会部署的精彩开局，意义重大，任务艰巨。全市上下务必要以更加开阔的视野、更加昂扬的斗志、更加扎实的作风，开拓创新，奋发进取，为建设“强富美高”魅力如皋、高水平全面建成小康社会的宏伟目标而不懈奋斗，以优异成绩迎接党的十九大胜利召开！

政府工作报告

——在如皋市第十七届人民代表大会第一次会议上

(2017年1月12日)

何益军

各位代表:

现在,我代表第十六届市人民政府向大会作工作报告,请予审议,并请市政协委员和其他列席人员提出意见。

2016年工作情况及五年工作回顾

过去的一年,我们以习近平总书记系列重要讲话特别是视察江苏重要讲话精神为指引,深入贯彻市委的决策部署,主动适应新常态,自觉践行新理念,紧紧依靠和团结全市人民,统筹做好改革发展稳定各项工作,实现了"十三五"良好开局。

一、经济运行稳中有进。预计全市实现地区生产总值900亿元、增长10.1%,增幅南通领先。全面实施"营改增",实现一般公共预算收入71.2亿元。现代农业持续发展。粮食生产保持稳定。项目农业投入46.5亿元。新增高效设施农业2.2万亩、家庭农场经营面积9.5万亩。新增"三品"31个,"香堂芋"获国家地理标志商标。农产品出口增长35%。获评国家农村产业融合发展试点示范市。花木大世界获批"国家林业重点龙头企业"。工业运行平稳向好。完成全部工业应税销售940亿元、增长10.8%。净增规模工业企业36家、亿元企业9家。建筑业实现施工总产值958亿元,企业重组取得进展,市场开拓难中求进,在手合同额增长298%。现代服务业提速增效。实现服务业应税销售(不含房地产)760亿元,总量、增量、增速均居南通第一。"四大贸易平台"交易总额326亿元。预计全社会消费品零售总额341.1亿元、增长10.9%,各项存款余额1148亿元,贷款余额715亿元。完成旅游综合收入118.2亿元、增长15.4%,被列入"国家全域旅游示范区"创建单位。

二、转型升级成效显现。创新能力稳步增强。预计全社会研发投入占GDP比重达2.52%,新兴产业、高新技术产业产值占规模工业比重分别提高1.6、1.3个百分点。万人发明专利拥有量达15.3件。新增省级各类企业技术创新平台7个,科技立项188项,获扶持资金5100万元。新引进国家级人才10名,新入选省"双创"人才6名,人才综合竞争力居全省县(市)第八。标准化工作再上新台阶,成立全国食品机械安全卫生、智能化制革机械2个标准化工作组,力星钢球获批筹建全国滚动轴承标委会滚动体分委会。恒康家居成为全市首家主板上市企业。特色产业快速集聚。新增软件和信息服务、电子信息、东升石材等3个南通市级特色产业园区。如皋港现代综合物流园被认定为首批省级生产性服务业集聚示范区。开发区获评国家国际科技合作基地。新能源汽车及零部件产业集群获批省特色产业集群。联合国开发计划署"氢经济示范城市"项目落户我市。项目投入加快推进。完成固定资产投资574亿元、增长14%,其中规模工业投入327亿元、增长12.5%。新开工亿元以上产业项目76个。完成技改投入 215 亿元，占规模工业投入的 65.6%。新增国家级两化融合管理贯标试点企业、省两化融合示范区各 1 家。恒康家居模塑车间获批省智能车间。节能减排取得成效。组织实施 17 个节能和工业循环经济重点项目。23 家污染企业被依法关停并转，11 家企业通过清洁生产审核，万元 GDP 能耗降幅、主要污染物减排完成省下达目标任务。PM2.5 平均浓度下降 18.2%，空气质量优良率达 74.3%，提高 5.4 个百分点。

三、改革开放纵深推进。重点改革有序实施。供给侧结构性改革取得初步成效，淘汰落后产能企业 25 家，房地产去库存周期降至 18 个月，工业企业直接融资 16.9 亿元，通过减税降费等措施降低企业成本 10.8 亿元。深入推进“三证合一”“一照一码”登记制度，新登记企业增长超 20%。启动不动产统一登记工作。获国家基础设施投融资创新特色镇项目 1 个。获批全国农村土地承包经营权抵押贷款试点市，累计发放贷款 1.3 亿元。对外开放更加深入。新批外资项目 35 个，实现到账外资 3.2 亿美元。预计外贸进出口 25.2 亿美元，其中出口 20.1 亿美元。新增服务外包企业 110 家，完成服务外包执行额 18 亿元，分别增长 162%、33.3%。境外投资 1.3 亿美元。外经营业额 3.6 亿美元、增长 14.3%。载体功能加速提升。高新区与 CSIP 开展全面合作，“开源空间”创新创业平台、国家北斗应用技术公共服务平台成功落户。如皋港保税物流中心(B 型)开关运行，如皋港至广州港水铁联运、皋申快航成功开通。港口吞吐量突破 5000 万吨、增长 42%，完成集装箱吞吐量 6.5 万标箱、增长 124%。海事、海关、国检、边检等口岸查验单位高效运转。

四、城乡面貌持续改善。交通建设进程加快。完成交通投入 8.2 亿元。启动通皋大道规划建设，完成项目选址和工程方案。355 省道改造工程基本竣工。高铁站房投入使用，站前广场基本建成。城市建设不断加快。中心城区完成基础设施投入 7 亿元，修建育贤路、新民路等 6 条市政道路，新增绿化面积 56 公顷。新城吾悦广场等城建项目加快建设。商品房开工建设 118.6 万平方米，完成销售 120.2 万平方米、增长 39.8%。完成搬迁 55.2 万平方米，货币化安置率达 43.6%。城市管理常态长效机制进一步健全，完成城市环境综合整治“931”工程，福寿路创成省级城市管理示范路。小城镇建设稳步推进。10 个镇累计完成投入 4413 万元，白蒲获批省特色景观旅游名镇，2 个自然村被列入省级传统村落。城乡环境持续改善。通过国家节水型城市考核验收，成为省海绵城市建设试点。推进城区水系清洁畅通工程，茅雉河综合整治启动实施。加大农村面源污染整治力度，完成畜禽养殖禁养区、限养区、适养区规划。“七位一体”长效管护机制高效运行，南通考核持续领先。秸秆机械化还田率达 73.5%。新增成片造林绿化 1.38 万亩。

五、民生事业保障有力。人民生活得到改善。新增城镇创业 2237 人、就业 7682 人，农村劳动力转移 4398 人，获评省创业型示范城市。成为省扶持村级集体经济发展试点市。预计城乡居民人均可支配收入分别增长 8.3%、9%，增幅南通领先。社会保障不断加强。超额完成社保扩面任务，职工“五险”覆盖率达 98%。城乡居民基本医疗、基本养老保险动态全覆盖，城乡低保、农村五保实现应保尽保，新增被征地农民保障做到即征即保。机关事业单位养老保险制度改革稳步推进。社会事业蓬勃发展。教育现代化示范区综合监测得分全省领先。普通高考本二以上上线率 79.7%。职教对口高考本科上线人数占全省 1/7。建成长江高级中学，北外附属如皋龙游湖外国语学校开工建设。被表彰为省促进义务教育均衡发展先进市。村卫生室(社区卫生服务站)公有化率达 81.2%，市 120 急救指挥中心投入运行。居家智慧养老提供免费上门服务 2.6 万人次。文化事业持续发展，建成标准基层综合性文化服务中心 67 个，李昌钰刑侦科学博物馆建成开馆，成功承办中乙足球联赛开幕式和全国老将田径锦标赛。预计文化产业增加值占 GDP 比重达 5%，保持南通领先。被国际自然医学会授予“国际健康养生胜地”称号。巩固提升“五道”医疗保障水平等 10 件为民办实事项目有序推进。

六、和谐社会加快构建。精神文明建设扎实推进。深入开展系列文明创建活动，爱心城市品牌效应持续放大，书香如皋建设成效显著。民主法制建设不断完善。“七五”普法扎实开展，法惠民生“十百千万”工程被评为南通市法治惠民实事项目。依法组织新一届村(居)委会选举。获评省级和谐社区建设示范市。社会治理水平有效提升。立体化治安防控体系不断完善，社会大局保持平安稳定，公众安全感达96.5%。“阳光信访”扎实推进，公众诉求渠道进一步畅通，市长公开电话办结率达97%。严格落实安全生产“两个主体”责任，安全生产形势总体稳定。政府自身建设全面加强。深入开展“两学一做”学习教育，全面落实党风廉政建设责任制，严格履行“一岗双责”，政风行风进一步好转。自觉接受市人大及其常委会的法律监督、工作监督和市政协的民主监督，强化政府监察工作，加强审计监督。被评为省公众参与行政程序建设示范单位。统计、物价、公共资源管理、机关事务管理、电子政务、信息公开、人防、应急、科协、档案、史志等工作不断加强。国防动员、征兵、双拥工作成绩显著。外事侨务、对台事务、民族宗教和妇女儿童、青少年、关心下一代、老龄、残疾人、红十字会、慈善等事业健康发展。

各位代表，刚刚过去的一年是第十六届市政府的收官之年。五年来，我们凝聚全市人民的智慧和力量，全力推动经济社会平稳健康发展，较好地完成了确定的目标任务，向全市人民交上了一份厚厚的答卷。

这是一份关于“转型发展”的答卷。五年来，我们始终把科学发展作为第一要务，转型升级调结构，区域综合实力显著提升。三次产业比由9:54:37调整到7:48:45。地区生产总值、一般公共预算收入、全部工业应税销售年均分别增长11.6%、9%、5.7%。新兴产业、高新技术产业产值占规模工业比重分别提高3.9个、7.9个百分点。建成软件、输变电装备等3个国家级特色产业基地。先后跻身国家科技百强县(市)、国家科技进步先进县(市)。成功获批国家可持续发展实验区、国家级农业科技园区核心区。全国县域经济基本竞争力百强县(市)排名前移至第23位。

这是一份关于“改革开放”的答卷。五年来，我们始终把改革开放作为核心动力，抢抓机遇添优势，发展后劲不断增强。稳妥推进相对集中行政许可权、综合行政执法、土地征使用制度等14项国家、省级改革试点。统筹推进商事制度、财税体制、开放型经济等改革。基本实现“一枚印章管审批”“一个领域一支队伍管执法”“一个中心管检测”。苏中国际集装箱码头、如皋港保税物流中心建成运营。累计实现外贸进出口155.3亿美元，利用外资15亿美元。新增外贸企业205家。农产品出口保持南通第一、全省领先。建成省农村电子商务示范市。双马化工建成首家省级境外产业合作集聚区。经济技术开发区升格为国家级经济技术开发区，省级高新区正式挂牌。

这是一份关于“统筹协调”的答卷。五年来，我们始终把统筹城乡作为重要路径，综合施策促协调，城乡一体步伐明显加快。行政区划调整顺利实施，形成了“1146”城乡发展布局。城镇化率从49.8%提高到56.5%，中心城区面积和人口年均分别递增1.5个、2个百分点。百平方公里公路网高于省平均水平111公里，在全国县级市中率先推广“微公交”运营模式，公交出行分担率提高到7.4%。4个镇获批南通市级中心镇，2个镇入选全国重点镇，白蒲成为全国建制镇示范试点。顾庄社区获评中国最美乡村，朱家桥村成为全国美丽乡村建设试点。建成全国卫生城市、江苏历史文化名城。获评全国粮食生产先进县(市)、全国休闲农业与乡村旅游示范市。

这是一份关于“绿色生态”的答卷。五年来，我们始终把绿色发展作为关键导向，持之以恒优生态，人居环境质量稳步改善。环保投入连续多年超过同期GDP的3.5%。万元GDP能耗降幅、主要污染物减排达到省定标准。生态红线保护区域达国土面积的22.3%。龙游湖风景区、龙游河生态公园建成对外开放。城市绿化覆盖率由40.3%提升到43.7%，林木覆盖率达25%。市区生活污水处理率90%以上。空气环境质量优良率稳定在70%以上。建成国家生态市、江苏人居环境奖城市，获评中国花木之乡、中国最佳休闲小城。

这是一份关于“民生保障”的答卷。五年来，我们始终把增进福祉作为根本追求，矢志不渝惠民生，百姓幸福指数持续攀升。财政民生投入占比保持80%以上，累计实施为民办实事项目50件。城乡居民人均可支配收入分别增长58.9%、64.2%。城镇登记失业率控制在3%以下。城镇居民医保、新型农村合作医疗、城乡基本养老保险实现动态全覆盖。创新实施“五道”医疗保障线。义务教育现代化学校建成率达94.7%，高考本二以上上线率连续三年居全省第一。基本公共卫生服务体系持续完善，创成三级医院2家。建成全国义务教育基本均衡县(市)、全国文化先进县(市)、全国群众体育先进单位。成为全国文明城市提名城市。入选中国最具幸福感县级城市前十强。蝉联"中国百强公益慈善城市"。

这是一份关于"服务效能"的答卷。五年来,我们始终把自身建设作为坚实保障,敢于创新转职能,公共服务效能加速提升。完善政府常务会议议事决策规则,提高科学决策能力。实施政府机构改革,制定并公布"五张清单",全面取消非行政许可审批事项,承接上级下放审批事项109项、取消审批事项155项。创新实施工业项目开工许可"五十天办结制"。加强政府性投资工程管理,政府债务得到有效压降。主动向人大、政协汇报经济社会发展情况,自觉接受监督。五年来,共办理人大代表建议1642件、政协委员提案1949件,满意和基本满意率分别达98.9%、99.6%。市政府连续多年被评为省依法行政先进单位。认真开展党的群众路线教育实践活动,自觉践行"三严三实"要求,深入推进"两学一做"学习教育,严格执行中央八项规定和省、市十项规定,为民务实清廉良好形象不断提升。

各位代表,盘点过往,我们感怀付出的艰辛和收获的喜悦。五年的成绩来之不易,这是全市上下在市委的正确领导下,团结一致、攻坚克难、开拓创新的结果。在此,我谨代表市人民政府,向全市人民,向人大代表、政协委员和离退休老同志,向驻如部队、武警官兵,向关心和支持如皋发展的社会各界人士,致以衷心的感谢和崇高的敬意!

各位代表,正视发展问题,才能找准突破的路径。从当前我市经济社会发展情况看,对照全面小康社会指标体系,我们仍然存在一些"问题清单":经济总量及均量仍然偏小,财政增速放缓,收支矛盾凸显;依靠创新驱动引领发展的态势尚未形成,产业层次提升还需加快;重大项目储备较少,围绕特色产业链新开工项目有效投入不足;土地、岸线等资源利用效率不高,发展方式还显粗放;现有文化教育、医疗卫生、养老服务、基础设施等公共服务供给与百姓的期望还有差距;生态环境保护和治理面临着较大挑战,水环境质量改善问题尤为突出;政府服务水平仍有较大提升空间,政府自身建设还需加强。对此,我们将切实采取有效措施,认真加以改进解决。

今后五年工作发展目标和总体思路

今后五年,是加快转变经济发展方式的攻坚期,是全面建成小康社会的决胜期。在这开篇的时间节点上,只要我们按照市委确定的目标定位,凝心聚力,顺势而为,一件一件抓落实,一年一年求突破,那些属于未来如皋的"精彩故事"必将如约而至。今后五年,如皋将迈入世界级都市圈同城发展新时代。沪通、盐通、通苏嘉、沿江高铁环线和过江通道的建设,为我市策应新一轮长三角一体化、上海建设"五大中心"等国家战略创造了有利条件,我们将依托产业、载体、文化三大基础,用好靠江、靠海、靠上海三大优势,积极推进跨江融合,接轨上海,主动承接高端产业、资本、人才等生产要素,着力建设"上海北大门"宜居宜业的"城市客厅"。今后五年,如皋将迎来六大重点产业齐头并进新局面。"十二五"以来,我市增长动力更加强劲、经济结构更加优化、综合实力更加雄厚,这为我们今后实现更高层次的发展奠定了坚实基础。站在新的历史起点上,我们坚持把"六大重点产业"作为经济发展主引擎,推动大智造产业高端化、大物流产业国际化、大数据产业集聚化、大健康产业品牌化、大农业产业现代化、大旅游产业全域化,实现发展方式向集约型、创新型、高效型和融合型转变,致力打造如皋经济"升级版"。今后五年,如皋将肩负苏中新一轮发展排头兵新使命。2020年全面建成小康社会,实现我们向人民、向历史作出的庄严承诺,这就要求经济发展更高质量、人民生活更加幸福、生态环境更加优美、文化发展更加繁荣、城乡区域更加协调、社会治理更加完善。南通市委、市政府对我们提出争当"苏中新一轮发展排头兵""转型发展的先行区""生态宜居的示范区"和"走在南通全面建成小康社会前列"的奋斗目标,"走在前列"的要义就是发展水平更高、群众获得感更强。我们将以等不起的紧迫感、慢不得的危机感、坐不住的责任感,顽强拼搏,负重奋进,推动实现新"六城同创"目标,即创成:全国文明城市、国家历史文化名城、国家生态文明建设示范市、国家生态园林城市、中国人居环境奖城市、国家全域旅游示范区,显著提升城市综合竞争力和影响力。

今后五年,政府工作的指导思想是:全面贯彻党的十八大和十八届三中、四中、五中、六中全会以及习近平总书记系列重要讲话精神,统筹推进"五位一体"总体布局和协同推进"四个全面"战略布局,坚持稳中求进工作总基调,牢固树立和贯彻落实新发展理念,适应把握引领经济发展新常态,以提高发展质量和效益为中心,以推进供给侧结构性改革为主线,以六大重点产业为发力点,致力推动先进制造业与现代服务业"双轮驱动",创新转型、聚焦富民,促进经济平稳健康发展和社会和谐稳定,努力走在南通全面建成小康社会前列。

今后五年,我市经济社会发展的主要预期目标是:争当"苏中新一轮发展排头兵",全市地区生产总值、一般公共预算收入中税收收入年均增长10%以上;服务业应税销售年递增20%以上,全部工业应税销售年递增15%以上,社会消费品零售总额年递增10%以上,实际利用外资、外贸进出口年递增5%以上,居民收入、企业利润、财政收入"三个口袋"不断充实。争创"转型发展的先行区",产业结构进一步优化,第三产业增加值占GDP比重47.5%以上。全社会研发经费投入占GDP比重2.75%以上,新兴产业、高新技术产业产值占规模工业比重32.5%、48%以上,新增省级智能车间12个,力争打造2~3家具有国际竞争力的创新型龙头企业。争创"生态宜居的示范区",万元GDP能耗降幅、主要污染物减排完成上级下达任务,PM2.5平均浓度降至45微克/立方米以下,空气质量优良率75%以上,地表水Ⅲ类以上水质比例70%以上,城市绿化覆盖率45%以上,林木覆盖率25.5%以上,公众对生态环境质量满意度不断提升,生态文明建设南通领先。走在南通全面建成小康社会前列,按照全面建成小康社会目标要求,提前一年实现城乡居民人均可支配收入比2010年翻一番的目标,老百姓富裕程度、生活质量明显提高,率先建成省教育现代化示范区,就业、社保、医疗、文化、体育等公共服务体系进一步健全,居民文明素质和社会文明程度不断提高,社会保持和谐稳定、充满活力。

围绕上述指导思想和主要目标,今后五年的总体工作思路是:一是始终坚持创新发展,在转型升级中提高质量效益。积极创建全国县级标准化综合改革试点城市,支持企业主导或参与国际国内行业标准的制订。与大院大所开展深度合作,整合公共测试中心、技术服务中心、研发中心、中试基地等资源,健全咨询、风投、私募、担保等中介服务,建设市级科技创新中心,形成以创新为主动力的发展模式。二是始终坚持协调发展,在统筹规划中实现城乡一体。中心城市坚持产业结构、空间布局、现代功能、文旅特色、生态环境、治理服务"六个优化",围绕"一年打基础、三年见雏形、五年初见效"的发展目标,加快推进新城建设,推动城市由外延型向内涵型、功能型向生态型、管理型向服务型转变,不断提升城市首位度。各镇坚持优势产业与资源禀赋融合,实现特色发展、错位发展。推进快速路、主干路、微循环建设,构建"外成环、内成网"的交通格局,基本建成组团和环城快速路网,城区交通拥堵状况有效缓解。三是始终坚持绿色发展,在提升内涵中打造宜居环境。加大生态环境治理力度,解决突出环境问题,坚决淘汰落后产能。坚持走生产发展、生活富裕、生态良好的绿色发展道路,引导世界长寿之都核心优势向健康产业、历史文化名城品牌价值向旅游产业、花木盆景之乡绿色资源向生态产业"变现"。做足"水、绿"两篇文章,筑牢生态安全屏障,努力打造"水灵、境绿、城秀"的宜居宜业健康花园城市。四是始终坚持开放发展,在深化改革中激发竞争活力。坚持以开放带动创新、推动改革、促进发展。实施"三去一降一补"重点任务,推进农业供给侧结构性改革,放大长寿之乡比较优势,让"苏·皋长寿""长寿密码"品牌享誉长三角。深化"放管服"改革,营造有利于"双创"的大环境,让各类市场主体的"微行为",汇聚成创新创业的"众力量"。依托沿江沿海生产力布局交汇的叠加优势,搭建公共服务平台,着力构建开放型经济新体系。五是始终坚持共享发展,在聚焦富民中创造美好生活。自觉践行以人民为中心的发展理念,把人民对美好生活的向往作为工作追求,抓好精准扶贫、精准脱贫,确保小康路上一个不少、一户不落。采取针对性更强、覆盖面更大、作用更直接、效果更明显的举措,统筹做好教育卫生、食品安全、创业就业、社会保障等工作,办好看得见、摸得着的民生实事,使人民群众在共建共享中有更多的获得感。

2017 年主要工作安排

2017 年是党的十九大召开之年,是供给侧结构性改革的深化之年,也是第十七届市政府履职的开局之年,做好今年工作意义重大。2017 年全市经济社会发展的主要预期目标为:地区生产总值突破 1000 亿元、增长 10%以上,全部工业应税销售 1000 亿元以上、增长 10%以上,服务业应税销售力争 1000 亿元、增长 35%左右,建筑业施工总产值 1000 亿元以上、增长 10%以上,一般公共预算收入 71.3 亿元(营改增后),社会消费品零售总额增长 10%以上,实际利用外资 3.35 亿美元,外贸进出口保持适度增长,城乡居民人均可支配收入分别增长 8.3%、9%以上,城镇登记失业率控制在 3%以内,全社会研发投入占 GDP 比重 2.55%以上,万元 GDP 能耗下降 3.4%,PM2.5 平均浓度下降 4.25%,主要污染物减排完成上级下达任务。

实现上述目标,必须着力抓好六个方面的工作:

一、更加注重稳中求进,主动适应经济发展新常态。始终坚持项目建设不动摇,处理好招商与选资、总量与质量的关系,整合集聚发展要素,推动经济行稳致远。

*突出招商选资。*招引产业精准化。围绕"3+3+4"的特色产业体系,坚持内外资与三次产业并举,开展专业化、精准化招商,做到"一个产业、一个规划、一位分管领导、一个专业团队、一支产业基金",引导和推动产业特色化发展。招商区域精准化。瞄准北广深、欧美日韩等重点区域,聚焦中字头、国字号央企和知名民企,加强与台商协会分会联系,着力引进一批科技含量高、产业契合度好、带动能力强的重大产业项目。深度对接上海,承接高端制造、金融和服务外包"溢出"效应,加强农业、旅游、建筑等服务配套,在产业体系、平台载体、配套功能上下功夫,支持主功能区及有条件的镇与上海开展园区合作,全方位对接上海创新资源,加快"上海孵化、如皋转化"。实施"1358"工程,即:每个板块联系 1 个上海街道(产业园区)、全市招引 30 个源自上海的投资项目、农产品 50%供应上海、外来游客 80%来自上海。招商管理精准化。加强招商队伍建设,形成"重要岗位干部从招商一线选拔、优秀后备干部到招商一线锻炼"的良性机制。健全信息捕捉、项目评判、跟踪管理和绩效考核机制,落实好项目落户平台共用和引荐共享举措,促进重大项目向专业化园区集聚。各板块领导及招商人员每月外出招商分别不少于 5 天、20 天。招商方法精准化。组建招商公司,设立产业发展引导基金、股权投资基金,发挥企业家、在外能人信息资源优势,促进项目、技术、资本和人才加速集聚。围绕国家产业政策实施项目包装,改进推介方式,提高招商实效,力争引进世界 500 强企业 2 家,总投资超 1 亿美元外资项目 6 个,其中超 3 亿美元项目 2 个。

*狠抓项目建设。*猛攻重大项目。围绕"新开工亿元以上项目 100 个,结转项目竣工率 70%、达产率 60%以上,当年开工项目竣工率 40%以上"的目标,重点推进青年赛麟等 4 个省重大项目快建设;加快推进巨业杭萧、华灿电讯、荣威二期等 60 个在建亿元项目快竣工;大力推进锴博新材料、高端 MMA、纳诺新材料等 45 个储备项目快落户。加大技改投入。引导森松重工、尔昕木业、元升太阳能等一批存量企业加大技改力度,鼓励企业通过机器换人、设备更新、智能化改造等途径,加快装备工艺水平提升和产品创新,培育一批行业"单打冠军"。力争工业技改、设备投资占工业投资比重不低于 65%,确保技改投入占销售收入比重 10%以上、规模企业技改面达 60%。强化关键支撑。经济开发区充分发挥"国字号"优势,加快完善功能平台、集聚资源要素,培育新能源和新能源汽车千亿级产业集群,不断提升对全市经济发展的贡献度,努力在全省国家级开发区中争先进位。如皋港区强化"南通主力港"定位,加快港工贸一体化、港产城一体化步伐,推动产业转型和深度开发,全面提升如皋经济发展"发动机"地位。高新区围绕"科技创新先行区、城市活力展示区"目标,推动软件和信息服务业与其他产业融合发展,打造创新创业创意新高地。如皋工业园区高度聚焦城市经济、生态旅游、健康养老等现代产业发展,加快建设碧水环绕、生态宜居的现代都市型产业示范区。

稳定外贸增长。加强政策支持。探索成立授信担保平台,解决外贸企业授信担保难题,引导更多的外贸企业实现本地出口。用好用足促进外贸回稳向好政策,组织企业参加国内外重点展会,帮助企业抢订单、拓市场、保份额。综合运用贴息、信保、信贷等措施鼓励进口。加快东升石材省级进口交易中心建设,争取国家级重要资源进口储备基地落户。挖掘外贸潜能。提高机电、服装、长寿食品等传统优势产业出口份额。鼓励企业拓展国际营销网络,建设一批境外展示、分拨和服务中心。重点扶持外贸企业前50强,力争出口超5000万美元企业10家。优化贸易方式。拓展保税物流、仓储、国际分拨等新型业务,做大贸易总量。探索市场采购贸易、跨境电子商务、外贸综合服务企业等新型贸易方式,形成新的外贸增量。

扶持实体企业。加强企业服务。深化领导挂钩联系制度,有针对性地开展政府服务、要素协调,政企携手共克时艰。坚持"一企一策、特事特办",强化行政指导,推行靠前服务。降低企业成本。执行好"营改增"、困难性减免、研发费用加计扣除等结构性减税普惠政策,有效降低企业税负。落实价格调节、技能提升、稳岗补贴等惠企政策,着力降低制度性交易成本和企业公共生产性成本。强化要素保障。发挥银政企对接、互助基金、担保和再担保等作用,提高对实体企业的信贷比例。引导九鼎新材、力星钢球、南通锻压、恒康家居、华灿电讯等上市企业做大做强。鼓励明德塑胶、恒康数控、农商行等有条件的企业申请上市,力争上市过会1家、报会1家、入轨3家、新三板挂牌5家以上。清理低效用地,盘活存量用地,规范项目用地联合预审,探索新型供地方式。完成占补平衡、增减挂钩各3000亩。加强劳动力供需衔接,不断提高职校毕业生本地就业率,劳动力回(外)引5500人。抓好错峰管理,促进科学、节约、有序用电。

二、更加注重产业转型,持续打造区域竞争新优势。坚持"双轮驱动"战略,以存量优化、增量优质推动产业转型升级,构建特色现代产业体系,实现"双中高"目标。

发展先进制造业。促进产业高端化。对接"中国制造2025"行动计划,实施"质量强市"战略,提升船舶海工、新材料、高端纺织三大支柱产业,培育新能源汽车、智能装备、电子信息三大新兴产业。重点推动吉利康迪、汤臣汽配等汽车及零部件企业协作制造,做大新能源汽车板块,优化汽车配套产业布局,建设国内有核心竞争力的新能源汽车产业基地。放大氢燃料电池的产业优势,向产业前后端延伸,打造国际知名的氢能产业高地。推动如皋港化工新材料产业园绿色转型。新申报驰名商标1件,省著名商标4件、名牌产品12个。促进产业集群化。大力培育神马科技、海迪科、天鸿镭射、卓远机器人等领军型、成长型龙头企业,带动一批中小企业,构建产业特色鲜明、集聚效应明显的现代产业体系,净增规模企业50家、亿元企业30家以上。争创长寿食品、现代物流、软件信息3个省级,新能源汽车及零部件、船舶海工及配套2个国家级特色产业集群。促进装备智能化。加快推进工业企业云项目建设,打造智能制造公共服务平台。鼓励超达科技等企业加快智能化装备应用,支持思源电气、天南电力等企业研发智能成套设备。新增工信部两化融合管理贯标试点企业2家、省级智能车间2家。

集聚现代服务业。在大数据产业上,建设高新区专用网络通道,力争全市网络出口带宽达500G。推进青软实训与重点高校软件学院合作。积极发展"云计算"产业,重视大数据技术应用,做强如云科技"建筑云",推动SAP"中小企业云"、中兴网信"众企云"在我市的应用。促进政务服务便利化、商事服务便捷化、社会治理精准化。支持SAP、软通动力、凌志软件等软件企业壮大规模,加强与上海、杭州等外包集聚地的合作,软件外包执行额增长30%以上。在大健康产业上,持续放大长寿品牌优势,深入挖掘特色资源,打造长三角大健康产业集聚区。重点发展以长寿集团等为龙头的食品保健产业板块,引导医疗器械向健康理疗产业转型,推进以博爱康复护理院、幸福九号为代表的"医养结合""社区养老"发展新模式,加强与台湾现代农业合作,建成如皋海峡两岸农业交流合作平台,促进"健康+农业+旅游"融合发展。在大旅游产业上,以创建"国家全域旅游示范区"为契机,按照"一城两镇"空间布局,整合配置古城游、长寿游、红色游和乡村游等文旅资源,实现全域共建、共融、共享。挖掘千年古城底蕴,积极推进国家历史文化名城申报工作,开展水绘园5A级风景区资源价值质量评审,推进长寿旅游度假区、长青沙生态旅游度假区、长江体育休闲小镇和白蒲长寿特色小镇建设,促进旅游业与三次产业融合发展,打造长三角知名健康养生旅游目的地,实现旅游综合收入增长15%以上。

培育壮大物流业。优化物流产业布局。放大公铁水、江海河联运综合优势,加快区域货运枢纽、专业物流园区以及末端配送中心建设,培育一批物流龙头企业,完善全市"一中心、三园区、多节点"物流新格局。构建现代物流生态链。促进电商物流、冷链物流、逆向物流等便民、高效、绿色的民生物流有机融合,推进电子商务、信息服务等物流基础设施的互联互通,完善城乡配送体系。增强港口集疏运能力。充分挖掘如皋港枢纽优势,开辟南京、武汉、重庆等班轮航线,新建长源、苏中等3座2万吨级以上公用码头,整合引导货主码头公用化,扩大公共仓储能力,加快港口铁路等货运通道规划建设,构建快捷高效的集疏运体系。力争实现吞吐量5500万吨、集装箱10万标箱。提升集聚化国际化水平。全力推进渤商所、长三角石油化学品、华东煤炭等5个交易中心平台建设。支持联仓科技打造中国最具公信力仓单服务平台。发挥保税物流中心优势,依托如皋港现代综合物流园,着力发展第三方、第四方物流,打造区域性货物集散中心。

做优特色大农业。打造农业发展平台。积极推进农业供给侧结构性改革,围绕增加绿色优质农产品供给,成立国有资本控股、社会资本参与的农业投资平台,形成农产品标准生产、品牌建设、质量检测的核心优势,放大"苏·皋长寿"品牌效应,让如皋长寿农产品、食品在长三角市场覆盖率和市场美誉度显著提升,推动市域农业产业化联动发展。优化农业产业结构。在稳粮的基础上,持续优化"234"产业布局。加快农业"接二连三进四"步伐,推进产业融合发展。围绕国家现代农业示范区建设,打造东部优质稻麦高产区、中部花木产业优势区、西部地方特色有机农产品主产区。新增百亩以上地方特色农产品基地72个,保持有机农业2万亩。提高农业装备水平。加快高标准农田建设,确保新增面积4.93万亩,完成占补平衡、增减挂钩两个1%指标任务。促进高效设施农业转型升级,新增设施农业面积2万亩。加强重点农水项目建设,农田水利现代化水平达89.9%。创成全省粮食生产全程机械化示范市。培育新型经营主体。发挥国际园艺城、金旺农场等龙头项目典型示范作用,引领新型经营主体规范发展。新增家庭农场经营面积4.7万亩、全托管服务面积5万亩、农业龙头企业22家、省级示范社6家。

大力扶持建筑业。积极协调建筑业互联互保问题,基本化解建筑业担保金融风险。支持六建、江中、中如、标龙等重点建筑企业与央企合作,开拓"一带一路"市场,进军市政、港口、轨道交通等工程领域,鼓励开展PPP合作,提升高层超高层、智能建筑等高附加值项目的市场占有率。成立建筑业转型升级发展基金,加快建筑产业现代化步伐,增强市场竞争力和抗风险能力,提升对居民收入的贡献份额。力争新增特级资质企业1家。

三、更加注重改革创新,不断培育经济发展新动能。坚持把改革创新作为引领发展的第一动力,推动对内对外开放,着力形成新的发展方式。

宽领域推进综合改革。深化供给侧结构性改革。坚持从供给和需求两端发力,运用市场、行政、法治等手段,推动"三去一降一补"取得更大进展,促进经济发展质量更高、效益更优。深化"放管服"改革。继续开展相对集中行政许可权、综合行政执法体制改革。完善行政审批体系,推行全程电子化商事登记,优化营商环境。全面实施"双随机、一公开"工作机制,加强事中事后监管,规范监管行为,提高监管效能。在"全域评""代办制""互联网+"等改革领域开展探索,营造最佳政务环境。探索国资管理改革。围绕资产资本化、资本股份化、股份证券化,探索建立农业、文旅、城建等国资运营平台,拓展国资公司经营范围,确保国有资产保值增值。建立健全"借、用、还"相统一的政府性债务管理机制,压降债务成本,优化债务结构。推进农村综合改革。以农村土地承包经营权抵押贷款等3项国家级和村(居)民小组自治等3项省级改革为主抓手,坚持"确权、赋能、搞活"的工作方向,开展试点探索,激发农村经济活力。统筹推进其他改革。推进国家深化县城基础设施投融资体制、省教育现代化示范区建设、省公共体育服务体系示范区建设等改革,形成可推广、可复制的如皋经验。

高水平推进双向开放。拓展开放空间。主动对接国家"一带一路"战略,加强对外合作交流,不断增强国际化经营能力。积极参与长三角城市群建设,实现错位发展、共赢发展。提升开放层次。拓展如皋港保税物流中心功能,支持开发区保税物流中心(A型)建设,搭建多层次开放平台。加快培育本土跨国企业,鼓励双马、恒康、涤诺等企业建设境外经贸园区,形成国家、省级境外产业集聚区梯队。强化外商投资产业指导,创新利用外资方式,加快提升外资利用质量和效益。优化开放环境。依托"港口+保税"优势,推动发展转口贸易、保税加工、国际物流、特色口岸等功能。深化电子口岸建设和作业方式改革,健全完善金融、法律、财务、信息等配套服务,全面营造开放发展的良好氛围。

大力度推进科技创新。突出创新主体。推动创新政策、资源、要素向企业集聚,新增产业研究院1家、企业研发平台2个,新认定高新技术企业20家。开展知识产权投融资试点,加强知识产权保护与应用,万人发明专利拥有量达16件。整合创新载体。支持企业建设工程(技术)研究中心、重点实验室等研发机构,新增省级企业技术中心5家。鼓励大众创业、万众创新,建成省级众创空间2家。积极创建国家科普示范市。集聚创新人才。深入实施"雉水英才"、"1222"人才引进计划,推进"148"本土人才培育工程,积极发挥科技镇长团作用,新增"千人计划"等国家级人才10名,以"双创计划"为代表的省级项目20个、高技能实用人才6000名。

深层次推进载体升级。加强公共服务平台建设。推进北京大学如皋创新中心、江南大学食品技术研究院、扬州大学花木盆景产业研究院等载体建设。推动CSIP如皋创新创业基地和"开源空间"两个平台加快建设。支持发展国家北斗应用技术等成果转化服务平台。加快建设信用担保、筹资融资、产权交易等金融服务平台。积极引进高端教育医疗、餐饮住宿、休闲娱乐等生活服务平台。推进组建北外长三角英语基础教育高等研究所。加强专业化园区建设。主功能区按照"集中连片、规模适当、设施配套、特色鲜明"的要求,坚持做大与做强、创新与配套、硬件与软件并重,加快建设新能源和新能源汽车、绿色新材料和电讯器材、国际家居和装配式住宅、软件和信息服务、电子信息等专业化园区。加强特色化园区建设。各镇按照"有一流规划、有种子企业、有专业人才、有特色功能"的要求,加强园区基础设施建设,规划建设一批与产业相互融合促进的生产、生活性服务平台,实现特色化、差异化发展。

四、更加注重规划引领,努力实现城乡统筹新突破。牢牢把握城市发展新机遇、新趋势,加快以人为核心的新型城镇化步伐,统筹实施城乡一体化建设。

发挥规划引导作用。完善规划体系。按照现代化中等城市发展定位,完善城市总规和控制性详规,编制城市水系、城市空间布局、绿地系统等专项规划,加快新城区功能提升规划研究,推进新城与主城融合发展。推动城市总体规划、土地利用规划和产业发展规划"三规合一"。注重规划招商。抢抓高铁时代、节点城市发展机遇,将历史文化、花木盆景、长寿养生等特色元素植入规划,着力招引优质开发企业,最大限度释放规划红利。严格规划监管。坚持阳光规划,实行规划公开,接受公众监督。加大规划执行监管力度,增强规划强制约束力。落实规划主体责任和监管责任,强化责任追究,确保规划落地生根。

提升中心城市形象。完善城市功能。统筹推进新城区建设,启动科创中心、三级医院、新城中学规划建设,开工建设新城邻里中心。推进御龙湾二期、江中世纪城三期等项目开发,满足群众改善型住房需求。推进主城区城中村、棚户区、老小区改造,消除危房隐患,完成城市搬迁50万平方米。完善廉租房、经济适用房等住房保障体系。实施城市微循环改造工程,畅通城市出行。建设城市中心垃圾中转站。稳步推进小区和公共充电桩建设。改善城市生态。加强道路"503020"绿线控制,因地制宜建设一批小绿地、小游园、小广场。实施绿化造林工程,强化古树名木保护,新增城市绿化面积60公顷,林木覆盖率达25.2%。推进省海绵城市建设试点,实施茅雉河南延、龙游河北延等城市骨干河道及生态走廊建设,构建"六横两纵、外圆内方"的城市清水网,形成独特的城市生态空间格局。改造雨污管网,重点地区实现雨污分流。建设智慧城市。坚持便民利民导向,开展智慧城市规划前期研究,整合各类资源平台,升级和完善无线通信、数据中心、服务平台等基础设施,推进城市免费wifi服务,实施一批治安、交通、环保、医疗、教育、文化、旅游、社保等智慧项目,拓展延伸"智慧触角"。丰富智慧城管内涵,推进现代物业服务，倡导城市共管共享。深入推进城市综合执法体制改革试点，持续提升城市管理精细化水平，继续实施城市环境综合整治“931”工程。

统筹城乡功能配套。强化基本保障。实施清水连通工程，推进区域供水三期管网建设。加强应急备用水源和集中饮用水水源地建设管理，水质达标率100%。实施送气下乡工程，加快集镇区天然气管网建设，扩大使用覆盖面。实施农电改造工程，提高城乡用电保障能级。实施阶梯价格改革，提高公共能源效益。完善交通体系。开工建设通皋大道。对接盐通、通苏嘉、北沿江城际铁路规划，力争设立如皋南站。配合开展通扬运河三级航道由大明河向司马港选线规划前期研究。利用省扶持政策，促进城乡公路和农路农桥提档升级。鼓励发展新能源交通，优化公共交通运行线路。整治城乡水系。编制完成城市郊区、中心城区水系规划，并在控规层面加以落实。建立河道管护“河长制”，研究市域范围河道断面补偿考核办法。实施水环境综合整治，统筹推进河道疏浚、林网建设、拆坝建桥等工作，促进整治工作系统化，确保整一片、成一片。

推进镇村特色发展。打造产业特色。引导各镇依托自身产业基础和资源禀赋，重点发展具有比较优势的特色产业，宜工则工、宜农则农、宜游则游、宜商则商。4个中心镇加快形成辐射周边的片区中心，在南通考核中争先晋位。6个特色镇合理确定发展规模，推动优势产业与特色城镇互动并进。盘活老集镇存量资产资源，挖掘城镇发展空间和潜力。培育生态特色。大力发展融现代文明、田园风光、乡村风情于一体的休闲旅游经济，精心打造都市人向往的魅力乡村。力争创成省美丽乡村示范村1个、省康居村庄1个、省水美乡村2个。彰显人文特色。注重自然资源保护和民间文化传承，延续历史文化根脉，传承工艺文化精髓，保护非物质文化遗产。全力推动白蒲、石庄申报国家、省历史文化名镇。

五、更加注重绿色增长，加快构建生态文明新格局。坚定不移推进生态文明建设，扎实开展“两减六治三提升”专项行动，集中力量解决环境突出问题，不断彰显如皋生态品牌。

全方位加强源头管控。注重抓好土地利用、产业布局、城乡开发管控，严守开发边界、耕地与生态保护红线。狠抓禁养区、限养区内畜禽养殖清理整治，推进秸秆科学还田与综合利用，创建国家农业废弃物资源化利用试点市。强化企业环保设施建设和运行监管，重点加强如皋港化工园区监督管理，确保达标排放。试点推行生活垃圾分类处置，实施餐厨垃圾、废水废气集中收集处置。全面开展国家第二次环境污染源普查，建立基础数据库。

严要求推进环境整治。深入实施蓝天工程，确保华电热电联产开工建设，大唐热电力争年内投入运营，推进区域集中供气、供热，稳步提升空气质量。深入实施清水工程，研究制定全域水治理规划，突出水环境综合整治系统性，推动镇污水处理厂正常运营，提高地表水Ⅲ类以上水质比例。深入实施绿地工程，强化重金属和危险化学品管理，实施化肥农药使用零增长行动，保护土壤环境。改善垃圾焚烧处置工艺，建成九洲环保科技、绿能固废处置项目和上海电气环保热电飞灰填埋场。完善“七位一体”长效管护机制，提高市场化管护覆盖率，巩固提升城乡环境质量。

高标准节约利用能源。开展重点用能企业节能低碳行动，实施重点产业能效提升计划。加快发展绿色能源，鼓励使用清洁能源，推进氢能源产业园、光大生物质能源等项目建设。推广应用节能技术，提高能源使用效益。严格执行建筑节能标准，推进建筑工业化建设。完成节能与工业循环经济重点项目20个。

六、更加注重和谐稳定，积极回应人民群众新期待。按照坚守底线、突出重点、完善制度、引导预期的要求，聚焦富民、惠民、安民，办好15件民生实事项目，增强人民群众的获得感和满意度。

拓宽居民增收渠道。新型业态带动致富。依托农村资源和乡土文化，提升休闲农业和乡村旅游发展质量。推动科技、人文等元素融入农业，发展会展农业、农业众筹、农产品个性化定制服务等新型业态，打造一镇一业、多村一品，带动农业增效、农民增收。创业就业促进致富。实施创业就业推进工程，发挥企业和农村合作组织吸纳就业作用，实现“家门口就业”，稳步提高工资性收入。力争新增创业2500人，带动就业不少于8000人。精准扶贫帮助致富。高度关注社会弱势群体，加大产业开发、就业帮扶、转移支付、政策兜底力度,确保55%以上新一轮建档立卡低收入农户人均收入达到7000元。认真落实省“富民强村”行动计划,确保33个经济薄弱村年增加收入15万元以上。

扩大公共服务供给。打造人民满意教育事业。围绕建成省教育现代化示范区,优化教育资源布局,深化教育教学改革,扩大对外交流合作,统筹发展早期教育、职业教育、继续教育和特殊教育,不断增强“教育如皋”影响力。加快推进北外附属如皋龙游湖外国语学校建设。提升人民群众健康水平。扎实推进基本医疗卫生制度建设,探索构建如皋特色“医联体”,努力在分级诊疗、现代医院管理、家庭医生签约服务、卫计综合监管等方面取得新进展。力争村卫生室(社区卫生服务站)公有化率达100%。鼓励发展远程医疗、智慧医疗,不断满足老百姓多层次、多样化的健康需求。支持中医药事业发展。坚持计划生育基本国策,促进人口健康均衡发展。加大文体事业惠民力度。开展各类群众性文体活动,丰富公共文化产品供给,促进城乡公共文体服务均等化,基层综合性文化服务中心建成率达80%。全民阅读综合率87%以上,建成省书香城市。依托奥体中心发展赛事经济,承办好亚洲老将田径锦标赛,支持支云俱乐部与德国沃根集团在足球青训、运动康复等领域开展合作。实施有线数字电视高清化工程。推进华夏胶片电影博物馆建设。重点引进文化创意、移动多媒体等新兴文化业态项目,文化产业增加值占GDP比重5%以上。

完善社会保障体系。健全基本保障体系。推进全民参保登记工作,提升扩面征缴质量,企业职工“五险”参保净增8000人。城乡居保实现动态全覆盖,新增被征地农民全部纳入社保体系。稳妥推进城乡居民基本医保制度衔接。加强社保基金征收和监管,确保基金安全。健全社会救助体系。建立健全跨部门、多层次信息共享、受理救助、联动保障机制,促进社会救助公正公平。精准帮扶特殊群体,确保基本生活得到保障。引导志愿力量参与慈善、社会福利事业,促进社会力量与政府救助相结合。健全养老服务体系。构建以居家为基础、社区为依托、机构为补充的多层次养老服务格局。推动养老服务设施、机构和平台建设,拓展养老衍生服务项目,推进医养融合发展。民办养老机构床位数增长10%以上,每千名老人养老床位数达35.2张。

提升社会治理水平。强化民主法治建设。扎实开展“七五”普法。加大法律援助和司法救助力度,让群众充分感受公平正义。加强行业规范、村规民约、社区公约等社会规范引导,推进社区协商、民主决策,城乡居民依法自治达标率100%。加强村级财务民主管理和村干部队伍建设。注重精神文明建设。积极践行社会主义核心价值观,注重未成年人思想道德建设,大力弘扬优秀家训家规,依法加强网络空间治理。建立完善守信联合激励和失信联合惩戒制度,加快推进“诚信如皋”建设。开展精神文明系列创建活动,力争创成全国文明城市。狠抓社会公共安全。严格落实安全生产责任制,切实做到党政同责、一岗双责、齐抓共管、失职追责。加强特种设备、道路交通、食品药品、饮用水等重点领域的安全监管,完善突发事件应急动员和部门联动处置机制,坚决防范和遏制较大以上事故发生。筑牢社会稳定基石。深入推进“长安如皋”建设,完善立体化、现代化社会治安防控体系。严厉打击各类违法犯罪行为,确保社会大局持续平稳。全面推行“阳光信访”,完善矛盾纠纷预防化解机制。发挥工青妇等群团组织和社会组织作用,推进多元社会治理。加强民族、宗教工作。强化全民国防教育,做好双拥工作,维护军民团结。

建设人民满意政府

各位代表,今后五年,发展处于新常态,要求越来越高;改革进入新阶段,难度越来越大;群众满怀新期待,保障越来越难,这些都对新一届政府提出了更高要求。我们将切实加强政府自身建设,着力转变发展理念,加快提升行政效能,努力建设人民满意政府。

一、坚持依法履职,进一步提升政府公信力。推进依法行政。坚持依法、科学、民主决策,建立政府常务会议代表列席制度,健全重大行政决策程序制度,完善政府法律顾问制度。加强行政执法监督,落实行政执法责任制。加强行政复议和行政应诉工作，全面规范政府行政行为。深化政务公开。不断完善政务服务信息发布和各领域办事公开制度，编制并公布网上政务服务事项目录清单，推行阳光政务，畅通民意诉求渠道，保障人民群众的知情权、参与权、表达权。自觉接受监督。依法接受人大及其常委会法律监督和工作监督，自觉接受政协民主监督，虚心接受社会舆论监督，加强监察、审计监督，确保政府工作在法治轨道上运行。认真办理人大代表建议、政协委员提案。

二、坚持探索创新，进一步增强工作创造力。突出创新导向。坚持以创新理念推动政府工作，在制度设计、职能转变、绩效考评等方面主动求变，积极化解制约经济社会发展的瓶颈，努力提高行政效能。完善工作机制。推进"六大指挥部"工作机制，建立健全重点工作定期交流汇报制度，加大重点工作推进和督查力度，继续推行联系单、交办单、督办单工作举措，做到"件件有交待、事事有回应"，确保各项工作落地生效。优化服务保障。全面推进联合预审，规范项目建设，以宽松的环境促进企业加快发展。大力推行"互联网+政务服务"，打造管理规范、功能完备、运行高效的综合政务服务体系。

三、坚持勤政为民，进一步提升行政执行力。增强宗旨意识。弘扬"落实、落细、落小"的工作作风，注重问计于民、问政于民、问需于民，将服务的触角向基层进一步延伸，在经济发展中关注惠民，在城镇建设上考虑利民，在社会治理时体现安民。增强担当意识。围绕"想干事、会干事、干成事"的工作要求，以强有力的执行力，将决定的事一件件落实，把承诺的事一件件办好，在增进民生福祉中敢于担当、善于担当，真正做到守土有责、守土尽责。增强攻坚意识。用开阔的眼界拓宽发展思路，用改革的举措破解发展难题，不断释放改革动能，聚焦重点难点，着力在做大总量、提高均量、改善质量上突破见效，努力使各项工作出精品、上台阶、创一流。

四、坚持廉洁从政，进一步增强政府凝聚力。强化廉洁自律。严格执行中央八项规定和省、市十项规定，严格落实党风廉政建设责任制，紧绷廉政之弦，严守纪律之戒，大力弘扬清正家风政风，积极构建亲清政商关系，促进干部清正、政府清廉、政治清明。强化监督管理。从严落实"主体责任"和"监督责任"，深入推进惩治和预防腐败体系建设，加强"三重一大"监督管理。严格落实"权力清单"和"责任清单"，不断强化制度的刚性约束。加强"三公"经费管理，降低行政成本。严肃执纪问责，加大对发生在群众身边的不正之风和腐败问题查处力度。强化队伍建设。以开展"两学一做"学习教育为动力，推动政府系统党员干部思想建设、作风建设和纪律建设，抓班子、带队伍、强管理，努力锻造一支讲党性、有激情、能干事的干部队伍。

各位代表！五年宏大叙事，今朝翻开新篇。让我们在市委的坚强领导下，在市人大、市政协的监督支持下，进一步解放思想、开拓创新、求真务实、团结拼搏，为建设"强富美高"魅力如皋、高水平全面建成小康社会的宏伟目标而不懈奋斗，以优异成绩迎接党的十九大胜利召开！

部门公报

2016年如皋市国民经济和社会发展统计公报

如皋市统计局

2016年,面对错综复杂的国内外形势和持续较大的经济下行压力,全市上下深入贯彻落实市委、市政府各项决策部署,坚持稳中求进的工作总基调,深入推进供给侧结构性改革,全市经济运行总体平稳,转型升级步伐加快,发展质态有所优化,民生改善取得实效。

一、综 合

年末全市常住人口125.00万人,其中,城镇人口达到71.31万人,增长3.0%,城镇化率57.1%,比上年提高1. 8个百分点。年末户籍人口143.68万人,比上年增加0.05万人。全市人口出生率8.50‰,人口死亡率7.48‰,人口自然增长率1.02‰。

2016年末人口数及构成

指 标	年末数(万人)	比重(%)
年末常住人口	125.00	–
城镇人口	71.31	57.1
乡村人口	53.69	42.9
年末户籍人口	143.68	–
#18岁以下	19.42	13.5
18–35岁	28.23	19.7
35–60岁	58.48	40.7
60岁以上	37.55	26.1
#男性人口	71.58	49.8
女性人口	72.10	50.2

经南通市统计局评估,全年实现地区生产总值904.27亿元,按可比价计算,增长9.6%。分产业看:第一产业增加值62.99亿元,增长1.2%;第二产业增加值434.36亿元,增长9.6%,其中工业增加值364.30亿元,增长9.9%;第三产业增加值406.92亿元,增长11.0%。人均地区生产总值72255元。三次产业的比例调整为7.0:48.0:45.0。

全年居民消费价格总指数101.7,即物价总水平比上年增长1.7%,分别低于全国、全省和南通0.3、0.6和0.6个百分点。其中,交通和通信类价格略有下降,其它均有不同程度上涨。

八大类商品及服务价格涨跌构成

类　别	比上年增长(%)	对总指数的影响(增减百分点)
食品烟酒	2.7	0.79
衣着	1.5	0.1
居住	1.0	0.2
生活用品及服务	1.8	0.11
交通和通信	-0.7	-0.1
教育文化和娱乐	0.8	0.1
医疗保健	5.0	0.43
其他用品和服务	2.0	0.05

二、农　业

全年实现农林牧渔业总产值108.88亿元,增长4.5%。其中,农业产值59.63亿元,下降0.3%;林业产值0.25亿元,增长1.1%;牧业产值35.45亿元,增长12.0%;渔业产值6.25亿元,增长6.7%;农林牧渔服务业产值7.30亿元,增长10.4%。

全年粮食种植面积107.17千公顷,比上年减少1.53千公顷;棉花种植面积0.08千公顷,比上年减少0.02千公顷;油料种植面积13.31千公顷,比上年减少0.68千公顷;蔬菜种植面积20.19千公顷,比上年增加0.88千公顷。全年粮食产量70.95万吨,下降5.3%;棉花产量82吨,下降18.0%;油料产量3.78万吨,下降2.4%;蔬菜产量71.06万吨,增长4.6%。

主要农副产品产量

指标名称	计量单位	产量	比上年增长%
粮　食	万吨	70.95	-5.3
棉　花	吨	82	-18.0
油　料	万吨	3.78	-2.4
蚕　茧	万吨	0.36	-30.8
生猪年末存栏数	万头	79.80	-1.0
生猪出栏数	万头	110.33	-1.5
羊年末存栏数	万头	22.18	-3.6
羊出栏数	万头	41.97	-5.1
家禽年末存栏数	万只	1085	1.4
家禽出栏数	万只	2485	1.4
禽　蛋	万吨	7.13	1.1
水产品	万吨	2.76	-0.4

年末全市拥有农业机械总动力81.12万千瓦;拥有拖拉机9021台,其中大中型拖拉机2121台;拥有联合收割机2018台,其中自走式收割机2013台;全市农机化投入17430万元,其中用于农业机械购置的达12500万元;全市农用化肥施用量(折纯)3.1万吨。

三、工业和建筑业

全市完成工业增加值364.30亿元,增长9.9%。年末,全市销售收入2000万元以上规模企业808家,完成规模以上工业总产值1996.06亿元,增长10.1%;高新技术产业产值946.96亿元,增长17.6%,占全市规模以上工业总产值的比重为47.4%;新兴产业产值617.08亿元,增长18.1%,占全市规模以上工业总产值比重为30.9%。全市规模以上工业主营业务收入1974.88亿元，增长12.6%；规模以上工业利润总额116.52亿元，增长26.0%；工业产品销售率99.5%。2016年末全部工业应税销售916.45亿元（含一般纳税人、小规模纳税人、供电公司），增长15.6%，全部工业实缴税金34.32亿元，增长7.1%。规模工业部分工业产品产量如下：

规模工业部分工业产品产量

	单位	全年产量	累计±%
橡胶轮胎外胎	条	1801363	36.4
民用钢质船舶	万载重吨	17.3	-82.1
钢球	万粒	607130	-3.4
内燃机	万千瓦	124.04	-5.9
印刷机械	吨	910	-4.4
锻压设备	台	683	-14.8
高压电器	台	26798	31.9
半导体分立器件	万只	571218	-1.2
纱	吨	80752	11.7
布	万米	37194	-2.9
服装	万件	14240	1.3
玻璃纤维纱	吨	20365	7.1
饮料酒	吨	29854	8.1

全年规模以上工业企业综合能源消费量120.32万吨标准煤，增长0.3%；万元产值综合能耗0.0603吨标准煤，下降8.89%。重工业企业综合能源消费量87.44万吨标准煤，下降0.38%，万元产值能耗0.0614吨标准煤，下降10.25%；轻工业企业综合能源消费量32.88万吨标准煤，上升2.28%，万元产值能耗0.0574吨标准煤，下降5.31%。

十大行业能源消耗情况

行业	综合能源消费量（万吨标准煤）	单位产值能耗（吨标准煤/万元）	单位产值能耗比上年增减（%）
纺织服装业	2.41	0.0240	-3.61
化学原料及化学制品制造业	28.08	0.0759	-13.49
纺织业	11.97	0.1157	-6.18
黑色金属冶炼及压延业	11.76	0.1664	5.74
橡胶和塑料制品业	7.67	0.1585	5.91
通信设备、计算机设备业	16.22	0.0502	-19.61
通用设备制造业	2.22	0.0475	-6.66
非金属矿物制品业	4.77	0.0444	-17.77
电气机械及器材制造业	3.34	0.0225	-3.25
汽车制造业	3.39	0.0380	-1.17
铁路、船舶、航空航天及其他交通运输设备制造业	2.14	0.0371	44.96

全年实现建筑业增加值 70.06 亿元，增长 8.2%。全市建筑队伍人数 18.50 万人，其中工程技术人员 1.8 万人；建筑队伍遍及 10 多个国家和地区，年末境外劳务人员近千人。全年建筑企业承建施工面积 1.23 亿平方米，比上年增长 4.2%。全年建筑企业创鲁班奖 1 项、国优奖 3 项、省级以上优质工程奖 17 项；获国家级工法 2 项、省级工法 12 项，省级建筑业新技术示范工程 10 项，发明专利 6 项，实用新型专利 4 项。年末，全市拥有特级资质建筑企业 2 家，一级资质建筑企业 27 家，二级资质建筑企业 100 家，三级资质建筑企业 80 家。全市注册一级建造师 1075 人，二级建造师 2756 人。

四、固定资产投资

全年固定资产投资 575.25 亿元，增长 14.3%。其中，工业投资 312.19 亿元，增长 7.3%；第三产业投资 262.03 亿元，增长 24.1%；旅游业投资 36.94 亿元，增长 12.0%。

全年房地产开发投资 52.68 亿元，下降 12.2%；房屋施工面积 522.68 万平方米，下降 9.3%，其中，施工住宅面积 360.73 万平方米，下降 13.9%；商品房屋销售面积 120.26 万平方米，增长 39.4%，商品房屋销售额 60.70 亿元，增长 33.9%。

五、国内贸易

全年社会消费品零售总额 342.21 亿元,增长 10.8%。分城乡看,城镇消费品零售额 220.08 亿元,增长 10.7%;乡村消费品零售额 122.13 亿元,增长 10.8%。分行业看,批发和零售业零售额 304.74 亿元,增长 10.7%;住宿和餐饮业零售额 37.47 亿元,增长 11.1%。

限额以上批发和零售业零售额分类情况

指　标	零售额(亿元)	比上年增长(%)
食品、饮料、烟酒类	12.30	12.7
服装鞋帽、针、纺织品类	9.41	19.3
家用电器及音像器材类	7.36	13.9
汽车类	35.66	9.9
石油及制品类	20.39	4.0
家具类	1.01	15.0
日用品类	2.59	11.9
化妆品类	1.96	9.7
金银珠宝类	2.46	-12.9
书报杂志类	1.38	6.9

年末,全市拥有亿元市场 11 个,亿元市场年成交额 128.89 亿元,下降 1.9%。

六、开放型经济

全年新批外资投资项目 35 个，其中超千万美元项目 25 个，超 3000 万美元项目 8 个，超亿美元项目 5 个。全年完成工商注册外资 14.40 亿美元，增长 119.4%；实际到账外资 2.77 亿美元，增长 15.0%；对外贸易平稳发展。全年完成进出口总值 25.28 亿美元，下降 17.2%，其中自营出口总额 20.15 亿美元，下降 22.8%。出口超千万美元的企业 46 家。出口贸易总值中，机电产品出口 4.92 亿美元，下降 51.3%；纺织品出口 4.23 亿美元，下降 4.8%；高新技术产品出口 1.70 亿美元，下降 19.7%。

进出口贸易主要方式分类情况

指　标	总量(亿美元)	比上年增长(%)
进出口总值	25.28	-17.20
出口	20.15	-22.80
其中:一般贸易	15.90	-12.60
加工贸易	4.18	-47.10
进口	5.13	16.00
其中:一般贸易	3.12	21.40
加工贸易	1.10	-23.00

年末与如皋市建立进出口贸易关系的国家和地区237个。

进出口贸易主要市场情况

国家和地区	出口总值(亿美元)	比上年增长(%)	进口总值(亿美元)	比上年增长(%)
印度	0.30	-75.8	0.03	9.5
日本	2.89	-7.2	0.56	-15.9
泰国	1.56	57.5	0.19	2143.1
比利时	0.34	-15.6	0.03	-45.1
英国	0.65	-6.9	0.12	409.4
德国	0.92	11.4	0.15	142.1
法国	0.30	-2.2	0.28	17.7
意大利	0.29	-5.9	0.07	128.6
荷兰	0.58	-15.1	0.21	6.4
西班牙	0.45	12.5	0.14	34.3
俄罗斯	0.16	-10.8	0.00	-67.9
巴西	0.49	-10.4	0.02	20.4
美国	0.42	-24.1	0.42	-33.8
澳大利亚	0.30	-63.9	0.01	-27.7
东盟组织	2.96	-26.4	2.58	81.9
欧盟组织	4.74	-11.7	1.04	38.0

全年完成对外劳务营业额4.28亿美元,增长24.3%,当年新派对外劳务人员4617人,年末在外劳务人员11076人。

七、交通、邮电和电力

全年交通运输、仓储及邮政业增加值45.67亿元,增长4.6%。全年公路客运量451万人次,旅客周转量44171万人公里;公路货运量2174万吨,货物周转量343430万吨公里;水路货运量633万吨公里,货物周转量464999万吨公里。港口完成货物吞吐量5016万吨。交通设施建设进一步加快,全年完成交通建设投入5.1亿元,完成农村等级公路513公里,改造危桥28座。城乡客运协调发展,全年新建镇村客运站亭10座;全市新投入新能源公交车30辆。

全年邮政业务收入2.59亿元,电信业务收入12.8亿元。年末,全市固定电话用户25.56万户,移动电话用户125.66万户，互联网宽带接入用户57.27万户。

全年用电量50.31亿千瓦时，增长8.4%，其中，农业用电量8913万千瓦时，增长24.9%；工业用电量344875万千瓦时，增长5.0%；建筑业用电量6144万千瓦时，下降5.5%；城乡居民生活用电量88642万千瓦时，增长15.3%。

八、财政、金融和保险业

全年财政总收入143.72亿元，下降14.8%，其中一般公共预算收入71.21亿元，下降7.6%。全年财政总支出144.44亿元，下降11.6%，其中一般公共预算支出96.40亿元，下降4.1%。

年末，金融系统本外币各项存款余额1150.27亿元，增长15.9%，其中城乡居民储蓄存款余额696.93亿元，增长7.8%；金融系统贷款余额715.80亿元，增长17.3%，其中短期贷款余额264.73亿元，下降6.2%，中长期贷款余额393.03亿元，增长41.5%。保险机构工商注册登记51家。全年人保财产和人寿保险两大保险公司保费收入11.71亿元，增长16.4%；赔款及给付6.09亿元，增长59.8%。

九、科学技术和教育

全年专利申请量5132件，其中发明专利申请量1861件；专利授权量2422件，其中发明专利授权量349件，万人发明专利拥有量达到15.2件。全年申报各级各类科技项目997项，获得立项627项，获各级扶持资金5188万元。全年有22项科技成果获国家及省市科技进步奖，其中国家行业协会科技进步奖4项，南通市级一等奖1项，南通市级二等奖6项，南通市级三等奖11项。全年新增省级工程技术研究中心2家，省研究生工作站3家。

全市共有普通中学31所，在校学生47773人；职业中学2所，在校学生9674人；小学54所，在校学生61448人；幼儿园74所，在园儿童33092人。年末，教职工总人数12112人，其中专任教师10603人。

十、文化、卫生和体育

全市共有文化产业法人单位1446家，从业人员4.3万人。年末累计建成农村乡镇文化站14家，“农家书屋”“社区书屋”345家。拥有公共图书馆2家、各类博物馆纪念馆22家、各级文物保护单位54处，其中，全国重点文物保护单位2处，省级文物保护单位4处，南通市级文物保护单位3处。拥有国家级非物质文化遗产1项，省级非物质文化遗产10项，南通市级非物质文化遗产22项。

全年广播人口综合覆盖率和电视人口综合覆盖率均达到100%。年末有线数字电视用户30.76万户，占总户数的88.1%。

年末全市有各级各类医疗机构517个，其中，公立医院5个，非营利性民营医院60个，以预防保健为主的医疗卫生机构17个，门诊部10个，村卫生室（社区卫生服务站）365个，个体诊所、厂校医务室70个。全市医院共有床位5899张，每1000位常住人口拥有床位4.71张；有执业（助理）医师3156人，每1000位常住人口拥有执业（助理）医师2.52人；注册护士2430人，每1000位常住人口拥有注册护士1.94人。全市有卫技人员6413人、乡村医生983人。2016年，新农合筹资标准提高到人均585元，农民以户为单位个人缴费150元，全市共有91.11万人参保，统计参合率保持100%。基金总量达5.48亿元，列入重大疾病保障范围的病种增至25个。市镇两级政策范围内住院补偿比分别达70%和75%，住院平均实际补偿率提高至55%。

全年成功承办2项国际体育赛事，13项全国体育赛事，2项省级体育赛事。全市新增晨晚练健身点15个，全市全民健身活动参与群众超过83万人次，体育彩票全年销售额达15047万元。

十一、人民生活和社会保障

城乡居民抽样调查数据显示，全年城镇居民人均可支配收入36590元，增长8.3%；人均生活消费性支出21810元，增长6.1%。年末全市城镇居民人均住房建筑面积55.4平方米。

城镇居民人均消费支出情况

指 标	人均消费支出(元)	增长(%)
食 品	6346.7	4.1
衣 着	1674.4	2.6
居 住	3684.2	4.8
家庭设备用品及服务	1303.6	9.1
医疗保健	1528.7	9.4
交通与通讯	2678.8	9.5
娱乐、教育、文化服务	4034.9	7.7
杂项商品与服务	558.6	5.1

城镇居民家庭每百户耐用消费品拥有量

消费品名称	计量单位	拥有量	比上年增长(%)
洗衣机	台	123	–
电冰箱	台	132	2.3
微波炉	台	108	–
空调器	台	217	0.5
固定电话	部	88	–2.2
移动电话	部	321	2.6
家用电脑	台	107	–
家用汽车	辆	87	17.6

全年农村居民人均可支配收入16883元,增长8.7%;人均生活消费支出12526元,增长12.0%。年末农村居民人均住房面积62.1平方米。

农村居民人均消费支出情况

指 标	人均消费支出(元)	比上年增长(%)
食 品	3870.6	10.2
衣 着	725.8	3.1
居 住	1967.7	13.3
家庭设备用品及服务	798.6	10.5
交通通讯	1626.2	18.2
文教娱乐用品及服务	2292.3	13.3
医疗保健	943.6	15.6
其他商品和服务	301.2	4.0

农村居民家庭每百户耐用消费品拥有量

消费品名称	计量单位	拥有量	比上年增长(%)
彩色电视机	台	223	0.9
电冰箱	台	121	0.8
摩托车	辆	68	3.03
固定电话机	部	84	12.0
移动电话	部	310	-
家用计算机	台	83	-
空调机	台	172	0.6
热水器	台	143	-
家庭汽车	辆	68	17.2

年末全市拥有各类养老机构 31 家，总床位数 12299 张；年末全市农村拥有敬老院 14 家，床位 4884 张。在全市农村 4935 名五保对象中，有 1315 人实行了集中供养。全年婚姻登记 10102 对。

年末全市参加企业职工养老保险人数 16.1928 万人，比上年增加 0.2765 万人；参加城镇职工基本医疗保险人数 20.8078 万人，比上年增加 0.0791 万人；参加失业保险人数 13.6608 万人，比上年增加 0.1686 万人。年末，城镇登记失业人数 3673 人，城镇登记失业率 1.85 %。

十二、城镇建设和环境保护

全年累计完成中心城区基础设施投入 7 亿元。全年新开工房地产面积 118.6 万平方米，竣工 50.3 万平方米，新开工建设安置房 60.3 万平方米，竣工 60.3 万平方米；全年新增道路 12.2 公里，建成区新增绿化面积 56 万平方米，城市绿化覆盖率 43.67%；年末公共自行车投放点 66 处，投放自行车 1700 辆；年末共有道路灯具 3.80 万盏，城市亮化率 99.0%；建成区新增燃气管道 73 公里，新增用户 1 万户，年供气量达 14874 万立方米；全年新增自来水管网34.56 公里，自来水日供水能力 40 万吨；生活垃圾无害化处理率 100%。

全市空气主要污染物年平均值为：二氧化硫 0.028 毫克/立方米，二氧化氮 0.029 毫克/立方米，可吸入颗粒物(PM10)0.079 毫克/立方米，可吸入颗粒物(PM2.5)0.045 毫克/立方米。全年空气污染指数达到良好以上的天数达 270 天，占全年天数的 74.0%。全市主要河流水质基本符合相应功能区水质标准，集中式饮用水源地水质达标率 100%。区域环境噪声平均等效声级为 52.6 分贝，交通干线噪声加权平均等效声级为 63.8 分贝，符合国家环境噪声质量标准。

注：

1、本公报数为初步统计数，人均 GDP 按常住人口计算。

2、公报中地区生产总值、各产业增加值绝对数按当年价格计算，增长速度按可比价格计算。

2017 年 3 月 21 日

2015年度如皋市环境状况公报

如皋市环保局

根据《中华人民共和国环境保护法》、《江苏省环境保护条例》和江苏省环境保护厅《关于定期发布地方环境状况公报的通知》的规定，现发布2015年度如皋市环境状况公报。

一、综　述

2015年，全市以生态文明建设理念为指导，以改善环境质量为核心，认真贯彻落实环保优先方针，突出生态文明建设主题，不断强化污染治理和环境监管，打击各类环境违法行为，不断加大污染减排力度，积极推进污染治理，着力加强农村环境综合整治，全市主要污染物排放总量和强度继续下降，全市环境质量总体保持稳定，环境安全得到有力保障，全年未发生重特大环境污染事故及环境事件。

二、环境质量

(一)水环境

1. 饮用水源水

2015年集中式水源地和备用水源地水质均符合《地表水环境质量标准》(GB3838-2002)中表1Ⅲ类、表2和表3标准，水质状况良好。

2. 地表水

2015年，全市内河地表水水质以贯通全境的如泰运河、通扬运河、如海运河、焦港运河四条主要河流如皋段水质为代表，共设置7个监测断面，分别为如泰运河的西区大桥、环西大桥、东陈大桥，通扬运河的新334省道桥、林梓大桥，如海运河的长庄大桥，焦港运河的夏堡大桥。全年总体水质为轻度污染，Ⅰ~Ⅲ类水质断面占63.5%，Ⅳ类水质断面占36.5%。

3. 地下水

2015年我市地下水总体符合《地下水质量标准》(GB/T14848-93) Ⅳ类标准。

4、废水和主要污染物排放量

2015年，全市工业废水排放总量为2667万吨。工业废水中主要污染物化学耗氧量排放量为6215吨。城市生活污水排放量(含全市各乡镇进入污水处理厂的量)3289万吨。

(二)空气环境

1. 城市空气

2015年我市环境空气中二氧化硫、二氧化氮、颗粒物(PM10)、颗粒物(PM2.5)指标年均值分别为25微克/立方米、26微克/立方米、95微克/立方米和56微克/立方米，自然降尘浓度年均值为5.3吨/平方公里·月。2015年我市空气质量优良天数259天，优良率70.9%。

2. 酸雨

2015年我市降水总体呈弱酸性，降水pH均值为5.39，酸雨频率为24.4%。

3. 废气和主要废气污染物排放量

2015年全市工业废气排放量为3.2×106万标立方米，二氧化硫排放量为10271吨，氮氧化物排放量为4386吨，烟(粉)尘排放量为9149吨。

(三)声环境

1. 区域环境噪声

2015年市区区域声环境质量昼间平均等效声级值为52.5分贝，总体水平等级为二级(较好)。

2. 道路交通噪声

2015年全市道路交通噪声昼间平均等效声级值为67.4分贝，总体质量等级为“好”。超标路长比例与上年相比增加了29.8个百分点，昼间道路交通噪声等效声级污染加重。

3. 功能区噪声

2015年，如皋市功能区噪声1类区和3类区声环境质量达到相应功能区要求，2类区昼、夜间和4a类区夜间声环境质量未达到相应功能区要求。

(四)固体废物

2015年，全市工业固体废物产生量为54.28万吨，其中危险废物产生量为0.90万吨，工业废物综合利用量53.72万吨，处理量为0.09万吨，贮存量0.46万吨。到2015年底，全市共有城镇污水处理厂22座，实际处理污水量11.44万吨/天，日产生污泥量28.6吨。污泥规范化处置率达到100%。

三、保障措施

1. 不断夯实生态文明建设基础。及时跟进国家生态文明建设最新精神，充实和完善了《生态文明建设规划》，并正式颁布实施；陆续出台了《如皋市生态红线区域保护监督管理考核暂行办法》、《如皋市生态红线区域管控要求及保护措施》等政策措施，生态红线区域得到有效保护。大力推进生态系列创建，建成江苏省节水型城市、江苏省节水型社会，荣获江苏省人居环境奖，龙游河生态公园、区域供水应急备用水源等3个项目被评为江苏省人居环境范例奖，新增省级生态村3个，省绿色学校1所，市绿色学校5所，全市332个村(居)全面完成了村庄环境整治任务，通过省全域验收，分别建成三星级和二星级康居乡村26个和104个，建成省级绿化示范村239个，森林生态示范村4个，绿色示范园区8个，如城街道顾庄村、长江镇(如皋港区)长青社区被评为“江苏最美乡村”，磨头镇新港社区等12个社区被确定为省“美丽乡村建设示范村”，市第一中专、金岛生态园、药用植物园、同源污水处理厂等4家单位建成市级环保科普教育站。

2. 积极推进主要污染物总量减排。根据上级下达的年度减排目标，我市在严控“三高一资”项目，淘汰落后产能，关闭严重污染企业的基础上，不断强化环境监管，深挖潜力，认真谋划，全年实施并完成了15个重点减排项目，新增化学需氧量、氨氮、二氧化硫和氮氧化物削减量分别为867吨、172吨、573吨和235吨。

3. 继续强化环境重点工程建设。如皋港区和经济开发区污水处理厂提标改造工程相继完工，处理后出水由一级B提升到一级A；主城区污水处理厂提标改造和三期扩建正在抓紧实施；危废焚烧处置中心和城镇污水处理厂污泥无害化处置中心同时开工建设；经济开发区和如皋港区集中供热项目前期工作全部到位，开工条件基本具备；全年新建村级污水处理设施15台(套)、管网5.88千米，建成畜禽粪便处理中心1处，配套建设了151个蓄粪池和4辆吸粪车，增设了垃圾房1638个；工业企业污染治理设施建设同步推进。新改扩建设项目主体工程与污染防治工程按要求同时设计、同时建设、同时投入使用；完成双钱轮胎等企业14台20蒸吨以上锅炉烟气污染治理设施提标改造；完成五山漂染等6家印染企业废水污染治理设施提标改造。

4. 进一步突出大气污染防治。百川化工(如皋)有限公司等10家企业完成挥发性有机物综合治理工程；如皋市大行热电有限责任公司等14台10蒸吨/小时以上锅炉完成提标改造；如皋市雪岸建材厂等3家水泥企业完成粉尘提升改造；对南通市蓝潮石油化工有限公司等20台燃煤锅炉予以了淘汰；南通泰慕士服装有限公司等16台锅炉改用了清洁能源；全年淘汰“黄标车”2960辆；完成了上级下达的年度大气污染防治目标任务。推进秸秆禁烧工作，夏秋两季收割期间，我市未发现大面积焚烧火点、卫星火点、省市督查火点，受到上级部门的充分肯定。

5. 强势推进电镀行业整治。综合运用法律、行政、经济手段，环保、工商、财政、公安、供电等部门以及相关镇(区、街道)整体联动，对全市13家园区外电镀企业开展专项整治。至去年底，依法关闭了3

家，其他企业全部入园统一生产。至此，所有面上分散小电镀原址全部停产或转产，电镀设备拆除。

6. 不断加大环境监管力度。2015 年是贯彻落实新环保法的第一年，我市全面加大了环境执法力度，持续开展环保“亮剑行动”。全年共出动 4204 人次，检查 1405 厂次，重点检查化工、制药、印染、制革、电镀、酿造、集中式污水处理、畜禽养殖等企业，对 99 起环境违法行为立案查处，罚款金额达 400 多万元，对 32 件行政处罚决定事项开展后督察，对 22 件行政处罚案件申请法院强制执行，对 3 件涉嫌环境污染犯罪案件移送公安机关，对死灰复燃的 25 家废旧塑料造粒加工点予以了彻底关闭。

2016 年 6 月 13 日

2016年度涉民生十大案例

如皋市人民法院

1. 缪忠应、王永光集资诈骗案

【基本案情】2012年8月至12月,被告人缪忠应未经许可,在“优易网”上发布“秒标”、“借款标”,承诺即时高额还本付息,向冯某等45名被害人非法集资2550万余元用于出借他人、期货投资、炒股,造成1523万余元无法归还。被告人王永光明知缪忠应采用诈骗手段非法集资,仍为其担任客服、记账、转账及提供个人账户等进行帮助。

【裁判结果】如皋法院经审理认为,被告人缪忠应和王永光共同犯罪,构成集资诈骗罪。缪忠应系主犯,判处有期徒刑14年,并处罚金20万元;王永光系从犯,判处有期徒刑9年,并处罚金10万元。两被告人不服,提起上诉。南通市中级人民法院认为原判决事实清楚,定罪量刑准确,但鉴于《刑法修正案(九)》对量刑标准进行了调整,根据从旧兼从轻的刑法适用原则,对缪忠应、王永光的刑期分别调整为有期徒刑13年和7年。

【典型意义】本案系全国法院审理的首例P2P网络借贷平台集资诈骗案,社会关注度高,涉案金额较大。对此类新型犯罪,如皋法院在查明事实的基础上,认定两被告人构成集资诈骗罪,依法判处有期徒刑并处罚金,有力地打击了网络诈骗行为,对于维护网络安全,净化网络环境提供了范例。同时,该案的发生也提醒普通投资者,对于网络投资行为,一定要慎之又慎。

2. 王爱兰妨害公务案

【基本案情】王爱兰与丁某某系夫妻关系。2015年丁某某第五次向法院起诉,要求与王爱兰离婚。2015年11月16日上午9时左右,王爱兰在海安法院墩头法庭等待开庭时,用事先藏在鞋内带进法庭的刨刀,在厕所内割腕自杀未遂;后又在办公室外的座椅上,用自带打火机点燃衣服自焚。法庭保安发现后,当即上前制止。该法庭庭长到场进行制止时,被王爱兰持刨刀刺中头部,构成轻微伤。

【裁判结果】如皋法院经审理认为,被告人王爱兰先后两次采取自杀的威胁方法,阻碍国家工作人员依法执行公务,并在该过程中三次实施暴力,构成妨害公务罪,判处有期徒刑一年。判决后,王爱兰未提起上诉。

【典型意义】人民法院、人民法庭的司法工作秩序受法律保护,法官代表国家行使审判权,其尊严、人身安全任何人都不得以任何理由加以侵犯。王爱兰从民事案件的被告,变成刑事法庭的被告人,其教训十分深刻。该案提醒广大市民,必须自觉遵守法律、尊重司法,理性平和地接受司法裁判结果,那种为达到自身目的,对法院工作人员进行侮辱、威胁甚至实施暴力的行为,终将受到法律的制裁。

3. 南通某台商城基础设施建设有限公司与如皋市某房产经营有限公司、第三人曹某确认合同无效纠纷案

【基本案情】2010年8月10日,原告台商城公司与第三人曹某签订《商铺委托经营管理合同》,曹某自愿将位于吴窑台商城的某商铺委托原告经营管理。2013年7月6日,原告台商城公司向业主

和第三方公司出具《承诺书》，承诺若不能履行到期支付租金及回收等义务的，自愿放弃对台商城项目的经营管理权及优先购买权，退出该项目。2013 年 11 月前后，第三人曹某等 116 户业主与被告房产公司签订《房屋买卖合同》，将位于吴窑台商城商铺的所有权及相应的债权债务转让给被告房产公司。2015 年 5 月，被告房产公司向原告台商城公司送达了转让通知，并对送达行为进行了公证。因原告未能按期支付商铺委托经营管理费，被告向南通仲裁委员会申请仲裁，要求原告支付经营管理费 762.5 万元。南通仲裁委员会裁决支持被告的请求。原告不服，于 2015 年 12 月 31 日向南通中院申请撤销该裁决，南通中院裁定驳回其申请。原告台商城公司认为被告房产公司与第三人曹某之间的转让未经己方同意，于 2016 年 1 月向法院起诉，请求确认被告与第三人之间关于《商铺委托经营管理合同》的合同转让无效。

【裁判结果】如皋法院经审理认为，被告与第三人签订的《房屋买卖合同》系双方真实意思表示，且将转让通知送达给原告并经过公证，原告也已出具承诺书放弃对案涉商铺的优先购买权，故该转让行为合法有效。据此，法院驳回原告的诉讼请求。判决后，三方均未上诉。

【典型意义】案涉“南通台商城”工程原系如皋大型招商引资项目，后因经营不善引发退房风波，一度成为社会关注的焦点。因此，本案的审理看似个案，实际事关 116 户业主的切身利益。如皋法院查明案件事实，依照《合同法》的相关规定，严格审查案涉转让行为的合法性，依法作出裁判，既维护了市场交易的稳定性，更有效地保护了普通业主的合法权益，真正实现了法律效果与社会效果的有机统一。

4.某建筑公司与冒某、周某、刘某建设工程合同纠纷案

【基本案情】2007 年 9 月 3 日，原告建筑公司为某养殖公司承建综合楼的土建、水电安装工程。原告按约施工，但工程款未能结清。养殖公司设立于 2003 年 6 月，冒某为法定代表人，周某、刘某为股东，该公司因 2011 年 12 月被吊销营业执照，于 2012 年 6 月 15 日注销登记。养殖公司清算报告显示，所欠原告工程款“以房屋设施偿还”。原告认为三被告作为清算组成员，未正确履行清算职责，致索款无着，向法院起诉，要求三被告支付工程款 238.45 万元。

【裁判结果】如皋法院经审理认为，养殖公司清算时对以什么房屋如何偿还原告工程款未能具体明确，且未向原告履行通知和公告义务，导致债权人未及时申报债权而未获清偿，清算组成员对因此造成的损失应当承担赔偿责任。故法院依法判令三被告共同赔偿原告工程款损失。一审判决后，双方均未上诉。

【典型意义】经济转型时期，公司法人的设立、变更、终止成为常态，但公司注销并不意味着此前的债务一笔勾销，清算组成员不但应明确清偿债务的具体方式方法，而且还应履行对债权人的通知义务。该案提醒清算组成员，应当依法正确履行清算职责，否则个人将会承担法律责任。

5.苏某与金某股权转让纠纷案

【基本案情】2009 年 12 月 26 日，原告苏某与被告金某签订股权转让协议一份，约定苏某将某纺织工艺品有限公司 69%的股权以 40 万元转让给金某。当日，该事项由公司股东会决议一致通过。2010 年 1 月 22 日，工商登记部门将股东变更为金某、陈某 2 人并核准股权变更登记。2016 年 3 月，原告苏某以被告金某未给付 40 万元股权转让金为由诉至法院，要求判令解除股权转让协议。

【裁判结果】如皋法院经审理认为，原、被告签订的股权转让协议合法有效，股权转让合同不是普通的物的转让，而是包含了资产所有权、公司经营权等混合权利，故受让方没有支付股权转让款，并不必然导致合同解除，原告可依据协议向被告主张债权。据此，判决驳回原告的诉讼请求。原告不服，提起上诉，南通中院经二审驳回上诉，维持原判。

【典型意义】有限责任公司作为重要的市场经济主体，具有稳定性和人合性，故而公司股权转让协议是否解除需从严把握。该案的判决，有利于维护市场经济主体的稳定性，同时也提醒经营者，维护自身权益应当选择合适的角度和方式。

6.李某建与如皋某超市缺陷烟花致人损害案

【基本案情】2015 年 4 月 30 日是李某华 50 周岁的生日，第三人张某燃放李某华购买的其中一枚烟花时，在点燃后响了一声就倒地，造成李某建等人受伤。原告李某建诉至法院，要求如皋市某超市赔偿各项损失计 53981 元。

【裁判结果】如皋法院经审理认为，被告如皋某超市出售给原告李某华的烟花在燃放时出现冲底现象，不符合国家相关标准，应认定为缺陷产品。原告李某建作为受害人选择缺陷烟花的销售者如皋某超市承担赔偿责任，于法有据，遂判决被告如皋某超市赔偿李某建各项损失合计 28259 元。判决后，原、被告均未上诉。

【典型意义】节日或庆典燃放烟花爆竹是中国人的传统习俗。本案提醒烟花爆竹经营者一定要遵守烟花爆竹专营的相关规定，确保进货渠道合法、产品质量合格，否则将承担相应的法律后果。同时，市民燃放烟花爆竹也要尽量避开人群，确保人身安全。

7.邓某等与赵某等 8 人生命权纠纷案

【基本案情】2015 年 9 月 6 日，张某与亲友赵某、王某等 8 人相约，一同前往江苏省如东县某河港钓鱼。因没有钓到鱼，大家商议后临时决定买渔网下河捞鱼，由会游泳的张某、赵某等人下河撒网。在捕鱼过程中，张某意外溺水身亡。张某家属邓某等认为，赵某等 8 名同行人员未对张某尽到照顾和救助的义务，要求赔偿因张某死亡造成各项损失的 20%计 227667.5 元。

【裁判结果】如皋法院经审理认为，原告的亲属张某与 8 名被告相约钓鱼时，临时协商用渔网下河捞鱼。下河捞鱼的人是执行合伙事务，合伙各方对于下河捞鱼均享有利益，也应对下河捞鱼造成的损失进行分担。事故发生于几十米宽的公共水域，当事人均应意识到下河捞鱼存在高度危险性，张某在执行合伙事务中死亡，各合伙人均有过错，应当承担相应赔偿责任。据此，法院判决 8 名被告每人赔偿原告损失 28458.44 元。判决后，双方均未上诉。

【典型意义】随着人民群众生活水平的逐年提高，亲朋好友之间相约休闲娱乐的现象越来越普遍，但休闲娱乐活动中的伤害问题也随之凸显。该案的判决，在于提醒相约休闲娱乐的市民，看似意外事件、大家均无过错的“娱乐伤害”，有时很可能就是侵权之债，因此务必做好安全防范和相互间的照顾救助工作，以免“娱乐”成“悲剧”。

8.青岛薇薇新娘婚纱摄影有限公司与如皋市薇薇新娘婚纱影楼侵害商标权及不正当竞争案

【基本案情】青岛薇薇新娘婚纱摄影有限公司于 2001 年 11 月 7 日成立，2004 年 7 月核准注册“薇薇新娘”商标，2013 年被审定为山东省著名商标。2000 年 9 月 4 日，邵某才登记成立如皋市如城镇薇薇新娘婚纱影楼，于 2014 年 6 月 27 日注销，后其女儿邵某燕于 2014 年 6 月 27 日在同一经营地点再次注册登记为如皋市薇薇新娘婚纱影楼。该店面门头上方、店内前台处背景墙、网站首页左上角均有字体较大的“薇薇新娘”文字，字体与原告“薇薇新娘”商标中字体一致。原告以被告商标侵权并构成不正当竞争为由诉至法院。

【裁判结果】如皋法院经审理认为，如皋市薇薇新娘婚纱影楼的工商登记字号由之前的如皋市如城镇薇薇新娘婚纱影楼承继而来，其登记时间早于青岛薇薇新娘公司的成立时间，无蓄意模仿的恶意，构成在先使用，不构成不正当竞争；但其在店招及网站上使用“薇薇新娘”，构成突出使用，侵犯了原告的注册商标专用权，在该行为已被认定为构成商标侵权的情况下，已给予权利人足够的司法救济，无需再进行不正当竞争行为的审查。故判决被告停止侵害、消除影响、赔偿损失。判决后，双方均未提起上诉。

【典型意义】该案涉及注册商标专用权与企业名称权冲突的处理。经核准登记并实际长期使用的字号有其自身的民事权利，而经核准注册和使用的商标亦受商标法保护，两者存在冲突时，着重于判断在先企业名称的使用是否攀附了在后注册商标的商誉，其使用是否出于正常营业需要而合法善意地使用。该案的判决，在于提醒经营者在注册企业名称或字号时，不得攀附他人有知名度的企业名称或注册商标；对在先登记注册的企业名称，亦应合理善意地使用，不应将企业字号中与“他人注册商标相同或者近似的文字”突出使用，否则会构成侵权，承担相应的法律责任。

9.蔡某诉海门市人力资源和社会保障局劳动和社会保障行政确认案

【基本案情】原告蔡某于2012年7月起由瑞祥建安公司派遣至安哥拉从事建筑工作，2014年4月回国。同年11月，原告向被告海门市人社局申请工伤认定，人社局作出《不予认定工伤决定书》，认为申请人蔡某至今既不能提供其自称患“疟疾”的确诊材料，也不能提供职业病诊断证明材料，且根据现有材料，其不符合《工伤保险条例》规定的认定为工伤的情形，遂作出上述决定书。原告蔡某不服，提起行政诉讼。

【裁判结果】如皋法院经审理认为，原告申请工伤认定是基于出国劳务期间被蚊虫叮咬，而非身患疟疾，也与职业病无关。原告就其陈述的“全身无力，无法从事相应工作”未能提供相应的医疗诊断证明，遂判决驳回原告蔡某的诉讼请求。原告蔡某不服，提起上诉，南通中院判决驳回上诉，维持原判。

【典型意义】工伤认定有着严格的标准和条件，这既是为了充分保护劳动者的合法权益，也是避免权利被滥用。本案原告以蚊虫叮咬这种生活常见状况为由要求认定工伤，显然不符合法定工伤标准。本案提醒劳动者，申请工伤认定应当围绕法定标准提供证据，切不可仅凭想象无限扩大。

10.如皋市环境保护局申请执行如皋市某化纤纺织有限公司行政处罚案

【基本案情】如皋市某化纤纺织有限公司因未办理环评审批手续，配套建设的环境保护设施也未经环保局验收即投入生产，导致噪音扰民，老百姓投诉不断。2013年10月22日，如皋市环境保护局对该公司作出行政处罚决定书，责令该公司停止化纤布纺织项目生产，并罚款2万元。2014年4月21日，如皋市环境保护局向海安县人民法院申请强制执行，后该案移送如皋法院执行。

【执行结果】执行中，被执行人某化纤纺织有限公司于2014年4月30日主动将罚款2万元交至如皋市环境保护局，但却以种种理由迟迟不履行停止生产的义务。2016年8月，如皋法院开展“环保案件专项执行”活动，邀请如皋供电公司的技术人员提供现场指导，停止对被执行人的供电，并张贴封条查封了被执行人的相关供电、生产设施。

【典型意义】本案是如皋法院2016年“环境保护专项执行活动”中14件强制停止生产案件之一。14件环保系列案件的集中执行，践行了习近平总书记“既要金山银山，更要青山绿水”的绿色发展理念，同时也提醒行政管理部门和企业经营者，切不可以牺牲环境为代价来发展经济，这样的发展既得不到人民群众的拥护，也为法律所禁止。

先进荣誉

XianJin RongYu

国家级荣誉

1 月 12 日

在北京举行的“端·政——数说政务新媒体”大会上，“如皋发布”获评“最具区域影响力头条号(区县)”。

2 月 25~26 日

第九届国际残疾人职业技能竞赛在法国波尔多市举行。经层层推荐选拔，如皋市申季学和杨海霞两名残疾人，分别代表中国参加了棒针编织和钩针编织两个项目的角逐，并分别夺得棒针编织和钩针编织项目的银牌。

3 月 2 日

由中央文明办主办的中国好人榜 2016 年 2 月入选名单发布，如皋市江安镇滨江初级中学教师吴红芳榜上有名。

4 月 5 日

经江苏省卫生和计划生育委员会批复同意，如皋博爱医院晋升为国家二级甲等综合医院。

4 月 16 日

全国跳绳联赛桐庐站在桐庐城南体育中心开幕。如皋市白蒲小学青蒲跳绳队获得 14 金 11 银 5 铜的骄人成绩。获得金牌的项目分别为：速度赛中的男子 3 分钟单摇跳、女子 4×30 秒单摇接力、女子 30 秒双摇跳、女子连续 3 摇跳和花样赛中的男子个人花样初级、男子四人同步花样中级、女子四人同步花样中级、女子两人车轮花样初级、女子两人车轮花样中级、女子个人花样初级、女子两人同步花样中级、女子个人花样中级等项目。该队同步获得道德风尚奖。

4 月 29 日

中央文明办发布了“中国好人榜”4 月入选名单，如皋市的片儿警李百战、投递员赵颖东榜上有名，分别当选“敬业奉献”“助人为乐”类中国好人。

5 月 20 日

国家林业局公布第二批国家林业重点龙头企业名单，如皋市花木大世界榜上有名。

5 月

国家发改委、财政部、农业部等七部门联合启动实施农村产业融合发展“百县千乡万村”试点示范工程，如皋市顺利通过了国家七部委的联合评审，成为全国 137 个县、全省 5 个国家农村产业融合发展试点示范县之一。

6 月 29 日

环保部发出公告，授予包括如皋在内的 10 个地区“国家生态县(市、区)”称号。如皋市与南通市同批获得此项荣誉。

8 月 27 日

联合国开发计划署在中国的首个“氢经济示范城市”项目在江苏如皋正式启动。

9 月 22 日

由中国社会科学院财经战略研究院县域经济课题组完成的《中国县域经济发展报告(2016)》在京发布。如皋市跻身“全国县域经济综合竞争力 100 强”，位列 24 名。

10 月 28 日

国际自然医学会在对如皋市的健康养生独特禀赋进行深度研究的基础上，决定授予如皋市“国际健康养生胜地”荣誉称号。森下敬一先生为如皋市颁授荣誉牌匾。

11 月 1 日

教育部办公厅下发通知，公布第三批国家级农村职业教育和成人教育示范县创建入围名单。江苏共 4 个县(市、区)入围，如皋市榜上有名，为南通惟一入围县级市。

11 月 7 日

中小城市经济发展委员会等单位联合发布第十二届中国中小城市科学发展指数研究成果，如皋市位列“全国综合实力百强县市”第 27 位，“创新创业(双创)百强县市”第 21 位，“新型城镇化质量百强县市”第 73 位。

11 月 11~13 日

如皋市龙游水利风景区作为南通地区惟一的水利风景区，在南京举办的 2016 年全国水利风景区博览会上，获评“2016 全国水利风景区最美景区奖”。

12 月 16 日

全国县域经济专门研究机构——社会智库中郡研究所发布第十六届县域经济与县域基本竞争力监测评价结果，如皋市列全国县域经济与县域基本竞争力百强县第 23 位，较上年上升 3 个名次。

12 月 18 日

现代传播集团携旗下《生活月刊》发起的第九届“国家精神造就者”荣誉大奖正式揭晓，中国规模最大民间电影博物馆的创造者如皋人刘建获此殊荣。

12 月 19 日

《全国红色旅游经典景区名录》公布，江苏省总共 11 家入选，如皋中国工农红军第十四军纪念馆名列榜单。

12 月 23 日

如皋经济技术开发区接到科技部通知，该区获得“国家国际科技合作基地”称号。

12月26日

中国慈善联合会在北京发布第四届“中国城市公益慈善指数”,“中国城市公益慈善百强榜”揭晓。如皋市榜上有名,名列第66位。这是如皋市第三次获此殊荣。

12月28日

如皋市政府教育督导室被教育部基础教育质量监测中心授予2016年“国家义务教育质量监测实施县级优秀组织单位”称号。

12月30日

住房和城乡建设部对2016年中国人居环境奖申报项目进行了评审,如皋市东大街历史文化街区保护项目列入2016年度“中国人居环境范例奖”公示。

省级荣誉

1月6日

江苏省改善城镇人居环境单方面成就最高奖项“江苏人居环境范例奖”评比结果揭晓,共15个项目获此殊荣,其中如皋市“龙游河生态公园项目”“东大街历史文化街区保护项目”“长青沙备用水源项目”三个项目在列。

1月10日

江苏省教育厅发文公布首批“江苏省社区教育示范区”名单,如皋市等23个县(市、区)榜上有名。

1月14日

新华网(江苏)报道,江苏省级创业型城市和示范城市名单揭晓,如皋市荣获“省级创业型示范城市”称号。

1月19~20日

省住房和城乡建设厅副厅长陈浩东带领省人居环境奖考核组到如皋,对如皋市创建江苏人居环境奖工作进行考核验收。

1月22日

△《新华日报》公布了江苏省发改委2016年全省重大项目投资计划,如皋市共有3个项目列入其中,分别是总投资51.51亿元的中铟纳米电子陶瓷材料项目、总投资50亿元的长江国际交易中心、总投资120亿元的赛麟汽车整车厂。

△ 在全省福彩工作会议上,如皋市受到江苏省福利彩票发行中心的表彰,荣获2015年度“全省福利彩票销售先进县(市)”的称号。

2月3日

江苏省住房和城乡建设厅对2015年江苏人居环境范例奖获奖项目名单进行了通报,如皋市“龙游河生态公园项目”“东大街历史文化街区保护项目”“长青沙备用水源项目”3个项目入选。

2月15日

省水利厅公布了2015年度江苏省“水美乡村”评选结果公示名单,如皋市如皋工业园区(如城街道)、高新区(城南街道)被评为“江苏省水美乡镇”,如皋工业园区(如城街道)贺洋社区、江安镇徐柴村、高新区(城南街道)宋家桥社区、搬经镇鞠桥社区、经济技术开发区(城北街道)平园池村、白蒲镇蒲西社区、吴窑镇何柳村、丁堰镇新堰社区、石庄镇永兴社区9个村(社区)被评为“江苏省水美村庄”。

2月26日

从江苏省名牌战略推进委员会传来喜讯,如皋市11家企业的11个产品荣获“江苏名牌”称号,其中新增4个,复评7个。新增的“江苏名牌”分别是南京华惠食品有限公司南通分公司的金陵人家牌南通脆饼、百川化工(如皋)有限公司的百川化学牌工业用偏苯三酸酐、南通中铁华宇电气有限公司的中铁华宇LED照明灯具、江苏城中园林股份有限公司的城中园林牌园林绿化工程。

3月13日

江苏省政府发文表彰全省促进义务教育均衡发展先进集体和先进个人,如皋市被省政府表彰为江苏省促进义务教育均衡发展先进县(市、区)。

3月18日

《如皋日报》报道,江苏省民政厅下发了《关于表彰全省和谐社区建设示范单位的通知》,如皋市获评省级和谐社区建设示范市。

3月29日

南通市文化广电新闻出版局网站报道,2015年度江苏广播电视彩虹奖揭晓,如皋广播电台创作的广播专题节目《生命的拥抱》获得一等奖。

4月5日

江苏省如高高压电器有限公司和双钱集团(江苏)轮胎有限公司被认定为2016年江苏省两化融合管理体系贯标试点企业。

4月6日

江苏省经信委公布了第五批江苏省特色产业集群名单,如皋市新能源汽车及零部件产业集群名列其中。

4月8日

江苏省委、省政府在南京召开全省推进供给侧结构性改革工作会议，对13家江苏省先进开发区、100家江苏省优秀企业和100名江苏省优秀企业家进行表彰。如皋市双钱集团（江苏）轮胎有限公司与华灿电讯股份有限公司董事长吴灿华分别被评为省优秀企业和企业家。

4月12日

从省住房和城乡建设厅传来喜讯，如皋港口连接线(204国道南延）获得江苏省优质工程奖“扬子杯”。该工程为如皋市交通重点工程首次获得的省级优质工程奖。

4月28日

在2016年江苏省劳动模范和先进工作者表彰大会上，如皋市有10人被评为省劳动模范和先进工作者，他们分别是：

戴红梅　如皋市公安局迎春派出所副所长

韩燕飞　双钱集团(江苏)轮胎有限公司装备维修中心炼胶维修班组组长

沈世新　如皋邮政分公司磨头支局投递员

沈忠星　江苏江中集团党委委员、监事会主席兼徐州分公司党支部书记、总经理

汪农生　江苏如皋农村商业银行党委书记、董事长

吴金兰　如皋市长江镇永丰社区农民

杨红斌　江苏思源赫兹互感器有限公司系统结构开发科科长

袁永梅　南通泰慕士服装有限公司整检车间成品检验工

周久海　如皋市技工学校校长

张永飚　如皋市江安镇周庄社区党总支书记

6月20日

江苏省住建厅、省财政厅公布江苏省海绵城市建设试点城市评审结果,如皋市榜上有名,成为苏中苏北县级市(区)中唯一获此资格的城市。

10月8日

江苏省人力资源和社会保障厅公布了2016年度省级创业示范基地评选结果，如皋市技工学校和苏中红木大世界同时跻身省级创业示范基地行列，分别被命名为“江苏省创业培训实训示范基地”和“江苏省创业孵化示范基地”。

10月20日

江苏省经济和信息化委员会公布了第十四届金慧奖拟授奖产品公示名单,共有27项产品入围,上海博镣信息技术服务如皋有限公司的“博镣 BY-HRIM 人资智能管理软件 V1.0”成为如皋市第一个被授予“江苏省优秀软件产品奖(金慧奖)”荣誉称号的软件产品。

11月21日

市文广新局被江苏省新闻出版广电局命名为2016~2018年度“全省新闻出版广电(版权)依法行政工作示范点”。市文广新局是南通市唯一新命名的县、市(区)局。

12月8日

江苏省发展改革委认定了20家首批“江苏省生产性服务业集聚示范区”,如皋港现代综合物流园榜上有名。

12月16日

省档案局组织评估组对如皋市创建江苏省4A级数字档案馆工作进行评估。如皋市有关创建工作深受专家组好评,顺利通过评估,成为南通市综合档案馆首家4A级数字档案馆。

12月21日

如皋市被江苏省卫计委授予“江苏省卫生应急工作规范县(市、区)”称号。

12月26日

△　江苏省人民政府教育督导委员会发文，授予南京市栖霞区等32个县(市、区)“江苏省中小学校责任督学挂牌督导创新县(市、区)”称号,如皋市榜上有名。

△　江苏省文化厅通报了第十一届文化行政执法案卷评查结果,如皋市文广新局上报的“发行侵权盗版出版物案”荣获全省20佳优秀案卷。

12月29日

如皋市财政局报道，市财政局巾帼志愿服务队被省妇联授予“十佳巾帼志愿服务队”称号。

12月30日

△　从江苏省白蚁防治协会获悉，如皋市白蚁防治站被省白蚁防治协会表彰为“2016年度全省白蚁防治行业先进单位”。

△　江苏省全民阅读办、省教育厅公布首批“江苏省书香校园建设示范点”评选结果,如师附小榜上有名。

△　江苏省住建厅、省旅游局联合公布了第四批“江苏省特色景观旅游名镇（乡）”，如皋市白蒲镇获批省特色景观旅游名镇。

△　2016年度江苏省著名商标认定结果出炉，如皋市22件商标榜上有名，其中新认定著名商标8件。至此，如皋市省著名商标已达48件。新认定的著名商标有：江苏纽唯盛机电有限公司（MKS，健美按摩设备等）、江苏恒康家居科技股份有限公司（MLILY，软垫，枕头等）、南通凤凰橡胶制品有限公司（行云，车辆轮胎等）、南通市力沛流体阀业有限公司（力沛及图，阀（机器零件）等）、南通明德塑胶有限公司（Meitoku，地垫等）、南通晨阳葡萄生态园有限公司（永晨及图，鲜葡萄等）、江苏宝众宝达药业有限公司（BZBD及图，原料药等）、江苏隆昌化工有限公司（图形，对二氯苯等）。

如皋级荣誉

5月5日

如皋市总工会公布了如皋市五一劳动奖章、五一先锋号获得者名单和五一劳动奖状单位名单。

如皋市五一劳动奖章名单(50名)(按姓氏笔划为序)

尤明华　如皋港务集团有限公司机械队队长

方小萍　中共如皋市委农村工作办公室农民负担监督管理科副科长

王丽萍　中国银行如皋支行营业部主任

王金凤　如皋市丹凤纺织有限公司车间主任

王家英　南通雅尔美纺织品有限公司后道全检

叶建明　江苏力星通用钢球股份有限公司分厂厂长

石国平　如皋市人民医院副院长

石祚国　江苏南通六建建设集团有限公司安全负责人

石高正　南通恒绮纺织有限公司司炉工

石鹤龄　江苏九鼎新材料股份有限公司副主任工程师

任笑寒　海迪科(南通)光电科技有限公司技术部工程师

刘万磊　百川化工(如皋)有限公司操作工

孙　平　如皋市区域供水管理处主任

孙　慧　如皋市妇女联合会组宣部部长

朱　华　如皋市公证处公证员

朱孙丽　如皋市江安镇卫生所综合科科长

何秀平　南通中铁华宇电气有限公司董事长

吴　健　如皋市包装食品机械有限公司总工程师

吴晓宇　江苏恒康家居科技股份有限公司技术总工

宋小忠　中如建工集团有限公司董事长

张红丽　南通小樱时装有限公司技术科科长

张剑宇　江苏隆昌化工有限公司研发质控中心主任

张爱明　江苏陆地方舟新能源电动汽车有限公司装配工组长

张德进　江苏祥源电气设备有限公司总经理

李海林　南通市电站阀门有限公司销售员

陈步飞　中国人民银行如皋市支行副股长

单友兰　如皋市烟草专卖局(分公司)客户服务科科长

周　云　如皋市人民法院执行局局长

周宏斌　如皋市城市管理行政执法大队丰乐中队中队长

宗亚娟　南通赛远纺织有限公司挡车工

范小平　如皋市供电公司副总会计师

金　星　江苏海通海洋工程装备有限公司总经理

姜　云　江苏宏景集团有限公司水电工班班长

唐　敏　南通润创时装有限公司组长

夏茂军　如皋市港城实验学校小学部副校长

徐进新　如皋市人力资源和社会保障局养老保险科科长

钱致宇　江苏曜彰体育用品有限公司总经理

顾凤余　江苏新核力机电有限公司班长

顾志刚　江苏力源金河铸造有限公司班组长

顾建梅　如皋港闸管理所会计

曹正国　江苏省江安高级中学教科室主任

黄玉平　南通白蒲黄酒有限公司车间副主任

黄亚军　如皋市如皋初级中学政教处副主任

黄来彬　如皋市华阳铝制品有限公司班长

黄贤根　南通沪达机械设备有限公司模具工

黄新建　江苏江中集团有限公司项目经理

葛莉萍　江苏省如皋市公路管理站会计

韩小兵　江苏天南电力器材有限公司车间副主任

缪平建　中国移动通信集团江苏有限公司如皋分公司宽带管理员

薛雨春　江苏标龙建设集团有限公司工程部经理

如皋市五一先锋号名单(40个)

江苏万达特种轴承有限公司装配车间1–2区

如皋市协和印染有限公司南通生态纺织研发中心

南通华东油压科技有限公司装配车间

南通明德塑胶有限公司品检组

如皋市西东色织厂有限公司后整车间

凯晖科技股份有限公司研发中心

东升南通石材产业园有限公司招商部

江苏华灿电讯股份有限公司C型卡车间

如皋市石庄镇财政所

南通绅宝利工艺服饰有限公司缝制车间

南通三润服装有限公司缝制四组

南通伊腾雅针织服饰有限公司缝合车间

如皋高新区实验幼儿园小班年级组

南通超达装备股份有限公司工程三部装配一组

江苏路翔交通工程有限公司养护分公司

上海三强容器南通有限公司行政人事部
恩倍宠物器具(南通)有限公司一车间皮具组
南通市金马包装材料有限公司纸箱车间印刷班组
南通市爱珂服饰有限公司缝制车间
南通荣威娱乐用品有限公司成品厂工务技改科
龙泉服饰(南通)有限公司缝制车间二组
如皋市人才工作办公室
如皋市纪律检查委员会第一纪检监察室
如皋市审计局固定资产投资审核中心
如皋市实验初中政治组
东陈镇教育管理中心体育教研组
如皋市人民检察院反贪污贿赂局
如皋市住房和城乡建设局办公室
南通市常青建筑安装工程有限公司科教新城利民花园四期项目部
如皋市汽车综合性能检测站引车员室
中国电信股份有限公司如皋分公司如城商客支局
如皋市国家税务局第四税务分局
中国人民银行如皋市支行外汇管理股
中国银行股份有限公司如皋支行营业部
如皋市农业机械管理局农机推广站
如皋市中医院心病科
如皋市疾病预防控制中心防疫科
如皋大润发商业有限公司生鲜部烘焙课
如皋市粮食购销公司丁堰粮库保管组
如皋市城市管理监督指挥中心监督员采集组

如皋市五一劳动奖状单位(7个)

如皋市搬经镇初级中学
如皋市白蒲镇林梓小学
中国移动通信集团江苏有限公司如皋分公司
中国银行股份有限公司如皋支行
如皋市环境卫生管理处
如皋市中如化工有限公司
南通荣威娱乐用品有限公司

如皋市2016年度"百面红旗"单位名单

工业运行红旗单位

丁堰镇　搬经镇　九华镇　下原镇
经济技术开发区(城北街道)　如皋工业园区(如城街道)

项目投入红旗单位

江安镇　磨头镇　石庄镇　白蒲镇
如皋工业园区(如城街道)　经济技术开发区(城北街道)
江苏赛麟汽车科技有限公司
江苏大唐国际如皋热电有限责任公司
南通尔昕木业有限公司
光大生物能源(如皋)有限公司
南通东恒新能源科技有限公司
双钱集团(江苏)轮胎有限公司
南通荣威娱乐用品有限公司
江苏华灿电讯股份有限公司
南通超达装备股份有限公司
南通明德塑胶有限公司

开放型经济红旗单位

人民银行　经济技术开发区(城北街道)
高新区(城南街道)　东陈镇　丁堰镇　下原镇
如皋积泰电动汽车科技有限公司
南通荣威娱乐用品有限公司
如皋市正大肠衣有限公司
南通诚晖石油化工有限公司
如皋市德惠农副产品有限公司
江苏涤诺日化集团有限公司

财政收入红旗单位

九华镇　丁堰镇　磨头镇　下原镇
高新区(城南街道)　如皋工业园区(如城街道)

服务业红旗单位

九华镇　石庄镇　白蒲镇　东陈镇
高新区(城南街道)　长江镇(如皋港区)

科技创新工程红旗单位

高新区(城南街道)　如皋工业园区(如城街道)
白蒲镇
南通天泽化工有限公司
江苏天南电力器材有限公司
江苏力星通用钢球股份有限公司
江苏省如高高压电器有限公司

城镇建设推进红旗单位

如皋工业园区(如城街道)　经济技术开发区(城北街道)
白蒲镇　磨头镇　下原镇　丁堰镇

农业现代化工程红旗单位

搬经镇　磨头镇　如皋工业园区(如城街道)
经济技术开发区(城北街道)　农工办　农　委

建筑业红旗单位

江苏江中集团有限公司
中如建工集团有限公司
江苏标龙建设集团有限公司
南通市常青建筑安装工程有限公司
南通市戴庄建筑安装工程有限公司
江苏元辰安装集团有限公司

党建工作创新红旗单位

经济技术开发区(城北街道)　丁堰镇　磨头镇　白蒲镇
组织部　纪　委　宣传部　财政局　发改委　气象局

文化建设红旗单位

如皋工业园区(如城街道)　长江镇(如皋港区)
磨头镇　吴窑镇　白蒲镇　搬经镇

社会治理工程红旗单位

如皋工业园区(如城街道)　丁堰镇　东陈镇
政法委　城管局　信访局

生态文明建设红旗单位

宣传部　纪委(监察局)　环保局　水务局
教育局　如皋工业园区(如城街道)　下原镇

如皋市2016年度文明行业、文明单位(校园)、文明镇(村、社区)名单

文　明　行　业

如皋市邮政系统(城西、东陈、白蒲、九华、石庄、长江、江安、搬经、磨头支局)

如皋市人民法院系统(立案庭,经济开发区、白蒲、石庄、磨头、搬经、港区、高新技术产业开发区人民法庭)

如皋市文化系统(图书馆、文化馆、博物馆、少年儿童图书馆、文体旅游综合执法大队)

如皋市财政系统(如皋工业园区财政和资产管理局、长江镇财政和资产管理局，如皋经济技术开发区财政局,高新技术产业开发区财政分局,东陈、丁堰、白蒲、下原、九华、石庄、吴窑、江安、搬经、磨头镇财政所)

如皋市国家税务系统(第一、第二、第三、第四、第五、第六、第七税务分局,稽查局)

如皋市地方税务系统(第一、第二、第三、第四、第五、第七税务分局,稽查局)

如皋市司法系统(法律援助中心,公证处,如一、冠华、金皋、张峰、奔月、敏政、绘园、雉水、九思律师事务所,皋城、正义、搬经、方圆、江安、高明、九华、磨头、吴窑、郭园法律服务所)

如皋市国土资源系统(土地储备开发中心,勘测院,如城、经济开发区、长江、高新技术产业开发区分局,东陈、磨头、下原、吴窑、九华、石庄、搬经、江安、白蒲、丁堰国土资源所)

如皋市公安系统(交巡警大队车辆管理所,治安管理、刑侦、经侦、出入境管理、网络安全保卫、巡防大队,看守所,如城、城东、丁堰、石庄、九华、江安、搬经、经济开发区、桃园、袁桥、如皋港交巡警中队,锦绣、丰乐、迎春、皋南、高新技术产业开发区、经济开发区、柴湾、袁桥、东陈、雪岸、丁堰、白蒲、林梓、下原、吴窑、磨头、九华、石庄、搬经、高明、如皋港、郭园派出所,刑事侦查大队一中队、二中队、三中队)

如皋市交通运输系统(交通运输综合执法大队,如港公路磨头收费站,南通汽运如皋分公司,公路管理站,航道管理站,地方海事处,汽车综合性能检测站)

如皋市烟草专卖系统

如皋市供电系统

中国人寿保险股份有限公司如皋分公司

江苏如皋农村商业银行股份有限公司系统(营业部,城南、如城、大明、中山路、开发区、高新、软件园、城东、兴隆、环北、勇敢、如皋港、白蒲、柴湾、东陈、林梓、夏堡、雪岸、下原、江防、搬经、丁堰、长江、南凌、戴庄、场北、花园、高井、袁桥、九华、桃园、常青、丁北、龙舌、高明、吴窑、葛市、胜利、石庄、何庄、郭园、新姚、加力、黄市、石北、奚斜、长庄、马塘、磨头、江安支行)

如皋市住建系统 (市政设施管理处、住房保障服务中心、城乡建设档案馆、建筑工程质量监督站、直管公房管理处、建设工程造价管理处、墙体材料改革办公室、城市照明管理处、白蚁防治站、燃气管理处、园林管理处、水绘园风景区管理处、房屋征收管理办公室、区域供水管理处、自来水厂)

如皋市场监督管理系统(如城、高新技术产业开发区、经济技术开发区、东陈、丁堰、白蒲、下原、九华、长江、石庄、吴窑、江安、搬经、磨头分局,综合检验检测中心)

如皋市卫生计生系统(人民医院、中医院、第三人民医院、第四人民医院、卫生监督所、疾病预防控制中心、妇幼

保健计划生育服务中心、新型农村合作医疗管理委员会办公室、红十字血站、120急救指挥中心，城北、城南街道卫生所，下原、石庄、东陈、吴窑、丁堰、磨头、长江、九华、白蒲、江安镇卫生所）

如皋市旅游系统（南通惠蒲酒店，江苏江中集团宾馆，江苏广游大众国际旅行社、南通星际国际旅行社、如皋东方国际旅行社、南通平安国际旅行社）

如皋市环境保护系统（如皋市环境监测站、如皋市环境监察大队）

中国工商银行股份有限公司如皋支行系统（工行营业部，丁堰、白蒲、磨头、九华、长江、石庄、环南、城中、开发区、北大街、皋东支行）

中国建设银行股份有限公司如皋支行系统（建行营业部，城中、白蒲、丁堰、中山西路、福寿西路、经济开发区、下原、新皋桥支行，北门、益寿南路、长江、东门、海阳路、吴窑分理处）

中国农业银行股份有限公司如皋市支行系统（农行营业部，城中、海阳南路、开发区、文峰、丁堰、白蒲、九华、港区、石庄、下原、搬经、江安支行，林梓、磨头分理处）

中国银行股份有限公司如皋支行系统（中行营业部，东皋、海阳中路、中山西路、开发区、白蒲、百岁、如皋港区、丁堰、海宁、长江路、西皋支行）

中国电信股份有限公司如皋分公司系统（海阳北路、东皋、袁桥、白蒲、郭园、庆余路、长江、皋南、桃园、下原、如城、江安、九华、磨头、中山路、林梓、柴湾、雪岸、丁堰、常青、石庄、高明、搬经、吴窑电信支局）

中国移动通信集团江苏有限公司如皋分公司系统（城中、科技城、开发区、丁堰、白蒲、磨头、下原、长江、石庄、九华、江安、搬经支局）

文 明 镇

如皋工业园区（如城街道）

经济技术开发区（城北街道）

高新区（城南街道）	丁堰镇	搬经镇	磨头镇
白蒲镇	下原镇	九华镇	石庄镇	东陈镇

文明单位（校园）

中共如皋市纪律检查委员会（监察局）

中共如皋市委办公室（研究室、机要局、督查室、接待办）

如皋市人大常委会办公室（含各委室）

如皋市人民政府办公室（法制办、外侨办、金融办、人防办、应急办、信息中心）

如皋市政协办公室（含五个委员会）

中共如皋市委组织部（市级机关工委、“两新”工委、市编办、人才办）

中共如皋市委宣传部（文明办、文联、新闻中心、社科联）

中共如皋市委政法委员会（综治办、依法治市办）

中共如皋市委统战部（侨联）

如皋市民族宗教事务局

中共如皋市委农村工作办公室（市政府农村工作办公室）

中共如皋市委台湾工作办公室

中共如皋市委老干部局

中共如皋市委党史工作办公室（地方志办）

中共如皋市委党校

如皋市档案局（档案馆）

如皋市总工会

共青团如皋市委员会

如皋市妇女联合会

如皋市科学技术协会

如皋市工商联（总商会）

如皋市残疾人联合会

如皋市人民检察院

如皋市发展和改革委员会（经信委、服务业办、中小企业局）

如皋市粮食局

如皋市教育局

如皋市科学技术局（知识产权局、地震局）

如皋市人力资源和社会保障局

如皋市建筑工程管理局

如皋市规划局

如皋市城市管理局（城管行政执法局）

如皋市水务局

如皋市商务局

如皋市农业机械管理局

如皋市农业资源开发局

如皋市审计局

如皋市安全生产监督管理局

如皋市统计局

如皋市港口管理局

如皋市信访局

如皋市体育局

如皋市行政审批局

如皋市公共资源交易管理办公室（交易中心）

如皋市政府投资项目工程建设中心

如皋市气象局

如皋市农业委员会（林业局）

如皋新华书店有限责任公司

中国人民银行如皋市支行

江苏省如皋中学

江苏省白蒲高级中学
江苏省石庄高级中学
江苏省江安高级中学
如皋市第一中学
如皋市搬经中学
如皋市长江高级中学
如皋市第二中学
江苏省如皋中等专业学校
如皋市通用技术教育实验学校(如皋市青少年素质教育实践基地)
如皋初级中学　　如皋市实验初中
如皋市外国语学校
江苏省如皋师范学校附属小学
如皋市安定小学
如皋师范学校附属小学幼儿园
如皋市东皋幼儿园
如皋市特殊教育学校
如皋市少年体育学校
如皋市农业技术推广中心
如皋市林业技术指导站
如皋市农林水利综合执法大队
如皋市水产技术指导站
如皋市蚕桑技术指导站
如皋市畜牧兽医站
如皋市种子管理站
如皋市农村能源技术指导站
如皋市农林科技与信息中心
如皋市家畜改良站
如皋市城市管理行政执法大队
如皋市环境卫生管理处
如皋市物业管理中心
南通市住房公积金管理中心如皋管理部
如皋市技工学校
如皋市社会保险基金管理中心
如皋市劳动就业管理处
如皋市社会医疗保险管理处
如皋市社会养老保险管理处
如皋市居民社会养老保险基金管理中心
如皋市公安消防大队如皋中队
如皋市规划监察大队
如皋市房地产交易监理所
如皋市规划编制研究中心(城市规划馆)
如皋市规划建筑设计院有限公司
中华人民共和国如皋海事局
中华人民共和国如皋出入境检验检疫局
中华人民共和国如皋边防检查站
中华人民共和国如皋海关
如皋市烈士陵园管理处(红十四军纪念馆)
如皋市江滨医院
如皋市社会福利中心
如皋市吴庄烈士陵园管理处
如皋市救助管理站
如皋市军队离休退休干部休养所
如皋市民政局婚姻登记处
如皋市公墓管理处
如皋市福利彩票有奖募捐委员会办公室
如皋市殡葬管理所
如皋市殡仪馆
如皋市石庄殡仪馆
如皋市农业机电排灌管理站
如皋市农业机械化技术推广站
如皋市粮食购销公司
如皋市粮食储备库
如皋市粮食资产管理中心
江苏省沿海高速公路路政支队第四大队
中国联合网络通信有限公司如皋市分公司
江苏城开地产集团有限公司

如皋工业园区(如城街道)

如皋工业园区党群工作局
如皋工业园区社会事业局
如皋工业园区规划建设和环境保护局
如皋工业园区经济发展局
如皋工业园区安全生产监督管理局
如皋工业园区农村工作局
如皋工业园区劳动和社会保障局
如皋工业园区政法和社会管理办公室
如皋市如城街道社区教育中心
如皋市如城小学
如皋市如城实验小学
如皋市如城新民小学
如皋市如城老南小学
如皋市如城实验幼儿园
如皋市如城健康幼儿园
如皋市如城安定幼儿园
如皋市如城光华幼儿园
如皋市皋南幼儿园
如皋市西城幼儿园
如皋市如城新民幼儿园
如皋市如城大明幼儿园
如皋市如城建设幼儿园
如皋市外国语学校附属幼儿园
江苏九鼎集团有限公司
如皋金久混凝土有限公司

南通中铁华宇电气有限公司
江苏力星通用钢球股份有限公司
南通红星高压阀门有限公司
如皋市协和印染有限公司
南通斯密特森光电科技有限公司
如皋市花木大世界有限公司
如皋市如城街道畜牧兽医站

长江镇(如皋港区)

如皋港人民医院
如皋市如皋港闸管理所
如皋市长江镇畜牧兽医站
如皋港区规划建设局
如皋市长江镇农村工作局
如皋市长江镇便民服务中心
如皋市长江镇组织人事和社会保障局
如皋港区发展改革局
如皋市长江镇社会管理服务中心
如皋市长江镇综合执法局
如皋市长江镇郭园幼儿园
如皋市港城实验幼儿园
如皋市长江镇新港幼儿园
如皋市长江镇永平幼儿园
如皋市长江镇永平小学
如皋市长江镇长新小学
如皋市长江镇郭园小学
如皋市长江镇车马湖小学
如皋市港城实验学校
如皋市长江镇郭园初级中学
如皋港务集团有限公司
江苏华灿电讯股份有限公司
如皋金阳现代农业发展有限公司
江苏海通海洋工程装备有限公司
江南德瑞斯(南通)船用设备制造有限公司
南通阳鸿石化储运有限公司
南通宝胜化工有限公司
江苏隆昌化工有限公司
发事达(南通)化工有限公司
如皋市凯凯电信器材有限公司
江苏如皋钢铁有限公司
江苏长生投资集团有限公司
东升南通石材产业园有限公司
南通新景石材有限公司
江苏石客石材有限公司
如皋金岛生态园发展有限公司
长江青少年素质教育实践基地

经济技术开发区(城北街道)

如皋经济技术开发区戴庄小学
如皋经济技术开发区戴庄幼儿园
如皋经济技术开发区柴湾幼儿园
如皋经济技术开发区袁桥初级中学
如皋经济技术开发区黄蒲幼儿园
如皋经济技术开发区柴湾小学
如皋经济技术开发区实验幼儿园
如皋经济技术开发区黄蒲小学
如皋经济技术开发区实验小学
如皋经济技术开发区何庄小学
如皋经济技术开发区何庄幼儿园
如皋经济技术开发区实验初中
如皋经济技术开发区党群工作局
如皋经济技术开发区管理委员会办公室
如皋经济技术开发区政法和社会建设局
如皋经济技术开发区建设局
如皋经济技术开发区科技转化创业园管理委员会
如皋经济技术开发区人力资源和社会保障局
如皋博爱医院
南通泰慕士服装有限公司
双钱集团(江苏)轮胎有限公司
江苏省如高高压电器有限公司
江苏聚源电气有限公司
江苏思源赫兹互感器有限公司
江苏大唐国际如皋热电有限责任公司

高新区(城南街道)

如皋高新技术产业开发区社会事业局
如皋高新技术产业开发区规划建设局
如皋市城市管理行政执法大队高新区中队
如皋高新技术产业开发区畜牧兽医站
如皋高新技术产业开发区实验初中
如皋高新区实验幼儿园
如皋高新区桃园幼儿园
如皋桃园医院
苏州工业园区凌志软件如皋有限公司
南通超达装备股份有限公司
江苏顺丰通讯服务有限公司

搬经镇

如皋市搬经镇农村经济服务中心
如皋市搬经镇人力资源和社会保障服务中心
如皋高明医院
如皋市搬经镇搬经小学
如皋市搬经镇高明幼儿园
如皋市非标轴承有限公司

南通曼淇威电气有限公司
如皋市搬经镇农机服务中心
恩倍宠物器具(南通)有限公司
如皋市搬经镇常青初级中学
如皋市搬经镇加力小学
如皋市搬经镇夏堡小学
如皋市搬经镇夏堡幼儿园
如皋市搬经镇常青幼儿园
如皋市搬经镇畜牧兽医站
如皋市搬经镇书画协会

丁堰镇

如皋市丁堰纺织有限公司
南通明德塑胶有限公司
如皋市丁堰镇长寿星居家养老服务中心
如皋市丁堰镇畜牧兽医站
如皋市丁堰镇农村经济服务中心
如皋市丁堰镇教育管理中心
如皋市丁堰镇丁堰幼儿园
如皋市丁堰镇丁堰小学
如皋市丁堰镇丁堰宝贝幼儿园
如皋市丁堰镇丁堰初级中学
如皋市丁堰镇丁西小学
如皋市丁堰镇社区教育中心

磨头镇

如皋市磨头镇社会事业服务中心
如皋市磨头镇水利服务站
如皋市磨头镇建设服务中心
如皋市磨头镇畜牧兽医站
如皋市磨头镇企业服务中心
如皋市磨头镇农村经济服务中心
如皋市磨头镇磨头初级中学
如皋市磨头镇磨头小学
如皋市磨头镇磨头幼儿园
如皋市磨头镇大高小学
如皋市磨头镇刘岱小学
如皋市磨头镇场北幼儿园
如皋市磨头镇场南幼儿园
江苏路翔交通工程有限公司
如皋磨头医院
如皋磨头中兴医院
如皋华夏花卉有限公司
如皋市磨头镇农业服务中心
如皋市场南医院
如皋市场北医院
南通源瑞电子有限公司

南通皋鑫科技开发有限公司
南通泽明家居科技有限公司
南通盛鑫食品有限公司
如皋市邦建服装有限公司
如皋市稞祥山羊养殖专业合作社
如皋市泰雅特针织时装有限公司
如皋市雅尔美纺织品有限公司

白蒲镇

如皋市白蒲镇企业服务中心
如皋市白蒲镇农业服务中心
如皋市白蒲镇建设服务中心
如皋市白蒲镇社区教育中心
如皋市白蒲镇白蒲初级中学
如皋市白蒲镇阳光初级中学
如皋市白蒲镇白蒲小学
如皋市白蒲镇林梓小学
如皋市白蒲镇蒲西小学
如皋市白蒲镇勇敢小学
如皋市白蒲镇奚斜小学
如皋市白蒲镇白蒲幼儿园
如皋市白蒲镇勇敢幼儿园
如皋市白蒲镇综合文化站
如皋市南蒲自来水有限公司
南通皋液液压机有限公司
江苏曜彰体育用品有限公司
南通华东油压科技有限公司

吴窑镇

江苏江中集团有限公司
如皋市中如化工有限公司
如皋市吴窑镇司法所
如皋市吴窑镇企业服务中心
如皋市吴窑镇建设服务中心
如皋市吴窑镇农村经济服务中心
如皋市吴窑镇社会事业服务中心
如皋市吴窑镇吴窑初级中学
如皋市吴窑镇江中小学
如皋市吴窑镇吴窑幼儿园
如皋市吴窑镇凤毛小学
如皋市吴窑镇长庄幼儿园
如皋市吴窑镇社区教育中心
如皋市吴窑福康医院

下原镇

如皋市下原镇企业服务中心
如皋市下原镇建设服务中心

如皋市下原镇农业服务中心
如皋市下原镇农村经济服务中心
如皋市下原镇社会事业中心
如皋市下原镇司法所
如皋市下原镇下原小学
如皋市下原镇下原初级中学
如皋市下原镇花园小学
如皋市下原镇山珀小学
如皋市下原镇下原幼儿园
如皋下原医院
如皋市下原镇畜牧兽医站
如皋市下原镇水利服务站
南通瑞兴帽业有限公司
江苏卓远机器人科技有限公司
南通伊藤雅针织服饰有限公司
南通晗奥纺织有限公司
南通安琪医疗用品有限公司
江苏大欣织带有限公司
南通康东家用纺织品有限公司

九华镇

如皋市九华镇社会事业服务中心
如皋市九华镇建设服务中心
如皋市九华镇农村经济服务中心
如皋市九华镇九华小学
如皋市九华镇郑甸小学
如皋市九华镇营防小学
如皋市九华镇营防幼儿园
如皋市九华镇郑甸幼儿园
如皋市九华镇九华幼儿园
如皋市九华镇马桥幼儿园
如皋市碾砣港闸管理所

石庄镇

如皋市石庄镇企业服务中心
如皋市石庄镇畜牧兽医站
如皋市石庄镇石庄初级中学
如皋市石庄镇石庄小学
如皋市石庄镇高井小学
如皋市石庄镇石庄幼儿园
如皋市永祥皮革制品有限公司
江苏恒祥化学股份有限公司

东陈镇

如皋市东陈镇雪岸幼儿园
如皋市东陈镇丁北幼儿园
如皋市东陈镇南凌小学
如皋市东陈镇南凌幼儿园
如皋市东陈镇东陈幼儿园
如皋市东陈镇东陈小学
江苏新空间装饰集团有限公司
江苏新核力机电有限公司
凯晖科技股份有限公司
如皋市五山漂染有限责任公司

江安镇

如皋市江安镇经济发展局
如皋市江安镇建设局
如皋市江安镇畜牧兽医站
如皋市江安镇江安小学
如皋市江安镇江安幼儿园
如皋市江安镇滨江初级中学
如皋市江安镇东燕小学
如皋市江安镇葛市小学
如皋市江安镇葛市幼儿园
江苏中瑞电气集团有限公司

文 明 社 区

如皋工业园区(如城街道)迎新社区
如皋工业园区(如城街道)花园社区
如皋工业园区(如城街道)长巷社区
如皋工业园区(如城街道)许庄社区
如皋工业园区(如城街道)城东社区
如皋工业园区(如城街道)孔庙社区
如皋工业园区(如城街道)新民社区
如皋工业园区(如城街道)宏坝社区
如皋工业园区(如城街道)城南社区
如皋工业园区(如城街道)陆桥社区
如皋工业园区(如城街道)安定社区
如皋工业园区(如城街道)秀水社区
如皋工业园区(如城街道)蒲行社区
如皋工业园区(如城街道)大殷社区
如皋工业园区(如城街道)西郊社区
如皋工业园区(如城街道)红星社区
如皋工业园区(如城街道)顾庄社区
长江镇(如皋港区)中心沙社区
长江镇(如皋港区)永丰社区
长江镇(如皋港区)永建社区
长江镇(如皋港区)永福社区
长江镇(如皋港区)长青社区
长江镇(如皋港区)薛窑社区
长江镇(如皋港区)知青社区
长江镇(如皋港区)二案社区

长江镇(如皋港区)杨洲社区
长江镇(如皋港区)镇龙社区
长江镇(如皋港区)田桥社区
长江镇(如皋港区)永平社区
长江镇(如皋港区)海坝社区
经济技术开发区(城北街道)庆余社区
经济技术开发区(城北街道)邓园社区
经济技术开发区(城北街道)城北社区
经济技术开发区(城北街道)东风社区
经济技术开发区(城北街道)普济社区
经济技术开发区(城北街道)袁桥社区
经济技术开发区(城北街道)鹿门社区
经济技术开发区(城北街道)镇南社区
经济技术开发区(城北街道)花园桥社区
经济技术开发区(城北街道)双龙社区
经济技术开发区(城北街道)柴湾社区
经济技术开发区(城北街道)何庄社区
经济技术开发区(城北街道)北郊花苑
高新区(城南街道)宋家桥社区
高新区(城南街道)新华社区
磨头镇磨头社区
磨头镇天阳社区
磨头镇邓高社区
磨头镇新联社区
下原镇沈阳社区
下原镇白李社区
下原镇桃园社区
下原镇邹庄社区
东陈镇雪岸社区
东陈镇山河社区
东陈镇杨庄社区
东陈镇南东陈社区
东陈镇双群社区
东陈镇洪桥社区
丁堰镇鞠庄社区
丁堰镇新堰社区
丁堰镇茄儿园社区
丁堰镇凤山社区
丁堰镇皋南社区
白蒲镇松杨社区
白蒲镇蒲西社区
白蒲镇林梓社区
白蒲镇文著社区
白蒲镇月旦社区
白蒲镇前进社区
白蒲镇蒋殿社区
白蒲镇钱园社区
白蒲镇斜庄社区
白蒲镇跃进社区
搬经镇鞠桥社区
搬经镇谢甸社区
搬经镇搬东社区
搬经镇湖刘社区
搬经镇搬经社区
搬经镇加马社区
搬经镇董王社区
搬经镇兴夏社区
搬经镇朱夏社区
搬经镇袁庄社区
搬经镇鲍庄社区
九华镇九华社区
九华镇四圩社区
石庄镇永兴社区
石庄镇新生港社区
石庄镇张杨园社区
石庄镇石北社区
石庄镇石庄社区
石庄镇闸口社区
江安镇镇中社区
江安镇周庄社区
江安镇徐黄社区
江安镇宁通社区
江安镇联络新社区
江安镇黄市新社区
江安镇戈堡社区
江安镇中心社区
江安镇章庄社区
吴窑镇吴窑社区
吴窑镇四房社区

文 明 村

如皋工业园区(如城街道)沿河村
如皋工业园区(如城街道)长港村
如皋工业园区(如城街道)龙游河村
如皋工业园区(如城街道)新官村
如皋工业园区(如城街道)凌青村
长江镇(如皋港区)富圩村
长江镇(如皋港区)田王村
长江镇(如皋港区)刘胜村
经济技术开发区(城北街道)纪港村
经济技术开发区(城北街道)平园池村
经济技术开发区(城北街道)里庄村
经济技术开发区(城北街道)万新村

经济技术开发区(城北街道)志勇村
经济技术开发区(城北街道)阚庄村
高新区(城南街道)申徐村
高新区(城南街道)桃北村
高新区(城南街道)杨花桥村
高新区(城南街道)左邬村
高新区(城南街道)明池村
磨头镇新徐村
磨头镇十字桥村
磨头镇场东村
磨头镇老户村
下原镇花园头村
下原镇蔡荡村
吴窑镇何柳村
吴窑镇龙河村
吴窑镇沈甸村
东陈镇刘亮村
东陈镇范桥村
东陈镇石池村
白蒲镇朱家桥村
白蒲镇桥口村
白蒲镇黄行村
白蒲镇合兴村
磨头镇新港村
磨头镇丁冒村
磨头镇场西村
磨头镇朗张村
磨头镇高李村
下原镇老坝村
吴窑镇沈徐村
吴窑镇老庄村
吴窑镇长庄村
吴窑镇平田村
东陈镇杭桥村
东陈镇尚书村
丁堰镇刘海村
白蒲镇邓杨村
白蒲镇沈腰村
白蒲镇新陆村
搬经镇万富村
搬经镇芹界村
搬经镇土山村
搬经镇林上村
搬经镇龙桥村
九华镇马桥村
九华镇小马桥村
九华镇丝渔村
九华镇赵元村
石庄镇楼房村
石庄镇邹蔡村
江安镇徐柴村
江安镇鄂埭村
江安镇申九村
江安镇曹杜村
江安镇黄建村
搬经镇港桥村
搬经镇楼冯村
搬经镇晓庄村
搬经镇群岸村
九华镇龙舌村
九华镇云屏村
九华镇营西村
石庄镇思江村
石庄镇海圩村
石庄镇蔡炎村
江安镇合作村
江安镇佘圩村
江安镇西庄村
江安镇新建村
江安镇马堡村

中国邮政集团公司江苏省如皋市分公司

——倾力打造邮政系统“新如皋”现象

2016年，如皋“爱心邮路”先进群体队伍成效明显，涌现出以“中国好人”赵颍东为代表的一批先进人物。图为市委常委、政法委书记缪晓华看望慰问“中国好人”，市、县两级党代表赵颖东

2016年，如皋邮政主打地方世界名人和红色文化牌，图为如皋邮政在如皋红十四军纪念馆举行《长征纪念邮票》首发式，市委常委、宣传部长茅红宇等领导出席活动

2016年，如皋邮政以“两学一做”学习教育为主线，狠抓企业党建。图为5月12日，市委组织部“两学一做”学习教育协调小组督导二组组长薛冠军在如皋邮政召开座谈会，对活动的开展进行专题辅导，并提出要求

坚决贯彻“普遍服务”法律义务，创新构建“村邮站”便民服务平台，图为9月23日，如皋首个村邮站在城北街道志勇村成功建成并运营

2016年，中国邮政集团公司江苏省如皋市分公司（以下简称如皋分公司）有从业人员576人。全市拥有邮政网点56个，邮运汽车15辆。投递邮路144条，其中农村投递邮路125条。2016年，全年实现业务收入2.59亿元，同比增长10.52%，完成收支差额1.01亿元，全员劳动生产率达到45.05万元。

【坚决贯彻“普遍服务”法律义务，创新构建“村邮站”便民服务平台】

如皋邮政抢抓如皋建设“全省农村电子商务示范县”机遇，着力推动“村邮站”建设，得到市委副书记司祝建和市委常委、常务副市长胡拥军的重要批示，充分发挥邮政“资金流”“信息流”和“实物流”的优势，叠加如皋邮政服务地方经济民生建设的品牌辐射效应，大力推动“村邮站”建设，着力打通邮政服务“三农”和农村电商建设的“最后一公里”。与九华镇人民政府签订合作协议，在九华镇19个村委会推动“村邮站”全覆盖工程，全年新增村邮站46个，共建成村邮站166处；发挥邮政渠道优势，积极参与精准扶贫建设，全年建成加盟店351家，在便民的同时富民。

【依托政府大文化产业发展体系建设，服务如皋文化建设大有作为】

如皋邮政积极融入地方人文产业发展，主打地方世界名人和红色文化牌，先后成功开发运作《五色如皋》《古今神探》《长征纪念邮票》首发式、《李昌钰纪念博物馆》邮册等项目，依托邮票特色文化载体宣传如皋，其中《五色如皋》更是被国际奥委会主席巴赫先生点赞，著名华侨、神探李昌钰更是对以邮文化为载体的名片大力推荐；积极参与书香皋城建设，倾力打造“日报村”建设工程，全年新建成“日报村”24个，推动农村文化建设。

【扎实开展“两学一做”学习教育，强化日常学习夯实基层支部建设】

如皋邮政以“两学一做”学习教育为主线，规范支部建设为抓手，指导所属15个支部完成换届选举工作，重点选优配强支部书记和纪委委员，通过“建立活动阵地、发布学习内容、规范学习频次、定期开展评比”的方式，逐步深化细化“党员学习日+党员政治生日+支部书记例会”制度落实，确保“三会一课”制度严格执行，持续增强支部战斗力、引导力和凝聚力，全面推动从严治党有效落地。2016年党建成效显著：分公司党员刘稷拍摄的《“爱心邮路”系列组图》获如皋市委践行“两学一做”主题征文图片类一等奖，党员陈晨获市委组织部“两学一做”知识测试优秀奖。

【持续拓展“爱心邮路”品牌内涵，在服务社会民生中锻造一流队伍】

2016年，如皋邮政与市检察院共同开展“预防邮路”春风巡讲10场，发放宣传资料200余册，受众累计达600余人次；在“微心愿·爱心邮路”活动中累计向46户家庭送去社会爱心人士的物资；共建“爱心包”邮路和公益书吧项目；“普法邮路”建设成效明显，全年发放普法邮册1000余份，分公司被授予南通市“六五”普法工作先进集体和如皋市法制宣传教育先进集体，投递员王进峰被评为如皋市“六五”普法工作先进个人。“爱心邮路”先进群体模范人物不断涌现：赵颖东成功当选4月份中国好人，并光荣当选南通、如皋市党代表；沈世新被评为江苏省劳动模范；钱海勇被评为江苏省、南通市社区优秀消防大使；吴学军成功连任新一届南通市人大代表，陆晓军荣获南通市2016年度“优秀志愿者”。

如皋市政法委

全市政法工作会议

南通市委常委、政法委书记姜永华一行到如皋调研

2016年，如皋市委政法委按照上级政法委和如皋市委、市政府对社会治理工作的总体部署要求，协同推进三大建设，着力提升治理水平，成效显著。连续九年获省平安县（市、区）称号，持续保持省法治建设示范县（市、区）称号，信访维稳工作稳步推进，为建设“强富美高”魅力如皋创造了优良环境。

一是平安如皋建设水平大力提升。坚持源头预防，确保全市社会大局稳定。围绕“两会”、G20峰会、省党代会等敏感节点，开展不稳定因素滚动排查、每日研判，超前预防矛盾45起；实现全市国安条线实体化运作，高度关注境外法轮功网站舆情和重点人员情况，没有发生影响国家政治安全的重大案件和暴力恐怖事件；健全信访维稳三级工作机制，圆满完成重大活动和敏感时期的社会稳定工作，全市政治大局持续稳定。坚持打防并举，增强驾驭社会治安能力。推进实施地网、天网、人网“三网”防控工程，全方位、全时空打造立体化治安防控体系。铺开地网。印发《关于加强村（居）民小组综治平安建设工作的通知》，健全工作机制，实现“人到网中去，事在网中办”。织密天网。深入推进监控加密补盲、拓展延伸、升级改造和智能整合“四项工程”，基本建成环市、环城、环主城区“三道电子防线”，实施视频监控“太平鸟”工程。筑牢人网。进一步整合资源，形成了专职巡防队伍、社区义务巡防队伍与平安法治志愿者队伍相互配合、快速响应的工作格局；大力推进社会保安联动联勤联防，组建了28支保安联勤联防队伍，实施企业保安、商圈保安和校园保安联动联勤联防。坚持改革创新，夯实综治平安建设根基。按照资源整合、工作融合、功能聚合的要求，加快综治中心建设步伐；自行研发综治信息化技能考试系统，综治信息系统实战应用技能比武获南通市团体第一名；创新推行以法治约束人、以德治引导人、以自治规范人的“三治融合”治理机制，被《江苏政法》录用并推广；社区矫正执法实施“质量认证”，获省司法厅厅长柳玉祥亲笔批示；出台《如皋市关于贯彻以奖代补政策落实严重精神障碍患者监护责任的实施意见》，自10月份开

全市政法系统“双争双评”活动动员部署会

始对严重精神障碍患者监护人实行每人每月200元以奖代补；扎实推进系列平安创建活动，市妇联被评为江苏省“平安家庭”创建先进集体，市电网成为南通乃至江苏供电系统唯一一家连续12年夺得全国“安康杯”竞赛连胜杯的单位。

二是法治如皋建设成效日益凸显。紧扣法治政府建设目标，着力提升依法执政和依法行政能力。创新开展“走进媒体（讲堂）讲法治，走进法庭讲依法行政”双进双讲活动，领导干部任前法律知识考试制度和述法考评制度全面推进，党政主要领导干部法治意识和法治能力明显加强；镇级设立法治工作中心和依治办，村（居）级建立法治工作室，实现实体化运作；继续加大简政放权力度，深入推进行政审批改革，首创市场准入证照联办审批机制，创新工业项目开工许可“五五”审批机制。紧扣保障公平正义目标，着力提升公正司法水平。继续推行执法质量考评、听庭评审、民警执法办案积分制管理等制度，以制度保障执法司法公正；司法体制改革取得初步成效；不断加强涉法涉诉信访工作，探索形成律师参与代理和化解信访案件新模式，化解信访积案15件，交办事项办结率100%；健全完善错案责任追究机制，严肃查处干扰执法司法秩序的行为。紧扣法治社会建设目标，着力提升全民法治素养。大力实施“七五”普法，全市开展平安法治集中宣传月活动，累计发放倡议书15万份、普法资料18万份；务实推进16件法治惠民实事项目，其中法惠民生“十百千万”被评为南通市“法治惠民实事项目”；筹建法治驿站志愿服务协会，27家法治驿站到民政部门进行登记。

三是政法队伍整体形象全面加强。政治建警。以“两学一做”学习教育为抓手，认真组织收听收看全国政法干部学习讲座、省委政法委“政法大讲堂”，切实增强政治定力，永葆忠于党、忠于国家、忠于人民、忠于法律的政治本色。素质强警。常态化开展大培训、岗位大练兵活动，2016年共组织两期业务培训班；在全市政法系统创新开展“双争双评”活动，选派了347名政法干警担任村（社区）基层一线“平安法治指导员”，涌现出了一批平安法治先锋等先进典型，政法队伍整体素质进一步提升。从严治警。着力强化纪律作风建设，确保“两个规定”落到实处，切实提升司法公信力；组织开展政法队伍满意度调查，对满意度低的单位及时进行了专项整治；严格实行“一岗双责”制度，坚决防止司法腐败。市国安办被国家安全部评定为一级国安办；市公安局看守所、拘留所被公安部监所管理局评定为一级所；市检察院被《检察日报》社授予全国检察宣传先进单位。

如皋平安法治志愿者联盟成立揭牌暨社会保安联动联勤联防开巡仪式

南通2016年度社会治安综合治理、法治建设考评会

市委常委、政法委书记缪小华慰问挂钩镇困难户

如皋市总工会

践行新理念 突出主抓手
为建设强富美高的魅力如皋发挥主力军作用

省总工会副主席张海涛、省安监局副巡视员、省安全生产执法监察总队总队长单昕光、南通市总工会主席葛玉琴、如皋市委书记陈晓东为教育馆揭牌

全省职工劳动安全卫生知识普及教育现场推进会在如皋召开

2016年，全市工会围绕“五大发展”，突出“工会在身边”系列活动主抓手，不断加强组织建设、队伍建设，强化教育引领、民主管理、安全生产、维权解困四大职能，形成了一批具有地域特色、行业特点和品牌效应的项目化工作亮点，为建设“强富美高”的魅力如皋作出了新的更大贡献。

“工会在身边·万名职工竞技能”影响显著。2016年，分市级、行业、镇区三个层面，分别开展了5场、10场、12场技能比武，参赛职工近2万人。1月16日，市总工会召开总结表彰大会，授予24名单项冠军选手“五一劳动奖章”、13个胜出单位“五一先锋号”、11名优秀选手“如皋市技能状元”光荣称号。市委书记陈晓东为获奖选手颁奖并讲话，对工会寄予厚望。

“工会在身边·心系职工百企行”深受欢迎。活动主要包括“五个一”：播放一部工会工作宣传短片，授一堂课，赠送一捆职工喜爱的书籍，送一份关爱，请职工填写一份社情民意调查表。活动现场注重与职工的互动，通过现场有奖答题抢红包、随手拍等活动，培养出更多的工会“粉丝”，有效加强了社会主义核心价值

市委书记陈晓东在“工会在身边”系列活动颁奖典礼上为获奖对象颁奖

市总工会主席周太荣在“工会在身边”系列活动颁奖典礼上为获奖单位颁奖

“工会在身边”万名职工竞技能活动启动现场

观的教育引领。活动共在97家企业开展，参与职工达12541人，很多企业负责人、工会负责人，以及职工表达了他们对这项活动的欢迎。

“工会在身边·劳动保护警示馆建设”高标定位。2016年，市总工会出资300多万元，联合长江镇和市第一中专，建立了“工会劳动保护教育馆”，以提高企业职工预防职业病危害和自我保护意识。11月7日，全省安全生产劳动保护现场会在如皋召开，省总工会副主席张海涛、省安监局副局长喻鸿斌为教育馆揭牌，来自全省工会劳动保护战线的工作人员参观了警示教育馆，给予了很高评价。基地作为全省工会系统唯一的职工劳动保护警示教育基地，将面向南通及省内工会系统，承担职工劳动保护教育培训工作。

“工会在身边·爱心接力圆梦想”精准有效。积极构建以普惠为重点的服务职工体系，为不同层次的职工群体提供多样化服务。加大困难职工的精准帮扶和保障力度，深化情感帮扶、健康帮扶、励志帮扶、就业帮扶，帮助他们脱困解难，同步进入全面小康。2016年，75名特困职工、44名困难学子共获得资助近100万元。

“工会在身边·心系职工百企行”活动专场

举办金秋助学集中走访慰问座谈会

召开五一表彰大会，表彰一批先进个人和集体

牵头开展企业道德讲堂，图为万达企业道德讲堂现场

市委书记陈晓东检查市财政局党风廉政建设落实情况

市委副书记、市长何益军调研财政工作

如皋市财政局

看望机关驻村“第一书记”

2016年，如皋市财政局蝉联省级文明单位，获市级机关目标责任制考核先进集体，被市委表彰为先进基层党组织；小型农田水利工程管理绩效考评、一事一议财政奖补、政府采购监督管理等工作获全省先进；财政结算管理中心被授予省级青年文明号、巾帼志愿服务队被评为省十佳、财政志愿服务队获“如皋十佳志愿服务组织”。

突出财政工作主线，难中求进抓收入

2016年，在落实供给侧结构性改革要求、全面推开“营改增”试点和中央实施增值税收入划分改革等政策背景下，迎难而上、主动作为，科学研判经济税收形势，全面开展财源、政策效应、收入进度分析，提高了收入预测的准确性。强化综合治税和非税收入管理。全年实现一般公共预算收入71.21亿元，占调整目标（70.2亿元）的101.44%，总量位列全省第九。一般公共预算收入完成增值税14.5亿元。

发挥资金撬动作用，全力以赴促发展

积极策应供给侧改革，培育壮大财源经济。加强“营改增”政策宣传，出台完善激励政策，激发企业加快转型。兑现工业、科技等奖励资金8800多万元；为60多家企业申报工业、科技等项目48个，获得上级扶持资金近2亿元。建立贷款风险补偿资金池，引导银行为33家企业发放贷款1.92亿元；设立青年创业基金，审批发放青年创业贴息贷款68笔、1149万元。财政部PPP示范项目如皋市城市污水处理三期扩建项目基建工程建设全面完成。

不断优化支出结构，努力提升幸福感

坚持“保工资、保运转、保民生”工作重点，一般公共预算支出中81%以上用于各类民生社会事业支出。支持农村基础设施和“美丽乡村”建设；组织实施了100座农村桥梁改造、131条219公里一事一议奖补路建设。积极向上争取农业项目92个、资金4.4亿元。通过“一折通”发放各类涉

财政系统“大党课”

廉政教育基地现场教学

"两学一做"学习教育专题研讨

农补贴72批次、5.18亿元。健全平价商店扶持、监管机制，兑现奖励资金115万元。支持养老、扶贫、助残、保险、优抚"五条社会保障线"政策落实。居民及退休人员养老金、居民最低生活保障等标准进一步提高。安排基本公卫、基本药物补助、医疗救助、计划生育奖励扶持等资金2.6亿元。发放尊老金4500万元，投入1545万元实施65周岁以上老人免费体检等。推进就业和再就业工作，补贴资金1779万元。完善教育经费保障机制，被南通市人民政府表彰为促进教育事业发展先进集体。申报争取文化、体育、现代服务业发展专项资金1187万元，拨付文化产业引导资金200万元。政法经费保障绩效考核蝉联省优秀单位。

注重体制机制创新，推动管理精细化

税费改革积极推进，全面落实"营改增"试点工作。取消、停征和免征收费基金项目42项，减少涉企和个人收费7000多万元。完善全口径预算管理，实现"四本预算"统编统管。除涉密部门外，全市所有市级预算单位全面"晒家底"和"三公经费"明细。全面盘活财政存量资金，清理往来1.1亿元，整合结转指标11.8亿元。镇级国库集中支付改革全面到位。出台《关于加强地方政府性债务管理的意见》等办法，积极争取地方政府债券置换存量债务47.92亿元，争取新增政府债券6.4亿元，节约利息支出1.5亿元以上。将政府性投资项目计划与地方新增债务总额上限结合，控减项目计划101个、金额22.8亿元。招标确定118家协议（定点）供应商。全年实施集中采购项目260多个，节约资金近4000万元。制定"一企一策"，推进国资企业目标责任制考核管理。围绕构建财政"大监督"目标，组织开展涵盖全市所有镇（区、街道）和市级114家非报账制预算单位财政财务检查等，累计查纠违规资金397万元。组织开展财政所（局、分局）内控制度执行检查、会计基础工作检查。采取面授与网络教育相结合方式，增强教育的针对性、实效性。

聚焦作风效能提升，展现建设新形象

落实管党治党主体责任，扎实开展"两学一做"学习教育。坚持以上率下，落实"三会一课"及政治活动日制度；组织开展增强信仰信念、强化"四个意识"等专题研讨，争做"四讲四有"合格党员，经验做法得到中国共产党新闻网、财政部网站等媒体推介。落实党风廉政建设主

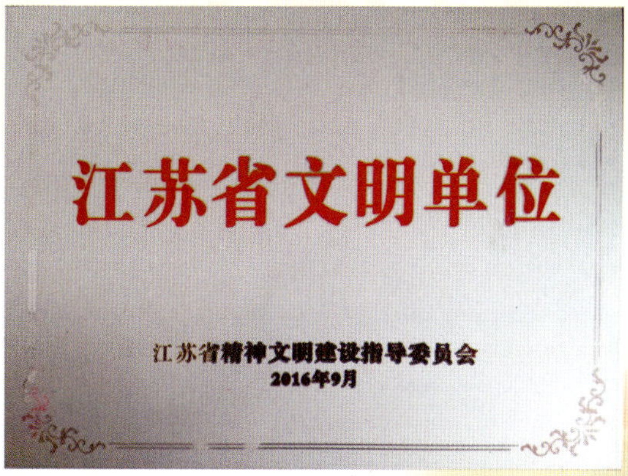

体责任，建立党员领导干部党风廉政建设责任清单。结合"5•10"思廉日、廉政算账月等重要时点，党组书记亲自上专题党课；组织学习《中国共产党问责条例》等廉政新规，开展"立家规家训，促廉洁从政"等活动，不断增强财政干部廉洁意识。全面落实新《预算法》及法治财政建设要求，依法推进政府信息公开、依申请信息公开工作。及时办理人大代表建议、政协委员提案议案。持续打造"一坛一堂一讲"教育特色，组织开展系统中层以上干部"理想信念"教育、党建知识竞赛、纪念长征胜利80周年竞赛等活动，夯实党员干部党性基础。深化"党员干部进社区，志愿服务作表率"活动。组织趣味运动会、素质拓展和志愿献血、慈善捐款、"夏送清凉、冬送温暖"、金秋助学等活动，财政干部社会责任感不断增强。

如皋市审计局

接受市委巡察 建设过硬班子

市领导调研审计工作

2016年，如皋市审计局认真落实全国审计工作会议精神，按照“三提升一强化”的要求，积极开展“两学一做”学习教育，勇于正视、积极查摆存在问题，大胆创新，发扬求真务实的精神，紧扣年度工作计划顺利完成了各项工作目标。

注重问题导向，质效并重

加强培训学习，不断夯实业务基础。市审计局不断创新，认真组织各类理论和业务交流，每月组织一次集中业务学习交流，先后开展了审计业务研讨、政府投资审计研讨、内审业务培训、优秀项目交流展示等业务交流活动，促进了全局职工业务素质的提高。

出台政策文件，积极鼓励提质增效。局党组先后出台了“鼓励当主审、激励好项目”活动方案、优秀审计项目评选办法（试行）、审计项目质量检查办法（试行）、如皋市2016年内部审计工作指导意见、政府投资项目审计操作规程、社会中介机构参与政府投资建设项目审计管理暂行办法等8项政策文件，做到在坚持质量的基础上提高效率。开展了优秀审计项目、优秀内审项目和优秀协审单位评比等活动，全年28位项目主审获奖励、3个项目获评优秀，5个内审项目获评优秀，其中，如皋市农业委员会2013-2014年财政财务收支审计项目被南通市局表彰、如城街道审计办实施的光华村党支部书记范广建同志任期经济责任审计项目获南通市一等奖、如皋市城北街道审计办实施的杨宗社区财务收支审计等4个项目获得南通市三等奖。

忠实履职尽责，序时推进审计项目。认真履行审计监督职责，实现审计监督全覆盖，全年共完成40个项目审计。其中：产业引导资金绩效专项审计调查项目1个，5个项目涉及惠民生，分别是农业综合开发资金调查、社会救助资金调查、村级“一事一议”奖补资金调查、城镇保障性安居工程跟踪审计、基本医疗保险基金和医疗救助资金调查。审计促使政府或相关部门出台规范性文件2个。全年发出审计整改交办问题64个，审计总金额33.15亿元，被采纳的审计建议意见384条，审计移送案件线索5起，受到党纪政纪处理的人数13人。

局党组认真开展“两学一做”

扎实推进审计整改 大力提升监督权威

局党组慰问联助社区老党员

认真开展民生资金审计

注重务实创新，新优并进

营造氛围，大力推进创先争优活动。不断营造氛围，大力推进创先争优活动。一是年初研究出台“鼓励当主审、激励好项目”活动方案，详细列出参与活动的对象、内容、奖励项目和金额，鼓励大家争当主审、多出优秀项目；二是统筹部分年终目标责任制考核奖金作为奖励资金，奖勤罚懒，鼓励争先；三是年终评优评先名额向一线审计人

审计局爱心妈妈与“审计春蕾班”的孩子们在一起

员、优秀审计项目主审、外出审计人员倾斜，2016年4名优秀嘉奖、4名优秀党员人员中，上述三种对象占有6名，起了良好的导向作用。

不断创新，大力探索审计工作路径。积极创新政府投资工程审计管理方式，实现了“队伍选择市场化、项目分配随机化、质量控制精细化、考核管理常态化”。通过招投标确定了12家社会中介机构参与政府投资建设项目审计，抽签确定项目分配顺序，交叉复审工程审计项目，同时积极创新审计管理制度和复审方式，审计绩效明确提高，项目存量大幅下降。

积极创新审计组织方式。“一事一议”财政奖补资金专项审计调查首次采用市本级“一条鞭”项目审计方式，举全局之力，统筹全市内审人员，历时两个半月，圆满完成审计任务。审计过程中移送违法违纪线索1条，发送审计建议书1份，取得良好社会反响。

积极探索运用大数据审计方式。明确所有审计项目全部运用计算机审计方法，大数据审计方式效果初显。

立足本职，大力服务社会发展大局。紧紧围绕社会保障资金和群众关注的社会热点问题，开展重点资金和重点项目审计（审计调查）。紧紧围绕社会关注的为民、惠民、利民政策落实和资金到位情况，有针对性地组织了全市搬迁安置房建设安置管理情况专项审计调查、社会救助资金专项审计调查、“一事一议”财政奖补资金专项审计调查等专项审计与审计调查，取得了明显成效。

工程审计一丝不苟
提高资金使用效益

审计过程中强化查案意识，共发现违法违纪线索15起移送相关部门进一步处理，数位责任人被立案查处。在搬迁安置房建设安置管理情况专项审计调查中，重点关注了被审计单位在支付安置房工程款等方面存在的问题并报送《审计专报》3份，市主要领导批示4次，建议政府出台了《如皋市房屋征收档案管理办法》《如皋市搬迁资产管理办法》2个文件，向市纪委等相关部门移送问题线索9起。

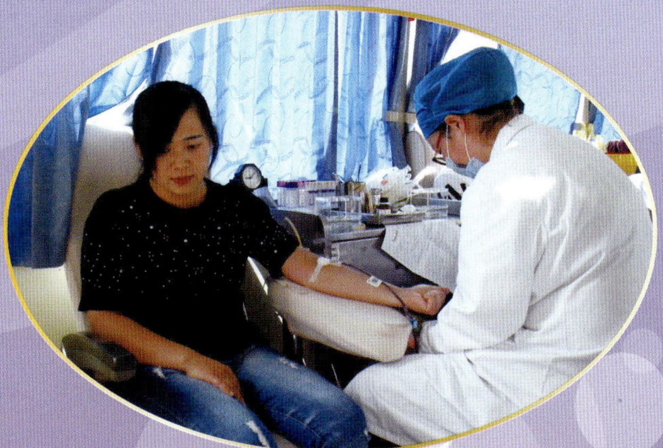

积极参加义务献血活动

如皋市科技局

南通市政协调研如皋市“大众创业、万众创新”

北京大学、如皋市人民政府合作座谈会

2016年，市科技局按照市委、市政府的部署，以建设国家农业科技园区、国家可持续发展实验区、国家知识产权试点市为抓手，大力实施创新驱动战略，全面推进科技创新工程，科技创新工作呈现较好发展势头。

科技项目申报实现突破。全市2016年共申报各级各类科技项目997项，其中627项获得立项，获得扶持资金5100余万元。南通锻压“绿色重组材成形智能化装备的研发及产业化”、汤臣汽配“新能源汽车轻量化底盘关键零部件的研发与产业化”、天南电力“特高压交直流输电线路减灾智能金具的研发及产业化”3个省重大成果转化项目成功获批，并获得资助资金2600万元。扬州大学（如皋）花木产业研究院获得省科技厅产学研重大创新载体项目500万元资金支持，是省厅本年度支持的10个重大创新载体中唯一的农业类载体。工业重点研发计划、农业及社会发展、省重点研发机构、省国际合作、知识产权等项目共获得资助资金2000余万元。2016年南通市举办的首届专利奖评选中，如皋参评专利17件，其中神马电力 “一种绝缘管缠绕挂纱系统”专利获得金奖，恒康家居、力星钢球、星球石墨各有一项专利获优秀奖，神马电力董事长马斌获得南通市发明人奖。

高新技术产业蓬勃发展。一是科技型企业数持续增多。坚持科技、财政、税务部门联动，大力提升服务效能，扎实做好高企申报工作。全年新增高新技术企业38家；申报江苏科技企业上市培育入库企业获批7家，居南通第一；新增威格(江苏)电气设备有限公司、江苏高泰电气有限公司等高新技术产业企业10家；新增民营科技型企业86家。二是高新技术产业产值持续上升。197家高新技术产业企业全年实现产值946.9亿元，占规模工业产

市委副书记、市长何益军为第二届“梦想之星”创业大赛获奖选手颁奖

2016年全市科技工作会议

如皋市科技担保基金托管和合作签约仪式

科技金融对接洽谈会

值的47.44%，增长17.3%；新增高新产业投入156.3亿元，占规模工业投入的50.1%，增长7.3%；全社会研发投入占地区生产总值比重达2.56%。

创新载体建设稳中求进。一是建成国家级示范型国际合作基地。为发挥国际科技合作的示范效应，注重产业与如皋的结合度、产业链的相互补充，指导市经济技术开发区围绕新能源汽车产业申报国家示范型国际合作基地，目前已正式立项，成为本年度江苏省唯一的一家国家级示范型国际合作基地。二是不断加强企业研发机构建设。海迪科、百川化工成功申报江苏省工程技术研究中心；国能仪表、图腾电力等11家企业获批南通市工程技术研究中心，立项率居南通第一；全市115家工程中心运转情况良好，23家工程中心2016年度绩效评估优秀，优秀率达20%。三是众创空间建设取得突破。国家级如皋花木盆景星创天地成功获批，指导梦想之家（高新区）申报江苏省级众创空间，11月成功获批；指导蜗壳道场（开发区）和下驾园（下原镇）2家众创空间申报南通市级众创空间，也成功获批。全市南通市级以上众创空间已达6家，富有区域特色的创业孵化空间布局不断完善。

产学研合作成效显著。一是广泛征集技术需求和科技成果。市科技局以技术支持为服务导向，共收集有效技术需求251项，搜集最新高校院所科研成果5000多项，为企业开展产学研合作夯实了基础。二是精心组织产学研活动。2016年，组织高校和科研院所与如皋企业开展产学研对接活动41次，其中扬州大学与如皋合作共建花木研究院，南通大学与海迪科光电、哈尔滨工程大学与力威机械、黑龙江大学与恒康家居、江苏大学与汤臣汽配、浙江工业大学与创源电化学等建立了长期合作关系。三是推动大院大所建设。北京大学如皋创新中心、福州大学如皋研究院、江南大学（如皋）食品生物研究所等共建载体运行情况良好，目前已签订正式合作协议14个，形成合作意向40个。四是积极开展国际合作。经济技术开发区获批国家级示范型国际合作基地，积极组织企业与国际关联企业及院所对接，加强对高端前沿关键技术的引进消化、吸收创新，国电阀门与德国、莱鼎科技与俄罗斯合作的两个项目分别获得80万元省国际合作资助支持。

知识产权工作成果丰富。一是推进区域试点示范。9月如皋成功获批江苏省强省区域示范工作县市。二是促进专利质量提升。1-12月完成全市新增专利申请5142件，完成发明专利申请1861件，实用新型专利申请1432件，新增PCT专利申请69件；全市完成专利授权2422件，其中发明专利授权349件；万人发明专利拥有量达15.60件；大力推进规上企业专利消零工作，完成专利消零企业150家。

科技金融体系日臻完善。制定了科技金融操作细则和规程。根据省生产力促进中心相关文件精神，制定了《“苏科贷”工作操作细则》《省科技成果转化风险补偿专项资金不良贷款风险补偿操作规程》，建立动态企业库，规范工作流程，简化申请程序，促进了金融机构对科技型中小微企业的信贷支持。全市8家企业获得“苏科贷”贷款2000万，9家（次）企业获得“如科贷”贷款4920万。

科技工作培训会

如皋市工商联

江苏省工商联副主席陆群视察如皋精准扶贫工作

2016年，市工商联以“强作为、扩影响、提形象、铸品牌”为抓手，围绕“南通争第一、江苏创一流、全国有影响”的奋斗目标，在加快科学发展、推动转型升级、推进民生改善等方面积极作为，在服务政府、服务企业中不断追求新常态下商会工作的新业绩，取得了比较满意的成绩，荣获全国工商联“五好县级工商联”称号。

一、基础工作扎实推进

巩固五大平台建设，挖掘商会价值。围绕现代商会建设，着力打造“招商引资、银商企合作、法律维权、教育培训、科技创新”五大平台，服务基层，服务商会，积极参与市委、市政府在上海、深圳、杭州、北京的招商活动，收集项目信息6条，协调引进项目2个，其中江苏长青沙影视文化发展有限公司项目注册落户。市农商行花木支行、包商村镇银行为花木盆景商会会员企业提供融资服务，完成融资15000余万元。市肠衣商会为会员企业提供金融担保服务，有效缓解部分会员企业的资金难题。市化工新材料商会与华理商学院合作在长江镇开办培训班2期，为企业学员提供安全、技术、管理等培训近300人次。市工商联与南京审计大学合办行政管理本科班，35名学员接受继续教育。组织会长企业为新城总部经济区建设献计出力。组织商会会员企业与渤海商品交易所长江国际交易中心进行产业对接，共同致力于将如皋名特优产品和优秀传统工艺品通过渤海商品交易所推向全国、走向世界。

理想信念教育不断深化。出台了“守法诚信、坚定信心”理想信念教育实践活动实施方案，组织开展了系列活动。4月30日，邀请著名专家王曙光教授为全市非公经济人士分析国际国内宏观经济形势。9月底，邀请浙江黄民锡教授举办“互联网+”民营企业转型升级讲座；利用《如皋日报》、商会网站、如皋发布、工商联简报等媒体，大力宣传理想信念教育活动的先进典型，17家商会被南通工商联表彰为“诚信商会”。市家装商会开展诚信商会建设的典型经验在全市文明建设大会上做书面交流。

商会建设稳步推进。2016年新组建商会2家，换届重组2家，新发展会员216家。3月底杭州如皋商会正式成立；7月底如皋市综合商会南通分会组建；9月份市服装商会成功换届，建筑业商会近期召开重组会员大会，目前正在筹建重庆如皋商会、汽车零配件商会和特种渔业商会。继续完善异地商会合作交流机制，促进了商会间更大范围和更广领域的深度合作。

大力开展精准扶贫。机关全体人员多次到联助村开展精准扶贫工作，为建档立卡贫困户量身制定切实可行的脱贫计划，并自发捐款3000多元，发动会员捐款5万余元资助贫困户。“万企帮万村”工作开局良好。认真贯彻落实省“百企帮百村”工作要求，按照要求及时上报相关信息，从全市

如皋市工商联第十一次会员代表大会

全国如皋商会第四次合作交流（杭州）会议

全国如皋商会第五次合作交流（福建）会议

如皋市行业商会捐资助学仪式

挑选了10家企业和10家商会，与10个省定经济薄弱村进行村企共建，力争用3~5年时间，帮助这10个贫困村脱贫。

二、创新型工作务实开展

商会两支队伍建设不断加强。一是加强商会工作指导。深入商会组织会长学习国家宏观经济政策，加强转型升级、行业经济形势分析等全局性、前瞻性的研究，帮助理清发展思路，明确工作目标，增强本领，提高能力。二是组织有针对性的考察培训。组织工商联常执委、行业商会会员外出赴贵州、成都、苏南等地考察和开展行业商会间的交流学习，开阔眼界。三是执行会长述职考评制。以“先进行业商会、优秀商会会长”评比条件为依据，不断创新会长考核新机制，通过经常化、制度化考核，不断强化商会和秘书长队伍的建设管理。

行业商会党建工作深入推进。坚持以商会党建为抓手，引领商会及会员企业积极适应新常态，主动加快转型升级，为促进企业发展提供了坚强的组织保障。经过多年的探索和实践，总结出“四有、五着力”【即：“四有”指政策引领确保党建工作有依据、注重建设确保党建工作有组织、打造载体确保党建工作有平台、选优配强确保党建工作有力量。“五着力”指着力在政治引领上发挥作用、着力在凝聚人心上发挥作用、着力在助企转型上发挥作用、着力在激发企业活力上发挥作用、着力在引导企业回报社会上发挥作用】的商会党建工作思路。行业商会联合党委在商会中开展“两学一做”学习教育，下发了实施方案，着力发挥商会党建的引领作用。家装商会、综合、浙江商会认真组织商会党员开展系列学习活动。党建工作的相关经验做法被《中国统一战线》《挚友》杂志以《如皋：商会党建工作创先争优》为题进行了报道。南京市鼓楼区、海安县工商联专程前来学习党建工作经验。省市两新工委、统战部门领导到如皋调研、视察，对商会党建给予较高评价。

努力做优全国如皋商会合作交流会议。在杭州成功召开第四次合作交流会议，共同探讨了经济发展现状和趋势，坚定了发展信心。11月在福建召开第五次合作交流会议，推动商会更大范围、更深层次的经济合作交流，切实推动“回馈家乡、报效桑梓”的主题活动。

三、服务中心成效明显

全力服务招商引资，搭建招商引资平台。一是引导行业商会和会员企业为“一会两节”、深圳、上海、苏州等地的大型招商活动牵线搭桥，采集和收集相关招商引资信息。二是把商会搭建成招商引资的平台。充分利用市内外商会信息资源，做到信息互通共享。通过商会平台招引更多的客商来如皋投资兴业。三是发挥商会的产业优势，助推经济发展。发动会长企业积极参与新城总部经济建设，推动渤海交易所长江中心的项目落地和对接。

尽力服务会员企业，助推企业转型升级。一是重心向服务经济转型升级、科技创新、产业集聚、内联外引等方面倾斜。二是关注重点板块产业的联合，完整产业链的形成、壮大和延伸，促进优势互补，资源共享，强强联合。三是关注小微企业“融资难、用地难、用工难、转型难”等难题，通过与相关部门的紧密协作，努力帮助困难会员企业求生存、谋发展。

用心用力做好扶贫工作。围绕中央统战部“百企帮百村”工作，顾全大局，迎难而上，认真做好相关工作。认真贯彻落实省市“百企帮百村”工作要求，按照要求及时上报相关信息，从全市挑选了10家企业和10家商会，与10个省定经济薄弱村进行村企共建。在党委、政府和社会力量的支持下，工商联班子分工负责，包干联系，务实推进，挖掘商会有效资源，助推扶贫攻坚战。

杭州市江苏南通如皋商会成立

如皋市招商局

市委书记陈晓东出席如皋（上海）投资环境说明会

如皋（上海）投资环境说明会

2016年，市招商局在市委、市政府的正确领导和大力关心下，以优化招商队伍、健全招商机制、打造精英团队、狠抓项目落地、营造优良环境为重点，积极探索招商引资发展新路径，研究招商引资发展新规律，构建高效的项目落地工作机制，取得了显著成效。完成注册外资2287万美元，实现到账外资1635万美元，占全年目标任务的109%。共搜集有效招商项目信息177条。重点推动了北京外国语大学附属如皋龙游湖外国语学校、如皋新城吾悦广场、香港忠天光伏发电、上海叶晨自动化包装、森康源生态农业、壹伽超市、城谊食品等项目成功落户。招商引资工作连续多年完成和超额完成市委、市政府下达的目标任务，签约招商项目数、投资额、落实到位资金、项目履约率、资金到位率大幅提升,为全市经济社会发展提供了强有力的支撑。

持续宣传造势，城市品牌优势进一步彰显。2016年，多渠道推介如皋转型发展亮点、产业发展战略策划、投资发展优势等扩大如皋影响力，提升城市知名度。以“江苏历史文化名城、中国花木盆景之都、世界长寿养生福地”三张城市名片为依托，制作了《水绘绿染金如皋》《筑梦高地》等多部城市形象宣传片，编制更新了《如皋产业发展指南及重点项目》《如皋概览》《如皋投资指南》等多种宣传材料。“一会两节”“科技人才洽谈会”“如皋投资环境说明会”等重点招商引资推介活动在传承中创新，持续发挥着宣传如皋、推动项目洽谈落户的重要作用。利用中央电视台、人民网等主流媒体平台，借助广交会、厦洽会、先进制造业大会、西部制造业博览会等品牌会展，在驻点城市开展的专题招商洽谈，不断推介如皋，为城市品牌增色添彩。

优化功能平台，开发开放力度进一步加大。随着国

项目签约仪式

家一类开放口岸、国家级经济技术开发区、国家级农业科技园区、省级高新区、保税物流中心等重要载体平台先后建成获批。国家级开发区与上海嘉定区建立了合作产业园区，叠加创新功能进一步突显。如皋港区建成保税物流中心（B型），主动承接上海自贸区的溢出效应，打造上海国际航运中心北翼最具活力的区域性现代物流中心、长江枢纽的中转站。高新区成功引进一批拥有自主知识产权和核心技术的高层次创新创业人才和创新团队，为创新型经济发展提供了智力支撑。如皋工业园区的“国家级农业科技园区”正式揭牌，致力于打造最具魅力的都市型经济。全市各主要功能平台不断得到优化，助推开发开放力度不断加大。

客商现场考察龙游湖北外联合办学校址

不断锤炼队伍，招商人员能力进一步提高。坚持招商引资与招才引智并举，2016年，进一步优化驻点布局，聚焦长三角、珠三角、环渤海等重点区域，强化过程考核力度，不断优化驻点招商工作机制；注重对招商人员多层次培训锻炼，全面提升招商队伍的整体素质；挖掘和引进了一批领军型、创新型人才，推动全市招商引资从资源依赖型向人才支撑型转变，组建了一支素质好、业务专、干劲足的招商队伍。全市重大项目信息形成快速反应机制，建成了“如皋招商引资项目信息平台”，确保项目信息在第一时间传递，第一现场跟踪，第一资源拍板敲定，全过程专人跟踪服务，全民招商氛围日趋浓厚。

坚持方式创新，招商项目质态进一步提升。切实改进招商引资方式，积极推动由“行政招商向专业招商、资源招商向产业招商、招商引资向招商选资”的转变，实现“招商引资、招才引智、招财引税、招商引园”四招并举，不断增强招商引资实效。2016年，聚焦大制造、大数据、大物流、大健康产业发展方向，以产业发展规划为指引，编制了《招商引资项目指导清单》，紧盯产业链条高端，充分运用规划招商、产业链招商、平台招商、零地招商等招商方式，全面开拓招商合作平台和空间，确保项目信息的获取渠道始终在高层次、高水准上承接。一批优质资源和高精尖项目，为全市经济社会的持续跨越发展提供了有力支撑，陆地方舟、东升石材等项目也逐渐成长为产业链的龙头项目，成为如皋市

如皋市新能源汽车产业招商签约

新的经济增长点。

强化服务保障，投资赢商环境进一步优化。坚持把优化发展环境、强化协调服务、促进项目落地作为推进招商引资工作的有力举措，牢固树立“发展靠项目、项目靠投资、投资靠招商”的理念，努力营造“一切服务于招商、一切有利于招商”的良好氛围。2016年，如皋市成立了重大项目服务推进领导小组，定期推进重点项目，形成了相对稳定成熟的项目推进机制。成立了南通地区首家行政审批局，实现了“一枚公章管审批”，进一个门，找一个人，盖一个章，办全部事，完善了各项投资发展激励政策，出台了科技扶持和人才招引的资助政策，持续强化服务保障，投资环境不断优化，赢得了投资商的好评，如皋成为投资的热土、兴业的高地。

新疆伊宁县后备干部培训班

“党校选学”专题讲座

中共如皋市委党校

“两学一做”宣讲

2016年，如皋市委党校以党的十八大和十八届三中、四中、五中全会精神为指导，学习贯彻全国、全省党校工作会议精神，以“服务中心、服务发展、服务党员干部”为抓手，创新思路，扎实举措，各项工作取得较好成效。

围绕中心，干部教育培训开创新局面

遵循规律，大力做好主体班培训。根据党校干部培训的新要求，顺应时势变化，借鉴先进党校办学经验，大力改革课程设置，把理论教育、党性教育作为培训重点。在2016年，共举办新疆伊宁青年干部赴南通如皋培训班、入党积极分子培训班、全市统战干部培训班等各类主体班、扎口班次19个，培训学员1453人次。

打造精品，提升现场教学水平。为了充分发挥党校对外宣传如皋、提升如皋美誉度的平台作用，市委党校大力拓展现场教学课堂。2016年以来共承接了中国浦东干部学院“中西部地区中青年干部培训班”、六期云南省委党校师资培训班、云南省委党校第三十八期中青班、南通党校2016年中青班等24个班次、1119人次的现场教学任务，有力地宣传推介了如皋创新发展的成就和经验，提升了如皋对外美誉度。

拓宽渠道，创新干部培训模式。一是办好“党校选学”课堂。在2016年，以“入脑入心入灵魂”为目标，市委党校继续常态化举办“党校选学”，每月2期为全市900多名市管领导干部提供“点菜式”选学课程，共举办24期，

入党积极分子培训班

培训人数4719人次，参学对象的反馈普遍很好。二是拓展对外培训思路。同市委组织部联合，积极与井冈山革命传统教育研究院、延安干部培训学院、大别山干部学院等合作建立党性教育基地，选送党员干部赴井冈山、延安、

现场教学

大别山等红色革命教育基地接受党性教育培训轮训。三是放大党校宣讲辐射面。围绕十八届五中、六中全会深入团市委、市法院、司法局、国税局等单位进行宣讲23场次。此外，市委党校选拔12名骨干教师组成“两学一做”学习教育宣讲团，历时两个多月，将“两学一做”专题党课送到全市14个镇（区、街道）、331个村和6个城市社区，首次实现专题党课全覆盖。

立足市情，不断提升科研资政水平

为地方党委、政府提供决策参考和决策咨询是党校基本职责。为了更好地发挥党校“智库”的作用，市委党校注重从以下几个方面开展工作。

围绕中心工作，深入开展调研活动。为充分发挥理论研究阵地作用，立足于党校的角度发现和研究问题，强调“理论研究出精品，调研课题贴中心”，在关注党校自身建设的同时，更多的关注如皋经济社会发展。2016年，市委党校围绕社区治理、新能源汽车、机构养老等全市中心工作深入开展调查研究，已形成调研成果并公开发表。

注重发挥科研作用，努力提高科研质量。2016年，共发表科研论文67篇，其中省部级以上27篇，获得各类成果奖12项（省级3项、南通市级6项、如皋市级3项）；围绕市委、市政府中心工作，开展专题社会调研，其中省级调研2项，共形成10份调研成果，为市委、市政府进行科学决策提供了现实依据和理论支撑。

着眼于发展大局，积极主动有所作为。强化党校正能量中心的辐射功能，市委党校连续12年正常编印“两报一刊”，突出每期一主题，为党政干部、企业管理者提供简便快捷的充电提升服务，为市委、市政府决策提供理论支持；与市委宣传部、《如皋日报》合作，在《如皋日报》开辟“雉水论坛”专版，每月一期，致力构筑着眼全市发展的理论实践探索新高地，增加内容编撰的党校元素；不定期编印《党校视角》，发挥党校科研资政功能。

拓宽渠道，社会卫生培训呈现新景象

充分发挥党校的教育资源优势，拓展社会培训和卫生职工培训，提升党校的社会贡献度和影响力。

在社会培训方面，积极与高校合作大力开展学历培训。南京审计大学如皋函授站成功获批，南通唯一，覆盖苏中。2016年开设党政类研究生函授班2个、本科函授班1个、大专函授班2个、网络学历班2个，共有在籍学员247人；素质提升班次有：江苏省公务员笔试班招生2期、公务员面试集训班招生2期、事业单位招考笔试培训班1期、事业单位招考面试培训班1期、如皋市卫计系统面试培训班1期等，合计培训人数达330人。

在卫生培训方面，继续与南通体臣卫校合作开办全日制中专护理班。目前在校中专班次4个，在校学生179人；与南通大学合作，面向全市卫生职工开展医学类学历函授培训，共有函授学员321人，向社会输送毕业生77人。市委党校狠抓规范管理，不断提升办学水平，以过硬的教学质量赢得了好评，被南通教育局表彰为“成人教育优秀校外教学点”，在创造社会效益的同时也实现了一定的经济效益。

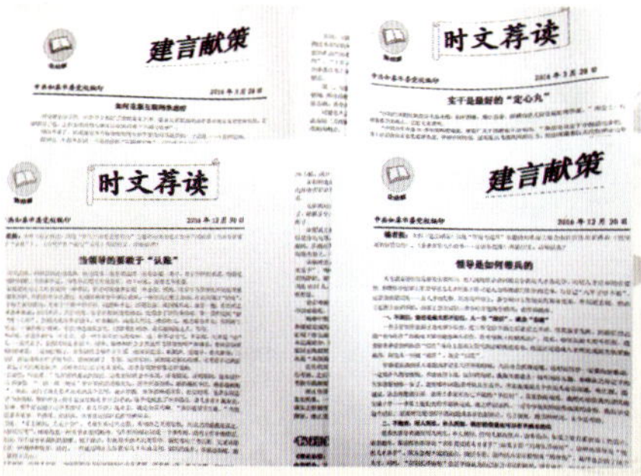

党校两刊

《党校视角》

主体班教学

如皋市教育局

2016年是“十三五”开局之年。在市委、市政府的正确领导下，如皋市教育局紧扣办人民满意教育的总体目标，以省教育现代化示范区建设为统领，深化教育领域综合改革，深入实施素质教育，取得了显著的成绩，教育现代化建设、教育教学质量、学校特色建设、教师队伍建设、教育服务能力实现新的高度，全市教育呈现出全面发展、蓬勃向上的良好态势，人民群众进一步真切感受到了教育的获得感、幸福感。如皋中考均分高出南通市14.04分。普通高考本二以上上线率79.71%，选修学科双B及以上达成率87.83%，均居全省榜首。对口高考本科上线人数连续12年领跑全省。在建成全国义务教育发展基本均衡县（市、区）、义务教育教师队伍“县管校聘”管理改革示范区及江苏省义务教育优质均衡发展县(市、区)、江苏省学前教育改革发展示范区，并成为江苏省教育现代化示范区、职业教育创新发展试验区建设单位和学前教育体制改革试点地区的基础上，如皋市蝉联“国家义务教育质量监测实施县级优秀组织单位”称号，通过“国家教育资源公共服务平台规模化应用试点”验收，入围第三批“国家级农村职业教育与成人教育示范县”建设单位，成为江苏省中小学校责任督学挂牌督导创新县（市、区）、江苏省社区教育示范区。学前教育、义务教育、高中教育、职业教育、终身教育等各类教育和谐共进，城乡教育一体化进程进一步加快。2016年，如皋市教育现代化建设水平监测综合得分列全省县（市）第5名，被省政府表彰为“江苏省促进义务教育均衡发展先进县（市、区）”。“教育优质均衡”已经成为如皋老百姓心中的满意品牌，也成为如皋重要的城市名片。

全省乡村教师支持计划实施情况座谈会在南京召开，如皋市应邀作交流发言

北京外国语大学附属如皋龙游湖外国语学校奠基，如皋教育国际化篇章翻开崭新一页

江苏省2016年小学教学改革与创新现场观摩会暨第四届全国中小学课堂教学创新成果博览会与会代表来如探寻课程改革的“如皋路径

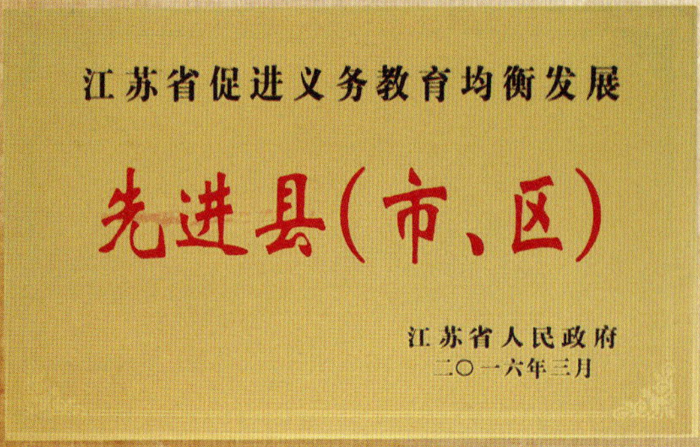

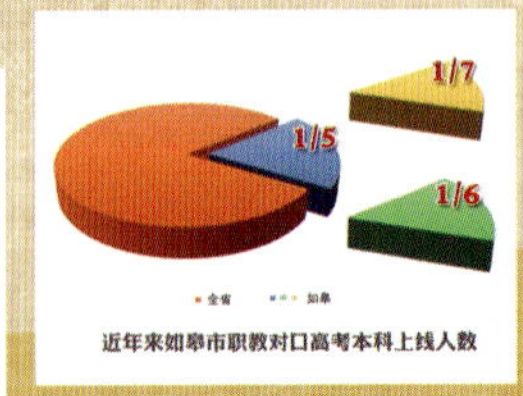

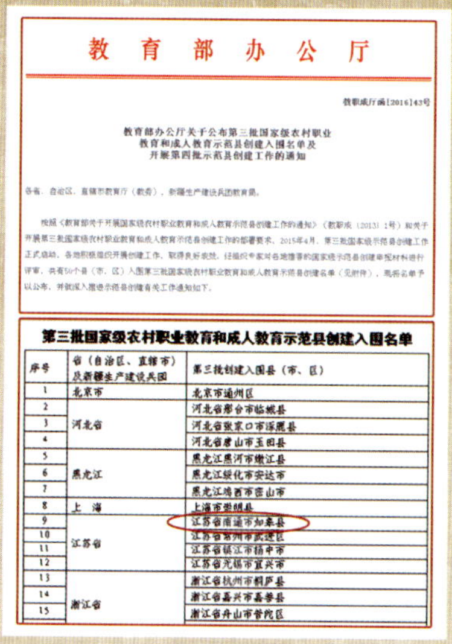

教 育 部 办 公 厅

教职成厅函〔2016〕43号

教育部办公厅关于公布第三批国家级农村职业
教育和成人教育示范县创建入围名单及
开展第四批示范县创建工作的通知

各省、自治区、直辖市教育厅（教委），新疆生产建设兵团教育局：

根据《教育部关于开展国家级农村职业教育和成人教育示范县创建工作的通知》（教职成〔2013〕1号）和关于开展第三批国家级农村职业教育和成人教育示范县创建工作的部署要求，2015年4月，第三批国家级示范县创建工作正式启动。各地积极组织开展创建工作，取得良好成效。经组织专家对各地推荐的国家级示范县创建申报材料进行评审，共有50个县（市、区）入围第三批国家级农村职业教育和成人教育示范县创建名单（见附件），现将名单予以公布，并就深入推进示范县创建有关工作通知如下。

第三批国家级农村职业教育和成人教育示范县创建入围名单

序号	省（自治区、直辖市）及新疆生产建设兵团	第三批创建入围县（市、区）
1	北京市	北京市通州区
2	河北省	河北省邢台市临城县
3		河北省张家口市涿鹿县
4		河北省唐山市玉田县
5	黑龙江	黑龙江黑河市嫩江县
6		黑龙江绥化市安达市
7		黑龙江鸡西市密山市
8	上海	上海市崇明县
9	江苏省	江苏省南通市如皋县
10		江苏省常州市武进区
11		江苏省镇江市扬中市
12		江苏省无锡市宜兴市
13	浙江省	浙江省杭州市桐庐县
14		浙江省嘉兴市嘉善县
15		浙江省舟山市普陀区

如皋成为第三批“国家级农村职业教育与成人教育示范县”建设单位

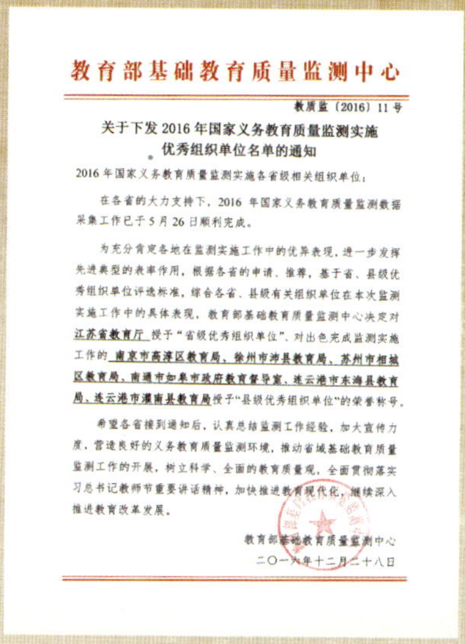

教育部基础教育质量监测中心

教质监〔2016〕11号

关于下发2016年国家义务教育质量监测实施
优秀组织单位名单的通知

2016年国家义务教育质量监测实施各省级相关组织单位：

在各省的大力支持下，2016年国家义务教育质量监测数据采集工作已于5月26日顺利完成。

为充分肯定各地在监测实施工作中的优异表现，进一步发挥先进典型的表率作用，根据各省的申请、推荐，基于省、县级优秀组织单位评选标准，综合各省、县级有关组织单位在本次监测实施工作中的具体表现，教育部基础教育质量监测中心决定对江苏省教育厅授予“省级优秀组织单位”、对出色完成监测实施工作的南京市高淳区教育局、徐州市沛县教育局、苏州市相城区教育局、南通市如皋市政府教育督导室、连云港市东海县教育局、连云港市灌南县教育局授予“县级优秀组织单位”的荣誉称号。

希望各省接到通知后，认真总结监测工作经验，加大宣传力度，营造良好的义务教育质量监测环境，推动省域基础教育质量监测工作的开展，树立科学、全面的教育质量观，全面贯彻落实习总书记教师节重要讲话精神，加快推进教育现代化，继续深入推进教育改革发展。

教育部基础教育质量监测中心
二〇一六年十二月二十八日

如皋蝉联“国家义务教育质量监测实施县级优秀组织单位”称号

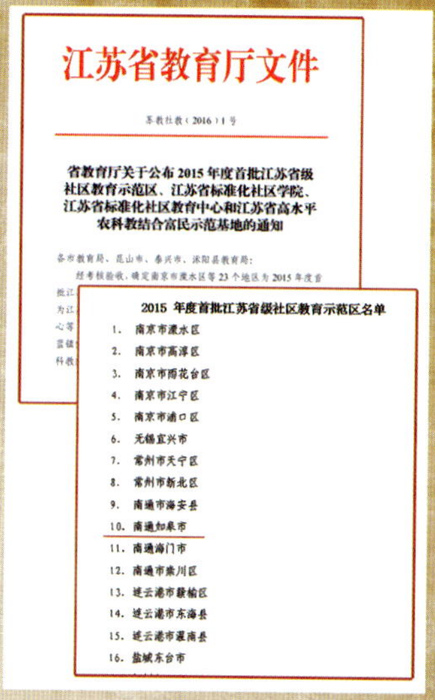

江苏省教育厅文件

苏教社教〔2016〕1号

省教育厅关于公布2015年度首批江苏省级社区教育示范区、江苏省标准化社区学院、江苏省标准化社区教育中心和江苏省高水平农科教结合富民示范基地的通知

各市教育局、昆山市、泰兴市、沭阳县教育局：

经考核验收，确定南京市溧水区等23个地区为2015年度首

2015 年度首批江苏省级社区教育示范区名单

1. 南京市溧水区
2. 南京市高淳区
3. 南京市雨花台区
4. 南京市江宁区
5. 南京市浦口区
6. 无锡宜兴市
7. 常州市天宁区
8. 常州市新北区
9. 南通市海安县
10. 南通如皋市
11. 南通海门市
12. 南通市崇川区
13. 连云港市赣榆区
14. 连云港市东海县
15. 连云港市灌南县
16. 盐城东台市

如皋成为首批“江苏省社区教育示范区”

江苏省幼儿园课程改革现场推进会在如皋召开，如皋幼儿园课程游戏化受到广泛关注

如皋乡村教师吴红芳当选“中国好人”

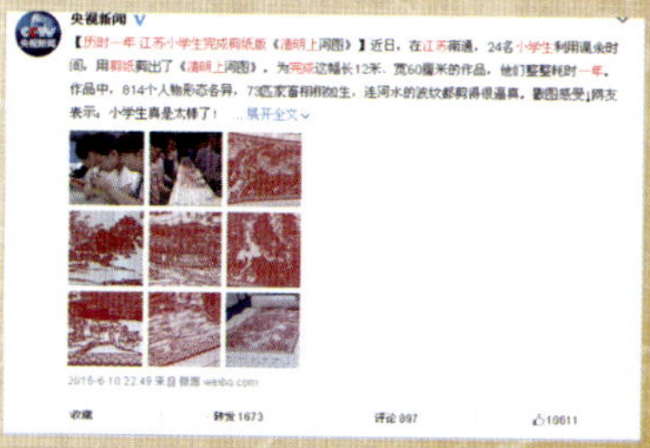

央视等国家级媒体聚焦如皋学生社团建设

如皋市司法局

宪法宣誓活动

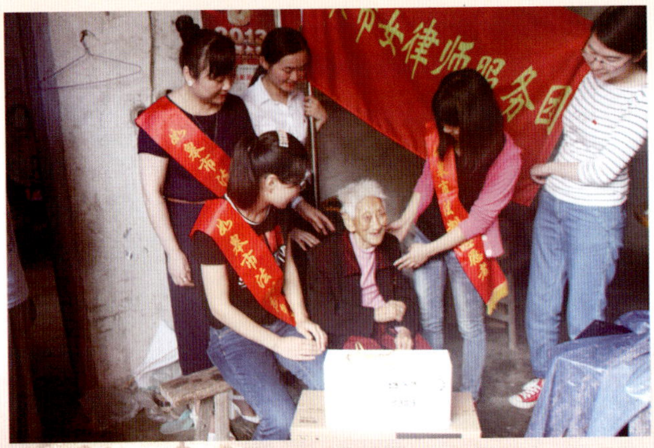

女律师服务团为民解困

如皋市第六届“大调解宣传月”街面服务活动

2016年，如皋市司法局被评为江苏省优秀县（市、区）司法局、全省司法行政系统绩效考评优秀单位，市法宣办被评为全国法治宣传教育先进普法办公室，7个创新创优项目受到省司法厅主要领导批示肯定，2项创新工作在全省推广应用。

公共法律服务的普惠性进一步展现。局领导带队走访调研“一带一路”企业，提请市政协主席会议专题协商律师工作。以个性化需求为导向，整合法律资源，研发“个性订制”系列法律服务产品，组建律师“6团6站”，提供“点援、点调、点单”三点服务，为个人、企业、社会团体等各层面对象提供方便高效的法律服务，“个性订制”法律服务产品被省司法厅厅长柳玉祥批示要求在全省系统内应用推广，并入选全省第二届司法行政青年创客优秀成果展；开展“法润雉水”春风行动，“法律服务进社区（村居）”“12348法润千万家”司法宣传日活动。实施法律援助墙体广告五年全覆盖工程，各镇（区、街道）积极推进实施，发布墙体广告66幅。完成司法部残疾人法律服务社区参与式评估项目，开发盲文版法律援助工作手册，启动全市法律援助黄丝带行动，开展残疾人法律需求评估，社区参与式法律需求评估工作在司法部会议上作交流。针对农民工、残疾人、老年人、妇女儿童、军人军属、在押人员六类特殊人群提供精准服务，全年办理法律援助案件1781件，来访咨询12552人次。市公证处克服制度障碍，创新工作思路，想方设法为港口企业融资提供公证服务，保证了重点项目的顺利推进。2016年，推出公证“家庭顾问”和“企业顾问”系列服务，办理各类公证事项4602件，受到当事人的欢迎和好评。

矛盾纠纷排查调处的影响力进一步扩大。推进矛盾调解法治化建设，创新建立“菜单式”服务机制，推行调解协议法律适用备注等创新举措，成立价格争议调解中心、水域纠纷调解组织，在南通率先成立医患纠纷调处机构；出台《如皋市矛盾纠纷网格单元操作规定》，组织调解员等级评定，开展以“调解，助推法治建设”为主题的人民调解宣传月活动，通过街面宣传、专项排查、案例评比、调解员培训等“六个一”形式，提高人民调解的社会影响力。全年市镇村三级调解组织共排查受理调处矛盾纠纷

全市社矫安帮“三检查三规范”推进会

4638件，比上年同期上升17.83%，调处成功率99.3%，未发生因调解不当或调解不力而引发的民转刑、群体性事件、越级上访事件。专职调解员队伍“三化”建设“三三”模式、如皋“裁调对接”工作经验获省司法厅主要领导批示，“三三”模式荣获全省司法行政队伍建设创新三等奖。

法治宣传教育的针对性进一步提高。科学制定如皋市“七五”普法规划，经市人大常委会批准，市委、市政府联合进行发文。深入开展“法律六进”活动，深化法治文化建设，启动“普法快递通万家”工程，组织开展“加微信、学法律、定期抽奖”活动，先后推出5期5万份；组织赴14个镇（区、街道）开展“法治创和谐”文艺调演和巡演；结合群众身边的典型案例，以案释法开展法治宣传，与《如皋日报》、如皋发布等线上线下媒体合作刊出16期；建成“润法”社会组织培育发展指导中心、法治驿站志愿服务协会，全市27家法治驿站在民政部门办理登记。推进基层民主法治

浙江大学•如皋市司法行政干部能力提升培训班

建设，全市347个村（社区）均已达到南通市级标准，建成国家级民主示范村2个，省级民主法治示范村135个，基层民主法治创建工作经验在全省会议上作介绍。

特殊人群服务管理的实战性进一步增强。严把社区矫正“入口关”，推广矫正环境评估“合议制”，对各司法所开展的监管教育活动进行全时段“常态化”监督。按照“四统一”要求，严格执行每月不小于八小时教育学习和社区服务的规定。开展“双严双实”集中整治活动，纠正违纪违规行为，组织社矫安帮业务培训。制定《社区矫正集体通案办法》，规定10种情形需集体通案，现已开展集体通案4例。《如皋市推行社区矫正执法“质量认证”》和《如皋市安置帮教工作突出精准、务实》《如皋市规定社区矫正10种情形需要集体通案》等多项工作获省厅主要领导批示。

队伍建设的保障力进一步提升。开展“两学一做”学习教育，重点落实“1+4+N”举措。省厅“四个全覆盖”体系建设考核得分位于全省前列，专职调解员队伍“三

如皋市司法局爱心捐款

化”建设“三三模式”被省厅通报表扬。如城街道司法所新大楼装修、改造工程完成正式启用，总投入400多万元，办公面积1100余平方米。打造每月读书日领学品牌，多渠道开展岗位练兵活动，依托浙江大学组织年度司法行政干部能力提升培训班。推进局领导带班督察制度，出台《机关作风和效能问责办法》。全市“双联双助”工作现场推进会参观联助帮扶的申徐村现场。局党总支被如皋市委表彰为先进基层党组织，公证员朱华同志荣获如皋市五一劳动奖章，政工科长陆建梅埋头苦干，创新实干，具体负责的机关党建工作多次代表如皋市接受外地考察和南通考核验收，受到广泛好评，2016年8月份光荣当选南通市第十二次党代会代表。

如皋市人力资源和社会保障局

市委书记陈晓东视察市人力资源市场

如皋市“人社杯”船舶焊工职业技能大赛

市委组织部副部长、市人社局党委书记、局长纪成如调研石庄小樱时装

南通机关事业单位养老保险制度改革现场推进会

2016年，市人社部门按照各项指标“南通第一、全省前列、全国有影响”的目标定位，坚持“民生为本、人才优先”工作主线，凝心聚力，扎实工作，锐意改革，奋发进取，全面完成和超额完成全年各项目标任务，实现了“十三五”良好开局。

就业创业优质充分

创业带动就业成效明显。深入实施就业优先战略和更加积极的就业政策，出台了《关于进一步做好新形势下就业创业工作的实施意见》，新增创业2237人，引领大学生创业283人，新增入库创业项目46个，扶持农村劳动力自主创业722人，发放创业贷款1636万元。“互联网+创业”深度融合。借助就业“直通车”，在项目推介、政策推送、创业培训、数据分析、创业服务等方面，实现了线上资源与线下资源、线上平台与线下平台的全面融合。积极申报“全国网络创业培训试点县市”，市技工学校被认定为省创业培训实训示范基地。“苏中红木大世界”成功创建省创业孵化示范基地。如皋尚学堂教育培训、花卉电商平台建设、家庭农场生态养殖种植3个创业项目入选省大学生优秀创业项目；南通恒绿园林建设工程有限公司、南通友博艺术品有限公司2家特色产业被认定为南通市“互联网+传统特色产业”十佳创业典型；如皋华夏花卉市场被评为南通市“十佳品牌创业孵化基地”。

就业形势稳中向好。紧扣市场，服务企业，努力化解用工矛盾。抓住春节招工有利时机，市、镇、村三级成功举办“春风行动”，人力资源实体市场和“就业直通车”虚拟市场实现双向联动。就业“直通车”企业注册率达100%，新增个人用户近7000人，累计点击率70万余次。策应人口导入规划，动员在外务工人员返乡就业，组织企业到各大院校、劳动力输出县（市）进行宣传推介，形成招引合力。建成劳务合作基地21家，劳动力回（外）引7021人。精准发力，积极做好高校毕业生、退役军人、失地农民和就业困难家庭等群体就业工作，建立20家大学生就业见习基地，新增城镇就业7682人，城镇失业人员再就业3522人，扶持就业困难人员再就业412人，城镇登记失业率1.85%。2016年，如皋市被评为全省创业型城市示范市。

社保体系不断完善

社保改革纵深推进。稳妥推进机关事业单位养老保险制度改革，严格参保人员核定登

人社部专题调研如皋资格认证工作

如皋市3名选手参加世界技能大赛全国选拔赛

市人社局赴十里社区举行健康义诊活动

记，南通市机关事业单位养老保险制度改革现场推进会在如皋召开。顺利实现与南通“五险”并轨工作，推进如皋基本医疗保险全国联网和异地就医住院医疗费用直接结算工作，更好保障参保人员基本医疗保险权益。社保扩面持续推进。坚持行政推动和依法征缴相结合，职工五险扩面平均新增1.32万人，居民基本养老保险征缴35.11万人，城镇居民医保参保11.96万人，失地农民纳入保险11.5万人。机关事业单位养老保险参保2.97万人。全面推进“全民参保登记计划”，居保征缴速度全省领先，“坐收”模式在全省征缴动员大会作经验介绍。全年征收各类基金47.7亿元，各类社保待遇及时足额发放。

基金监管不断加强。修订完善社保基金内部监督管理办法；出台《如皋市基本医疗保险就医购药管理办法》等7个文件，强化医保两定管理，医保定点药店视频监控推进到位；定期分析社保基金运行情况，严厉打击骗保行为，查处养老金冒领32起，追缴金额29.02万元。查处医保骗保一起，追缴金额近5万元，审核拒付医保不合规费用近94.1万元；及时暂停3086名居（失）保待遇享受不符合条件人员。全面落实“三降一补”，降低实体经济成本，支持企业发展。降低失业、工伤、养老保险单位缴费费率，全年为用人单位减轻负担1.1亿元。为符合条件的130多家企业发放稳岗和社保补贴784万元，惠及职工1.4万人。

市人社局向十里社区赠送万元物资

市人社局开展志愿服务进社区主题活动

“书香沁人社、文化润心灵”经典诵读比赛

人事人才工作富有成效

人事管理严格规范。全省高校教师、省建筑企业职称改革座谈会在如皋召开。公务员平时考核工作成效明显，如皋作为县级市唯一代表在全省推进会上作经验交流。工资审核、津补贴发放、参公人员职务职级确定严格规范。事业单位工作人员招聘、机关事业单位劳动合同制人员招聘公开公正。事业单位新一轮岗位聘用合同签订签证率95%以上，新录用人员聘用合同签订签证率100%。转业军官计划安置到位。举办新录用事业单位人员和首期军转干部培训班。企业军转干部群体保持稳定。

人才开发力度加大。“222”工程引进人才2103人。新增专业技术人员5829人。省级“六大人才高峰”资助项目获批7项，创历史新高，领跑南通。成功举办法国、以色列等外国专家组织项目现场对接会。泰仓农化的托莫斯获得省双创人才高技能创新类项目资助。新增隆昌化

“共筑人社梦·青春勇担当”演讲比赛

市人社局“三送”活动之送欢乐

工为省级博士后创新实践基地。

加强高技能人才队伍建设。出台《如皋市“十三五”高技能人才行动方案》，积极开展定单培训、定单招工、定单服务，全年职工岗位技能培训1.59万人，职业技能鉴定取证1.65万人，新增高技能人才0.83万人，其中技师和高级技师1331人。组织南通市首批企业服装技师等级评价。弘扬“工匠精神”，开展技能大赛。成功举办“人社杯”船舶焊工、花卉园艺师（盆景工）、自来水行业供水管工、城管系统行政执法和环卫技能等竞赛。南通工程测量员技能竞赛现场会在如皋召开。经过层层选拔，如皋3名选手获参加世界技能大赛全国选拔赛资格。市技工学校成功申报国家级新能源汽车产教融合项目，会同经济技术开发区承办全国节能与新能源汽车产教联盟专家委员会成立大会暨全国新能源汽车产教融合发展论坛，全国近60所高等院校、职业院校与企业生产企业参加会议，助推如皋节能与新能源汽车产业快速发展。

劳动关系和谐稳定

出台《关于构建和谐劳动关系的实施意见》。深入开展劳动保障法规系列主题宣传活动，组织劳动关系协调员培训。加强工资分配指导，最低工资标准调增至1600元/月，非全日制用工调至14元/小时，扎实推进工资集体协商，严格推行企业劳动保障信用分类管理。推进工程建设领域农民工实名制管理，落实总承包单位工资清偿责任。受理各类劳动保障案件141件，妥处群体性事件29起，涉及职工2232人，其中欠薪21起，涉及金额2398万元。加强两网化数据专录员业务培训。劳动监察网格作用渐显，化解劳资纠纷413件。打造阳光仲裁。全年受理仲裁案件698件，审结664件，其中10人以上集体案件11起，以裁决方式处理263起，占案件处理数39.6%；以调解、撤诉方式处理401起，占处理数60.4%。推进乡镇街道示范仲裁庭规范化建设，经济开发区仲裁庭被确定为省巡回仲裁庭。南通庭审观摩活动在如皋召开，2016第11号仲裁文书被评为南通市优秀裁决文书。如皋调解仲裁网格建设、仲裁庭审观摩活动、以案说法等工作获省人社厅高度肯定。

公共服务全面加强

省内率先启动居保养老待遇指纹认证、人脸识别认证，人社部社会保险事业管理中心书记尹志远对如皋退休人员养老金领取资格认证工作给予充分肯定。统筹规划系统信息化建设，以“一网一卡一号一平台”为重点，打造“智慧人社”公共服务系统。拓宽人社网站、“如皋人社”微信平台服务渠道；12333服务热线接听热情专业，二季度获全省12333电话质量水平评估县级第一名。自助服务一体机从单一“就业服务”向全方位“人社服务”拓展延伸；出台社保卡三年规划，利用三年时间，实现社会保障卡应用“三个全覆盖”【社会保障卡发卡对象覆盖全部参保人员、社会保障卡金融服务覆盖全部行政村(社区)、社会保障卡应用覆盖人社全部用卡业务】。重点推进六个方面的功能应用【电子凭证应用、信息记录应用、自助查询应用、就医结算应用、缴费和待遇领取应用、金融支付应用】。优化经办服务。建立窗口管理明察暗访、绩效

镇村自助服务一体机

考核、跟踪反馈“三位一体”的监督体系，确保工作人员“在岗在行在状态”。认真办理人大代表、政协委员建议意见，加强来信来访工作，密切关注各类特殊群体生活待遇和稳定工作。灵活就业人员、居民医保参保对象实现网

银缴费。社保业务网上办理平台开通企业增至1300多家。设立业务大厅“导服台”。“医保1+1”结对服务持续开展。狠抓基层平台建设，镇、村（社区）全面部署自助服务终端，推动经费、人员、项目向基层倾斜。持续加强文化

如皋市退休人员声乐比赛

建设。建立每月25日“集中学习活动日”制度，开设“人社业务讲堂”。举办办文办会办事实务、服务礼仪等系列培训。成功举办“共筑人社梦，青春勇担当”“五四”青年节演讲比赛、“书香沁人社、文化润心灵”庆“七一”经典诵读比赛、“雉水之夜”人社专场文艺演出。加强退休人员社会化管理，开展退休人员书画、摄影作品展和声乐大赛等活动，丰富了离退休人员业务文化生活。加强干部队伍建设。选优配强干部队伍。组织中层以上人员赴井冈山开展理想信念专题教育。强化系统各个层面、各类人员的日常考核。组织开展社保专管员和医保专管员业务培训，人社干部队伍综合素质有效提升。

2016年，市人社部门关注民生、优化服务，市政协民主评议满意率和基本满意率100%。创新转型，聚焦富民，站在全面建成小康社会的新起点上，如皋人力资源和社会保障部门将围绕中心、服务大局、心系民生，一路前行，持续推动社会就业更加充分更高质量、社会保障更加公平更可持续、人才队伍更加壮大更加优质、人事管理更加规范更加科学、劳动关系更加稳定更加和谐、公共服务更加全面更加高效，推动人力资源和社会保障事业全面协调可持续发展，为实现如皋走在南通全面建成小康社会前列的奋斗目标谱写民生幸福的新篇章。

“雉水之夜”人社专场文艺演出

如皋市住建局

副省长张雷视察如皋海绵城市建设

扎实推进城市绿色节能

2016年，市住建局在中心城区完成基础设施投入7亿元，建成安置房60.3万平方米，新增绿化56万平方米，城区绿化覆盖率达到43.67%，捧回2个国家级大奖，完成6个省级创建，圆满完成了市委、市政府既定的目标任务。《中国建设报》先后以《如皋迈上生态节水新高地》《建设海绵城市 打造宜居皋城》为题，重点报道了如皋城市建设的新成效，有力提升了如皋的知名度和美誉度。

突出一个“创”字，城市发展转型加快。以打造生态宜居环境为统领，加快推进国家节水型城市、省级海绵城市试点、人居环境范例奖创建工作，助推城市发展转型。国家节水型城市通过验收。在建成“江苏省节水型城市”的基础上，重点打造了一批省级节水型小区和单位，推动节水设施与海绵理念无缝对接，顺利通过现场考核和公示环节。省级海绵城市试点获批。成功跻身为“江苏省海绵城市建设试点”城市，成为苏中、苏北唯一的试点县级市（区），连续三年获得不少于6000万元的省级专项补助。研究出台《试点区域规划建设管理办法》，编制完成《实施项目可行性研究》和《暴雨强度公式及雨型研究》，扎实推进《海绵城市专项规划》编制工作。人居环境范例奖再创佳绩。东大街历史文化街区保护项目获评“中国人居环境范例奖”，龙游湖风景区、白蒲镇小城镇建设2个项目通过“江苏人居环境范例奖”现场考核。累计有6个项目获评“江苏人居环境范例奖”，1个项目获评“中国人居环境范例奖”，为创建中国人居环境奖奠定坚实基础。

突出一个“优”字，市政工程扎实推进。全面融入海绵城市建设理念，着力发挥基础设施对雨水的吸纳、蓄

常态化开展廉政教育活动

渗和缓释作用，实现城市排水防涝能力的综合提升、雨水资源的高效利用。完善市政设施。围绕畅通城区出行体系，大力推进育贤路、广福路等6条市政道路改造工程，实施益寿路、海阳北路等4条道路管网改造工程；实

海绵型通城桥停车场

施海阳路与惠政路交叉口渠化和紫光路与惠政路对接工程，建成通城桥东侧“海绵型”生态停车场；进一步畅通绿色交通系统，公共自行车点位累计达到66个、自行车1700多辆。畅通城区水系。将市政府为民办实事的城区水系清洁畅通工程，作为全局工作的重中之重，明确责任，严格考核，累计完成河道整治2600米。完成外国语停车场至益寿路段的幸福河整治工程。完成志颐路至花市路段、宣化路桥西至海阳路段的城南中心河整治工程。强化长效管理。配备专职巡查人员，成立市政抢修队伍，及时整修坑塘、龟裂问题路面3.4万平方米，维修人行道1240平方米，出新道路标线1.3万米，管网清淤2.4万米，确保城区通行顺畅和城市排涝。

突出一个“高”字，生态环境持续改善。重点打造境绿城秀的生态风貌和绚丽高雅的城市夜景，城市影响力和美誉度不断提高。提升绿化品位。完成了中央商务区四期、皋南河、海阳路与惠政路交叉口、紫光路与惠政

蓝天下的照明人

路对接处、海阳南路等绿化建设工程；对城区绿化开展精细化管护，城市主次干道破损树池、损毁绿化得到及时补修。强推绿色节能。133#安置小区、新生桥市场、中交美庐城3个项目获得国家二星级绿色建筑设计标识。在南通县（区）中率先设立2000万元的绿色建筑专项引导资金，出台《绿色建筑和墙改专项引导资金管理办法》和《关于加强如皋市绿色建筑项目管理的通知》，审查绿色建筑设计20个、绿色建筑面积123.9万平方米，审查数量和面积均创历史新高。塑造特色夜景。完成海阳路、紫光路与惠政路渠化工程亮化改造、青云路停车场亮化工程；完成中央商务区四期、御龙湾二期、70#地的

精致慢生活的东大街

亮化工程；对东大街、集贤里等主要街巷进行亮化提升，城市夜景进一步彰显。大力推广绿色照明，推进中山东路（李渔路至万寿桥）、解放路LED节能灯具改造，得到专家的充分肯定。推进城市照明智能化管理，新装监测系统47个，城区亮灯率始终保持在99%以上。

突出一个“实”字，民生工程稳步推进。坚持民生优先，优化资源配置，着力提高群众的获得感和满意度。强化安置房建设质量。完成29#、30#、70#B和中央商务区四期安置房建设，并如期交房；114#、133#地块安置房建设在提高建设品质、保证建设质量的同时，主体建设按时竣工。推进配套设施建设。扎实推进新生桥市场建设，目前主体已竣工；以PPP模式推进同源污水处理厂改扩建工程，目前土建工程已结束，设备设施安装已到位，配套管网铺设完成100%，即将进入试运行阶段。提升供水能级。完成石庄、桃园、磨头3座泵站14台设备升级改造，推进远程实时监控和镇级水厂远程闭路电视监

镜花水月的龙游河生态公园

控系统全覆盖，组织市级督查8次，强化镇级供水监管，提升供水质量。

突出一个“特”字，文化底蕴不断挖掘。本着尊重历史、保护历史的原则，通过风貌整治和深度开发相结合，不断挖掘城市文化底蕴。推进风貌整治。按照“由表及里、由点到面、先易后难”的工作思路，先后修缮46户红砖红瓦建筑，完成秀女巷南段路面及下水道整治工程，恢复了东大街的风貌景观，串联形成了具有特色的主要旅游线路。建设景区新亮点。先后对碧霞路18号院落、东大街19号院落“王熊纪念馆”、药王庙等进行修缮整理，形成相对独立、完整的院落，用于旅游文化产品的经营，着力打造城市历史文化展示窗口。营造商旅氛围。积极鼓励、引导沿街巷居民将闲置房源出租，用于文化工艺品和地方特产经营，新增36家店面，累计达到182家，街区人文氛围和商业气息不断攀升。

突出一个“精”字，村镇建设成效明显。遵循“精准化、精细化、精致化”的建设要求，聚焦城镇建设项目这一主线，着力在补齐、补短、补软上取得突破。加强服务指导。围绕“一季度突出绿化，二季度突出亮化，三季度突出道路管网建设，四季度突出房产去库存化”的推进理念，引导各镇侧重于城镇功能建设的查漏补缺和精雕细琢，促进各项工作高效突破。注重城镇创建。以国家和省历史文化名镇、江苏省特色景观旅游名镇为抓手，推动白蒲镇做好“全国建制镇示范试点”工作，下原镇获批全省重点及特色镇保护与发展项目。打造美丽乡村。指导和推动白蒲、磨头、江安、下原等镇加快省级试点村庄

落英缤纷的雉水路

恬静惬意的东大街老院落

建设，白蒲蒲东、磨头新联、如城贺洋3个社区成为2016年度省级“美丽乡村”示范村，如城顾庄社区和石庄张杨园社区跻身省级传统村落保护名单，完成40户农村危房改造及13户以船为家渔民上岸安居工程。

小品点缀清水绿廊

突出一个“强”字，行业管理规范高效。以“树行业新风、促行业发展、塑行业形象”为主题，把服务群众、服务基层、服务全市经济建设大局贯穿于工作始终，不断强化行业管理，提高监管能力。强化图纸审查工作。积极拓展审查规模，全面落实图纸审查终身责任制，切实提高施工图审查以及勘察、设计质量和水平，着重审查是否存在违反强制性条文和标准，并提出合理化建议。全年累计审查各类建设工程136项，单位工程367个，建筑面积156.84万平方米，审查勘察报告99项，出具勘察报告80份，出具施工图审查合格证104份。加大质量监管力度。在苏中、苏北县级市中率先启动质量安全标准化工作，从审图、造价、质监等多项职能入手，强化科室协作和整体联动，有力查处建筑质量问题。充分发挥行业监管职能，通过多变的监督方式，严查违法违规施工行为，检查项目87个，发现并整改问题隐患503条，质量终身责任制落实率、永久性标牌设置率均达到100%。提升服务效能。严格依法行政，办理行政诉讼39件、行政复议5件、信息公开81件、信访件42件，获评综治平安建设先进集体；及时处理人大代表建议、政协委员提案63个，办理市长热线178件、数字城管交办事项1000余件，切实做到“事事有着落，件件有结果”。

突出一个“严”字，党建工作富有成效。始终坚持“围绕城建抓党建，抓好党建促城建”的工作思路，有效推动党建工作和城建工作相辅相成、相得益彰。扎实开展“两学一做”学习教育。把思想建党作为首要任务，开展主题演讲、征文赛等系列活动12次，专题研讨3次，切实增强“四个意识”，严肃党的政治纪律和政治规律。持续打造机关品牌。通过举办“五一”“十一”等系列文体活动、举办心理健康辅导讲座等多种形式，丰富机关文化生活，陶冶干部职工的道德情操。不断强化队伍建设。新增24名工作人员，其中选调公务员2名，安置军转干部1名，招录事业单位技术人才4名，招录企业工作人员17名，更新了知识构成，健全了人才梯次。切实加强廉洁自律。开展“家庭助廉”座谈会，参观长江镇预防职务犯罪警示教育基地，明察暗访6次，提醒谈话6人，立案查处1人，加强系统作风效能建设，获评2016年度机关作风效能建设优秀单位。

护城河上春意闹

如皋市建工局

江苏江中集团承建的淮海人力资源交流服务中心（国优奖）

泰州市公安局（参建鲁班奖）

如皋市广播电视传媒中心（元辰公司中国安装之星奖）

2016年，全市共有年产值超亿元建筑企业62家，其中，产值超100亿元建筑业企业2家、超50亿元建筑企业3家、超20亿元7家、超10亿元12家。全市纳税百强企业中，有建筑企业13家。全市建筑队伍人数约20万人，其中工程技术人员2万人，建筑队伍遍及全国28个省、市、自治区和俄罗斯、美国、日本、新加坡、阿联酋等多个国家和地区。2016年末，全市境外建筑业劳务人员2000余人。面对错综复杂的经济形势，全市建筑系统广大干部职工积极响应市委、市政府重要决策部署，立足良好基础，创新发展思路，凝聚发展合力，激扬发展斗志，建筑业呈现出量增质优、量质并举的良好态势，为行业转型奠定了良好发展基础。2016年，全市完成建筑业总产值931.57亿元，增长22%；新签合同额达779.27亿元，增加34%；在手施工面积1.25亿平方米，增加16%；承建高层5894栋，增长29%；承建超高层1029栋，增长3%；缴纳企业所得税3.2亿元，六建、江中、中如、标龙、戴庄等13家建筑业企业荣膺全市2016年度纳税百强企业。建筑业主要经济技术指标完成情况好于预期，继续位于全省县（市）前列。

【产业结构调整】企业结构调整。资质结构日趋优化。顺利完成2016年建筑企业资质换证工作，全市共有特级资质企业2家、一级资质企业27家、二级资质企业100家。一级以上资质企业施工总产值占全市建筑总产值的70%。企业重组取得成效。南通六建成功实施“股本结构、资产债务”改革重组，中如建工集团注资控股51%，有效解决了管理及债务等方面问题。2016年，集团荣登中国民营企业500强（位居196位），全球工程承包商和国际工程承包商的位次分别前移3位和18位。

经营结构调整。经营方式优化调整。江中集团房建施工转向“超高特大难”高端项目，房产开发聚焦精品住宅。中如、常青、标龙等企业改革创新管理体制，有效分离决策层与经营层，决策管理的质效大幅提升。

市场结构调整。商业模式加快转型。中如、常青、源丰、九华、新飞扬等公司结合自身优势，注重对接产业链上下游优质企业，与央企、上市企业和实力强劲的民企结成战略同盟，成功拓展市政公用、铁路桥梁、水利水电、装修装饰、园林绿化等专业领域，高附加值市场占有份额持续提升。

【工程创优】精品工程再上台阶。全行业共创鲁班奖1项、国优奖3项、省级以上优质工程奖17项。德佳幕墙首获装饰工程参建鲁班奖，实现如皋建筑业装饰工程鲁班奖零的突破，江中集团、元辰安装、蓝星装饰分获国家房屋建筑专业、安装专业、装饰专业国优奖。安全文明程度再创新高。江中集团创国家“AAA级安全文明标准化工地”2项，全行业获省级以上安全文明标准化示范工地8个。

【科技创新创优】科技创新成果丰硕。全行业共获国家级工法2项、省级工法12项、省级建筑业新技术示范工程10项、发明专利6项、实用新型专利4项。中如、标龙两家企业不断加大科研投入，积极筹建省级技术中心；六建、江中、标龙、戴庄等企业积极应用BIM信息技术用于项目施工过程控制，工程质量进一步提升。人才队伍不断壮大。全年共200余人全取得建筑工程类中级以上职称，行业拥有省“333”工程和南通市“226”工程培养对象6人、一级建造师1075人、二级建造师2756人。

2016年，全市建筑企业总数达285家。按企业主要资质分，有特级企业2家、一级企业26家、二级企业99家、三级企业76家、不分级别企业68家、劳务分包企业14家。按企业主要资质的序列分，有总承包企业109家，占企业总数的38.3%；专业承包企业162家，占企业总数的56.7%；劳务分包企业14家，占企业总数的5%。全市年内新增一级建造师453人、二级建造师860人。

【企业资质管理】年内，市建工局引导组织建筑业企业对照新资质标准，严格按照省市业务主管部门规定的序时进度更换启用新版资质证书，全市原312家建筑业企业除原资质被取消外，其余285家企业确保应换尽换。

【建筑市场和施工现场管理】年内，市建工局组织特种作业人员岗位教育培训1350人、安全生产管理培训2000余人、岗位教育培训3000余人，考试合格率为98%。会同市住建局、监察局等部门，按季度对全市所有在建工程进行综合大检查，及时发现建筑市场和施工现场工程质量、安全等方面存在问题、隐患，教育提醒相关责任主体。全年受监2015年结转工程87个、建筑面积337万平方米，2016年新工程40个、建筑面积390.2万平方米，实现工程结构安全、使用功能和观感质量三大保证目标，住宅工程分户验收覆盖率100%、合格率98.5%、质量终身责任承诺制度落实率100%、永久性责任标牌制度执行率100%。定期检查工程项目的建设、勘察、设计、施工、监理单位五个方面的责任主体质量行为，突击检查商混企业，涉及工程项目104个，发现问题和隐患1948条，下发隐患整改通知书59份，收到及时整改回复59份、停工通知书6份，整改率为99.1%。全市全年未发生较大安全生产事故，35个工地被评为如皋市以上安全文明标准化工地。

南通市图书馆近景

中国建筑工程装饰奖
获奖证书
（建筑幕墙类）
南通蓝星装饰工程有限公司：
你单位承建的南通市图书馆及综合服务中心等业务用房幕墙工程荣获二〇一五~二〇一六年度中国建筑工程装饰奖。
特发此证
承建范围：室外幕墙。
证书编号：ZJ1651041
二〇一六年十一月

江苏江中集团有限公司：
你单位施工总承包的淮海人力资源交流服务中心荣获2016-2017年度国家优质工程奖。
特发此证。
中国施工企业管理协会
二〇一六年十二月

如皋市交通运输局

市委书记陈晓东一行调研交通工作

市委副书记、市长何益军调研交通工作

2016年，是“十三五”的开局之年，市交通运输系统在市委、市政府的正确领导和上级交通运输主管部门的大力支持下，解放思想，开拓创新，攻坚克难，各方面都取得重要进展和明显提升，圆满完成全年目标任务，实现了“十三五”良好开局。

交通重点工程建设实现新突破。2016年，如皋市交通运输局积极拓宽融资渠道，融通资金，确保重点工程顺利推进，全年完成投入8亿元。一是公路工程有序推进。355省道东段（新东线）拓宽改造工程已完工；通皋大道如皋段已立项，工可、环评、土地预审及稳评报告已获批。226省道如皋新建段工程初步设计、施工图设计均已获批；226省道（白雪线）和603省道（如港路）路面养护改善工程施工图设计已通过省公路局的审查，其中226省道路面养护改善工程已列入省公路局2017年建设计划；全面完成蒲黄线东段、皋高线西延及连申线薄湾大桥两端接线绿化；完成20座农桥改造，100公里提档升级和200公里通居农村公路建设。二是铁路工程难中求进。做好了宁启铁路电气化改造的服务保障工作，建成火车站新站房并投入使用，和谐号动车的停靠为市民提供更大的出行便捷。火车站站前广场完成总工程量的90%以上。抢抓盐通铁路方案重新研究机遇，同步争取设置如皋南站。三是高速建设服务到位。全面完成锡通高速如皋段前期工作，提前完成全线27户搬迁工作。海启高速施工单位已进场施工。

市委常委、纪委书记史有根作动员讲话

交通行业管理水平实现新提升。2016年，交通行业管理水平不断提升，社会认可度和信任度不断提高。一是公交服务逐步完善。优化调整了3条运营线路，新建公交站台10座，公交站牌40块，建成并投入使用华夏花卉、双楼庄村2个公交始末站，实现公交城市、城乡线路无线网络全覆盖，公交一卡通终端设备基本安装到位，全市公交城乡一体化水平被评为全省最高等级5A级。积极推广新能源汽车的使用，全年新增新能源公交车30辆，增幅达19.98%，新能源公交车充电停车场如期建成并投入使用。二是安全监管深入细致。认真抓好客运企业、危险化学品运输、工程施工等关键领域安全监管工作。全年共排查并消除隐患1326起，开展多层次的安全培训39次，梳理完善应急预案82个，开展应急演练36次。全面推进权责清单编制和企业主体责任落实，实现安全管理“清单化”“痕迹化”，安全生产形势平稳有序，未发生一起安全生产责任事故，被市政府表彰为安全生产先进集体。三是水陆环境日趋优美。发动沿线镇村和管养单位联手共建最美公路，重点清理了国、省道和城市入口路域违法建筑、公路摊点。对照“四好农路”创建要求，精心组织农村公路大中修改造，完成干线公路中修、小修及危桥改造工程量达7760余万元。全年完成对辖区213.11公里等级航道，242.01公里等外级航道的清障扫床任务，辖区航道保持了良好的技术状况和适航状态。

交通依法行政效能得到新提高。严格执行行政执法人员资格管理和持证上岗制度，建立完善行政执法责任追究机制。2016年3月，将原有的运管处和综合所合并，成立如皋市交通运输综合执法大队，通过人员合并、职权归并，整合执法资源，执法力量得到提升，执法行为不断规范，全年共查纠各类运输违章343起；检查各类维修企业、检测站100余家，限期整改13

市领导出席交通运输工作会议

市领导史有根、黄文斌、万维庆出席会议并讲话

局领导检查指导工作

花市路

家，客运市场、维修市场、驾培市场秩序不断规范。同时，积极谋划“七五”普法总体布局，着力提升领导干部、机关人员、执法人员、工程管理人员法治思维，让学法用法制度化、执法规范化，先后8次开展大型法律宣传咨询和“送法下乡”“送法到社区、到校园”活动，参加南通市交通运输系统法制知识演讲比赛获一等奖。认真承办市领导接访和办理各类信访件19件，省政风行风热线7件，市长热线交办件147件。办理人大代表建议和政协委员提案60件。积极关注出租车群体稳定形势，加强与出租企业的沟通，加大与公安部门的合作，妥善处理好出租车企业与从业人员之间的纠纷。

如皋长江大桥横跨南北

交通系统党的建设跃上新台阶。 2016年，如皋市交通运输局上下以组织建设、廉政建设、作风建设为重点，全面加强党建和党风廉政建设工作，取得明显成效。一是组织建设坚强有力。扎实开展“两学一做”学习教育，成立“两学一做”学习教育领导小组，积极开展专题研讨及各类主题活动。全年共开展3次全系统党员大党课，组织全系统党员干部再读党史、重温誓词。认真排查党员组织关

2016年5月15日，如皋火车站迎来第一列动车。

王石线

系、党费收缴、基层党组织换届选举、党员发展等工作情况，组织好“三会一课”和党员集中学习，认真开展党员积分制管理。二是廉政建设常抓不懈。局党委定期听取、研究、部署党风廉政建设工作，制订《进一步强化党风廉政建设“两个责任”的工作方案》，明确“两个责任”清单，建立了清单落实工作机制和党风廉政建设日常监管制度；制订《市交通运输系统2016年党风廉政建设责任考核办法》。全年局班子成员2次到下属单位督查“两个责任”落实情况，不断推进“两个责任”落地生根形成常态。三是作风建设从严从实。严格执行“三重一大”决策事项议事规则，凡属“三重一大”事项均经局党委会集体讨论决定。为严防“四风”问题反弹，开展常态化巡查。同时，班子成员积极深入“双联双助”村和挂钩服务的企业，走进“政风行风热线”，解答网民提出的热点问题，展示交通行业务实高效的形象。

沈海高速如皋段

如皋市发展和改革委员会

市委书记陈晓东指导发改委工作

综合实力不断增强。实现地区生产总值900亿元，可比价增长10.1%；三次产业结构调整为7:48:45；一般公共预算收入71.2亿元；居民消费价格涨幅控制在3%以内；城镇居民人均居可支配收入36600元，增长8.3%；农村居民人均可支配收入16930元，增长9%。

工业运行稳中向好。全部工业应税销售943.69亿元，增长19.17%，增幅同比提高11.87个百分点，超额完成年初任务3.69亿元，目标完成率100.39%，实现了总量及增速的平稳增长；完成规模工业应税销售664亿元，增长12.6%，同比提高7.18个百分点；完成全部工业实缴税金34.32亿元，同比增长7.07%，税金率3.51%；完成工业用电量34.49亿千瓦时，同比增长5.03%；净增规模企业41家、亿元企业9家。总量扩张增速提升。工业应税销售同比增幅达15.6%，比上年同期高出8.3个百分点，高于平均增速（12.2%）3.4个百分点。在南通九县（市、区）中，工业应税销售总量和增幅均位居第三，同比上升两位。产业结构不断优化。四大支柱产业实现应税销售428.35亿元，同比增长22.30%，高出上年同期增速19.61个百分点，应税销售占规模工业的比重达64.51%，比上年同期提高11.03个百分点。四大新兴产业全部实现正增长，实现应税销售117.18亿元，同比增长8.61%，完成实缴税金7.13亿元，同比增长14.1%。

项目建设稳中有进。完成固定资产抵扣税3.4亿元，增长31.8%，固定资产抵扣税总量及增幅均位居南通六县(市)第二。新增装机容量23.37万千伏安。完成规模以上工业投入327.19亿元，增长12.49%，完成年计划的100.7%，同比提高3.9个百分点。完成技改投入215亿元，占规模工业投入比重达65.6%，同比提高3.7个百分点。新开工亿元以上产业项目76个，完成投资86.4亿元，其中工业项目40个，服务业项目36个。分别实施省、南通市重大项目3个和13个。项目服务力度不断加大。持之以恒开展重大项目现场推进会、重大项目建设情况点评会、项目建设“四个一”、项目集中开工等活动，针对重大项目交办问题均得到合理有效解决。

服务业发展提速。完成服务业应税销售762亿元，增长55.86%，服务业应税销售增幅同比提高43.4个百分点，总量、增幅、增量均位居南通首位。完成服务业税收42亿元。服务业占GDP比重同比提高1.9个百分点。“四大贸易平台”全年累计交易总额326亿元。新增服务外包企业110家，完成服务外包执行额18亿元，增长33.3%。完成港口货物吞吐量5000万吨，增长42%。如皋软件园和国家工信部软件与集成电路促进中心达成全面托管合作协议。如皋港现代综合物流园被认定为首批省级生产性服务业集聚示范区。

企业融资稳步推进。全年新增上市公司1家，新增新

梦百合家居科技股份有限公司成功上市

三板挂牌企业5家；新增IPO入轨企业1家，新增新三板入轨企业4家；培育上市（挂牌）后备企业30多家；新增创投机构2家；企业实现直接融资81.9亿元；各项指标位居南通地区前列。科技担保公司新增担保业务116笔，为75家企业提供担保5.69亿元，目前在保余额4.17亿元；中小企业应急互助协会新增会员8家，新增业务106笔，为36家企业提供过桥资金4.36亿元。

转型升级步伐加快。两化融合成效显著。创建工作整体处于南通前列，全年实现工业企业信息化投入超50万元重点信息化项目11个，总投资额达2500万元。成功申报工信部两化融合管理贯标试点企业1家、省两化融合示范区1家、省两化融合管理贯标试点企业2家、省互联网与工业融合创新试点企业2家、省两化融合信息安全试点企业1家、南通市工业企业融合创新培育工程5家。组织申报省两化融合示范试点企业11家、省工业信息基础设施"企企通"示范工程2家、省企业优秀首席信息官（CIO）1个、省制造业与互联网融合创新储备项目2项。组织九鼎新材等3家企业成功申报工信部品牌培育试点企业；组织博辕信息BY-HRIM人资智能管理软件V1.0成功申报第十四届江苏省优秀软件产品奖金慧奖；恒康家居模塑车间成功获批省智能车间。民营经济、园区建设快速推进。社会资本新建标准厂房18万平方米，出租标准厂房36万平方米；净增一般纳税人973个，净增小规模纳税人6097个，能人返乡创业118人，引进投资3000万元以上市外民资项目7个，亿元以上项目5个。节能降耗着力推进。组织实施17项节能和工业循环经济重点项目；11家企业通过清洁生产审核；单位GDP综合能耗下降率完成上级下达的节能降耗目标。淘汰落后产能企业25家，全面开展涉钢行业淘汰落后产能专项活动。

精心研究制定规划政策。完成《如皋市国民经济和社会发展第十三个五年规划纲要》起草工作，《纲要》文本已经市第十六届人民代表大会第五次会议审议通过并批准实施。协调推进包括经济转型升级、基础设施建设、城乡建设与管理、生态文明建设、社会发展与民生、支撑与保障、主功能区发展七个专题在内的45个重点专项规划编制工作。承担工业转型升级规划、战略性新兴产业发展规划、现代服务业发展规划、信息化发展规划、现代物流产业规划、健康养生产业发展规划和互联网经济发展规划七项专项规划。此外，为应对严峻的经济形势，化解经济下行压力，牵头研究制定并由市委、市政府下发《关于2016年经济稳增长调结构促转型上台阶的激励意见》《关于加快推进项目建设的意见》《关于进一步促进服务业转型升级的激励意见》等政策文件，起草《关于加快重点产业发展的意见》，有效助推全市经济稳步发展。

推进工业运行提质增效。一是强化监控分析。每月及时跟踪分析各镇（区、街道）工业运行质态和全市八大产业、重点企业运行、规模企业培育等情况，编印《如皋工业运行白皮书》，全面把握并实时反馈工业运行质态。二是加强协调服务。认真开展重点工业企业问题交办工作，每月及时将企业反馈的问题进行交办、查办、督办，

南通市发改委一行到如皋调研

努力破解企业运行瓶颈。积极开展工业运行竞赛、挂联服务企业等活动，进一步增强镇（区、街道）争先进位和部门的服务意识，帮助企业排忧解难。三是狠抓企业产业培育。通过政策引导和面对面服务，持续加大对企业的扶持力度，形成新的工业经济支撑和带动力量，打造出更为合理的企业梯队层次，夯实稳增长的基础。以推进供给侧结构性改革为抓手，持续推动产业的转型升级，加快形成以龙头企业为引领、骨干企业为支撑、产业链条为纽带、产业板块为载体、产业集群为依托的产业新格局。

高度聚焦项目服务。坚持"项目为王"，突出重点，紧紧围绕"全年新开工亿元以上项目100个、投资总额200亿元"的目标任务，努力做好各项服务，在前三季度的南通市产业项目建设综合考评中如皋市均位居第一方阵。一是强化组织推进。协助市委、市政府开展重大项

目现场推进会、重大项目建设情况点评会、项目建设“四个一”、项目集中开工等活动，实地掌握项目建设进度，客观分析全市在建项目现状，研究解决项目推进中遇到的重大问题和矛盾，推进项目快建设、早达产。二是注重问题发现。通过开展重大项目巡访、设立重大项目服务平台、制作并发放“重大项目服务指南”卡片等多种途径，及时收集项目推进中的存在问题。通过编制《如皋市工业项目投入情况》《全市5亿元以上重大工业项目快报》、市重大项目智能监督管理系统网上平台等方式，实时反馈全市主要投入指标完成情况、各重大项目推进情

如皋市发改委承办道德讲堂

况。三是优化项目服务。积极协调相关职能部门开展“用地预审”，确保优质项目顺利供地；全面推进重特大项目“容缺审批”，最大限度为通过预审项目压缩审批时限；创造性开展“容缺建设”，加快项目建设进度。四是争取政策资金扶持。牵头申报全国农村产业融合示范试点城市并成功获批。积极向上争取资金扶持政策，全年共获批省重点项目3个，成功争取土地指标1321亩，为企业、项目争取专项资金共计9.53亿元，有力助推了企业、项目的快速发展。

提速发展现代服务业。现代服务业对全市经济发展的支撑作用越来越凸显，始终坚持一手抓工业经济一手抓服务业发展。一是强化重点指标推进。定期组织召开服务业工作例会，按月印发全市服务业发展白皮书，专题分析镇区应税销售、税收、项目投入等指标完成情况，查找存在差距，及时有效应对。二是加快集聚区培育。持续在全市开展集聚区提档升级、项目建设和重点服务业企业竞赛等活动，引导镇区、园区争创省、南通、如皋三级现代服务业集聚区，目前南通及省级集聚区达到7家；保税物流中心（B型）开关运行，上海、广州集装箱航线正式开通运行，分别完成货物、集装箱吞吐量5000万吨和6.5万标箱，分别增长42%、124%；苏中国际1、2号泊位正式对外开放。三是优化提升服务效能。加大沟通协调力度，按月走访项目施工现场，及时搜集反馈进度信息，助推业主解决难题，全力为落户项目提供全方位、保姆式的一流服务。组织如皋港保税物流中心（B型）和东升石材交易中心申报省级服务业专项引导资金，分别获得贷款贴息185万元和90万元。南通万福5万吨仓储物流项目列入中央预算内投资计划，得到上级补助980万元。

切实加快两化融合。高度重视、强力推进工业化与信息化深度融合。一是引导企业高度重视。牵头组织各行业规模以上企业召开两化深度融合推进会，邀请专家积极宣讲省、南通市两化融合相关政策，帮助企业明确发展定位，激励企业加大信息化投入。同时，认真落实各项优惠政策，组织超达科技等多家企业的优秀项目申报专项资金。二是组织企业对标找差。组织216家规模企业开展互联网化自评对标工作，组织85家大中型企业开展互联网化水平评估，通过相关工作的开展让企业看清差距，明确目标，加大投入。三是指导企业项目建设。邀请专家团队对森松重工的生产过程智能化改造项目、华泰重工的现代造船系统项目等6个重大信息化项目进行现场诊断指导，帮助企业出谋划策。四是推进信息化基础建设。积极组织园区、企业参加“企企通”工程建设，加快信息基础设施建设，初步形成“网+云+端”的工业信息基础设施架构，打造低延时、高可靠、广覆盖的工业互联网，为制造业两化融合提供有力保障。

加快推进企业融资。加大对企业融资的服务力度，努力帮助企业缓解资金压力。一是加强政策激励。结合多层次资本市场的最新动态，调整、宣传最新激励性办法，运用奖补支持手段，对企业予以奖励。二是培育上市（挂牌）企业梯队。瞄准亿元企业、高新技术产业企业重点关注，除新三板挂牌8家、IPO和新三板入轨3家、11家外，后备企业梯队达30多家。三是加强服务协调。组织入轨、后备企业开展定向培训，筛选优质中介机构上门辅导、提前诊断，做好路演辅导和规范整理工作；安排优势企业参加新三板路演，企业引进创投资金1.2亿元；建立部门联席会商制度，协调华灿电讯、农商行、皋液液压历

史沿革问题，化解上市和挂牌障碍；做好沿江公司、交投公司、高新公司企业债券发行初审以及跑部跑省协调工作，对存续期债券兑付情况进行细致排查，预防风险发生。

大力开展全民创业、园区建设。一是充分发挥综合牵头职能。牵头相关部门及各镇（区、街道），围绕民资招商和全民创业，积极开展统计监测、督查推进，切实做到民营经济各项指标发展的全程控制。二是加强功能平台打造。全力推动园区创名创牌，如皋石材进口交易中心被认定为省第二批进口商品交易中心试点；如皋市新能源汽车及零部件产业集群正式获批江苏省特色产业集群，极大提升全市新能源汽车及零部件产业对外知名度；国家北斗应用技术公共服务平台、CSIP如皋创新创业基地成功落户。三是大力开展个性化服务。主要包括创名创牌、市场拓展等，指导8家企业申报国家工信部组织的制造业单项冠军，明德塑胶获批省专精特新产品企业。组织企业报名参与各类展销会，不断拓展市场，助推企业又好又快走出去。

着力推进节能降耗。一是扎实开展平安电力创建。研究出台平安电力创建和考核的方案，做到平安电力建设常态化；加强与各部门的协调联动，组织企业参与电力需求响应，主动策应迎峰度夏活动，确保用电需求和保障；编制并上报"十三五"新一轮农村电网改造升级规划。二是利用和落实好优惠政策。全市17家工业用电大户获批成为电力直接交易试点用户，签约直购交易电量4.43亿千瓦时，减少电费支出1000万元。三是强化节能管理和检查。推进万家企业节能管理，年初，被列入江苏省经信委万家低碳行动企业12家企业，全部完成了"十二五"节能目标；推动27个节能与工业循环经济重点项目实施技术改造，挖掘节能降耗潜力；配合相关部门对全市49家重点用能企业开展了节能专项执法检查，努力挖掘企业节能降耗潜力。

安全生产常抓不懈。为保障全市经济社会稳定发展，重点紧抓化工整治和安全生产检查等工作。一是有序推进化工整治。牵头建立健全了工作推进机制，充分发挥条块结合、整体联动的工作优势，促进全市化工专项整治工作有序开展。二是加强安全生产检查。以每月9日为安全生产检查日，由市分管领导带队对全市船舶修造、热电联产及西气东输的相关企业进行安全生产检查，及时制定落实有针对性的整改措施，确保安全生产始终保持高压态势。

扎实开展机关作风建设。深入贯彻落实全市作风效能建设大会精神，坚持宣传教育为先导、制度执行为抓手、监督检查为促进，努力营造风清气正、追求卓越的机关形象。一是打造优质高效服务团队。大力实施班子成员、职能科室挂钩服务重点镇（区、街道）、重点产业、重点企业和重大项目制度，切实增强全委上下对经济运行和基层一线的掌控度，当好挂钩服务企业制度执行的示范者和领跑者；持续开展"提绩效、比贡献"活动，不断激发全委上下的效能意识、创新意识和争先进位意识。二是合力维护"经济110"服务品牌。将作风效能建设列入年终目标责任制考核和日常督查评议重点，持续开展形式多样的督查评议活动。强化对重大决策部署落实情况的监督检查，确保各项目标任务圆满完成。三是营造优良服务环境。结合"两学一做"学习教育活动，开展"立家规，晒家规"等主题系列活动，教育引导广大党员干部带头加强家风建设，切实做到廉洁修身、廉洁齐家。加强党员干部道德风险防控，定期排查岗位廉政风险，对有苗头性问题的党员干部及时进行廉情预警，抓好事先防范。

慰问共建社区群众

如皋（上海）投资环境说明会项目签约仪式

"两个责任"大家谈

如皋市商务局

2016年，如皋市商务局积极开展"两学一做"学习教育，认真学习贯彻落实党的十八届六中全会精神，围绕年初商务工作各项经济指标目标任务，拓宽服务思路，扎实服务举措，加大服务力度，积极应对经济下行压力加大的严峻形势，主动适应经济发展新常态，商务

"两学一做"学习教育活动

机关人员观看"江海先锋在身边"优秀摄影作品

经济运行稳中有进、结构优化，完成或超额完成了年初目标任务。

利用外资质态良好。全市累计新批外资项目35个，其中增资项目5个，超3000万美元的重大外资项目8个。新批项目中，海外个人参与投资9个项目，投资总额1.2

加油站安全培训会议

亿美元。全市完成工商注册外资14.2亿美元，外资到账3.03亿美元。

对外贸易平稳发展。全市实现外贸进出口25.29亿美元，其中：出口20.15亿美元；进口5.13亿美元，增长16%。

外经合作健康发展。实现外经营业额3.6亿美元，占年目标的100.35%；境外投资1.29亿美元，其中：双马化工协议投资1亿美元，占完成额的77.52%，力星钢球协议投资2500万美元，占完成额的19.38%。

服务外包加速发展。新增服务外包企业110家，超额完成全年目标任务；完成服务外包执行额17.86亿元，占年目标任务15亿元的119%，通过南通认定企业数36家，占年目标任务29个的124.14%。

商贸流通持续增长。全市社会消费品零售总额同比增长10.9%，建设完成3家农产品社区直销店和1家农产品配送中心。电子商务有序发展，如城街道被评为省电子商务进农村示范镇，如城街道贺洋社区被评为省电子商务进农村示范村，江苏如艺农业科技发展有限公司被评为省电子商务示范企业；全市共培训电子商务应用型人才852人，创业创新人才566人。

口岸开放不断深化。苏中国际1、2号泊位取得省政府批文正式对外开放，如皋港保税物流中心（B型）7月份正式开关运行，如皋港口岸被评为“2015年度江苏省文明口岸”，电子口岸平台即将试运行。全市外贸吞吐量达797.2万吨，同比大幅增长64.0%；集装箱吞吐量65056TEU，同比大幅增长128.8%。

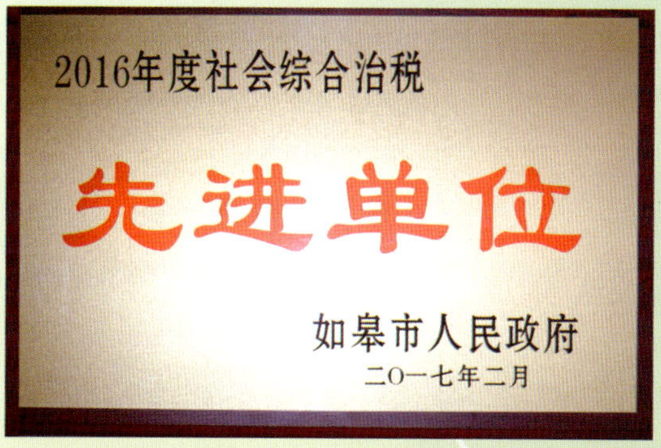

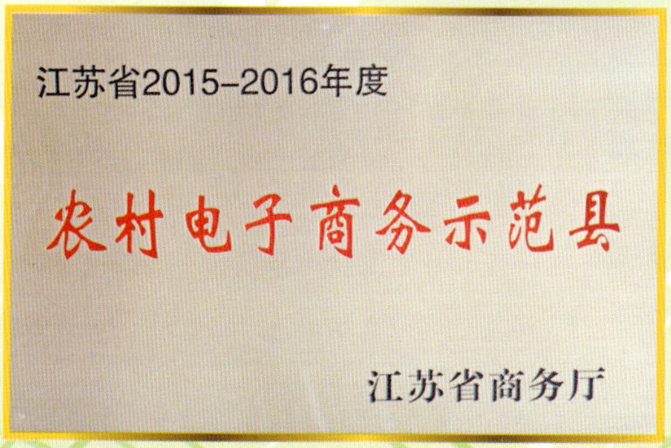

如皋口岸暨国际航行船舶进出口岸监管工作会议

口岸工作推进会

如皋市口岸办公室

海关及外贸政策法规宣讲会

2016年，在市委、市政府的正确领导下，在查验单位的大力支持和相关部门以及进出口企业的共同努力下，如皋港口岸较好地完成了年度目标任务，确保了口岸运行安全、畅通、文明、高效，实现了“十三五”的良好开局。

全力服务泊位开放

加强与省口岸办及查验单位的汇报和沟通联系，主动跟进、全程参与企业的申报过程，从硬件建设到软件资料的整理汇编都反复核查，不定期组织查验单位业务负责人现场察看和指导。苏中国际1、2号泊位于2月底取得省政府批文并正式对外开放，口岸开放泊位已增至19个；泓北沙森松、海通、瑞泰3家企业4个泊位正在申报码头设施保安符合证书，待取得证书后市口岸办将材料整理好并上报省口岸办，尽快为企业解决这一困扰几年的难题。

积极扶持港口企业

牵头查验单位深入企业走访调研，准确把握不同企业的不同诉求，主动为企业提供全方位个性服务。同时结合全市“百企走访、千企座谈、万企征询”工程，坚持开展政策宣讲，适时为企业、船代、货代举办查验单位专题业务培训。11月3日，市商务局携手市检验检疫局举行外贸政策法规及出口优惠原产地政策宣讲会；11月29日，市商务局联合海关召开特定减免税政策宣讲会。全年联合查验单位帮助部分船企的下水、试航、修理等业务审批114艘次，如皋市

如皋港集装箱广州直航暨水铁联运首航仪式

电子口岸推进会

外贸吞吐量稳中有升，共完成外贸吞吐量797.21万吨，同比增长63.99%。

扶持重点产业发展

协同港区物流园区研究了集装箱扶持政策，全力支持集装箱航线拓展和箱量增长，同时协同物价部门对集装箱外贸查验补贴进行调研，全年补贴苏中国际相关费用7.4万元。保税物流中心自7月12日开关运行，共引进各类企业9家，仓库利用率达89%，咖啡豆项目进出量突破1万标箱，进出口贸易额达到4.37亿美元；11月2日与江苏圣果葡萄酒业有限公司签约，落户了如皋港进口红酒集散中心项目，注册成立了“南通美酒港供应链管理有限公司”。集装箱方面开辟了如皋港至上海港的直达班轮航线（皋申快航）。10月26日举办了皋申快航项目推介会，得到了荣威塑胶、九鼎新材、力星钢球等一批重点外贸企业的积极响应。12月28日“皋申快航”正式启航，首批荣威国际的外贸集装箱运达上海洋山港。全年完成集装箱吞吐量65056标箱，同比增长120%，其中外贸集装箱10092标箱，同比增长337.8%。

做好口岸文明建设

5月份，省口岸办下发了《关于表彰2015年度省文明口岸及文明口岸先进组织者先进单位与先进个人的决定》（苏口办〔2016〕6号），如皋港口岸被评为“2015年度江苏省文明口岸”，如皋市口岸办公室被评为“先进组织者”，如皋海事局、如皋海关、如皋出入境检验检疫局、如皋边防检查站被评为“先进单位”。 11月4日，组织参加南通举办的“口岸杯”乒乓球赛。11月21日起分三批组织查验单位到革命根据地井冈山接受红色教育。

推动电子口岸建设

加快电子口岸建设，推进“一次申报、一次查验、一次放行”，深化查验单位之间合作，在信息互通、资源共享、协调管控等方面积极探索口岸提速增效的协作机制，以期形成口岸工作整体合力，进一步提高通关效率，降低企业通关成本。1月份与南通电子口岸公司签订平台合作建设协议，8月17日、12月30日召开电子口岸工作推进会，邀请南通电子口岸公司技术人员现场指导，目前船舶系统已经上线试运行，其他相关功能应用正在不断完善中。

尽心做好后勤保障

完善维修工作机制，做好公共配套设施日常维护、保养、维修工作。双回路电源工程和联检大楼消防整改提升工程正在加紧推进中，联检大楼楼顶拆危整修工程正在加紧施工，地下雨、污水管网清淤和改造工程也在推进之中。

查验单位办公大楼屋顶整修工作推进会

过去的一年，口岸工作取得了显著的成绩。新的一年，在市委、市政府的坚强领导和大家的共同努力下，市口岸办将坚持做好新形势下的沟通和服务，时时以“适应新常态，增强新本领，构建新机制，实现新发展”要求自己，继续当好市委、市政府的“联络员”，密切协调查验单位，重协同、促改革、保增长，全力支持企业发展，营造良好通关环境，继续把码头泊位的开放和管理放在首要位置，力求支持集装箱业务有突破。

如皋市卫生和计划生育委员会

如皋市领导陈晓东、何益军一行调研市120急救指挥中心

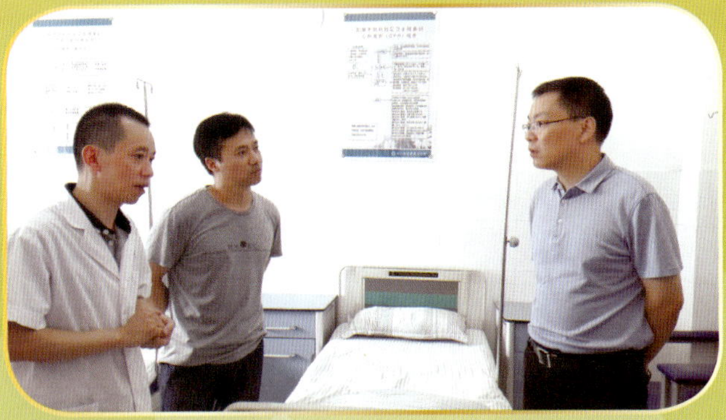

市委常委，组织部、统战部部长缪爱诚视察村卫生室公有化建设情况

全市卫生计生工作会议表彰先进单位

2016年，全市卫生计生系统凝心聚力、合力攻坚，各项工作取得了明显成效。这一年，全市居民健康水平显著提升，人均期望寿命提高到80.8岁，5岁以下儿童死亡率控制在3.77‰，甲乙类传染病发病率控制在93.96/10万，相关健康指标位居南通前列。这一年，医疗服务能力再上新台阶，市人民医院建成三级综合医院，博爱医院建成二级甲等医院，如皋港人民医院、江安医院建成二级综合医院。这一年，群众满意度不断攀升，在全省三级医疗机构患者满意度第三方调查中，市中医院、人民医院分别列第三和第四，居南通各县级医院前列。这一年，惠民利民项目有序实施，市120急救指挥中心正式运行，院前急救体系更加完备，新农合医疗保障水平不断提升，市中医院三期改扩建工程顺利启动。这一年，创建工作亮点纷呈，人口与计划生育工作成绩突出，如皋市被评为“十二五”省人口协调发展先进市；卫生应急工作受省卫计委充分肯定，创成南通首家省卫生应急工作规范市。这一年，全市卫计系统不忘初心，砥砺前行，振奋精神，走出低谷，在全市年度综合绩效考核中排名上升8位。

深化综合医改迈出坚实步伐。一是公立医院绩效考核体系不断完善。根据《江苏省公立医院绩效考核评价指标体系》，借鉴三明先进经验，立足如皋工作实际，探索建立可量化的医疗服务产出评价指标体系，强化医院公益性指标，弱化经济责任指标，并加大党风廉政建设和作风效能建设考核力度，对《如皋市院长年薪制考核标准》进行了修订，公立医院绩效考核更趋科学化、制度化。二是如皋特色“医联体”初步构建。结合

市卫计委挂牌

举办卫生计生系统道德讲堂

我市实际，以医院等级作为划分三级医疗服务网络的依据，由市人民医院、中医院两家三级医院分别牵头组建纵向“医联体”，全面对口支援基层医疗卫生机构，实施分级诊疗、双向转诊，目前运行态势良好。三是重点工程加快推进。市人民医院后勤综合楼一期工程建成并投入使用，二期工程正在加紧实施。市中医院三期改扩建工程搬迁工作有序推进。市120急救指挥中心和10个急救站全部建设到位并高效运行，覆盖城乡、统一指挥、功能完善、救援快捷的急救网络体系初步形成。

人口计生政策实现平稳衔接。一是出生人口素质稳步提升。进一步完善服务模式，实现“婚、孕、登”一站式服务。开展婚前医学检查6826对，孕前优生健康检查5265对，其中“婚孕一体化”服务3165对，分别占婚、孕检人数的46.4%和60.1%。从严抓好出生人口性别比综合治理，严厉打击“两非”，全年出生人口性别比控制在106.57。二是两孩政策平稳实施。科学制定符合全市人口状况、操作性强的工作方案，依法稳步实施“全面两孩”政策，取消两孩审批，开展生育登记服务。2016年，全市生育一孩登记6711人、两孩登记6365人、再生育审批207人。总出生12861人，较2015年增加1175人，增长10%，未出现扎堆生育的现象。三是奖励扶助工作规范有序。全年为奖扶、特扶对象发放奖特扶金6900余万元，发放持独生子女证一次性奖励金1000余万元。对14周岁以下独生子女父母发放奖励金260余万元。四是流动人口计划生育服务管理扎实有效。根据国家抽样，完成如城街道、城北街道、下原镇、九华镇等流动人口流出地调查项目。开展形式多样的关爱流动儿童、留守儿童，关怀外来妇女的联谊活动，

援疆医务人员载誉归来

全面落实流动人口卫生计生均等化服务。严密组织全国流动人口动态监测，如皋市以零误差受到国家卫计委的表彰。

基层基础建设得到长足进展。一是明确了工作目标。以村卫生室产权公有化建设为抓手，促进基层医疗卫生机构规范化，不断织牢医疗服务网底。通过将产权公有化建设列为卫计重点工作予以推进，明确2016年全市村卫生室公有化率达80%，2017年达100%。二是加强了经费保障。采取以奖代补的方式，按照新建、回购、改扩建三种不同标准，分别给予5万元、4万元、3万元的补助，充分调动了基层的工作积

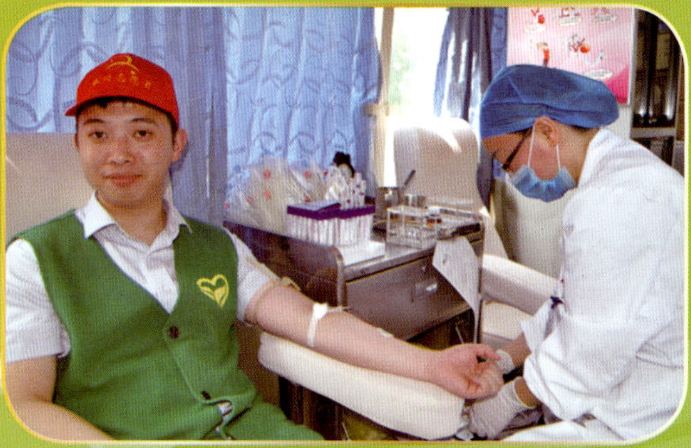

举行第十三个献血日系列活动

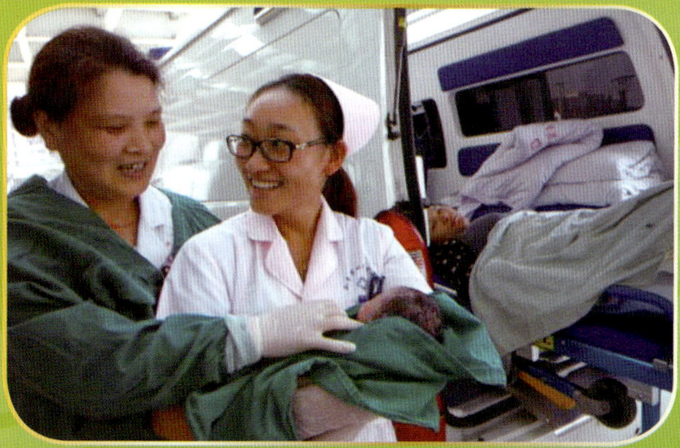

在120急救车上为产妇紧急接生

为抗战老兵体检

安定广场义诊

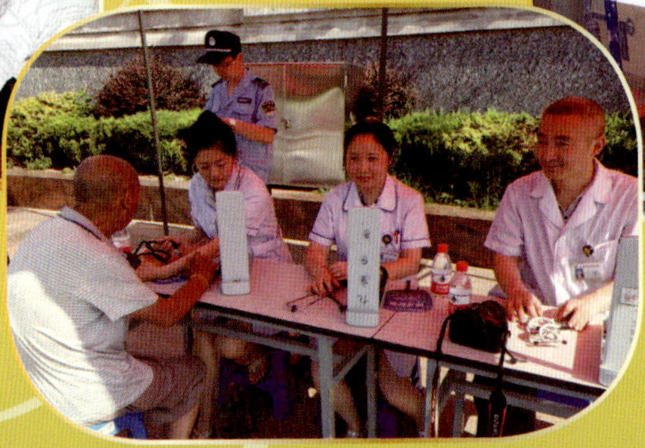

打击非法行医现场

极性。三是强化了奖惩考核。将村卫生室产权公有化建设情况纳入市政府对各镇（区、街道）、各镇（区、街道）对辖区村（社区）的年度绩效考核内容，卫计委也将此项工作纳入对班子成员、相关科室及各镇卫生所的年终综合目标责任制考核范畴，与人员的奖金发放、晋升晋级、评先评优等挂钩，起到了很好的促进作用。截至12月底，全市村卫生室产权公有化率达81.2%。

综合监督管理更加规范有力。一是加大了查处力度。对全市一级以上医疗机构开展了多轮次的监督检查，发现违法行为全部立案处理。全年共立案75件，基本实现全覆盖。同时按照《医疗机构不良执业行为记分管理办法》进行记分，对年度记分较多的8家医疗机构进行了重点约谈，敦促其立即整改。二是开展了财务及新农合稽查。对全市医疗机构票据使用情况进行了专项检查。加强对新农合定点医疗机构的监管，重点查处医疗机构违规减免低保五保户人员费用，部分眼科医院违规减免眼科病人医药费用等行为，扣除违约金全部收归新农合基金专户，抵减基金支出。三是突出了医疗质量监管。制订《如皋市医疗机构主要运行指标定期公布工作实施方案》，定期公布所有医院工作量、效率、费用、质量等指标，促使医疗机构主动接受社会监督，规范医疗服务行为。2016年全市医疗机构执业行为更加规范，医疗费用不合理增长得到有效控制，与2015年相比，全市一级医院门诊均次费用、住院次均费用仅分别上升2.87%、3.87%，二级医院分别上升2.75%、4.70%，三级医院分别上升2.78%、2.18%。

公共卫生服务再上新的台阶。一是公共卫生服务扎实开展。全面实施12大类45项国家基本公共卫生服务项目，全市累计建立居民电子健康档案113.6万份，建档率达90.7%。认真贯彻落实国家免疫规划，基础免疫累计接种率98%以上。全市早孕建册率达99.11%，新生儿访视率达99.82%。为22.79万65岁以上老年人进行了免费健康体检。高血压、糖尿病、肺结核患者管理率分别达78.21%、52.12%、94.77%。开展"两癌"筛查2.5万人，妇女病普查10.1万人，检查出的各类疾病均得到规范治疗。全年叶酸增补9085人，发放住院分娩补助424.27万元。二是卫生应急工作高效有序。全面启动

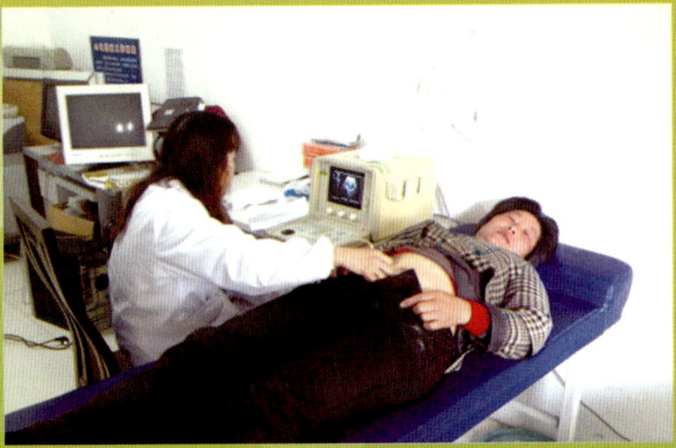

两癌筛查

关爱女孩携手行文艺晚会

卫生应急规范市、镇建设相关工作。建成市级卫生应急决策指挥平台、决策系统及镇级终端，完善市级卫生应急数据库、专家库、应急队伍和装备、物资储备库以及监测预警体系。通过市、镇两级联创，全市卫生应急管理体系进一步完善，创成南通首家省卫生应急工作规范市，建成南通市卫生应急规范镇13个。三是新农合保障水平显著提升。新农合筹资标准提高到人均585元，农民以户为单位个人缴费150元，全市共有91.11万人参保，统计参合率保持100%。基金总量达5.32亿元，列入重大疾病保障范围的病种增至25个。市镇两级政策范围内住院补偿比分别达70%和75%，住院平均实际补偿率提高至55%。四是爱国卫生运动成效明显。丁堰镇建成国家卫生镇，城北街道、东陈镇、长江镇、九华镇通过国家卫生镇复查，62个村（社区）通过省级卫生村复查。

国际家庭日宣传两孩政策

智慧卫生工程取得较大突破。一是基础建设逐步到位。市卫计委增设信息科，明确了相关工作职能，推动卫生计生信息化建设顺利开展。公卫中心机房建成并投入使用，实现恒温控制、远程环控、远程监控、自动火警处置等功能。二是区域健康信息平台加速构建。按照省三级标准，积极构建市区域健康信息平台，并通过接口程序实现了与人民医院、中医院、三院、四院及妇幼计生中心等单位的数据对接。通过平台汇聚个人住院、门诊、检查、手术等居民就诊信息以及儿童保健、婚检孕产等居民健康信息，逐步向省平台进行数据传输。三是医院信息管理水平持续提升。市人民医院开通微信服务，实现了预约挂号、线上支付、检验检查结果查询等功能，并积极开展远程医疗系统建设，实现了远程诊疗。基层医院信息水平不断提升，集中推广实施医院信息系统，磨头、江安两家民营医院试点运行，使用效果

拍摄微电影《别让幸福掉眼泪》宣传卫生计生政策

良好。

舆论宣传引导彰显如皋特色。一是宣传网络逐步健全。市卫计委增设宣传科，统一扎口卫计系统宣传工作，通过整合各级宣传力量，及时发现亮点，加强策划包装，注重沟通协调，构建了上下联动、快捷高效的卫计宣传网络。二是宣传渠道不断拓展。开通“如皋卫生计生”微信公众账号，全年共推送66期90篇，总阅读量近30万，点赞数突破1万，在全市27个市级部门官方微信影响力排行榜中位居前列。拍摄微电影《别让幸福掉眼泪》，宣传计划生育政策调整，动员全市上下参与幸福家庭创建，通过这一生动、接地气的方式，让群众了解政策、感受幸福。三是大型活动顺利开展。承办“雉水之夜・关爱女孩携手行”大型文艺晚会，演出当天观众超万人，群众反响热烈。举办卫计系统“人人健康，家家幸福”主题演讲比赛，充分展现了全市卫计工作者爱岗敬业、积极向上的精神风貌。通过高频度的宣传和正确的舆论引导，全社会倡导健康、尊医重卫的氛围越来越浓，卫计系统团结奋进、勇于担当、创先争优的意识越来越强。

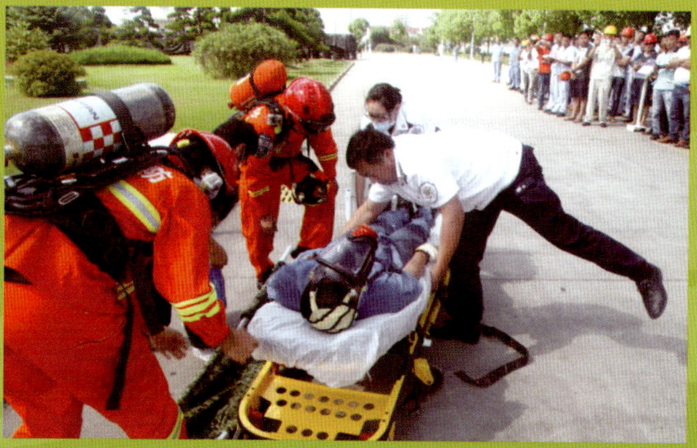
开展应急演练

如皋市环保局

全市办理污染环境犯罪案件司法联动沙龙

环保执法体制率先改革。作为首批环境行政综合执法改革试点县（市）之一，如皋以转变职能为核心，以提高效能为目标，以科技手段为支撑，在南通市率先完成了环境保护综合执法体制机制改革，并取得初步成效。在全市范围内设立6个基层环保分局，厘清责任的同时，实现了执法力量重心下沉，有效解决了环境行政执法中多层执法、交叉执法、重叠执法和责任边界不清等问题，实现了“一支队伍管执法”。加强环境监管执法网格化管理，通过市环境监察大队、6个环保分局、10个镇环保办公室和322个村环保信息员组成纵横交错、层次分明、上下衔接、宏微互补的环保行政执法网络，实现了环境行政执法监管的网络化和全覆盖，有效避免了监管执法的死角和盲区。

规划引领地表水环境整治。以改善水环境质量为核心，如皋在南通县市范围内率先完成《“十三五”水环境保护规划》编制工作。规划在系统分析如皋市水环境质

农村环境连片整治推进会

强制执行南通嘉业染料化工公司

环境执法现场

如皋环保信访接待中心

4月22日第46个世界地球日，环保科普走进农村校园，孩子们亲身感受太阳能发电之奇妙

化工行业监管

量、污染物排放现状的基础上，针对存在的水环境问题提出了“十三五”期间重点工作任务。通过优化产业结构，严格环境准入，强化源头减污；推进综合整治，加大生活污染、点源污染治理力度，深化污染减排；加快河道治理，实施生态补水，有效消除黑臭水体；依托“智慧环保”环境信息动态管理系统，不断提升监管能力；建立行政执法与刑事司法联动机制，严厉打击环境违法行为；推行环境资源区域补偿制度,签订河道整治目标责任制，实现全市河长制全覆盖，切实把河道治理责任落到实处。

农村环境整治首批通过验收。狠抓农村环境综合整治和农业面源污染整治工作，农村环境质量和村容村貌得到较大改善，在全省2013-2014年度覆盖拉网式农村环境综合整治工程考核验收中，如皋以94.5分率先通过省级验收。按照农村环境连片整治资金的管理和配套要求，按时落实配套资金，2013-2014年度投资2748.43万元，实行专账管理；严格项目招投标程序，有效的保证了评标的公正性；严格工程质量监理，有效地把握工程质量。2013-2014年度覆盖拉网式农村环境综合整治工程覆盖全市6个镇，共24个行政村，涉及农户数14439户，受益人口54691人。项目实施后，新增污水收集能力1390吨/天，畜禽粪便处理能力100吨/天，新增COD减排能力892.49吨/年，氨氮减排能力43吨/年。

搬经镇污水处理厂

城市生活污染处理——同源污水处理现场

河道整治现场——陈庄村

机动车尾气监测点

如皋市安全生产监督管理局

市委书记陈晓东督查国庆期间安全生产

局长朱留宽、副局长张善良、纪检组长殷桂平参加政风行风直播

2016年，市安监局牢固树立红线意识，坚持问题导向，强化源头管控，突出风险防范，创新监管举措，扎实推进重点工作落实，有力地促进了全市安全生产形势总体平稳。

强化红线意识，宣教培训成效显著

市安监局结合2016年安全生产的宣传教育重点，借助于如皋广播电台、如皋电视台、《如皋日报》等主媒体平台，开辟"领导谈安全""安全生产访谈""听如皋安全生产"等专栏节目，深入宣传《中华人民共和国安全生产法》《中共中央国务院关于推进安全生产领域改革发展的意见》和《江苏省安全生产条例》。围绕"强化安全发展观念，提升全民安全素质"主题，组织开展"全国第15个安全生产月"活动，进一步普及企业职工的安全常识，增强广大群众的安全法制意识。继续深化"4.16"安全生产事故警示教育日活动，牢记教训，警钟长鸣。以"尊重生命、热爱生命、保护生命"为主题的安全生产教育基地主题馆建设投入使用，用情景体验、视频展播、4D动漫等形式，让广大受教育者"感知安全、敬畏生命"。加大安全文化建设示范企业培育创建力度，4家企业顺利通过南通市级安全文化示范企业创建验收，1家企业通过省级安全文化示范企业创建验收。深入开展安全生产培训工作。年内，培训企业主要负责人、安全管理人员等8683人；培训特种作业人员2287人，通过考试合格的有1980人。积极协调、督导企业有计划地着力推进"三级"教育培训工作，全市参加三级教育培训人员达12万人。

强化责任意识，体制机制不断完善

一是不断优化考核体系。调整完善安全生产目标管理责任制，细化部门工作考核标准。研究制定《2016年安全生产目标管理考核办法》，安排专项经费奖励安全生产先进集体和个人。二是不断强化"党政同责、一岗双责、失职追责"。全面落实安全生产工作党政"一把手"负全面领导责任、分管安全生产工作的领导负"综合监管"责任、其他领导负"直接领导"责任的总要求。三是不断落实企业主体责任。将企业主要负责人安全生产履职情况作为事前执法的必查内容，进一步强化企业主要负责人履职意识。大力推进企业安全生产责任体系建设，建立健全企业全员、全过程、全天候的安全生产责任体系。四是不断形成齐抓共管局面。充分发挥市安委

安全生产专项整治推进会暨大检查动员会

市安监局开展“道德讲堂”活动

会综合协调职能，不断强化整体联动机制，及时协调、解决一批重大事故隐患整改等重点、难点问题。

强化法治意识，监管监察不断规范

年内，组织对38家一般化工企业开展制度化检查，组织对55家危险化学品生产企业和124家危险化学品经营单位进行执法检查，下发整改指令书37份，实施行政处罚3家。组织对液氨制冷企业和涉粉尘企业进行监督执法检查行动，共开出整改指令书127份，责令停产整改企业12家，实施行政处罚企业13家。组织开展集中式执法检查活动，以镇（区、街道）为单元，牵头相关部门组成联合安全生产执法检查组，于每月集中时间对所辖镇（区）的生产经营单位进行集中式安全生产执法检查行动。年内，对173家企业进行了执法检查，共检查出隐患415条，对70家非法违法企业进行了立案查处。

强化整治意识，隐患排查不断深入

一是组织开展检查督查活动。春节、国庆等重要节日和“两会”等重点时段，先后对重大挂牌事故隐患、重点工程、重点部门、重点镇（区、街道）等进行重点督查。按照“管行业必须管安全、管业务必须管安全”和“属地监管”要求，各专项整治牵头部门、各镇（区、街道）分别组织相关执法人员，对管辖范围的企事业单位安全生产工作进行执法检查。二是组织开展重大事故隐患挂牌、整改、验收和销号工作。严格执行《南通市生产经营重大事故隐患排查行政责任追究规定》，建立健全安全生产事故隐患排查的长效机制，进一步强化企业安全生产事故隐患排查整改的主体责任。对36个重大事故隐患实行如皋市政府挂牌督改，对5个重大事故隐患实行南通市政府挂牌督改，年内全部整改消号。三是针对安全生产工作的薄弱环节和突出问题，按照“依法整顿、综合治理、巩固提高、讲求实效”的原则，深入开展道路交通、长江渔业、水上交通、危险化学品、建筑工程、人员密集场所（含消防）、特种设备、职业危害、烟花爆竹、旅游、校车、餐饮场所燃气安全、液氨制冷、涉爆粉尘、“三合一”场所等为主的十五个专项整治工作，进一步提升重点行业领域整体安全保障能力。根据南通市安委会统一部署，组织推进了安全生产大检查活动，消除了一大批涉及消防安全、建筑施工和危险化学品事故隐患，重点行业领域的安全状况得到了明显改善。

强化建队意识，基层基础不断夯实

深入开展“两学一做”专题学习教育，积极组织党员干部“学党章党规”“学系列讲话”，积极开展“做合格党员”活动，引导全体人员“不忘初心、砥砺前行，做勇于担当的安监人”。组织全市安监干部参加常熟理工学院“如皋市安监干部能力素质提升班”，不断提高安监队伍理论水平和工作能力。全面推进基层安监所标准化建设。按照“强基层、夯基础、重实效”的要求，13个镇（区、街道）安监所（局）顺利通过省安监局“基层安监机构能力建设”验收，居南通各市县（区）首位。14个镇（区、街道）安监机构全部实现单独设置，共配备具有安全执法资格的基层安监人员118名。

市安监局参观如皋市预防职务犯罪警示教育基地

市安监局开展“七一”主题党日活动

如皋市统计局

市委书记陈晓东带队调研如皋统计工作

南通市统计局调研如皋投资统计工作

市统计局与扬州大学联合举办统计人员业务能力提升班

2016年，在市委、市政府的正确领导下，在上级统计部门的关心指导下，如皋市统计局紧紧围绕经济发展大局，以服务型统计建设为目标，以统计改革创新为动力，以统计素质提升为保障，有序组织各项工作，有力落实各项要求，取得良好的工作实效。2016年度如皋市统计局被如皋市委、市政府表彰为文明单位、法治工作先进单位，被市政府表彰为服务业工作先进单位，被南通市统计局评为先进单位。在南通市统计局专业考核中，固定资产投资、文化产业、住户调查、统计信息、统计人事教育、部门财会等专业获得一等奖。

优化服务，统计服务水平再上新台阶。一是为市党政领导科学决策提供依据。全年共撰写890篇统计信息和93篇统计分析报告，为科学决策提供了重要参考。二是为社会各界提供优质高效的统计产品。通过编印《统计快报》《统计月报》《统计年鉴》等统计产品，满足社会各界对统计数据的需求；两会期间，编印了“数说十二五”统计宣传画册，向人大代表、政协委员宣传“十二五”期间全市社会经济发展成果；新开通了微信公众号“如皋统计”，让广大群众感受到统计数据“触”手可及。三是为经济发展提供数据支撑。先后建立GDP核算改革联席会议制度、城乡居民收入监测分析和决策咨询联席会议制度、部门服务业统计联席会议制度等制度。

促进改革，统计数据质量得到新提升。一是围绕“三新”统计要求开展“四众”企业筛查。认真组织开展“众创、众包、众扶、众筹”统计单位核查，共核查出26家“四众”平台企业。二是进一步深化住户调查电

市统计局开展统计论文评比活动

子记账工作。为80户电子记账户配备PDA设备，逐步实现电子记账工作的信息化、规范化。三是统计检查机制不断完善。通过建立统计“双随机”检查机制，全年选取48家企业和项目进行了统计监审和行政指导，并处理统计违法案件1起，从源头上提升统计数据质量。

推进农普，统计调查工作取得新突破。按照“全市统一领导、部门分工协作、地方分级负责、各方共同参与”的原则，市统计局与市委宣传部联合发文，制定了如皋市三农普宣传工作方案，与“两台一报”等新闻单位密切合作，充分利用户外广告、户外显示屏、发放《致农户和农业单位的一封信》、统计微信等方式广泛宣传农普。在全市选调4000多名普查员和普查指导员，先后开展了普查试点、两员培训、小区划分、清查摸底、农作物面积遥感测量等工作。

提升能力，统计队伍建设迈出新步伐。继续深化“数海讲坛”学习品牌，首次与扬州大学联合举办了统计业务能力提升班，全市近80名统计干部参加了培训。组织全市统计系统干部开展了优秀统计论文评比竞赛活动，积极参加全国优秀统计从业人员师资评选、优秀统计课件评选等活动，获国家级奖6人次、省级奖2人次。

转变作风，统计行风建设呈现新气象。局领导班子带头转变工作作风，深入联助村走访慰问帮扶对象，对老人开展防暑降温慰问活动。城调队负责同志主动对接记账户，并对记账户进行现场指导，提升了记账户的记账水平。以“两学一做”专题教育推动党风廉政建设，先后开展5.10思廉日、12.9国际反腐日等主题教育活动，组织全局人员集中观看警示教育片，参观江海先锋好人好事优秀作品展，进一步增强党性，激发工作热情。

市统计局开展夏季慰问高龄老人活动

如皋市市场监管局

全国机构编制暨综合行政执法工作座谈会在如皋召开

全市质量强市工作会议

2016年，如皋市市场监管局深化改革有担当，在优化如皋市场监管品牌上迈出了新步伐。从全省首家完成“三合一”改革，组建全省首家综合检验检测中心，到纵深推进市场监管领域综合执法，成立全国首家市场监管综合指挥中心，如皋市场监管的品牌示范效应得到更大彰显。借“三合一”改革走在南通甚至全省前列的东风，乘势而上持续稳妥推进深化改革。主动顺应李克强总理提出试行在事中事后监管中采取“双随机”抽查方式要求，组建了全国第一家综合指挥中心，在部分领域把“双随机”抽查作为检查方式的有益补充，这一做法得到了省编办、中编办领导的高度评价和充分肯定。2016年初，全国机构编制工作会议暨综合行政执法现场会在如皋召开，观看了“三合一”改革专题片和“双随机”抽查演示。积极支持综合行政执法改革，顺利承接了商务局、粮食局划转的行政处罚职能，为省机构编制工作会议暨综合执法现场推进会提供了现场。新疆、内蒙古、山东及省内兄弟等地纷纷来局调研考察，借鉴学习相关经验和做法。

2016年，如皋市市场监管局服务发展有成效，在助推经济转型升级上实现了新突破。从提升服务效能释放商改红利、拓展融资平台破解资金难题，到强化标准引领、质量强市、商标品牌助推转型升级，市场监管部门提振实体经济的职能作用得到更大发挥。积极支持行政审批权局贯彻落实商事制度改革，认真做好行政审批委托事项，不断提高委托审批事项质量。全力支持标准化机构的组建，全国滚动轴承标委会滚动体分委会获批，全国食品安全卫生和智能化制革机械两个标准化工作组落户如皋，分别填补了南通和如皋的空白。江苏祥源电气设备有限公司成为南通唯一一家荣获中国标准创新贡献奖的单位。积极申报如皋首个国家地理标志保护产品——如皋黄

2016年度总结表彰大会

两个全国标准化工作组落户如皋

酒。牵头召开全市质量工作会议，强化责任，凝聚质量工作合力。2016年新增地理标志证明商标1件、省著名商标8件、省名牌产品5件。获评南通市质量标兵企业10家，总量居南通前列。以动产抵押、商标权质押、股权出质方式助企融资23.6亿元。

2016年，如皋市市场监管局监管执法有力量，在整治重点难点问题上取得了新成效。从线上线下市场一体化监管、落实“四个最严”要求保障食品药械安全，加大隐患整改保持特种设备安全平稳态势，到突出信息监管联合惩戒，高效处置各类投诉举报，提升执法办案效能，市场监管局保障安全、维护秩序的主力军地位赢得更大认同。2016年度，累计接受消费者咨询19741人次，受理调解消费纠纷560件，为消费者挽回经济损失340万元。受理投诉举报1271件，其中诉转案96件，按期办结率100%，满意率98.3%。开展各类专项整治32次，立案查处各类案件812件，罚没款突破1200万元。与农委建立联合监管衔接机制，建立农产品追溯体系。在西皋、城北市场设立便民快检中心，免费向市民开放。全市5409台电梯已全部粘贴维保信息公示卡和96333安全警示牌，电梯贴牌覆盖率100%。加快推广电梯责任保险，投保率超过50%。开展电梯、大型游乐设施、化工企业压力容器、压力管道泄漏应急救援演练54场次，提高企业的安全意识和事故处置能力。牵头推广使用全市市场监管信息平台，有效助推全市40个部门间涉企信息实时传递和无障碍交换。

深入开展“两学一做”教育

检查食品生产企业

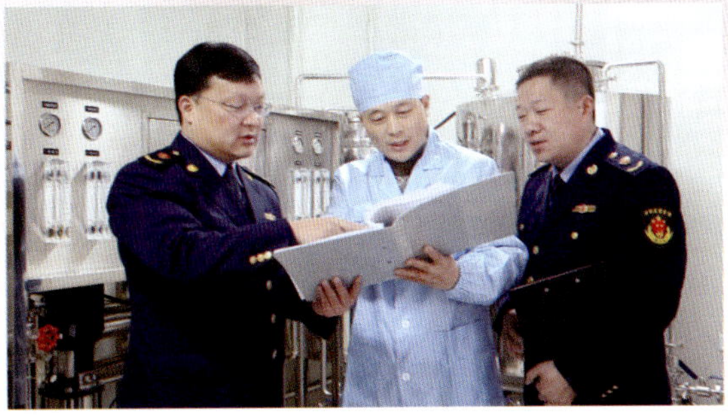
检查医疗器械生产企业

举办质量月广场咨询活动

2016年，如皋市市场监管局自身建设有实招，在提升队伍能力素质上落实了新举措。从扎实推进“两学一做”，全面加强业务技能培训，深入开展党风廉政建设，到出台绩效考核管理办法，建立完善各类管理制度，市场监管队伍建设迈出更大步伐。“两学一做”学习教育突出领导带头，清单式、项目化务实推进。创新开展了“廉政书画摄影比赛”“家规家训”“走进预防职务犯罪教育基地”等丰富多彩的廉政教育活动。细化党委主体责任、纪委监督责任和班子成员“一岗双责”责任清单，分层级落实责任，形成了上下贯通、环环相扣、清单式分责、链条式传导的责任体系。坚持把纪律和规矩挺在前面，严查重处震慑违纪行为，抓早抓小践行“四种形态”，认真履责回应群众关切。开展各类明查暗访12次，下发监察通报15期，立案查处违纪案件2件。以能力建设为着力点，组建覆盖日常监管、执法办案、案件审核等各类业务培训27期，全面提高队伍业务技能。

1月5日，第二届“Mlily梦百合杯”世界围棋公开赛决赛在锦都金鼎大酒店举行，中国选手柯洁战胜韩国选手李世石。

3月13日，南通支云足球俱乐部出征仪式在市锦都金鼎大酒店举行，南通市副市长朱晋、如皋市委书记陈晓东等出席活动。

如皋市体育局

4月5日，如皋召开全市大型体育赛事暨中乙联赛南通（如皋）赛区组委会全体会议。南通市体育局局长徐国祥、副局长姜海泉，如皋市领导陈晓东、胡拥军、张元健、缪爱诚、成明、钱志刚出席会议。

2016年，全市体育工作紧紧围绕上级要求，全面深化省公共体育服务体系示范区建设，以增强全市人民体质、提高群众健康素质为目标，完善组织体系、加快设施建设、推动活动开展，不断满足群众日益增长的体育健身需求，圆满完成了年初制定的各项目标任务。

围绕重点难点，开展前瞻研究，规划引领扎实有效。科学合理修订了《如皋市“十三五”体育事业发展规划》《如皋市全民健身实施计划（2016–2020年）》和《如皋市体育产业发展规划（2016–2020年）》，为适应新常态、把握新常态、引领新常态，推动大健康产业发展，建设“强富美高”魅力如皋提供了规划保障。

紧扣工作主线，加快设施建设，发展基础不断夯实。坚持以完善和加强省公共体育服务体系示范区建设为主线，推动各项体育设施加快建设。一是完成奥体中心东侧市校外足球训练基地（全国青少年田径训练基地）搬迁工作；二是全年新增提档升级镇、村标准篮球场56片、健身路径50套；三是新建龙游河风景区健身步道10公里，搬经、江安等5个省级多功能运动场，吴窑、城南街道2个市级农村体育公园及标准门球场3片；四是加快“智慧体育”建设进程，推动群众体育公共信息服务网络建设，持续完善全市全民健身电子地图平台。

加强服务指导，务实开展活动，群众体育蓬勃发展。一是积极举办节假日全民健身活动，营造了浓烈的节庆健身氛围。二是努力指导办好镇村全民健身运动会，镇村体育活动更具活力。三是扎实开展市级机关、企事业单位各类健身活动，各单位主动参与的积极性空前高涨，全民健身氛围更加浓厚。四是加强晨晚练健身点和社会体育指导员队伍建设，为全市855名一线社会体育指导员购买了意外伤害保险，并采购发放统一服装，极大提高了一线指导员的工作积极性。五是推动体育社团“三化五有”建设，体育社团“三化五有”等级评估和

4月17日，2016中乙足球联赛开幕式在如皋市体育中心举行，上图为球操展演方阵。

5月2日，南通市首届“小康村”农民广场舞大赛如皋赛区选拔赛在红星美凯龙如皋店举行。

创A工作有序推进，市老年人文化体育协会被评为4A级体育社团，市篮球协会、游泳协会、信鸽协会等6个协会成功创建3A社团。2016年新增注册团体会员10个、个人会员250人。六是建成省级体质测定与运动健身指导站，全年完成国民体质测试3200人。七是精心组队参加国内群体赛事，8月参加省广场舞城市冠军赛（南通站），获规定动作和自选动作亚军；9月参加省第七届全民健身运动会健身腰鼓比赛，获规定动作和自选动作比赛冠军；11月参加南通市第九届健美操锦标赛，获中青组排舞规定动作、自选动作一等奖。

8月14日，中国体彩杯全国业余象棋如皋分站赛在市体育中心举行。

强化人才培养，积极组队参赛，竞技水平稳步提升。一是以创新思路推动体教融合，学校体育活动的氛围更加浓厚。二是抓好少体校选才招生工作，深入一线找人选苗，为培育体育后备人才奠定了坚实基础。三是积极组队参赛锻炼队伍，4月参加国少队集训比赛，分获女子铅球第二、男子铅球第三；5月参加省阳光运动会暨县组田径赛，所报项目均进入全省前15名；5月，市少体校初三学生陈子怡，参加德国新勃兰登堡投掷传统赛，获跨年龄组女子U18组铅球比赛冠军；6月参加全国少年田径赛，分获女子铅球第三、男子铅球第四。

5月6日，副市长缪爱诚赴新加坡出席亚老联会议并签署备忘录。

9月20日，第16届全国老将田径锦标赛在市体育中心举行，图为开幕式情景。

5月10日，全国政协常委、省政协副主席周健民，省政协常委、省体育局副局长刘彤等领导在南通市体育局局长徐国祥、如皋市委书记姜永华等陪同下调研如皋市青少年体育活动开展情况。

注重社会效应，着力开拓市场，发展效益持续彰显。一是结合如皋市情和体育工作实际，完善体育产业发展的政策举措，吸引社会资本参与体育事业。二是提高大型体育场馆运营管理能力和公共服务水平，向社会免费或低收费开放。三是开拓发展空间，挖掘新的增长点。市体投公司进一步优化、拓展培训市场，经济效益有较明显提升。四是注重与社会资本融合发展，先后与扬子晚报、文广传媒、建材商会、专业体育俱乐部等开展合作，举办演出、会展等活动，充分挖掘体育设施功能。五是创新体彩营销手段，全年体育彩票总销量达1.5亿元，超额完成全年任务指标，总量继续保持苏中苏北前列。

7月13日，2016“华强城杯”国际四国男篮亚特拉斯系列赛在市体育中心篮球馆开赛，图为罗马尼亚队与格鲁吉亚比赛，最终罗马尼亚队以73:57战胜格鲁吉亚队。

坚持超前谋划，加强统筹协调，大型赛事保障有力。一是成立了市大型体育赛事领导组，为常态化保障大型赛事提供了组织支撑。二是成功承办首届“梦百合杯”业余围棋精英公开赛，此赛事已列入省级赛事计划。三是高水平承办了中国足球乙级联赛开幕式，全年保障南通支云主场赛事10场，如皋赛区获2016中乙联赛赛区组织工作优秀奖。四是着力健全赛事社会化运作机制，先后举办首届“郎牌特曲杯”迎新春、闹元宵全市广场舞比赛、“电信杯”全市青少年篮球赛、亚特拉斯四国男篮对抗赛等赛事。五是成功承办第16届全国老将田径锦标赛、省第七届全民健身运动会门球大联赛、省阳光运动会少年儿童羽毛球冠军赛，保障国家奥林匹克优秀后备人才集训5期。

江蘇如皋港集團

RUGAO PORT GROUP, JIANGSU

中国·如皋港
RUGAO PORT, CHINA

一类口岸如皋港，保税物流通天下

[概况]2016年如皋港集团投资经营业务快速发展，实现了“十三五”的良好开局。集团坚持以市场开拓、提高效益为中心，充分发挥“码头+保税+仓库+贸易+金融”的独特优势，秉承“全局、诚信、用心、创新”的发展理念，拓展了广州直航、皋申快航、水铁联运等新功能、新载体，抢抓机遇、奋力前行，港口物流业务发展取得了质的飞跃。

2016年2月23日，南通市委副书记、市长韩立明一行实地考察苏中国际集装箱码头。时任如皋市委书记姜永华、市长陈晓东陪同。

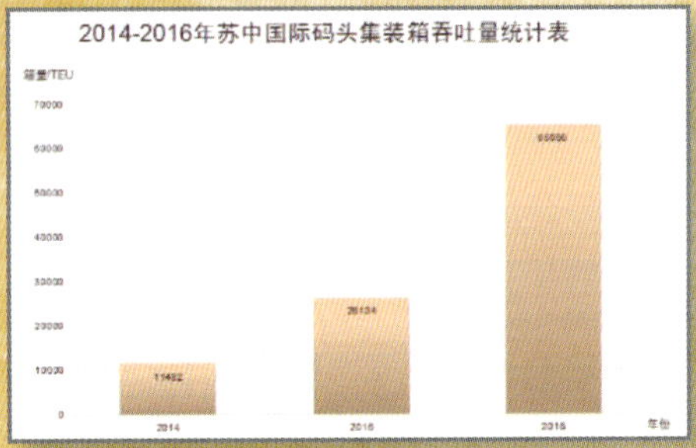

2016年，苏中国际集装箱码头完成集装箱吞吐量6.5万标箱，占目标的130.1%，增长1.2倍，其中外贸集装箱首次达到1万标箱(完成10092标箱)，占目标的100.9%，增长337.8%；完成散杂货吞吐量345万吨，占目标的115%，增长213.8%。

[开通如皋港至广州港直达班轮航线——“广州直航”]在充分市场论证的前提下，成立了“江苏如皋港海运有限公司”，专门从事如皋港至广州港的内贸集装箱直航业务。9月26日成功开通了如皋港—广州港精品直达航线，为腹地客户提供了畅通、便捷的物流通道，进一步降低了客户的综合物流成本，在客户中的知名度、影响力越来越大。

2016年9月26日，如皋港内贸集装箱广州直航暨水铁联运首航仪式在苏中国际集装箱码头举行。市委常委、常务副市长胡拥军，市人大常委会副主任张勇，副市长杜永红、高峰，南通引航站、南京铁路货运中心、中铁集装箱运输上海分公司、广州港、南京港、各镇区及市各相关部门以及重点货源企业的有关负责人等出席活动。

[开辟如皋港至南京港铁路联运通道——“水铁联运”]加强与南京铁路集装箱货运中心对接，以本港石英砂货物为切入口，实现如皋港与南京浦口港、南京铁路集装箱业务的合作。9月26日成功举行了水铁联运的开通仪式，首批石英沙散改集运至河南某地，促进本港货物通过水铁联运物流通道向内陆地区客户的延伸，提高货物的市场覆盖率和运营效率，降低了货主企业物流成本。

繁荣的苏中国际码头

[开通如皋港至上海港的直达班轮航线——“皋申快航”]针对本港腹地企业出口量大、公路运输成本高的现状，加强与上海港的沟通，得到了上海港的大力支持。10月26日举办了如皋港至上海洋山、外高桥港直达航线（皋申快航）项目推介会，得到了荣威塑胶、双钱轮胎、九鼎新材等一批重点外贸企业的积极响应。12月28日“皋申快航”正式启航，首批荣威塑胶的外贸集装箱直接运达上海洋山港，航行时间18小时，打通了“陆改水”物流新通道。该航线的开通将进一步发挥如皋港区位交通条件和物流节点优势，有效降低外贸企业物流成本，打造绿色物流、特色物流。

2016年10月26日，如皋港至上海港直达航线（皋申快航）项目推介会在如皋港集团报告厅举行。市委书记陈晓东致辞，会议由时任市委常委、常务副市长胡拥军主持，如皋港集团总经理马玉东介绍“皋申快航”各项准备工作，上港国际港务集团生产业务部倪志平部长介绍“皋申快航”特点优势和上海港的优惠措施。市人大常委会副主任张勇、如皋海关关长石根庆、如皋出入境检验检疫局副局长刘振宇、如皋海事局局长韩光明、如皋边防检查站站长王建华以及上港国际港务集团、国内外知名航运公司、重点货主企业、代理公司负责人出席会议。

[保税物流中心开关运营]7月12日如皋港保税物流中心正式开关运行。全年共引进各类企业9家，其中中心内企业2家、报关公司3家、供应链管理公司2家、货代公司2家。咖啡豆项目进出量突破1万标箱，进出口贸易额达到4.37亿美元；11月2日与江苏圣果葡萄酒业有限公司正式签约，如皋港进口红酒集散中心项目落户保税物流中心，注册成立了“南通美酒港供应链管理有限公司”，真正将国际贸易、物流的税收落地，着力打造国际性的葡萄酒行业展会，提升如皋港进口红酒集散中心在行业内的知名度和影响力。开关运营以来，保税物流中心进出口指标在全省保税物流中心中名列前茅。

2016年7月12日，如皋港保税物流中心（B型）正式开关运行。市委副书记、市长何益军致辞，南通市市长助理陈翔宣布开关运营。南通海关关长沈建明与何益军共同为如皋港保税物流中心（B型）揭牌，如皋海关关长石根庆向保税物流中心企业授证，如皋港集团总经理马玉东详细介绍了保税物流中心建设运营情况。

[加快港口物流招商]集团紧紧围绕载体招商、功能招商、无地招商，累计引进物流公司、船公司、船货代公司、港口贸易公司、配套服务公司等各类企业252家，累计物流开票额12亿元。2016年，引进船公司9家，招引注册公司20家。鑫鼎鑫物流园实现物流业务开票2.6亿元。港口物流集聚效应不断放大。

2016年11月2日，由如皋港集团与江苏圣果葡萄酒业有限公司合作的如皋港保税物流中心进口红酒项目正式签约。时任市委常委、常务副市长胡拥军，副市长高峰及如皋海关、如皋出入境检验检疫局领导等出席签约仪式。

如皋市公共资源交易管理办公室

省招投标办副主任包忠诚视察公共资源交易中心评标区建设

【概况】2016年，如皋市公共交易中心国有资金项目进场交易1392项，其中，工程建设778项，标的额19.22亿元，节资额4.58亿元；政府采购343项，标的额1.67亿元，节资额0.443万元；产权交易37宗，标的额2714万元，增值440.25万元；土地交易234宗、596.47公顷，标的额42.03亿元。

【工程招投标】年内，根据省招标办的要求，结合如皋实际，融合营改增主要精神，修改完善了《如皋市房屋建筑与市政设施施工招标文件范本》《如皋市监理项目电子招标文件范本》和《如皋市工程货物电子招标文件范本》。年内，全面放开对非国有资金投资的房屋建筑和市政基础设施工程依法必须公开招标的限制，实行直接发包备案，并对市重大项目零收费服务。全年完成直接发包备案项目183个，投资额27.2亿元。同时，将纸质招标文件备案改为通过省5.0系统网上备案，此举既提高备案效率，又节约办公资源。全年完成180件招标文件的网上备案。

【政府采购】年内，通过公开招标确定了118家协议（定点）供应商，包括办公自动化设备及耗材、空调、办公家具等12项货物类项目。

市公管办主任姜跃进在"双联双助"村石庄镇思江村走访慰问

市公管办党组对新提拔任用干部进行集体廉政谈话

淮安市金湖分中心到如皋开展交流研讨

严格执行单一来源审批管理制度，全年实施单一来源采购63项，标的额2925.34万元，节约资金278.405万元。同时积极组织实施政府购买服务工作，全年实施采购政府购买服务50万元以上的项目94个，金额6674.295万元，涉及数据统计、物业管理、道路保洁、调查统计、第三方核查、运维服务、财务服务、PPP项目编制等方面，政府购买服务范围进一步扩大。

【国有资产产权交易】年内，联合监察、财政、审计等多部门，对现有国有资产进行全面摸底调查，建立待交易国有资产目录库，实现多部门信息资源共享和到期交易项目的网上黄色预警。夯实产权交易基础工作，实现“三定”：即定操作程序，财政审核、中心操作、公管办及财政监管；定操作规范，先后制定了产权出租、转让交易等相关程序性文件和规范性范本；定操作监管，明确内部各部门在涉及质疑、投诉等方面的职责义务。

【评标区建设】5月中旬开始，将评标区27台电脑设置成只能访问本地招投标系统和省、南通市、县（市、区）远程异地评标系统，禁止访问其他网站，禁止使用通讯聊天工具；购置正版还原软件，设置还原功能，使评委或其他人员不能自行安装任何软件脚本。评标区南北两个出口均设置门禁系统，评委进入评标区需通过身份证认证方可进入，相关工作人员则通过指纹认证方可进入，且进出评标区的电子记录与管理软件实现实时对接，便于对评委或代理机构实现“一标一考核”的日常管理目标。

市公管办开展“两学一做”集中学习

市公管办送党课到石庄镇思江村

市委书记陈晓东、市长何益军一行调研港口工作

港口工作会议

如皋市港口局

2016年3月14日，如皋市港口管理局被南通市港口管理局评为2015年度南通市港口安全工作先进单位。

长源钢铁物流又来沙沿江码头岸线利用申请7月底交通运输部已批复。江南德瑞斯、富港物流获得省交通运输厅的岸线批文。

2016年11月9日港口危险化学品事故综合救援演练在南通诚晖石油化工有限公司码头成功举行。2016年11月9日如皋市港口管理局牵头组织在诚晖石化码头成功组织一次防火灾、防爆炸、防泄漏和人员救护应急演练，市政府分管领导及长江航运公局南通分局、市安监局、全市危化企业代表现场观摩了演练。针对企业在应急预案演练过程中暴露出的问题，请行业专家进行点评，指导企业进一步完善相关应急预案，切实提升科学性、针对性、实效性。

局党组书记、局长冯昕到企业调研

召开协商会议

委托新加坡邦城规划顾问有限公司编制了《如皋港口物流

局党员干部参观党风廉政文化广场

发展规划》于12月1日通过了由政府办组织的部门联审及专家评审，年底形成正式报批稿，并报市政府常务会讨论批准。

通过与企业的共同努力，违规补办手续的整改工作顺利推进。森松重工、海通海洋、瑞泰船务完成竣工验收并发放了

局机关同志和企业负责人召开座谈会

多部门联合安全检查

三家企业负责人给港口局赠送锦旗表达谢意

港口经营许可证。北汊作业区内中小型船舶修造企业船台已通过质量检测并获得南通市港口管理局工程质量监督站认可，基本整改到位。

根据上级部门统一部署，对沿江非法码头进行专项整治（主要是长江北汊大桥和二桥之间的小码头），如皋市港口局作为市非法码头的专项整治领导小组办公室，配合长江镇及相关部门按照上级的要求在规定的时间期限内完成整治工作，目前基本停产。

市港口局配合省厅、南通市港口局及南通内港处完成了沿江及内河岸线资源、码头现状普查工作。

南通东方石油化工港储有限公司15.4万立方米储罐扩建及码头辅助设施改造项目投入运行。该项目总占地面积66.9亩，新增油品、化工品储罐24台，包括12000立方储罐5台，11000立方1台，6500立方储罐8台，3000立方储罐10台，总罐容为15.3万立方。

广泛开展宣传活动，将法律书籍送到田间地头

开展消防演习

如皋港港务集团码头

苏中国际码头

文化广场

如皋市规划局

如皋（上海）城市推介会

2016年，在市委、市政府的正确领导下，我局认真学习《关于进一步加强城市规划建设管理工作的若干意见》，紧扣现代化中等城市发展定位，努力推动城乡规划和房地产市场管理事业在新常态下取得新业绩。4月27日在全省规划工作座谈会上，我局作城乡规划管理、历史文化名城保护与利用经验介绍;6月份，《江苏城市规划》杂志刊载《如皋：留下历史基因，提升城市气质》介绍如皋经验;2017年1月19日，《新华日报》以《如皋：科学规划，精心描绘城市发展蓝图》为题对我市规划和房地产工作进行专版介绍。

（一）坚持统筹协调，推进规划全覆盖

1.规划编制纵深推进。经多次汇报，城市总体规划修改按程序提交省政府批准。《“十三五”城市近期建设规划》和《城市人口导入规划》已报市政府审批。正在开展“三规合一”下城镇体系规划、城市片区色彩规划编制。新城区功能提升、城市综合交通、城市道路绿线、中央商务区城市交通影响评价、中央商务区城市设计提升及龙游河北延、宏坝河、宝塔河等水系连通方案正在完善。《白蒲镇总体规划（2016-2030）》获省政府批复，丁堰、东陈、九华、吴窑总体规划通过专家评审，下原总体规划初步成果完成，长江总体规划正在完善。完成了城市地下管线基础信息普查，搭建了信息系统平台，于12月24日通过省级验收。

2.规划招商业绩喜人。以规划为龙头，先后与万科、恒大等国内知名企业深入洽谈，吸引资本实力强、社会信誉度高的投资商参与城市建设。新城吾悦广场项目将于今年正式对外营业。人民医院东侧旧城改造项目有序推进搬迁。龙游河生态公园东侧配套商业成功挂牌，西侧亦已招商签约。11月8日，如皋（上海）城市推介会在上海召开，150家房地产开发企业和经纪机构参加，受到了热烈反响。

如城鸟瞰

3.规划执行扎实有力。执行《城乡规划法》、《江苏省城乡规划条例》，严格建设项目开工前验线、规划巡查、竣工规划核实制度。累计对59个新开工项目192栋建筑物进行开工前规划验线，25个项目79栋建筑物正负零复验，20个项目124栋建筑物主体封顶复验， 65个项目竣工规划核实。实行规划区域专人负责制，对全市210个项目进行批后跟踪管理，将不按规划建设行为消除在萌芽状态。共下达整改文书28份，约谈55人次，建设单位主动整改、消除违法建设19起，按规定移交执法局查处违章建设行为为13起。

迎春桥

4.规划管理优质高效。累计完成32个重点工业项目设计方案审核，出具规划设计要点146份、规划红线263份、建设项目选址意见64份、建设用地规划许可意见100份、建设工程规划许可意见485份，办理规划核实408份。先后为青年赛麟、荣威塑胶、杭萧钢构、华灿电讯等重大项目办理容缺预审，为91个工业项目补办工程规划许可提供服务。重要规划和重大项目规划方案均由市规划委员会集体决策。全年实施批前公示183次，召开规划听证会6次，参与听证人数200多人。

5.历史文化保护再结硕果。《如皋历史文化名城保护规划（2015-2030）》获省政府批准。东大街、武庙街区被省住建厅、文物局公布为第一批江苏省历史文化街区。东大街、武庙历史文化街区保护规划通过专家论证。东大街历史文化街区保护项目荣获2016年度“中国人居环境范例奖”。积极与省住建厅、国家住建部衔接，我市申报国家历史文化名城工作获省厅和住建部支持。指导白蒲镇申报“中国历史文化名镇”，申报材料已经省住建厅转报国家住建部。

（二）坚持克难奋进，实现房地产业新转型

1.不断推动去库存。全年全市销售商品房14512套、178.9万平方米，销售额87.6亿元，位列南通县区第二，房产交易税收总量名列前茅。主城区销售129.5万平方米，同比增长43.5%；销售额69.3亿元，同比增长38.7%。商品房供求比初步调节，去库周期降至18个月。举办国庆房产展销会，21个精品楼盘参展，预定410套，成交228套。如皋房产专题片《梦里寿乡》广为流传，11月份以来，上海人在如月均购房130套，不少镇（区、街道）迎来上海购房团。

2.努力探索调结构。全年中心城区新开商品房118.6万平米。新城·吾悦广场、金科·世界城、绿润·瑞景华府、碧桂园·龙游湖、平凡·翠湖苑、城开•时代广场龙游府等项目开工建设，绿地率超过35%，建筑密度有所下降，户型结构、外立面形象和色彩全面提升。7月份正式启用新版《商品房买卖合同》。组织开展房地产开发经营行为专项检查，制止和查纠违法违规行为。会同中国人民银行如皋支行发布《如皋市新建普通商品房预售资金监管工作办法》，自2017年起，对新开发建设并进行预售的商品房项目，全面实施预售资金监管。

3.深化改革强管理。6月份，不动产统一登记改革正式启动，房产交易管理中心以职能调整为契机，落实政务公开，完善硬件设施，开设工业企业“绿色通道”，将便民利民举措落到实处。累计办理商品房交易备案4012件，抵押备案3510件，存量房交易备案1696件，测绘备案79件。8月份，我市二手房网上交易管理平台投入使用，有效防止二手房“炒买炒卖”、“一房两卖”现象。

外城河东大街

如皋市地税局

纪念建党九十五周年——如皋地税七一大党课

上门服务

2016年是“十三五”规划的开局之年,全系统上下紧扣“顺应改革务实创新”年度主题,凸显“收入提质、征管提效、队伍提能”工作抓手,凝心聚力、攻坚克难、融合发展,圆满完成各项目标任务,取得了条块绩效考核双第一。

聚焦税制改革,服务发展彰显新成效

随着“营改增”全面推开,全系统干部职工顺势而为,积极应对,转变税源管理方式、优化税源管理结构,完善收入管理机制,聚力挖潜增收,全年实现全口径税收收入46.56亿元,可比增长8.2%;一般公共预算收入37.51亿元,可比增长8.15%;组织入库各项基金费30.17亿元,增长30.1%,其中社保费27.4亿元,增长37.7%,为经济发展和民生改善提供了坚强的财力保障。一是优化可比征收考评激励。完善以风险应对部门为主的收入责任共担考评机制,强化月通报、季考核、年评比,促进征收总量稳步增长。全年实现同口径可比公共财政预算收入20.57亿元,增长10.41%。二是深化民生保障税费征管。完善欠税欠费管理办法,明确清欠监控责任,规范催缴、约谈、强制流程,全年累计清缴欠税2900万元、社保费660万元。三是强化改革发展服务举措。紧贴全市经济发展战略,助力重大项目建设、新三板上市、政府招商引资,营造良好税收服务环境;积极开展“税银合作”,全年多家企业、自然人获得税银信用贷款1139万元,破解小微企业融资难题;积极向党委、政府提交税收经济分析报告,《船舶行业运行形势严峻亟盼政策扶持》《江苏各地建筑业发展情况调研》等信息被国办和省府办采纳,《上市公司股权交易税源控管情况及建议》得到市领导的充分肯定。局班子每位成员撰写的“十三五”调研报告在南通市局评比中列6县(市、区)第一,7个“金点子”分获南通市局“最佳创意奖”“优秀奖”。

决胜“三大战役”,征管改革取得新突破

高标定位,蹄疾步稳,打好重点改革“必胜仗”,确保改革任务“掷地有声”。一是统筹推进“营改增”。制定《营改增试点工作实施方案》,精确绘制“营改增”工作

不忘初心道德讲堂

开设征缴绿色通道

的路线图和时间表，全面梳理分析全市“营改增”企业税源情况，全方位抓好政策应对、征管应对、服务应对和技术应对；开展“营改增”行业税收清理，入库营业税3650万元；统筹国地税信息交换、发票定额管理、委托代征协作、办税应急演练，顺利实现“营改增”试点平稳过渡。二是纵深推进“国地税合作”。落实合作规范3.0版，构建国税地税合作框架，联合办理税务登记、委托代征、宣传辅导，推动服务深度融合；联合核定个体定额3680户，联合认定非正常户286户次，联合清理欠税70户，追缴欠税1799.56万元，联合开展税务稽查，推动执法适度整合；联合采集政府部门涉税数据1356万条，开展建筑行业分析模型建设，组织15053户纳税人信用等级评定，深化信用评价结果应用，推动信息高度聚合。三是合力推进“金三”运行。着力加强“金三”上线组织领导，制定双轨、单轨上线方案、应急预案，组建精英团队核心项目组，有序开展纳税服务、基础管理、稽查业务模块功能业务测试、人海仿真测试，组织系统应用操作培训32场8760人次。项目组成员全力以赴做好数据整备、技术攻关、指导保障工作，确保“金三”系统顺利上线。

强化风险指引，信息管税集聚新动能

积极运用“大数据”思维，健全涉税数据信息搜集应用机制，推动风险监控与税源管理、征管质效的深度融合。一是夯实“大数据”管税基础。建立数据质量初始检测制度，加强逻辑验证和人工筛选控管，提高系统数据质量；引入第三方数据，完善模型指标，加强人工分析，推送涉税疑点695条；加强股权交易税源控管和互联网涉税情报搜集，补征股权转让税款3.12亿元。二是优化风险任务统筹管理。固化疑点识别规则，建立高风险双随机选案库和中风险随机抽查库，规范风险任务“进出”管理，全年共推送高中低风险任务2138户次。三是推进风险等级分类管理。建立“基础风险即控”机制，简化处理流程，完成融资开票、三证合一企业后续管理等基础任务；针对营改增纳税人、股权转让、行政事业单位个人所得税、房土税源管理等风险事项进行监控，全年共完成高、中风险任务928户次，入库税款、滞纳金、罚款合计5.52亿元，增长8.02%，应对准期完成率、应对有税率、应对贡献率均居六县（市、区）前列。

推行便利改革，纳税服务迈入新境界

全面融入“便捷高效的办税服务”“精准有效的遵从引导服务”两大工作重心，拓展服务方式，推动服务转型，营造法治化的税收生态环境和整体联动的“大服务”格局。一是拓展“互联网+税务”服务模式。升级“办件跟踪实时查询系统”，新增资产转让、跨区变更等功能菜单，方便纳税人实时查询涉税业务审批流转；研发“掌上培训需求系统”，按需提供辅导培训服务；丰富“12366手机报”内容，拓宽发送对象，更加快捷、更大范围宣传税收新政。二是强化纳税遵从引导。针对个性需求，开展温馨提示服务，编印涉税业务操作指南，加强网上办税、自助办税能力辅导；持续推广免填单服务，

“献给春天的花蕾”爱心活动

提升涉税办理效率；建立重点人群3类52项税收遵从评价指标体系，制订《纳税人红黑榜实施意见》，推进评价结果多维运用，实施有针对性的管理和服务。三是服务供给侧结构性改革。切实落实税收优惠政策，加大结构调整、科技创新、小微企业、促进就业、保障民生等方面税收优惠政策的执行力度，全年共计减免各类税收优惠1.12亿元；推进“三证合一”“一证一码”登记制度改革，简化办事流程，减少资料报送，最大限度减轻纳税人经营成本和办税成本。

如皋市国税局

省国税局党组书记、局长胡道新视察如皋国税营改增工作

2016年，如皋市国税局紧紧围绕税收现代化的总体目标，上下一心、众志成城，圆满完成各项工作任务，推动改革洪轮滚滚向前，实现“十三五”良好开局。

这一年，全系统闯关拔寨、攻坚克难，高奏重点改革战役的“凯歌”。全市5134户营改增纳税人税制平稳转换，营改增全面推开。省国税局党组书记、局长胡道新“五一”前视察营改增准备工作后，在办税服务厅留下“听到的最满意的回答”的评价，如皋市委、市政府主要领导对如皋国税全面营改增试点工作也给予充分肯定。按照上级局统一部署，精心设计初始化方案，实施

全市国税工作会议

双轨运行，10月8日金税三期系统顺利上线，实现了征管核心系统的平稳切换和迭代升级。对照省局、南通市局部署要求，积极落实《全国征管规范（2.0）版》及各个单项改革任务，实现“50个到位”“10个只减不增”，顺利通过省局“税收管理改革综合示范点”验收评审。

这一年，全系统真抓实管、重拳出击，打牢税收法治建设的“基石”。创新完善组织收入工作机制，强化收入质量动态管理和增值管理，依法履行税收职能。累计完成财政总收入38.54亿元，同比增长22.06%；完成公共财政预算收入16.2亿元，同比增长72.08%。同时，聚

为外资企业提供税收服务

焦市委、市政府关切，制定出台“国税助力供给侧结构性改革20条举措”，主动对接市级重大项目建设。以落实税收政策措施专项督查为契机，确保税收优惠应享尽享，累计兑现各类税收优惠10多亿元，固定资产抵扣税款3.41亿元。牢牢扎紧制度铁笼，修订市局工作规则和党组工作规则，全面梳理完善了干部学法用法、重大案件审理、涉税争议化解等法治基础性制度，进一步优化评估复审和重大案件审理流程，强化内控机制建设，规范税收执法行为。

这一年，全系统多措并举、精准发力，再固税收风险防控的“屏障”。制订2016年指定媒体情报采集目

走进政风行风热线

录，编制《外部涉税情报采集指南》，保障情报采集质效。完善风险办工作机制，对区域重大风险监控报告及风险分析项目进行责任分解。积极开展行业模型完善工作，拓展风险分析项目，建立的非居民企业投资方股权减持分析项目指标进入省局四库。加强风险应对任务的跟踪督查和考核评价，发布《税收风险应对情况通报》4期，通过风险应对评析会、应对任务竞标、应对典型案例交流讲评等，不断提升风险应对质效。2016年，累计完成风险应对375户次，应对总成效1.22亿元。加大欠税追征力度，实施欠税管理专项考评，全年共清理陈欠1917.39万元。

这一年，全系统多维突破、春风送暖，稳步升级纳税服务的“档位”。推广电子税务局、增值税发票查询平台，推行“预约取件模式”，投入使用4台发票代开、6台发票供应自助办税设备，并做到专职引导、专人辅导、专区使用、专家运维，推进纳税人自主办税。创新推出微（短）信分流、快道分流、预审分流、场地分流等“四道分流”措施，大大缩短了纳税人现场办税时间。全面推行实名制办税，确保政策宣传细致深入、设施配置运营无误、应急机制建立健全。组织开展多期协同性、针对性、时效性并重的营改增、“金三”纳税人培训，以“三问三送”活动为载体，由局领导带领业务团队，拜访100户重点企业，解读重点政策、解决重要难题。

这一年，全系统严管善待、内外兼修，激活干部办事创业的“春水”。对“数字人事”采取全员大会普学、骨干力量重点学的方式，强化宣传引导，确保运行规范、维护到位。自主拍摄的微电影《老丁的“笔记本”》得到南通市局的肯定。精心培育“寿乡国税 税惠民生”“青蓝工程 激情税月”“情暖万家文明税苑”“弘扬美德爱心驿站”四大文明创建品牌，努力做到文明创建与各项工作有机融合。系统连续十多年荣膺“江苏省文明单位”称号。营造争先氛围。建立健全“目标引领、责任传递，动态管理、竞赛促进，注重沟通、持续改进”的绩效管理体系，创新制发《对考评部门督导考评补充意见》，加强对考评部门的监督考评，得到南通市局绩效办通报肯定。

这一年，全系统笃定信念、正风肃纪，构建党风廉政建设的“堤坝”。充分发挥党组的总揽作用、机关党委的引领作用、党支部的中坚作用和全体党员的主体作用，坚持“机关党建抓系统、机关党建系统抓”。突出领导带头这个关键，强化解决问题这个导向，把握经常性教育这个特点，扎实开展“两学一做”学习教育，推动学习成果转化，在营改增、金三上线两大重点工作的

现场辅导纳税人使用自助办税设备

特殊考验中，用业绩来体现党性、回报组织。探索推行“积分制”管理、“星级化”考评，引导全体党员规范日常行为、加强党性修养，实现管理更严格、纪律更严明、干部更敬业、生态更清明。1名同志被表彰为“省国税系统优秀共产党员”。

如皋市城市管理局

市委书记陈晓东慰问城管队员和环卫工人

2016年，如皋市城管局被授予“江苏省文明单位”荣誉称号，被市委、市政府表彰为目标责任制考核先进集体，执法大队被表彰为江苏省城市环境综合整治先进集体。福寿路成功创建江苏省城市管理示范路。

城市环境明显改善

如皋市城管局深入持续开展示范创建与环境整治工程、老小区改造工程、智慧城管工程，城市环境品质明显改善，市民的获得感和幸福感不断增强。环境整治和示范创建。全面完成省“九整治”项目共26个，“三规范”项目9个，争取省专项补助资金465万元，整治质效和奖补资金位居南通第一。福寿路创成省级城市管理示范路。老小区改造。完成百花苑、宏济苑等9个老小区改造任务，惠及居民2300户。改造后向街道社区移交，推介物业公司，落实“三基本”服务和长效管理机制。智慧城管。数字城管发挥“大城管”效能，全年共上报城市综合管理

百花苑老小区改造

问题5.5万件，结案率99%。专项巡查538件，实施“代履行”1330项。完成对户外广告系统的数据普查，视频系统和音柱系统建成并交付使用。数字城管平台向开发区和长江镇拓展，运行良好。

“大城管”效能日益提升

如皋市城管局不断深化和完善大城管机制下的大市容、大环卫、大物业，力求精致精细、常态长效，经第三方社会满意度调查，市民满意率达94.2%。市容秩序管理。强化市容环卫责任制管理，中心城区主干道商业街门前五包签约率、履约率以及日常管理基本达到要求。强化户外广告管理，拆除大型高炮广告3座，拆除大型户外广告27起，拆除沿街LED显示屏388个，拆除布标杆

“以克论净”现场检测

205对。结合老小区改造，推进主干道、重点区域建筑物外立面整体包装出新。全年拆除违法建设338起，助推搬迁工作顺利开展。联合相关部门对停车秩序、车窗抛物进行整治。环境卫生管理。全面推行深度保洁模式，建立“以克论净”作业管理体系，城区12条道路的快车道、人行道、慢车道每平方米积尘分别不超过5克、8克、10克，垃圾落地滞留时间控制在20分钟内，机械化清扫率从75%提高到80%。加强建设工程环卫设施规划的审查和竣工验收。新建中央大道公厕1座，改造大司马路、新皋桥南、南门桥等公厕5座。优化建筑渣土管理机制，建设工地严格落实“八不”制度，围挡、硬质化、冲洗、防尘防噪设施管理形成常态。物业管理。推动小区业委会组

“最美城市守护人”颁奖典礼

建或换届选举工作。开展“大物业”季度考核、月度检查和物业管理培训。出台老小区、安置区收费率与政府补贴挂钩的考核方案。建立房屋维修资金查询应用及物业信用体系网络平台。简化和规范房屋专项维修资金应急使用程序。制定出台了《如皋市物业项目经理信用档案评定方法》，健全物业企业和从业人员的诚信档案制度。畅通物业纠纷“绿色司法通道”，成功调解判决402件。

城市治理方式不断创新

2016年如皋市城管局创新城市治理模式，通过引入市场机制、发挥社区作用，动员公众参与等，进一步深化和完善了城市治理机制，丰富和拓展了城市治理手段。市场化改革。深化和完善中心城区小广告清理、门前三包、公厕管养、道路清扫保洁、装潢垃圾清运、公共自行车管理等市场化运营机制和考核机制。环卫物业实行管干分离，有序退出物业服务市场。综合执法改革。巩固全市相对集中处罚权改革成果，加强对主功能区派驻执法机构的管理。稳步推进城乡建设系统和人防部门的综合执法工作。经多方调研论证，逐步推进四个中心镇区城乡一体化改革。同时，形成了全市域城市管理与综合执法改革方案稿，被确定为南通的改革试点。治理模式改革。完善公众参与机制，加强舆论宣传，发挥引导、组织、协调和服务功能。开展城管“三进”、道德讲堂、“学雷锋志愿活动”“粽香传情”“放飞梦想，走进特殊教育学校”、党员进社区、“城管开放日 体验日” “最美城市守护人”等活动共计 60余次，市民知晓度、参与度不断提升。

江苏省文明单位

全省城市环境综合整治先进集体

服务质效迈上新台阶

2016年，如皋市城管局坚持党建引领，着力加强党风廉政和队伍素质能力建设，提升为民服务水平。抓学习。局党组中心组定期组织学习与研讨交流。“三亮一树”“两学一做+城管八岗”作为典型推广。组织“五查摆五强化”“七查摆七强化”问题整改活动。执法大队作为全市机关事业单位唯一代表接受省委“两学一做”督导组调研。数字城管支部被列入南通市“两学一做”监测点。重服务。试点户外广告巡检监管信息系统，完善店招标牌备案制度，共受理行政许可服务事项915件；办理物业服务企业备案55件，被评为江苏省住房和城乡建设系统窗口单位和服务行业优质服务竞赛先进单位。全面推进行政处罚案件办案标准化，全年办理行政处罚案件1100件。城管“110”受理中心按期处置并回复各类投诉举报、舆情信访和交办案件。强廉政。强化党风廉政教育，组织开展了党风廉政宣传月、“5·10思廉日”“算好廉政账”和“12·9”国际反腐败日专题教育月活动。把廉政教育与基层工作相结合，全年支部书记上廉政党课8次，实现“基层支部书记上廉政党课”的常态化、制度化。

全省住房和城乡建设系统“安康杯”竞赛优胜单位

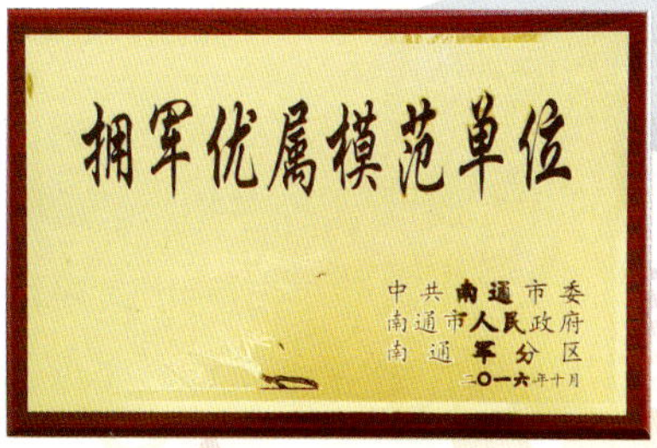

南通市拥军优属模范单位

市级机关2016年目标责任制绩效考核先进集体

如皋市节约用水办公室

井台标准化建设

打造亮点，外树形象。省级节水型社会示范区创建圆满结束。2015年如皋市被确定为省级节水型社会示范区创建单位，通过加强组织领导，采取扎实有效的措施，群策群力，克服时间紧、任务重、人员、经费短缺等实际困难，高标准、高质量通过省组织的考评验收。2016年在继续完善相关工作的基础上，6月14日，省水利厅、省发改委正式授予如皋市“江苏省节水型社会示范区”称号。最严格水资源制度考核获得市级优秀等次。围绕实行最严格的水资源管理制度，将“三条红线”和“四项制度”落实到日常工作中去，在南通市政府组织对实行最严格水资源管理制度考核中，如皋市获得优秀等次。2016年6月份国务院对江苏省实行最严格水资源管理制度进行考核，如皋市和南京六合区作为水利厅向省政府推荐的水资源管理先进县级市代表参加考核。考核中我市长青沙饮用水源地保护区建设、地下井台标准化建设等相关工作得到了国家考核组的充分肯定，为江苏省顺利通过国家级考核作出应有贡献。高标准完成饮用水源地达标建设工作。2011年以来，为加强饮用水源地保护，保障供水安全，积极开展了集中式水源地达标建设工作，形成了“水量保证、水质达标、管理规范、运行可靠、监控到位、应急有力”的集中式饮用水源地安全保障体系，实现了“一个保障、两个达标、三个没有、四个到位”的建设目标，取得了阶段性的成效，在南通率先通过省级验收。2016年5月4日被省水利厅、住建厅、环保厅列入完成达标建设水源地名录。

积极开展宣传工作。利用“世界水日”“中国水周”等有利时机，围绕水法律、法规、节水型社会建设、水资源与经济社会可持续发展等主要内容，突出重点，投入人力与财力，开展形式多样、生动活泼、群众喜闻乐见的水法规宣传，2016年的“世界水日”“中国水周”宣传活动，除了组织咨询、悬挂标语、开展有奖知识竞赛、发放宣传小册子外，还组织了节约用水签名活动，同时利用电视台和市区各大型电子大屏循环播放节水动漫，收到了较好的效果，进一步拉近了水利人与人民群众的距离。

全面加强水资源保护，稳步提高水资源管理水平。一是强化动态监测。为了及时掌握地下水动态，合理布置并建立了地下水监测网点，从每年4月、10月两次

水文化宣传

监测数据分析，较2015年度，如皋市地下水水位上升较为平稳，总体情况良好。在地表水水质方面，继续委托南通市水文局常年对辖区内43个水功能区48个断面进行水质监测评价，定期发布水功能区水质状况通报，根据水质简报数据统计，水质达标率从上年的72.1%提高至82.6%。二是加强水资源管理系统维护考核。按月落实

对省水资源管理信息系统维护单位的考核，即时了解省水资源管理信息系统上线状态，发现问题及时联系维护单位处理，系统在线率为95.9%，保证了系统的正常运行。三是推进水资源管理系统建设。为适应水资源管理信息化的精细、定量管理的新要求，2016年加速推进水资源管理信息系统建设，重点对取水大户、地下水位等方面，进行实时监控，进一步提高水资源管理信息的准确性、客观性、实时性和科学性，真正落实严格水资源管理制度，确保经济社会可持续发展。该系统在正式投入使用后大大提高了工作效率，降低了管理成本，也进一步规范了内部工作流程。四是加强计量智能化工程建设。计量设施的正常运行是水规费征收的依据与来源，为此，通过进一步提升计量精准度，推动智能化，开展计量设施的智能化工程的建设，一方面减少了违规取水的现象，另一方面为用水效率的合理分析提供了可靠的数据，同时推动了水规费征收的规范化进程。五是实施取水工程标准化建设。2016年，通过实地考察，走访用水户，确定了符合旧井井台改造的几种实施方案，做到因企制宜，目前全市井台标准化建设达到了40个，通过井台标准化的改造，全面提高了取水工程的维护和监管能力，同时该项工作的实施在国家、省、南通市的考核中都得到了充分的肯定。

扎实推进节水型社会建设。按照节水型社会建设考核目标责任要求，2016年继续加大节水型示范载体创建力度，进一步提升创建质量，强化示范带头作用，挖掘新的节水典型，鼓励更多的行业开展节水工作，共同营造全社会节水、爱水、惜水的和谐新风尚。首先是有序推进节水载体建设。上报如皋市白蒲镇阳光初级中学1家节水型学校及南通市金双强染织有限公司、汤始建华建材（南通）有限公司2家节水示范项目。并根据省水利厅的要求，组织开展了2009、2012年度命名的省级节水型企业（单位）、灌区载体的复查工作。其次是加强计划用水管理。计划用水管理是节约用水管理根本手段，按照用水户填报的年度用水计划申请、上年度取用水实际情况、许可水量等综合考量后，核定了取用水户年度用水计划，并下发2016年度用水计划指标的通知，进一步强化节水管理力度，规范用水行为。再次是开展水平衡测试工作。水平衡测试工作是节水型社会建设的基础，是落实水资源“三条红线”中用水效率红线的具体体现。为此，通过政府采购确定实施单位，将水平衡测试作为常态化的工作推进，通过开展水平衡测试工作，摸清了企业用水现状，查出了企业用水中存在的溢、漏点，找出了用水环节中存在的薄弱点，针对这些我们对企业提出了相应的合理化建议，有效的提高了企业的用水效率。

优美水环境

积极配合，提供强有力的技术支撑。积极参与节水型城市创建。根据市委、市政府统一部署，积极参与到国家级节水型城市创建工作中去，全力支持并配合，及时提供了历年的相关文件及数据，共享节水型企业、社区等载体创建资料，并在创建过程中积极建言献策，配合国家考核组的数据核查工作。配合做好主城区地下水应急供水工程前期工作。根据“源水互备、清水联通、深井应急”原则，2016年，根据市政府要求，配合市住建局，开展了主城区地下水应急供水工程建设，该项工程是继长青沙备用水源后又一项民生工程。参与阶梯式水价相关工作。为推动节水工作的深入开展，配合市物价局组织开展了阶梯水价调价数据测算等相关工作，确定了分档水量和水价标准，有力地推动了我市的水价改革工作。

新華書店

如皋书城整体形象全面升级。经江苏凤凰出版传媒股份有限公司批准，如皋书城整体形象升级工程9月18日顺利实施，经过100天的紧张施工，于12 月 31 日开门试营业。整体形象升级后的如皋书城，顺应时代潮流，挖掘文化潜力，把单一的卖书场转变成卖文化、卖服务、卖消费的文化服务综合体和文化传播阵地，打造与时代相适应的文化消费场所，阅读和购书环境更加优美、舒适。

完成政治学习材料发行任务。为配合全市“两学一做”学习教育活动，如皋新华书店在主动为党政机关、企事业单位提供上门征订服务的同时，还在如皋书城一楼最醒目区域设立专柜专架，重点宣传《习近平总书记系列重要讲话读本（2016年版）》等“两学一做”学习用书，满足社会各界的学习需求。

推进全民阅读和书香城市建设。根据市全民阅读活动领导小组工作部署，如皋新华书店经过精心策划、认真筹备，积极开展丰富多彩的系列阅读推广活动，充分发挥图书发行主渠道作用，营造浓厚的读书氛围，满足社会各界阅读需求，在全社会引起热烈反响，为激发广大读者阅读兴趣、引领健康向上的读书风尚起到了积极的推动作用。

继续开展校园人文行活动。年内，如皋新华书店先后邀请赵丽宏等6位深受青少年喜爱的知名作家来到如皋，为3万多名在校学生做了23场读书报告，与师生分享创作心得和读书感悟。

履行国有企业社会责任。向帮扶的一名特困职工家庭捐款2000元现金和数百元物品；向贫困大学生捐赠价值4749元的图书和文具用品；向驻如武警部队赠送2000元图书；向如皋市慈善基金会捐款5万元，资助贫困学子完成学业，实现梦想；在全市第六届“小亭志愿服务月”活动启动仪式上，向十佳优秀志愿者赠送5000元图书。